本书为国家社会科学基金重大项目"防止规模性返贫的监测机制和帮扶路径研究"（22&ZD192）阶段成果。

国家的力量

国家的力量
National Power

南粤乡村振兴文库
谢治菊 主编

东西部协作
中国式现代化的重要助力

东西部协作与乡村振兴

Eastern-Western Cooperation
and Rural Revitalization

谢治菊 等著

中国社会科学出版社

图书在版编目（CIP）数据

国家的力量：东西部协作与乡村振兴/谢治菊等著.—北京：中国社会科学出版社，2024.5（2024.12重印）

（南粤乡村振兴文库）

ISBN 978-7-5227-3592-4

Ⅰ.①国… Ⅱ.①谢… Ⅲ.①农村—社会主义建设—研究—中国 Ⅳ.①F320.3

中国国家版本馆 CIP 数据核字（2024）第 101508 号

出版人	赵剑英
责任编辑	黄　山
责任校对	贾宇峰
责任印制	李寡寡

出　版	中国社会科学出版社
社　址	北京鼓楼西大街甲 158 号
邮　编	100720
网　址	http://www.csspw.cn
发行部	010-84083685
门市部	010-84029450
经　销	新华书店及其他书店
印刷装订	北京君升印刷有限公司
版　次	2024 年 5 月第 1 版
印　次	2024 年 12 月第 3 次印刷
开　本	710×1000　1/16
印　张	25.5
字　数	378 千字
定　价	98.00 元

凡购买中国社会科学出版社图书，如有质量问题请与本社营销中心联系调换
电话：010-84083683
版权所有　侵权必究

"南粤乡村振兴"文库
编委会名单

编辑委员会主任

谢治菊

编辑委员会委员（以姓氏拼音为序）

陈 潭　陈文胜　郭 明　黄丽娟　蒋红军
雷 明　李 强　林忠伟　陆汉文　王春光
吴易雄　肖 滨　谢治菊　岳经纶　张开云

总序　民族要复兴，乡村必振兴

2021年是"十四五"规划开局之年，是全面乡村振兴的起始之年，也是开启全面建设社会主义现代化国家新征程、向第二个百年奋斗目标进军的关键之年。在这之前的2020年12月，经过全党全国各族人民的共同努力，我国如期完成了脱贫攻坚任务，现行标准下9899万贫困人口全部脱贫，832个贫困县全部摘帽，12.8万个贫困村全部出列，消除了区域性、整体性贫困，创造了举世瞩目的伟大成就。在这场人类减贫史上彪炳史册的脱贫攻坚战中，我们国家采取了许多原创性、独特性的重大举措，积累了一系列能复制、可推广的减贫经验，为国际减贫事业贡献了中国方案和中国智慧。为有效总结这些智慧与经验，及时传播广东案例与广东声音，助力巩固拓展脱贫攻坚成果同乡村振兴有效衔接，助益全面乡村振兴，助推农业农村现代化，我们拟出版"南粤乡村振兴"系列丛书。

一　传扬广东经验，讲好中国故事

我们为什么要出版这样一套丛书呢？这与我们团队的研究经历与广东的治理经验有关。我们知道，"逐步消灭贫困，达到共同富裕"是中国共产党始终秉持和为之奋斗的崇高目标。自新中国成立以来，中国共产党就一直关注着人民群众的贫困问题，并将取得政权让"人民当家做主"作为解决此问题的根本途径，率领全国各族人民开展各种形式的反贫困斗争，先后经历"计划经济体制下的救济式扶贫、开发式与综合性扶贫、整村推进与两轮驱动扶贫、脱贫攻坚"四个阶段，解决了数以亿计贫困人口的生存问题，实现了几千年的民族梦想，创造了人类减贫史上的奇迹。自党的十八大以来，以习近平同志为核心的党中央坚持把解决好"三农"问题作为全党工作的重中之重，把脱贫攻坚作为全面建成小康社会的标志性工程，组织推进人类历史上规模空前、力度最大、惠及人口最多的脱贫攻坚战，启动实施乡村振兴战略，推动农业农村取得历史性成就、发生历史性变化。如期完成新时代脱贫攻坚目标任务后，"三农"工作就将进入全面推进乡村振兴的新阶段，这是"三农"工作重心的历史性转移。

在此过程中，我们团队牢牢抓住时代赋予的契机，围绕脱贫攻坚与乡村振兴理论、实践与案例开展研究。事实上，脱贫攻坚与乡村振兴研究是团队自创建以来所开展的乡村治理理论与实践研究的延伸，其所蕴含的时代精神、问题意识和责任情怀，一直都是团队研究的生命线。为此，在"十三五"甚至更长的时间内，团队一直以国家脱贫攻坚与乡村振兴路线、方针与政策为指引，聚焦脱贫攻坚与乡村振兴的重点、难点与痛点，立足广东、辐射西部、面向全国，围绕"理论研究、实践探索、政策咨询、人才培养"四大模块，构建"认知、体验、践行"三阶合一的乡村实践体系，探索"高校—政府—企业—社会组织"四元互动的乡村研究模式，深化"政产学研创""五位一体"的乡村育人平台。近年来，团队在脱贫攻坚与乡村振兴领域的学术思想与实践活动被人民网、"学习强国"、今日头条、中国青年报、中国教育网、中国社会科学报、学习时报等主流媒体报道上百次。

为进一步凝练中国脱贫攻坚精神，培育青年学生的责任意识与家国情怀，为乡村振兴提供智力支持与人才支撑，2021年5月，我们与碧桂园集团（广东省国强公益基金会）一起成立了广州大学乡村振兴研究院，并正式拉开了"乡村振兴·青年担当"系列活动的序幕。2021年6月，乡村振兴研究院获批广东省社会科学研究基地。自此，团队所开展的脱贫攻坚与乡村振兴研究有了稳定的平台，也为我们开展"乡村振兴·青年担当"系列活动提供了组织保障。"乡村振兴·青年担当"系列活动旨在借青年学生群体,讲好中国脱贫攻坚与乡村振兴故事,扩大脱贫攻坚与乡村振兴伟大壮举在青年群体中的影响力、辐射力与传承力,使青年学生深刻领悟习近平总书记有关青年工作、扶贫工作、振兴工作的重要论述,在真实事迹的感召下,树立远大志向、练就过硬本领、磨炼顽强意志,以实际行动到西部、到基层、到农村去就业创业,或成为乡村人才振兴的孵化器。目前,"大学生讲乡村振兴故事"的活动已经完成,"乡村致富带头人口述故事与教学案例"正在征稿与出版中。在"十四五"期间,我们团队还将开展以"扶贫干部口述故事"为起点的"口述乡村"行动,陆续采集,"乡村致富带头人""乡村劳模""乡村医生""乡村教师"等群体的口述故事积极打造"口述乡村"丛书品牌。

如果说团队的研究经历是出版此套丛书的基础与保障,那么,广东在乡村治理领域的前瞻性探索则为我们提供了案例与勇气。广东在脱贫攻坚与乡村振兴领域的实践探索从来没有停止过,且一直走在全国的前列。2010年以来,广东的贫困治理实践与东西部扶贫协作工作多次获得党中央、国务院及相关部委的赞誉、支持与推介,闻名全国的"双到扶贫""'6·30'社会扶贫""消费扶贫""领头雁工程"等创新实践,再次证实了广东在社会主义现代化国家新征程中走在全国前列的决心与信心。不仅如此,广州、深圳、东莞、珠海、中山、佛山6市根据"国家要求、西部所需、东部所能"的原则,"十三五"期间对贵州、广西、云南、四川开展的协作帮扶,成为助力这4省的贫困县全部如期"摘帽"的重要力量;"十四五"期间对贵州、广西的协作帮扶,让这2省的成果巩固与乡村振兴加速进行,贡献了东西部协作的广东经验与广东方案。2021年以来,广东进一步创新探索"驻镇帮镇扶村工作机制",开展党政机关、企事业单位、科研力量"三力合一"的组团式驻镇帮镇扶村,这与中共中央办公厅印发的《关于向重点乡村持续选派驻村第一书记和工作队的意见》中所提出的"先定村、再定人"的选派原则、"因村派人、科学组队"的选派要求不谋而合。既然广东的脱贫攻坚与乡村振兴工作已经走在了全国前列,讲好中国脱贫攻坚与乡村振兴故事的广东探索更应该顺势而为、乘胜追击。我们谋划的这套"南粤乡村振兴"文库,就是在立足广东巩固拓展脱贫攻坚成果、全面实施乡村振兴、系统开展东西部协作、深度进行对口支援的基础上,辐射西部、面向全国,更好地传播乡村振兴的南国声音与智慧。

二 脱贫摘帽不是终点,而是新生活、新奋斗的起点

脱贫攻坚是全面建成小康社会的标志性指标,是党中央向全国人民做出的郑重承诺,彰显了中国共产党领导和我国社会主义制度的政治优势,凝聚着全党全国各族人民的智慧和心血,更是一场没有硝烟的战斗和旷日持久的战役。在这场史无前例的战斗中,习近平总书记站在全面建成小康社会的战略高度,把脱贫攻坚摆在治国理政的突出位置,提出一系列新思想、新观点,做出一系列新决策、新部署;众多有情怀有担当的基层干部,他们无私奉献、艰苦奋斗,无论是从精神还是体能方面都经历了前所未有的考验,做出了不可磨灭的贡献;广大群众化身为众志成城的凝聚力、攻坚克难的战斗力、永不退缩的推动力,一起对世界减贫进程做出了重大贡献。

但是,"脱贫摘帽不是终点,而是新生活、新奋斗的起点",这是2020年3月6日习近平总书记在决战决胜脱贫攻坚座谈会上的重要讲话精神。新生活是贫困群众的殷殷期盼,是全国上下团结一心、共克时艰的杰出成果;新奋斗意味着脱贫攻坚绽放的绚丽彩虹会激励我们,尤其是激励贫困群体勇往直前、昂首阔步。为此,我们应牢记习近平总书记的殷切期盼,结合各地实际,努力构建脱贫攻坚的长效机制,把全面小康的基础打得更牢、底色擦得更亮。

脱贫攻坚带来的不仅是好日子,更是新生活的开始。这里的"新",主要可以从以下三个方面去理解:一是生活条件新。经过脱贫攻坚,全国具备条件的建制村全部通了公路,每个村都建立了卫生室,10.8万所义务教育薄弱学校的办学条件得到改善,农网供电

可靠率达到99%，深度贫困地区贫困村通宽带比例达到98%。现在，孩子们可以唱着歌走在平坦公路上，学生们可以静下心在宽敞明亮的教室里学习，留守人群可以随时与在外务工亲人视频通话，他们曾经郁结的心理与多病的身体得到了极大的改善。这是脱贫攻坚带来的生活改变，更是通往美好生活的坦荡路途。二是人际关系新。脱贫攻坚政策的实施，缩小了村庄内部的贫富差距，缓和了村庄因贫困所产生的隔阂，使得大部分贫困户获得了良好的人际关系；同时，大批基层干部深入农村开展扶贫、走近群众，也拉近了干群关系，化解了干群矛盾，进而使农村的人际关系呈现出"各美其美，美美与共"的良好局面。三是产业发展新。通过电商扶贫、金融扶贫、旅游扶贫、健康扶贫等方式，贫困地区的特色产业不断壮大、经济活力不断激发，已从初期的"输血式"扶贫转变为现在的"造血式"扶贫，有的地区还具备了"献血式"扶贫的能力。目前，全国贫困地区已累计建成各类扶贫产业基地10万个以上，这让一个个贫困家庭的生活发生了根本性改变，是贫困户稳定就业、持续脱贫的源泉。当然，脱贫攻坚带来的新生活，远远不止这些，还包括新理念、新方式、新手段、新社区，这些共同构成了新奋斗的起点。

脱贫攻坚是一项伟大工程，需要长期的坚持与持久的战斗，让脱贫人口稳定脱贫、持续脱贫、长久脱贫，巩固拓展脱贫攻坚成果，是我党当前的重要工作，这就要求要进一步瞄准突出问题和薄弱环节，建立健全稳定脱贫长效机制。具体来说：一是建立精准化的返贫监测机制。为消除贫困存量、遏制贫困增量，防止脱贫不稳定人口返贫，防止边缘易致贫人口致贫，要采取针对性、精准性、个性化举措，及时将这部分人口纳入帮扶对象，不让一个群众在小康路上掉队。二是健全超稳定的利益联结机制。脱贫攻坚成果中的各参与主体是一个命运共同体，利益联结是协调各参与主体行动的关键机制。为此，应强化多元主体参与，倡导多元主体平等对话，均衡产业发展，加快延伸产业链条，确保贫困群众持续稳定增收。三是完善有活力的产业扶贫机制。产业振兴是稳定脱贫的根本之策，也是巩固脱贫成果、防止返贫的关键措施，在脱贫攻坚中具有普惠性、根本性作用，这就要求在做好疫情防控的同时，突出主体培育、产销对接、科技服务、人才培养等关键环节，切实做好产业振兴工作，促进一、二、三产业融合发展，为巩固脱贫攻坚成果提供有力支撑。四是构建可持续的稳定就业机制。就业帮扶是脱贫人口稳定脱贫的基础，是搬迁群众"稳得住、能致富"的关键，意味着他们成为亲身创造美好生活的主体力量。这就要求完善就业扶持政策，努力建设就业帮扶车间，增加脱贫人口家门口就业的机会；激发贫困群众自主就业内生动力，扎实开展技能培训，提升脱贫劳动力就业创业能力，推进就业帮扶工作上新台阶。五是培育科学化的教育帮扶机制。教育帮扶可以提升脱贫地区的办学条件、促进教师的专业发展、改变脱贫地区的教育理念，有效阻断贫困的代际传递。在实施过程中，需要进一步转变帮扶理念，增强教育扶贫价值；完善识别机制，明确教育帮扶对象；创新监管方式，提高教育帮扶效果；规范评价过程，赋予薄弱学校力量。

三 乡村振兴是应变局、开新局的"压舱石"

实施乡村振兴战略，是以习近平同志为核心的党中央从党和国家事业全局出发、着眼于实现"两个一百年"奋斗目标、顺应亿万农民对美好生活的向往做出的重大决策，是党的十九大做出的重大战略部署。习近平总书记多次强调，从中华民族伟大复兴战略全局看，民族要复兴，乡村必振兴；从世界百年未有之大变局看，稳住农业基本盘、守好"三农"基础是应变局、开新局的"压舱石"；全面建设社会主义现代化国家，实现中华民族伟大复兴，最艰巨最繁重的任务依然在农村，最广泛最深厚的基础依然在农村；任何时候都不能忽视农业、忘记农民、淡漠农村。习近平总书记关于乡村振兴的重要论述进一步丰富了共同富裕理论的内涵。他指出"脱贫攻坚战的全面胜利，标志着我们党在团结带领人民创造美好生活、实现共同富裕的道路上迈出了坚实的一大步，意味着'三农'工作重心历史性转移到全面推进乡村振兴上来"。

但是，受历史因素、经济水平、地理条件、思想观念、教育程度等因素的影响，我国西部地区贫困程度深、攻坚任务重的情况前所未有，过去全国832个国家级贫困县，西部地区就占了568个，占比68.3%；2021年8月27日公布的160个国家乡村振兴重点帮扶县，全部在西部地区。这说明，中国巩固拓展脱贫攻坚成果与乡村振兴的主战场还是在西部地区。西部地区虽然消除了绝对贫困，但是发展基础仍然不牢，扶贫产业组织化、规模化、市场化程度比较低，农村居民人均可支配收入与全国平均水平还有一定差距，脱贫户外出务工占比大、稳定性弱，已脱贫纳入监测的人口、易致贫的边缘人口基数大，因病、因灾、因残等返贫因素多，巩固拓展脱贫攻坚成果仍面临较大压力，所以要将其与乡村振兴战略衔接，困难和障碍可想而知。

为此，2021年3月22日，《中共中央 国务院关于实现巩固拓展脱贫攻坚成果同乡村振兴有效衔接的意见》（以下简称《意见》）公开发布。《意见》明确了二者有效衔接的重大意义、总体要求、长效机制、重点工作与具体举措，指出要从政策文件、领导体制、工作体系、考核机制、规划实施与项目建设等方面做好衔接工作，并提出要"扶上马送一程"，继续落实"摘帽不摘责任、摘帽不摘政策、摘帽不摘帮扶、摘帽不摘监管"的"四个不摘"要求。由于衔接是巩固拓展的递进，衔接之中和衔接之后还有巩固拓展脱贫攻坚成果的任务，因此巩固脱贫攻坚成果的任务不应仅仅贯穿在二者的过渡期，还应该贯穿于全面实施乡村振兴全过程，是乡村振兴的应有之意。2021年4月29日，我国出台了《中华人民共和国乡村振兴促进法》，明确提出要"促进小农户和现代农业发展有机衔接、促进公共服务与自我服务有效衔接、实现巩固拓展脱贫攻坚成果同乡村振兴有效衔接"，通过衔接来促进乡村振兴的法治化阶段到来。

基于此，站在实现"两个一百年"奋斗目标的历史交汇点上，作为脱贫攻坚与乡村振兴的研究团队，我们应紧紧围绕新发展阶段"三农"工作的战略定位，按照在全面建设社会主义现代化国家新征程中走在全国前列、创造新辉煌的总定位总目标，认真总结党的十八大以来以广东为代表的发达地区的先进做法，加强理论研究和经验总结，提炼乡村振兴智慧与方案，为西部甚至全国实现巩固拓展脱贫攻坚成果、全面推进乡村振兴、高水平推动农业农村现代化提供智力支持。

农为邦本，本固邦宁。在向第二个百年奋斗目标迈进的历史关口，全面推进乡村振兴，稳农村、兴农业、富农民是关系民族复兴的重大问题。新时代催生新思想，新思想呼唤新作为。作为身处华南、心系家国的一支重要研究力量，我们依托乡村振兴研究院，始终秉持新时代理论工作者的责任、使命与担当，竭力贡献乡村振兴的智慧、力量与情怀，力图在伟大时代构建独具风格的中国特色社会主义乡村治理体系。

谢治菊

2021 年 9 月 13 日

于羊城

序一　结对帮扶正成为扎实推进乡村全面振兴的重要力量

习近平总书记在2021年2月25日召开的全国脱贫攻坚总结表彰大会上指出，（在脱贫攻坚时期）我们强化东西部扶贫协作，推动省市县各层面结对帮扶，促进人才、资金、技术向贫困地区流动；组织开展定点扶贫，中央和国家机关各部门、民主党派、人民团体、国有企业和人民军队等都积极行动，所有的国家扶贫开发工作重点县都有帮扶单位；民营企业、社会组织和公民个人热情参与，"万企帮万村"行动蓬勃开展。构建专项扶贫、行业扶贫、社会扶贫互为补充的大扶贫格局，形成跨地区、跨部门、跨单位、全社会共同参与的社会扶贫体系。千千万万的扶贫善举彰显了社会大爱，汇聚起排山倒海的磅礴力量。脱贫攻坚任务完成后，对脱贫县要扶上马送一程，设立过渡期，保持主要帮扶政策总体稳定；要坚持和完善驻村第一书记和工作队、东西部协作、对口支援、社会帮扶等制度，并根据形势和任务变化进行完善。习近平总书记强调，全面实施乡村振兴战略的深度、广度、难度都不亚于脱贫攻坚，要完善政策体系、工作体系、制度体系，以更有力的举措、汇聚更强大的力量，加快农业农村现代化步伐，促进农业高质高效、乡村宜居宜业、农民富裕富足。习近平总书记的一系列重要论述，深刻阐述了东西部扶贫协作、定点扶贫、民营企业"万企帮万村"、驻村扶贫是打赢脱贫攻坚战重要力量，在脱贫攻坚过渡期，巩固拓展脱贫攻坚成果、全面推进乡村振兴依然需要完善创新东西部协作、定点帮扶、"万企兴万村"、驻村帮扶制度政策，凝聚成为推进乡村全面振兴的强大合力。

结对帮扶的典型特征是在帮扶过程中形成了帮扶方与被帮扶方一一对应的"结对子"主体关系。根据经济能力和帮扶需求，具体的对应关系可以是"一对一"，也可以是"多对一"或者"一对多"。"结对子"是我们党密切联系群众、开展农村工作的常用方式。实践证明，结对帮扶模式在脱贫攻坚过程中发挥了重要作用，也为实现巩固拓展脱贫攻坚成果同乡村振兴有效衔接积累了经验，为完善结对帮扶体系推进乡村全面振兴提供了参考。

在脱贫攻坚中形成、在实施乡村振兴战略中发展的结对帮扶关系，不仅在解决绝对贫困问题、推进乡村振兴中发挥了重要作用，而且结对帮扶的逐步制度化正成为推动中国式现代化的重要力量，具体表现为：第一，以东西部协为代表的区域结对帮扶，发达地区有力有效带动了欠发达地区乡村振兴、加快发展。截至2023年11月底，东部8个省市向西部10个省区市投入财政援助资金231.9亿元，县均投入5187万元，动员社会力量捐助款物28.5亿元，协作双方互派党政挂职干部3045人、专业技术人才2.5万人，东部地区积极推广本地乡村振兴经验，帮助西部地区做好人居环境整治等工作，打造乡村振兴示范村1155个。第二，以万企兴万村为代表的村企结对帮扶，企业在带动农业农村发展、乡村振兴中发挥了重要作用。2015年，在脱贫攻坚战略背景下，全国工商联、国务院扶贫办、中国光彩会正式发起"万企帮万村"行动，以村企签约结对、村企共建为主要形式，力争用3—5年时间，动员全国1万家以上民营企业参与，帮助1万个以上贫困村加快脱贫进程。脱贫攻坚结束后，中央要求广泛动员社会力量参与乡村振兴，深入推进"万企兴万村"行动，引导企业家回报家乡，或引导发达地区企业家到西部乡村地区投资兴业。目前，贵州、重庆、浙江、广东等各省市根据地方实际情况出台了万企兴万村行动方案，倡导企业家参与乡村振兴。第三，在中央单位定点帮扶、省内乡村振兴、东西部协作、万企兴万村等相关政策推进过程中，中央和国家机关各部委、人民团体、中管金融企业、国有重要骨干企业和高等学校、有定点帮扶和对口帮扶结对任务的单位，通过选派干部驻县、驻镇、驻村开展乡村振兴帮扶工作，形成了干部派驻结对帮扶关系。派驻乡村振兴帮扶一线的干部以调研员、宣传员、联络员、执行者等多重身份，深入调研和精准识别被帮扶群众的需求，对党和国家相关帮扶政策进行宣传解读，对接派出单位筹集帮扶资源，精准有效地用好帮扶资源并协助被帮扶地区规划项目和实施项目，有力促进了中央各项决策部署的落地，在有效打通各项惠民利民政策措施落实的"最后一公里"中发挥了重要作用。在历时八年的脱贫攻坚战中，全国累计选派25.5万个驻村工作队、300多万名"第一书记"和驻村干部开展精准帮扶，为打赢脱贫攻坚战作出了重要贡献。2021年中央出台《关于向重点乡村持续选派驻村第一书记和工作队的意见》，延续了干部派驻的结对帮扶关系，为巩固拓展脱贫攻坚成果、全面推进乡村振兴提供组织保证和干部人才支持。

　　谢治菊教授领衔出版的这套丛书——结对帮扶三部曲：《国家的力量：东西部协作与乡村振兴》《社会的力量：企业下乡与乡村振兴》《组织的力量：干部派驻与乡村振兴》，聚焦新时代新征程上推进乡村全面振兴中的结对帮扶关系，开展了深入的调查总结、系统的学理研究，这是一件很有意义、很有必要、值得精心做好的工作。这三本书抓住了结对帮扶助力乡村发展的核心要素——国家的总体制度设计、市场的持续发展动力以及组织的基层接点功能，将国家与社会的关系呈现为"国家—社会—组织"的联动。其中，国家的力量，是指通过国家的制度设计，采取先富带后富的方式，让发达地区帮助欠发达地区，进而促进城乡区域的均衡发展与乡村全面振兴，充分体现了党领导的政治优势和社会主义的制度优势；社会的力量，是指通过市场经济的规律，引导相关企业参与帮扶乡村振兴，撬动了城乡区域经济社会可持续发展的动力，充分发挥了市场在扎实推动共同富裕中的作用；组织的力量，是指通过组织干部驻村、驻镇、驻县等方式，将国家的政策和各方面的帮扶资源更准确地输送到乡村基层社会，并及时回应基层经济社会活动的诉求，展现了帮扶干部连接国家与社会促进供需资源要素匹配的功能。

  在我看来，这三部著作，既是一个整体，又相互独立。丛书中的每一本，既充分体现了理论和实际的有机结合，又立体展示出理论高度和实践深度并重的特征，对于希望更全面、更深入了解我国新时代巩固脱贫攻坚成果、推进乡村全面振兴、促进城乡区域协调发展、以加快农业农村现代化更好推进中国式现代化建设这一波澜壮阔历史进程的广大读者，不失为值得一读的参考书。

黄承伟

中国乡村振兴发展中心主任、研究员

农业农村部乡村振兴专家咨询委员会委员

2024 年 3 月于北京

序二　东西部协作是实现共同富裕的重要手段

在新中国的历史长河中，东西部协作始终是中国区域发展政策的重要篇章，它承载着平衡地区差异、促进共同富裕的国家战略使命。自新中国成立以来，尤其是自改革开放以来，我国政府始终以解决城乡区域发展不平衡为己任，积极推动东西部协作，通过制度创新、资源整合与协同发展，以期实现区域均衡发展，构建全面协调可持续的发展格局。作为我国区域协调发展的重要战略部署，东西部协作的历史演进与实践探索，犹如一部鲜活的区域协调发展战略长卷，见证了东部地区对西部地区的无私支持，彰显了西部地区在深化改革开放中的自我提升与发展潜能，生动诠释了我国在解决区域发展不平衡问题上的智慧和魄力。这不仅是中国特色社会主义道路的伟大实践，更是对全球解决地区发展不平衡问题的智慧贡献。

历史的车轮滚滚向前，回溯东西部协作的历史脉络，东西部协作的历程既是一部波澜壮阔的区域互助史，也是中国经济社会发展转型与变迁的生动写照。从 20 世纪 80 年代的对口支援、扶贫开发起步，到 90 年代正式提出并实施以来，历经数十年的磨砺与深化，东西部协作经历了由浅入深、由点及面的发展历程。东西部协作由初期以对口支援、扶贫开发为基础，从早期的基础设施建设援助逐步演变为涵盖资源互补、产业转移、人才交流、技术共享、市场对接等多元化的协作模式，促进东西部资源的优化配置和互补互促，实现了从单向援助到双向互动、互利共赢的历史性转变，逐步形成了一套具有中国特色的区域协调发展机制,成为国家区域发展战略的重要组成部分,充分体现了我国在解决地区差距问题上的政策智慧和不懈努力。这一历程不仅见证了东西部携手共进的坚实步伐,更揭示了其在促进经济平衡发展、提升整体效能方面的重大意义。在这一过程中,东部地区以其丰富的经济资源、先进的发展理念和成熟的技术经验,为西部地区的经济社会发展提供了强大助力,有力推动了西部地区的产业结构调整和现代化进程;而西部地区则以其丰富的自然资源、深厚的文化底蕴和广阔的市场前景,为东部地区提供了更为广阔的发展空间和增长点,进一步激发了东部地区的创新活力和发展后劲,为东部地区提供了新的发展机遇。这种双向互动、互利共赢的局面,涌现出了闽宁协作、沪滇合作、粤桂协作等各具特色的帮扶模式,促进了东西部地区的共同发展和整体经济质量效益的提升。

东西部协作的价值意义不仅体现在其推动西部地区经济发展和改善民生的具体成果上,更在于它为解决区域发展不平衡问题提供了有效途径,成为推动国家整体实力的均衡提升和社会公平正义实现的战略抉择,是我国实现共同富裕目标的重要路径。尤其是在脱贫攻坚战中,东西部协作发挥了举足轻重的作用,为实现全面小康奠定了坚实的基础。而在新时期,东西部协作在践行高质量发展要求、推进中国式现代化建设中承担起重要使命,它有助于西部地区充分挖掘自身优势资源,融入全国统一大市场,提升整体经济活力;同时,也促使东部地区在拓展发展空间、优化产业结构的过程中,实现更高水平、更可持续的发展。这种双向互动、深度融合的协作格局,既符合新型城镇化、乡村振兴等国家战略需求,又有力地促进了社会公平正义,提升了全体人民的获得感、幸福感和安全感,对于缩小城乡差距、区域差距,增强民族团结,维护社会稳定,促进文化交融,都有着不可估量的作用。

在此背景下,本书的价值尤为凸显,它承载着历史的厚重,响应着时代的呼唤,展现着未来的希望。作者以其深厚的研究基础和敏锐的时代洞察力,通过扎实的调研成果、深邃的理论思考和严谨的实证分析，深入剖析了东西部协作基本构成要素、多维合作模式、关键运作机制以及未来的发展趋向，系统梳理了东西部协作过程中的成功案例与宝贵经验，力求全方位展现东西部协作的深层价值与重大意义。其内容涵盖政策过程演变、实践经验总结、理论研究探讨等多个层面，旨在通过对东西部协作的立体化展示，为读者提供一部全面解读和深入思考我国区域协调发展问题的力作，为政策制定者提供决策参考，为研究者搭建思考平台，也为广大读者理解我国区域发展战略、感受我国经济社会变迁提供丰富翔实的知识养料。它的出版无疑将进一步丰富和完善我国区域经济协调发展的理论体系，并为实现中华民族伟大复兴中国梦的征程注入新的思想动能和实践智慧。

尤为值得一提的是，在本书的创作过程中，研究团队展现出严谨的学术态度和不畏艰难的科研精神，充分体现了研究团队对此主题持之以恒的努力和卓越贡献。他们不辞辛劳，亲赴现场，凭借敏锐的洞察力和扎实的专业素养，深入到全国10个中西部省份去调研，访谈了9个东部省份的相关帮扶人员和后方管理人员，以丰富的第一手资料为基础，全景式地展示了东西部协作的发展历程、实践经验以及面临的挑战与机遇，丰富了我国在区域协调发展领域的理论宝库。他们的辛勤付出和专业素养为本书的学术深度与实践指导价值奠定了坚实基础，为读者打开了一扇洞悉东西部协作内在逻辑及其现实影响的窗口，值得我们给予高度评价和深深敬意。

在新时代背景下，东西部协作的重要性更加凸显，任务更为艰巨，也更具前景。作为一部立足当下、前瞻未来的学术力作，本书既是对过往东西部协作经验的总结提炼，也是对未来发展方向的积极探索。我们坚信，随着东西部协作向更深层次、更宽领域、更高水平推进，其必将以更加开放包容的姿态、更紧密地融入国家战略部署之中，进一步激发我国经济社会发展的内生动力，成为撬动中国经济社会持续健康发展、增进人民福祉的强大引擎，为实现中华民族伟大复兴的中国梦注入源源不断的活力。就此而言，此书不仅启迪思考，也呼唤行动。我期待每一位阅读此书的读者，不仅能深刻理解我国东西部协作的历史脉络和现实价值，更能预见其在未来中国高质量发展过程中的深远影响，并且能从中汲取智慧与力量，共同展望并投身于这场波澜壮阔的区域协调发展大潮之中，为谱写中华民族伟大复兴中国梦的新篇章贡献自己的力量。

郁建兴

教育部长江学者特聘教授、浙江工商大学党委书记

2024 年 3 月于杭州

目　录

导　读 …………………………………………………………………… 1

第一部分　东西部协作的基本要素

第一章　东西部协作的制度逻辑与实践经验 ……………………… 11

一　东西部协作的发展历程 ………………………………………… 11
二　东西部协作的制度逻辑 ………………………………………… 14
三　东西部协作的实践经验 ………………………………………… 21
四　东西部协作的时代价值 ………………………………………… 28

第二章　东西部协作的政策变迁与扩散维度 ……………………… 32

一　东西部协作政策变迁的背景与缘起 …………………………… 32
二　东西部协作政策变迁的数据与来源 …………………………… 36
三　东西部协作政策扩散的维度与表征 …………………………… 38
四　东西部协作政策扩散的逻辑与机理 …………………………… 44
五　东西部协作政策扩散的启示与展望 …………………………… 49

第三章　东西部协作的结对关系与演变历程 ……………………… 53

一　东西部协作结对关系的核心要素 ……………………………… 54
二　东西部协作结对关系的变迁历程 ……………………………… 60

三　东西部协作结对关系的变迁特征 …………………… 68
　　四　东西部协作结对关系的变迁逻辑 …………………… 71
　　五　东西部协作结对关系的未来走向 …………………… 74

第四章　东西部协作中的国家、市场与社会 ……………… 77
　　一　东西部协作中国家、市场、社会的历史交替 ……… 78
　　二　东西部协作中国家、市场、社会的行动逻辑 ……… 82
　　三　东西部协作中国家、市场、社会的现实挑战 ……… 91
　　四　东西部协作中国家、市场、社会的未来面向 ……… 92

第二部分　东西部协作的主要维度

第五章　东西部"内生—互嵌"式产业协作探究 …………… 99
　　一　东西部"内生—互嵌"式产业协作的博弈关系 …… 99
　　二　东西部"内生—互嵌"式产业协作的主要类型 …… 104
　　三　东西部"内生—互嵌"式产业协作的运行逻辑 …… 110
　　四　东西部"内生—互嵌"式产业协作的趋势探讨 …… 115

第六章　东西部"有为—有效"式消费协作研究 …………… 124
　　一　东西部"有为—有效"式消费协作的理论嬗变 …… 125
　　二　东西部"有为—有效"式消费协作的类型特征 …… 129
　　三　东西部"有为—有效"式消费协作的利益联结 …… 137
　　四　东西部"有效—有为"式消费协作的组织基础 …… 145
　　五　东西部"有为—有效"式消费协作的三重逻辑 …… 152
　　六　东西部"有为—有效"式消费协作的动态均衡 …… 158

第七章　东西部"组织—推拉"式劳务协作分析 …………… 161
　　一　东西部"组织—推拉"式劳务协作的历史演变 …… 161
　　二　东西部"组织—推拉"式劳务协作的理论基础 …… 165
　　三　东西部"组织—推拉"式劳务协作的政策变迁 …… 170

三　东西部"组织—推拉"式劳务协作的运作过程 ……… 175

　　四　东西部"组织—推拉"式劳务协作的可能局限 ……… 184

　　五　东西部"组织—推拉"式劳务协作的未来探讨 ……… 188

第八章　东西部"输血—嵌入"式社会帮扶探讨 ……… 194

　　一　东西部"输血—嵌入"式社会帮扶的理论探讨 ……… 194

　　二　东西部"输血—嵌入"式社会帮扶的类型特征 ……… 197

　　三　东西部"输血—嵌入"式社会帮扶的运行逻辑 ……… 202

　　四　东西部"输血—嵌入"式社会帮扶的优化路径 ……… 210

第九章　东西部"造血—组团"式教育帮扶阐释 ……… 215

　　一　东西部"造血—组团"式教育帮扶的现实背景 ……… 215

　　二　东西部"造血—组团"式教育帮扶的主要缘由 ……… 219

　　三　东西部"造血—组团"式教育帮扶的内涵价值 ……… 221

　　四　东西部"造血—组团"式教育帮扶的模式转向 ……… 229

　　五　东西部"造血—组团"式教育帮扶的运作逻辑 ……… 235

　　六　东西部"造血—组团"式教育帮扶的协同治理 ……… 239

第三部分　东西部协作的关键机制

第十章　东西部协作中的协同制及其类型 ……… 247

　　一　东西部协作中协同制的缘起 ……… 247

　　二　东西部协作中协同制的模式 ……… 250

　　三　东西部协作中协同制的实践 ……… 256

　　四　东西部协作中协同制的类型 ……… 258

　　五　东西部协作中协同制的讨论 ……… 266

第十一章　东西部协作中的项目制及其运作 ……… 270

　　一　东西部协作项目制的研究缘起 ……… 272

　　二　东西部协作项目制的运作逻辑 ……… 276

三　东西部协作项目制的实践困境 …………………… 283
　　四　东西部协作项目制的治理叙事 …………………… 288

第十二章　东西部协作中的考评制及其变迁 …………………… 292
　　一　东西部协作考评制的变迁背景 …………………… 293
　　二　东西部协作考评制的变迁历程 …………………… 295
　　三　东西部协作考评制的变迁特点 …………………… 300
　　四　东西部协作考评制的变迁逻辑 …………………… 308
　　五　东西部协作考评制的变迁启示 …………………… 312

第四部分　东西部协作的未来面向

第十三章　面向中国式现代化的东西部协作 …………………… 317
　　一　东西部协作助力中国式现代化的现实要求 ……… 317
　　二　东西部协作助力中国式现代化的制度基础 ……… 320
　　三　东西部协作助力中国式现代化的运行过程 ……… 324
　　四　东西部协作助力中国式现代化的两个议题 ……… 334

参考文献 ………………………………………………………… 338

后记　我就是东西部协作的"产物" …………………………… 378

表 目 录

表 2—1　东西部协作空间辐射扩散示例……………………… 40
表 3—1　2016 年东西部结对关系 ……………………………… 67
表 6—1　消费帮扶中的政府与市场类型 ……………………… 130
表 7—1　东西部劳务协作政策演进（1990 至今）………… 170
表 10—1　东西部协作的科层协同……………………………… 259
表 10—2　东西部协作的市场协同……………………………… 262
表 10—3　东西部协作的网络协同……………………………… 264
表 12—1　东西部协作财政资金投入…………………………… 294
表 12—2　东西部协作考评要求统计…………………………… 296
表 12—3　东西部协作考评主体统计…………………………… 301
表 12—4　东西部协作考评内容统计…………………………… 303
表 12—5　东西部协作考评对象统计…………………………… 304

图 目 录

图1—1　东西部协作实践经验……………………………… 21
图1—2　东西部协作关系动态调整示意…………………… 24
图2—1　东西部协作政策扩散示意………………………… 35
图2—2　东西部协作政策文本分析………………………… 38
图2—3　东西部协作政策词语汇集………………………… 39
图2—4　东西部协作政府数量变化………………………… 43
图2—5　东西部协作政策运作逻辑………………………… 47
图3—1　东西部协作结对关系解释框架…………………… 55
图3—2　东西部协作结对关系调整示意…………………… 63
图3—3　东西部协作结对关系变迁过程…………………… 64
图3—4　东西部协作结对关系调整结果…………………… 67
图3—5　东西部协作结对关系变迁逻辑…………………… 75
图6—1　消费帮扶利益联结机制 …………………………… 144
图6—2　消费帮扶行动主体角色 …………………………… 147
图6—3　消费帮扶中的三维关系 …………………………… 154
图7—1　东西部劳务协作组织化分析框架 ………………… 169
图7—2　东西部劳务协作运作过程 ………………………… 176
图11—1　东西部协作项目制运作逻辑 …………………… 278

导　　读

　　东西部协作起源于20世纪80年代之后邓小平"两个大局"的思想，开始于1996年的对口帮扶，至今已有20多年的历史，其助推减贫经历了"整村推进、两轮驱动、脱贫攻坚、乡村振兴"四个阶段。后来，经过2016年在银川召开的东西部扶贫协作会议的强化，实现了从倡导性制度到规范性制度的转变，并成长为一项具有中国特色的"发展制度"。尤其是，自2017年8月印发《东西部扶贫协作考核办法（试行）》后，扶贫协作工作由"软约束"转变为"硬约束"，标志着该项工作正式走向制度化与规范化。为在"十四五"期间进一步发挥该制度的优势、巩固脱贫攻坚成果、全面推进乡村振兴，党的十九届五中全会将这一制度从"东西部扶贫协作"改为"东西部协作"，并明确指出"十四五"期间要进一步坚持和完善该项制度。

　　2021年4月8日，习近平总书记在宁夏银川召开的"全国东西部协作和中央单位定点帮扶工作推进会"上再次强调，东西部协作是解决乡村问题的重要抓手，并指出"要完善东西部结对帮扶关系，拓展帮扶领域，健全帮扶机制，优化帮扶方式，加强产业合作、资源互补、劳务对接、人才交流，动员全社会参与，形成区域协调发展、协同发展、共同发展的良好局面。"按此布局，中央对结对帮扶关系进行了调整，由原来的"穿花式帮扶"调整为"整域性帮扶"。接着，各结对省份面对新形势下的任务变化，迅速召开协作联席会议，签署新时期东西部协作协议，研究部署相关工作，为助推乡村振兴、实现共同富裕提供了重要支撑。2022年5月18日，全国东西部协作和中央单位定点帮扶工作推进电视电话会议再次强调要"持续深化东西部协作和中央单位定点帮扶，促进协作帮扶提质增效"。可以说，我国八年脱贫攻坚战能够取得圆满胜利，获得彪炳史册的伟大成绩，东西部协作功不可没。然而，现有关于东西部协作的研究还比较少，系统性、整体性、全域性研究成果基本是空白。

一　研究内容

本书以协同治理理论、区域协调发展理论、共同富裕理论为理论基础，以在贵州、广西、重庆、四川、云南、甘肃、宁夏、青海、内蒙古、湖南等10个中西部受扶省份，以及广东、浙江、江苏、福建、山东、北京、天津、上海、辽宁等9个东部帮扶省份调研或接触获取的素材为依据，对东西部协作及其助力乡村振兴的基本要素、主要维度、关键机制与未来面向四大部分内容进行系统而深入的分析，全书遵循三条逻辑主线：一是从历史维度出发，探讨东西部协作的发展脉络与未来走向，重点分析脱贫攻坚、乡村振兴、共同富裕时期东西部协作的经验与内容；二是从现实需求出发，对东西部协作成效、经验、问题、原因和对策进行探讨；三是从理论要素出发，就东西部协作有效运转的基本要素、主要维度、核心机制与未来发展进行分析。

本书的主要内容分为四大部分，分别是东西部协作的基本要素、主要维度、核心机制与未来发展，其中：第一部分探讨东西部协作的基本要素，总共有4章，主要探讨东西部协作的制度逻辑与实践经验、政策变迁与扩散维度、结对关系与演变历程以及协作中国家、政府与市场的关系，目的在于从理论、政策、历史的维度呈现东西部协作的制度逻辑、变迁过程与主要经验，厘清国家、政府与市场在东西部协作中的关系。第二部分探讨东西部协作的主要维度，总共有5章，主要从政策导向、考核要求和实际运作的角度，将东西部协作的核心内容分为产业协作、消费协作、劳务协作、社会帮扶、教育帮扶五部分,并就每部分协作的发展过程、政策变迁、类型划分、运行逻辑与优化路径进行系统分析。第三部分探讨东西部协作的核心机制,总共有3章,主要从协作制、项目制、考核制三个方面来分析东西部协作可持续运转的机制,并就每部分的类型、模式、逻辑与路径等进行系统探讨。第四部分探讨东西部协作的未来发展,总共有1章,主要从东西部协作如何建构结对治理,以及结对治理如何助力中国式现代化的角度来讨论其未来,面向。

本书的主要观点如下:

一是关于东西部协作的重要价值。东西部协作是以习近平同志为核心的党中央立足中华民族伟大复兴战略全局作出的大部署,是推动区域协调发展、协同发展、共同发展的大战略,是加强区域合作、形成统一市场、彰显统一国家的大布局,是巩固脱贫攻坚成果、全面开展乡村振兴、最终实现共同富裕的大举措,体现了中国特色社会主义制度的本质要求和奋斗目标。

二是关于东西部协作的政策扩散。作为"两个大局"战略构想的践行举措,东西部协作在助推解决贫困问题、推动区域协调发展、促进民族团结融合上做出了不可磨灭的贡献。自诞生以来,东西部协作政策随时间变迁发生了一系列的扩散,使其在空间维度、内容维度、组织维度上分别呈现出辐射扩散与跨域扩散并重、领域深化与政策细化并行、类型多元与层级下移并举的特点,并受政策背景、府际关系、制度效能的影响,其启发是加强党建引领是根本,督促权力下移是关键,完善考核评估是保障,开展深度合作是目标。

三是东西部协作的制度逻辑。东西部协作具有动因权威性、主体跨域性、工具混合性、模式协同性等特点,其制度逻辑是央地联动与府际协同的叠加、制度优势向治理效能的转化、规划引领与考核评价的协同、依附并超越科层制的协同网络等四个方面。

四是东西部协作的实践经验。在"中央统筹、省负总责、市县抓落实"的总体要求下,东西部协作机制呈现出从"点轴式"到"制度化"的不断完善、协作关系从"穿花式"到"整域性"的动态调整、协作内容从"重帮扶"到"重发展"的与时俱进、协作要素从"择强向度"到"均衡发展"的梯度适配等经验特征。

五是东西部协作的项目制及其逻辑。以"中央统筹、地方协作、基层落实"为核心要义的东西部协作项目制在中国政府治理过程中具有较为深厚的制度渊源。相较于普通项目制，东西部协作项目制具有明显的"央地联动""东西协商""基层协同"特点，由此呈现出"统筹式发包""协商式打包"与"协同式抓包"的运作逻辑。但在实施过程中，会产生项目资源分配不够均衡、目标定位不够精准、利益联结不够完善和监督机制不够健全等困境，让项目有序运转中的公平与效率、项目持续发展中的输血与造血、项目梯度转移中的数量与质量难以兼顾。因此，如何让依附、嵌入但又超越科层体系的东西部协作项目制适应新形势新要求的发展，在巩固脱贫攻坚成果、全面乡村振兴、促进共同富裕中有所作为，值得进一步探讨与反思。

六是东西部协作中的协同制及其类型。东西部协作中的协同模式有科层协同、市场协同和网络协同三种模式，科层协同在整个协作中处于核心位置，发挥着主导作用；市场协同有劳务市场协同、产业市场协同和消费市场协同三种类型；网络协同有两种形式，一种是府际之间人才交流和挂职衍生出来的社会关系网络协同；另一种是企业、社会组织和公民个人参与的社会帮扶网络协同。三种协同模式的结合有赖于目标考核和项目制的推行，其中目标考核驱动科层去主动结合市场和网络，项目制则有助于实现科层和市场的协同。

七是东西部协作的考评制及其变迁。始于1996年且与东西部协作同步发展的考评机制，经历了探索阶段、完善阶段和深化阶段三个阶段变迁，其考评变迁呈现出由一元到多元、由规定到自选、由单边到双边、由重结果到过程与结果并重等特征。理性主义、渐进主义和间断平衡是其变迁的内在逻辑。

二 研究方法

本书内容主要采用了以下研究方法：

第一，文献研究法。通过文献资料分析主要达成了四个目的：一是厘清"共同富裕"和"东西部协作"两个变量的学术谱系；二是分析东西部协作的相关政策文本；三是分析东西部协作的现状、问题及原因；四是分析迈向共同富裕的东西部协作的新困难、新发展。

第二，实证调查法。采取分层抽样的方法，以深度访谈、参与式观察与案例追踪的方式，于2019年1月—2024年1月，对贵州、广西、重庆、四川、云南、甘肃、宁夏、青海、内蒙古、湖南等10个中西部受扶省份，以及广东、浙江、江苏、福建、山东、北京、天津、上海、辽宁等9个东部帮扶省份进行了调研或接触，共计访谈了3800人次。参与观察东西部产业协作、劳务协作、消费协作、科教协作、人才交流等领域项目200多项，由此收集的文件、获取的观点、采集的案例、呈现的诉求是本书的主要素材。

第三，案例分析法。通过大规模调研获取了劳务协作、产业协作、消费协作、社会帮扶、教育帮扶、医疗帮扶、科技帮扶等领域200多个典型案例，并将这些案例提炼归纳整合进研究中，用以深度分析东西部产业协作、消费协作、劳务协作、社会帮扶、教育帮扶，以及东西部协作项目制、考核制、协同制的类型、逻辑与困境。

第四，比较研究法。对比分析不同历史时期尤其是脱贫攻坚、乡村振兴时期东西部协作的异同与特点，对比分析东西部协作不同领域的运行逻辑，对比分析以东西部协作为代表的横向结对关系与纵向结对关系的异同。

第五，历史分析法。历史分析方法可以准确把握东西部协作的脉络及走向，深入分析东西部协作的政策变迁、演进逻辑与实践经验，为总结脱贫攻坚与乡村振兴阶段东西部协作经验，进而助推共同富裕提供借鉴和参考。

三 研究创新

本书的研究创新主要有以下几点：

第一，系统诠释东西部协作重大理论问题。结合"组织领导、助力巩固拓展脱贫攻坚成果、加强区域协作、促进乡村振兴"等东西部协作实践，围绕东西部协作体制机制，紧扣东西部协作热点、难点与痛点，研究东西部协作理论价值、制度逻辑、实践经验、国际贡献、现实困难与改革转向等重要、重大问题。

第二，试图寻找东西部协作助推国家重大战略的核心密码。结合巩固拓展脱贫攻坚成果同乡村振兴有效衔接、全面推进乡村振兴、扎实推进共同富裕等重大国家战略，创新研究东西部协作助推国家重大战略的理论基础、现实需求、实践短板与改革转向，探索东西部协作助推国家重大战略的典型经验、典型案例、典型样板。

第三，助推完善中国特色的对口帮扶制度。以东西部协作为中心与圆点，系统研究中国对口制度的特点与异同，深入探讨对口制度的实践经验与时代价值，助推完善以东西部协作为主要内容的中国特色对口理论体系。

第四，尝试建构中国特色的结对治理体系。将以东西部协作为代表的对口制拔高至结对治理的高度，对比分析横向结对治理、纵向结对治理、纵横交叉结对治理的特点，尝试构建以东西部协作为代表的中国特色结对治理体系。

四 研究价值

本书的研究价值主要有以下几点：

第一，理论价值：①通过阐释东西部协作的制度逻辑、实践经验与长效机制，有利于创新中国东西部协作理论体系与实践模式、推进我国东西部协作政策移植与政策扩散、提升我国东西部协作能力与协作水平、引导社会积极响应东西部协作政策与协作号召，为构建中国特色结对治理体系奠定基础；②通过分析东西部协作的主要维度与核心机制，可以深化中国特色对口制度，为提炼中国东西部协作经验、彰显中国东西部协作智慧、讲好中国东西部协作故事、打造中国东西部协作品牌、推广中国东西部协作方案提供智力支持与人才支撑。

第二，实践价值：①通过系统梳理东西部协作的理论基础与政策体系，探讨东西部协作的政策变迁与演进历程，为优化东西部协作的顶层设计提供科学依据；②通过全面剖析东西部协作的现实镜像与主要特点，为完善新时期东西部协作方案提供合理借鉴；③通过深度挖掘东西部协作的影响因素与模式异同，为优化协作机制与协作体系提供有益启示；④通过深入而系统地研究东西部协作的制度逻辑、实践经验与长效机制，为出台助推乡村振兴与共同富裕的协作方略提供理性参考；⑤通过探讨东西部协作对乡村振兴、共同富裕的衔接与助推，为优化乡村振兴体系、完善共同富裕路径提供智力支持。

第一部分

东西部协作的基本要素

第一章 东西部协作的制度逻辑与实践经验

作为解决区域发展、协同发展、共同发展的重要举措,东西部协作在脱贫攻坚时期已体现出强大的制度优势,面对新发展阶段的新形势新要求,蕴含着央地联动与府际协同的叠加、制度优势向治理效能的转化、规划引领与考核评价的协同、依附并超越科层制的协同网络等制度逻辑的东西部协作,仍需进一步持续与深化。在"中央统筹、省负总责、市县抓落实"的总体要求下,东西部协作机制呈现出从"点轴式"到"制度化"的不断完善、协作关系从"穿花式"到"整域性"的动态调整、协作内容从"重帮扶"到"重发展"的与时俱进、协作要素从"择强向度"到"均衡发展"的梯度适配等经验特征。由此,如在新阶段继续坚持东西部协作,对于丰富和完善中国特色结对治理体系、推进全国统一大市场建设和助推实现共同富裕具有独特的价值意蕴。

一 东西部协作的发展历程

党的二十大报告指出:"我们经过接续奋斗,实现了小康这个中华民族的千年梦想……打赢了人类历史上规模最大的脱贫攻坚战……历史性地解决了绝对贫困问题,为全球减贫事业作出了重大贡献。"① 中国的脱贫攻坚战之所以可以取得如此巨大的胜利，原因是多方面的，其中，东西部协作发挥了重要作用。当时是东部9个省份结对帮扶中西部14个省份，东部343个经济较发达县（市、区）与中西部573个贫困县开展"携手奔小康"行动成效显著。2015年至2020年，东部9个省份共向扶贫协作地区投入财政援助资金和社会帮扶资金1005亿多元，派部和技术人员13.1万人次，超过2.2万家东部企业赴扶贫协作地区累计投资1.1万亿元。②这说明，东西部协作已成促进区域协调发展、协同发展、共同发展的重要举措。2022年5月18日，全国东西部协作和中央单位定点帮扶工作电视电话会议在北京召开，再次强调要"持续深化东西部协作，扎实推动巩固拓展脱贫攻坚成果，加快全面推进乡村振兴"。③为此，面对新发展阶段的新形势新要求，有必要进一步深入分析东西部协作的制度逻辑，总结提炼东西部协作的经验，探讨其时代价值，以便更有力地推进乡村振兴、实现共同富裕。

东西部协作的历史可以追溯到20世纪80年代初。改革开放以来，市场的力量增加了区域不平衡。为践行邓小平"两个大局"思想，加快西部地区扶贫开发进程，东西部协作成为解决区域协调发展的重要助力。事实上，自从1986年国家开启有组织的扶贫计划以来，东部地区与西部地区结对帮扶实践就在不断探索。1994年国家出台的《国家八七扶贫攻坚计划》、1996年出台的《关于组织经济较发达地区与经济欠发达地区开展扶贫协作的报告》，都提出了东部发达地区与西部欠发达地区协作扶贫的要求。2016年，习近平总书记在银川召开了东西部扶贫协作会议，随后发布了《关于进一步加

---

① 习近平：《高举中国特色社会主义伟大旗帜　为全面建设社会主义现代化国家而团结奋斗——在中国共产党第二十次全国代表大会上的报告》，《人民日报》2022年10月26日第1版。
② 《人类减贫的中国实践》，中华人民共和国国务院新闻办公室网，http://www.scio.gov.cn/ztk/dtzt/44689/45216/45224/Document/1701692/1701692.htm，2021年4月6日。
③ 胡春华：《持续深化东西部协作和中央单位定点帮扶》，中华人民共和国中央人民政府新闻网，http://www.gov.cn/xinwen/2022-05/18/content_5691051.htm，2022年5月18日。

强东西部扶贫协作工作的指导意见》①，2017年公布《东西部扶贫协作考核办法（试行）》后，东西部协作进一步得到强化，标志着其已经发展为一项规范化制度。② 及至2021年7月，国家层面相继出台了《东西部扶贫协作成效评价办法》（2019年）、《东西部协作考核评价办法》（2021年），东西部协作考核逐渐常态化、规范化。至此，东西部协作制度得到进一步巩固。

与此同时，学界也做了相应的研究与探讨，在分析中央主导下的东西部协作总体特征时，一些研究提出了不同的模式，如"中央诱导型的地方合作"③"府际跨区域协同治理"④"横向转移支付"⑤"政治性馈赠"⑥等。在诸多研究成果中，协作机制、协作关系、协作内容等，也成为关注的重点。研究发现，相较其他对口制度，东西部协作有一套较为完整的协作机制，包括组织领导机制⑦、运行机制⑧、激励机制⑨、保障机制⑩等；在协作关系方面，东西部结对关系呈现出由"点轴式"向"网络化"发展的趋势⑪，并通过帮扶关系的不断优化，在政府、市场和社会的互动中形成了政府主导、市

---

① 《中办国办印发〈关于进一步加强东西部扶贫协作工作的指导意见〉》，中国政府网，https://www.gov.cn/zhengce/2016-12/07/content_5144678.htm，2016年12月7日。

② 谢治菊、彭智邦：《东西部协作政策扩散的维度、逻辑与启示——基于政策扩散理论的文本分析》，《中国公共政策评论》2021年第3期。

③ 杨龙：《地方政府合作的动力、过程与机制》，《中国行政管理》2008年第7期。

④ 孙崇明：《东西部扶贫协作进程中的府际利益冲突与协调》，《地方治理评论》2019年第2期。

⑤ 石绍宾、樊丽明：《对口支援：一种中国式横向转移支付》，《财政研究》2020年第1期。

⑥ 李瑞昌：《界定"中国特点的对口支援"：一种政治性馈赠解释》，《经济社会体制比较》2015年第4期。

⑦ 韩广富、王芳：《当代中国农村扶贫开发的组织动员机制》，《理论月刊》2012年第1期。

⑧ 丁忠毅：《国家治理视域下省际对口支援边疆政策的运行机制研究》，《思想战线》2018年第4期。

⑨ 王小林、谢妮芸：《东西部协作和对口支援：从贫困治理走向共同富裕》，《探索与争鸣》2022年第3期。

⑩ 李瑞昌：《地方政府间"对口关系"的保障机制》，《学海》2017年第4期。

⑪ 梁琴：《由点到网：共同富裕视域下东西部协作的结对关系变迁》，《公共行政评论》2022年第2期。

场和社会参与的协作网络关系；在协作内容上，东西部结对帮扶可以发挥地方定向援助和区域协作的优势[1]，通过资金支持[2]、人才支援[3]、产业合作[4]、劳务协作[5]、消费帮扶[6]等手段，克服西部地区资源禀赋不全、市场发育不足等缺陷，客观上推进区际资源配置优化、释放市场效能，助推西部地区实现可持续发展[7]。

综上，虽然目前学界对东西部协作的已有研究为本章提供了丰富的素材与坚实的基础，但在扎实推进共同富裕的大背景下，却鲜有人深入分析和总结提炼东西部协作的制度逻辑、实践经验与时代价值，而这些探讨又对推动东西部协作机制、协作理念、协作内容、协作关系进一步优化，推动东西部协作效能进一步提升有重要帮助。基于此，本章试图讨论：一是东西部协作的制度逻辑是什么？二是东西部协作的实践经验有哪些？三是东西部协作的时代价值该如何解读？

二 东西部协作的制度逻辑

东西部协作为我国百年减贫治理提供了依据与基础，也是解决区域性、整体性贫困的重要手段。那么，东西部协作是如何从制度上保障其有序运转、实践有效的呢？这就需要深度分析东西部协作

---

[1] 贺立龙：《中国历史性解决绝对贫困问题的制度分析——基于政治经济学的视角》，《政治经济学评论》2020年第5期。

[2] 李勇、栾江等：《扶贫协作和对口支援：中国特色横向转移支付形式——以天津为例》，《理论与现代化》2020年第6期。

[3] 田昕、于亚滨：《医疗人才组团式援藏对口支援模式主要做法与成效分析》，《西藏研究》2017年4期。

[4] 蒋永甫、龚丽华等：《产业扶贫：在政府行为与市场逻辑之间》，《贵州社会科学》2018年第2期。

[5] 平卫英、罗良清等：《我国就业扶贫的现实基础、理论逻辑与实践经验》，《管理世界》2021年第7期。

[6] 厉亚、宁晓青：《消费扶贫赋能脱贫攻坚的内在机理与实现路径》，《湖南科技学院学报》2019年第2期。

[7] 张丽君、李臻：《民族地区东西协作治理模式的机理与实践》，《西北民族研究》2020年第4期。

的制度逻辑。

(一) 央地联动与府际协同的叠加

东西部协作是纵向权威实现横向治理的重要抓手。东西部协作承载的政策意向勾连着中央、地方和基层政府之间的权力和利益关系，而各个行动主体有着各自不同的利益面向，它们的行动逻辑反映出央地联动与府际协同叠加的制度特征。[1] 这意味着，在东西部协作中，一方面可以发挥中央政府的动员能力、资源配置能力以及影响力，为东西部政府快速调动各类经济社会资源提供制度保障与行动指南；另一方面可以充分调动地方政府的积极性，进而实现中央统筹下东西部政府主动协同的局面。

央地关系本身是东西部协作中最重要的政治关系。在东西部协作的框架体系内，央地双方的联动必不可少，因为，一方面，东部帮扶地区和西部受扶地区除了空间距离远、市场交易成本高之外，还受到政府间行政壁垒的影响，这就需要中央政府在东西帮扶理念和帮扶关系上发挥引导作用；另一方面，正如周黎安所言，地方官员既要为地区的政治经济发展而竞争，也要为各自的"加官晋爵"而竞争，所以往往更愿意以政治锦标赛的方式来开展工作，因此需要中央政府发挥引领作用。中央政府通过政治权威和考核评价推动东部地区人才、物质和资金等资源向西部地区流动，自上而下的政治动员，可以调动地方政府的积极性，让中央权威与地方活力实现有机联动，从而促进我国东西部协作有序运转。

在府际关系上，泰勒·斯科特（Tyler Scott）提出，受政治前途、个体责任等因素影响，地方领导者会对跨区域协作构成促进或阻碍。[2] 东部和西部政府在东西部协作中也存在着行政壁垒和机制障

---

[1] 黄科、王婷：《新时代党和国家机构改革的行动体系与效能转化》，《南京社会科学》2022 年第 3 期。

[2] Tyler Scott, "Does Collaboration Make Any Difference? Linking Collaborative Governance to Environmental Outcomes" *Journal of Policy Analysis and Management*, Vol. 34, No. 3, 2015, pp. 537–566.

碍，进而会弱化东西部协作政策的实际执行力，因此，府际间的协同共治十分必要。正如权成武和理查德·费奥克（Richard C. Feiock）所提出，地方政府通过政府间服务协议进行合作，以合作可能带来的绩效和效率提升的具体要求达成地方间协议。① 东西部协作机制的核心目标就是中央和地方之间、地方政府之间的整合、政府内部不同功能和不同部门的整合以及公私部门的整合。东西部协作离不开东西政府间的利益协调和共识机制。毕竟，由于东西部政府的利益诉求不同，同级政府在压力型体制下容易走向竞争，突破此困境的最好方式就是府际协同治理。简单来说，东西部协作结对双方将中央政府的行政指令转化为优势互补、战略互动的内生动力，拓宽协作领域，提高协作层次，加强协作动力，发挥各自应有的作用。

简言之，东西部协作的首要制度逻辑是"央地联动与府际协同的叠加"，也即，东西结对双方的协同共治是基础，中央政府的政治推动是根本。因此，强化中央政府的顶层设计，从源头上减少和防范利益冲突，以制度化的形式促进府际协同、实现利益共享，是其首要制度逻辑。

（二）制度优势向治理效能的转化

我国国家制度和国家治理体系具有"坚持全国一盘棋，调动社会各方积极性，集中力量办大事"的显著优势，东西部协作是集中力量办大事的典型体现。作为中国特色反贫困治理制度之一，东西部协作立足于全国一盘棋和发展大局，能够调动各方面力量，集中力量和资源解决和攻克西部贫困问题，其所具有的强大整合力和动员力有效克服了东西部地区资源分布差异大的治理挑战。从静态来看，东西部协作是对现有制度的实践效能、经验呈现和鲜明特征的肯定性褒扬和结论性评价。从动态来看，东西部协作是一个动态调整的过程，需要制度主体不断维护和加强，才能使制度优势保持较

---

① Sung-Wook Kwon & Richard C. Feiock, "Overcoming the Barriers to Cooperation: Intergovernmental Service Agreements" *Public Administration Review*, Vol. 70, No. 6, 2010, pp. 876-884.

高水平。[1] 一如习近平总书记所指出的："制度优势是一个国家的最大优势。"[2] 这是因为，一方面，我国特有的整合、动员的制度优势转化为东西部协作框架下行动主体之间各司其职、各尽所能的治理效能，呈现出纵横交织的立体特征。具体来说：从横向看，以中央政府为中心，延展出一张大网，将东部和西部整合吸纳其中；从纵向看，在中央和东西部地区之间形成多个层级，且每一层级都存在一个决策核心，有助于责任落实；另一方面，中央统筹所具有的智慧核心的制度优势转化为分层分类政策体系的治理效能。作为这一立体结构的核心，中央政府运用具有前瞻性的政治策略和政治技巧，独创出诸多具有中国特色的治理手段，保障了结对治理的有效性。例如通过"劳务协作""消费协作""产业协作"等多层的协作方式，以及自上而下的规划、引领与考核，快速实现中央的意志落地，有效缓解由于东西部协作链条过长而产生的执行偏差问题。

当前，在全球贫困问题依旧严峻的形势下，中国通过东西部协作等结对制，走出了一条属于自己的脱贫之路。[3] 按照世界银行国际贫困标准，我国减贫人口占同期全球减贫人口的70%以上。[4] 这充分体现了东西部协作制度的优越性。归纳起来，此种优越性体现在：通过健全领导体制、责任体系、工作机制和考评机制，将制度优势转化为凝聚共识、形成合力的治理效能，构建系统完备、科学规范、运行有效的中国特色的东西部协作体系。

（三）规划引领与考核评价的协同

作为政府规制减贫实践的主要治理工具，规划引领和考核评价

---

[1] 商志晓：《中国特色社会主义制度优势及其深厚基础》，《当代世界与社会主义》2020年第1期。

[2] 习近平：《坚持和完善中国特色社会主义制度推进国家治理体系和治理能力现代化》，《求是》2020年第1期。

[3] 黄承伟：《习近平扶贫重要论述与中国特色减贫道路的世界意义》，《当代世界》2021年第6期。

[4] 习近平：《在全国脱贫攻坚总结表彰大会上的讲话》，《人民日报》2021年2月26日第2版。

是中央政府实现政治推动的主要途径，在东西部协作助力减贫脱贫过程中发挥着尤为重要的作用。东西部协作规划以中央的总体性要求为导向，按照拟定的时间节点层层分解帮扶任务，并拟定阶段性帮扶目标及行动路径，具有明显的"计划性"和"科层制"属性。具体来说，"计划性"表现为规划能够为协作地区减贫脱贫与乡村振兴拟定"路线图"，这是上级政府考核的依据；"科层制"表现为规划内容更多是地方年度计划的一体化权威引导，下级政府不能就年度指标与省级政府进行"讨价还价"。[①] 站在政府的角度，以"计划性"和"科层制"属性为特征的东西部协作规划，具有"回溯性、实时性和预测性"特征，是"中央统筹—省负总责—市县抓落实"机制下的必然选择。实践中，东部与西部结对帮扶的各级政府要根据国家的"十四五"规划，编制地方东西部协作"十四五"规划，具体对东西部协作工作进行部署和统筹推进，明确来年的目标任务，正向激励地方经济社会发展。

根据新近政策文件[②]，东西部协作的主要任务是：通过经济发达的东部沿海地区与所帮扶的西部省区进行经济、技术、服务、人力资本等方面协作，解决发展不平衡不充分问题，缩小城乡区域发展差距，实现全体人民共同富裕。"东西部协作国考一次，一般按照中央的指标体系进行考核。省内东西部协作考核则参照国家东西部协作考核来实施，以中央的考核指标体系作为指导思想，再根据地方政府间的具体协议进行考核。[③]"东西部协作考核评价是压力型体制运作的具体表现。考核评价压力的根源在于中央政府对地方政府的指导，这种指导需要一定的治理体制、治理机制与治理方法作为结

[①] 汪三贵、冯紫曦：《脱贫攻坚与乡村振兴有机衔接：逻辑关系、内涵与重点内容》，《南京农业大学学报》（社会科学版）2019年第5期。

[②] 《中央农村工作领导小组印发〈东西部协作考核评价办法〉的通知》，广州市南沙区人民政府网，extension：//bfdogplmndidlpjfhoijckpakkdjkkil/pdf/viewer.html？file = http%3A%2F%2Fwww.gzns.gov.cn%2Fattachment%2F7%2F7025%2F7025145%2F7963019.pdf，2021年7月8日。

[③] WK，G省扶贫办社会扶贫处干部，访谈于2020年12月12日。

构支撑,具有重要影响。① 从积极的角度看,中央政府借助东西部考核评价机制,在横向职能部门与纵向政府层级之间建构起以"责任—利益"为核心的制度性联结,以制度化的方式推动上级对下级的监督,这种监督由结果环节延展至全环节,倒逼东西部协作过程的规范与效果的提升。

作为一项具有中国特色的制度性工具,东西部协作的规划体系和评估机制具有浓厚的本土色彩,是符合中国实践的产物,发挥着正向激励和反向监督的双重作用,在实践过程中实现了"前瞻性预警""过程性监督"和"考核后追责"的目标,它们之间的协同发展、衔接推进,是东西部协作取得成功的另一制度逻辑。

(四) 依附并超越科层制的协同网络

东西部协作的参与主体包括中央政府、东部政府、西部政府、企业、社会组织和受帮扶群众等,其所依赖的协同网络,是依附并超越科层制的,是科层协同、市场协同和社会协同的结合。② 科层制最显著的特征是自上而下的服从权威③。依托这一权威,东西部协作首先呈现出依附科层制的特征,即在中央政府的主导下,东西部各级政府都在"中央→省→市→县→乡"的科层制范围之内,每一层下级政府都服从上级政府的命令,通过层层传导将中央政府的政策意图送达基层,构建起"中央统筹、省负总责、市县抓落实"的协作格局。就此而言,科层制不仅是东西部协作的"组织架构",也是东西部协作得以有效运转的"运作机制"。不过,东西部协作的协同网络又是超越科层制的,市场网络与社会网络也发挥了积极的作用。作为资源优化配置的关键要素,市场这只"看不见的手"助推实现

---

① 张文翠:《基层政府政绩目标设置博弈与压力型体制异化——基于北方七个地市的实地调研》,《公共管理学报》2021年第3期。

② 兰英、谢治菊:《东西部扶贫协作中的协同模式研究——以广州市N区帮扶贵州省L县为例》,《中国公共政策评论》2022年第1期。

③ 张文礼、王达梅:《科层制市场机制:对口支援机制的反思》,《西北师大学报》(社会科学版)2017年第5期。

各主体有序、平衡和协同。例如，东部地区有着庞大的消费市场和劳动力需求市场，西部地区有充足的劳动力、丰富的农产品和自然矿产资源，通过东西部协作，政府引导东部企业到西部地区投资、转移西部地区劳动力到东部地区就业以及引导东部地区市民群众消费西部地区的农副产品，这充分调动了市场主体的积极性，降低资源流动的成本，也增强了脱贫群众的市场活力以及自我脱贫的持续能力，可以弥补"科层制"的绩效危机，能够平衡集权与分权、稳定与灵活、控制与自治、边界固定与变化之间的张力，有利于助推共同富裕。[1]

社会协同是东西部协作中社会帮扶的重要组成部分，主要通过动员社会力量广泛参与的方式整合社会资源来实现协同。东西部协作的政治动员不断加强，社会力量在协作中发挥的作用越来越明显。具体而言，东西部地方政府搭建社会参与平台，调动事业单位、社会组织、人民群众的积极性，构建起全方位的社会参与网络。通过动员，东部政府派出挂职干部、医生、教师、专业技术人员开展人才交流，教育机构、医疗机构开展结对共建和帮扶，慈善组织、志愿团体也积极参与协作事业。

由此，科层协同、市场协同和社会协同共同构成了协同网络，其中，纵向科层制的行政关系是网络经线，各级政府对东西部协作起到"提纲挈领"的主导作用；横向的市场主体、社会组织、脱贫群众等为网络纬线，镶嵌于东西部协作的协同网络中起到"穿针引线"的沟通和协调作用，形成了"纵向为主、横向为辅"的协同网络。[2] 在这张协同网络中，每个参与者都是网络体系中的一个节点，具有各自的利益偏好，发挥着不同的作用。不过，"在相互依赖的网络关系里，参与者们都无法独立实现目标，需要与其他参与者协

---

[1] 丁篪：《科层制政府的数字化转型与科层制危机的纾解》，《南京大学学报》（哲学·人文科学·社会科学）2020年第6期。

[2] 郑春勇：《论对口支援任务型府际关系网络及其治理》，《经济社会体制比较》2014年第2期。

作"①。由此，参与者们在互惠互利中形成协同网络，并通过府际合作来实现共赢。

三 东西部协作的实践经验

任何一种制度的产生都有其现实的需要。在共同富裕大背景下，东西部协作已走过28年，治理成效在时间序列上并非均质呈现，从1996—2016年，东西部协作更多属于倡导性制度，考核管理不规范，所以整体成效不明显；2016年以来，该项举措才得以制度化、规范化，尤其是2017年出台考核评价办法后，这一制度才得到前所未有的重视。相关数据也表明，2016—2020年间的协作成效，财政投入资金、捐款捐物分别是过去20年总额的5.8倍、8.2倍，协作双方互派干部与专技人才的人数，分别是过去20年的2倍与7.5倍。② 由此，全面总结东西部协作的实践经验，如图1—1所示，对实现党的二十大报告所提出的"加快建设农业强国"，具有重要的启示与意义。

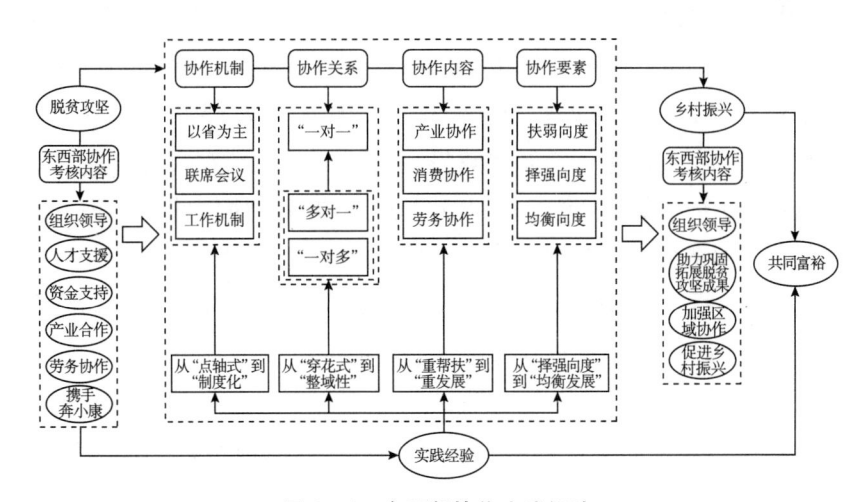

图1—1 东西部协作实践经验

① 史普原、李晨行：《从碎片到统合：项目制治理中的条块关系》，《社会科学》2021年第7期。
② 此数据为作者在国家乡村振兴局调查时获取的数据。

（一）从"零散性"到"制度化"：协作机制不断完善

过去的东西部协作，虽有政策倡导和要求，但整体不规范，结对关系和结对内容都处于比较零散的状态。2016年以来，东西部之间的协作机制越来越完善，制度化特征明显。

首先，东西部协作以"中央统筹、省负总责、市县抓落实"的自上而下的工作机制为主，从中央到地方均有专门的机构和人员负责此项工作。其中，国家乡村振兴局和省乡村振兴局均设置有东西部协作处，市、县乡村振兴局由社会帮扶科负责，有些市级层面如广州市、东莞市还有专门的协作办公室，专门负责东西部协作工作，这些机构主要负责东部协作资源调配。同时，东部协作人员到了西部之后，目前大多数省份是按照"省—市—县"的层级逐级结对，每一层级的协作机构名称不同。以粤黔协作为例，广东省协作干部到当地之后，省、市、县均组建了虚拟型任务组织，分别是广东省粤黔协作工作队、工作组和工作小组，工作队由1名副厅级干部和10名处级干部组成，分成几个工作部，具体执行两省东西部协作的决定，工作组和工作小组配备的人员级别和数量依次降低，一般市里是5—7名，由一名正处级干部带队；县里是2—3名，由一名副处级干部带队。为进一步强化效果，一些地区还根据实际情况派驻了招商、劳务等专项工作小分队，如穗黔协劳务协作的"山海心连之家"[①]，到东部地区开展工作，具体情况如图1—2所示。

其次，通过东西部联席会议机制，落实中央要求，布置协作任务。联席会议机制是结对双方达成合作协议、制定工作清单的重要抓手，也是各级政府在上级政府的指导下上下贯通、前后联动的工作协调会议。"联席会议机制主要对以往的工作进行回顾和总结，并规划下一步工作重点和任务[②]"调研时，有受访者如是说。事实上，在考核指标中，对于东西部协作政府主要领导是否召开联席会议，

---

① 此数据通过调研获取。
② ZX，D协作工作队Z工作组组长，访谈于2020年12月12日。

召开了几次联席会议,会议研究了什么内容,有专门的考核要求,这就要求双方率领党政代表团赴结对地区调研对接,召开高层联席会议。

最后,通过"以省为主"的管理机制,赋予省级政府进行统筹协调和统一部署东西部协作工作的职能。在政策制定方面,省级政府通过制定区域内东西部协作实施方案,给各市县协作做指导和参考;在资金支持、人才交流、劳务协作、产业协作、消费协作、教育协作等方面,则由相应的省级职能部门来统筹和调度,具体执行的时候,则由结对市县对接落实。另外,东部协作人员到西部后,也是由省级层面成立的两地协作工作队来统筹和抓全局,这样可以充分调动省内各方资源与力量,提高东西部协作效率。

通过中央发起动员、地方贯彻执行、全社会协同参与,东西部协作实现了地区之间的协同治理,确保了减贫工作成效,让协作机制从"零散性"走向了"制度化"。

(二) 从"穿花式"到"整域性":协作关系动态调整

根据2016年12月印发的《关于进一步加强东西部扶贫协作工作的指导意见》和2021年3月印发的《关于坚持和完善东西部协作机制的意见》,乡村振兴时期,东西部协作关系由"穿花式"结对帮扶关系转为"整域性"结对帮扶关系,具体情况如图1—3所示。

以"一对多"和"多对一"为主的"穿花式"结对帮扶关系是在脱贫攻坚背景下建立的。脱贫攻坚时期,东西部协作重点聚焦建档立卡贫困人口,在维持原有东西部协作体制、原有结对帮扶关系的基础上,结对帮扶关系调整为东部9省13市结对帮扶中西部14省(自治区、市)23市(州),其中,"一对多"的帮扶主要是指一个东部的省(市)结对帮扶两个或两个以上西部的省(市);"多对一"的帮扶主要是指两个或两个以上的东部省(市)结对帮扶一个西部的省(市)。这些帮扶突出对民族地区、贫困程度深的难点地区的支持,实现了对30个民族自治州结对帮扶的全覆盖。

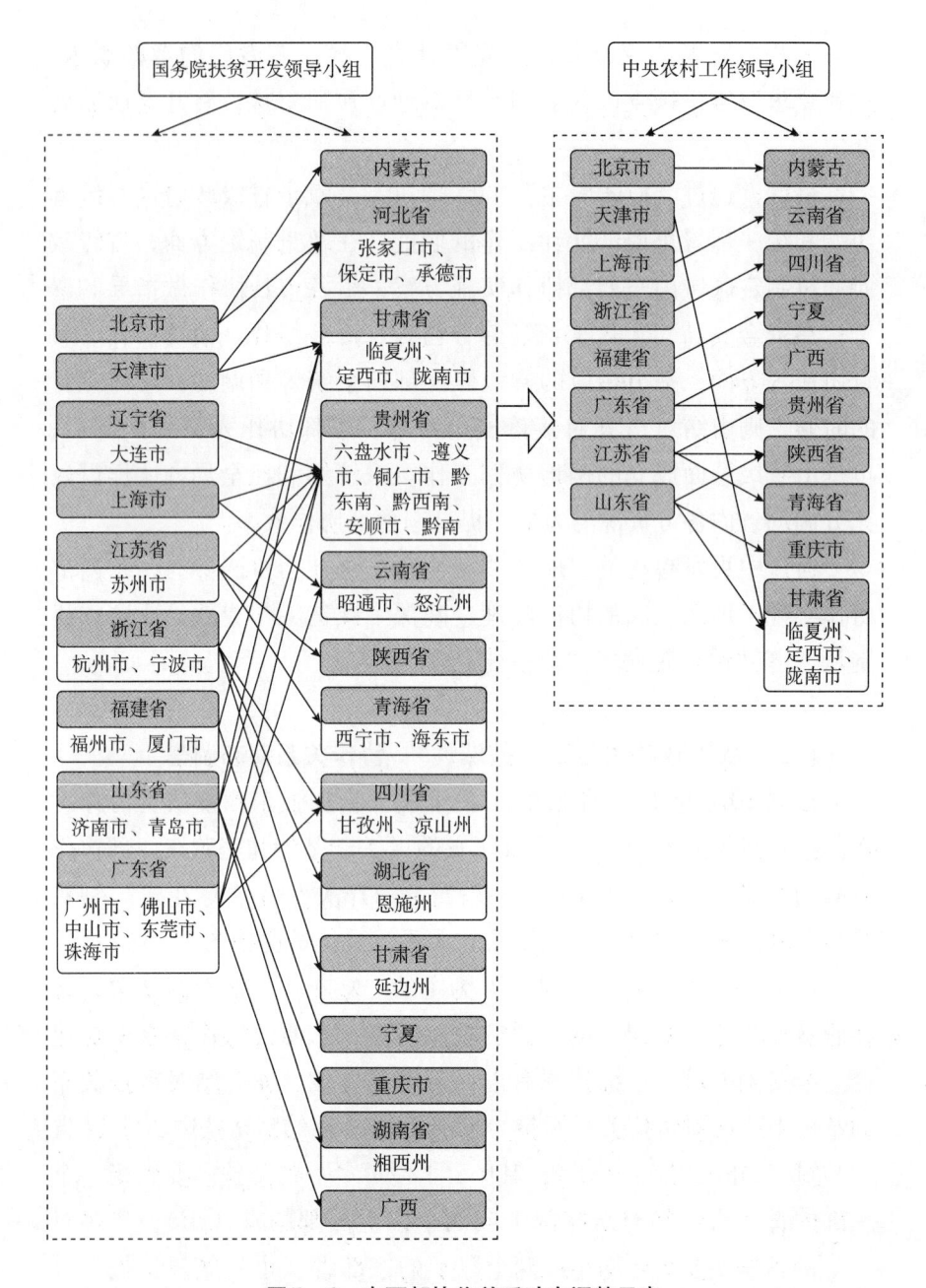

图 1—2　东西部协作关系动态调整示意

2021年以后，东西部协作转变为以"一对一"为主的整域性帮扶。所谓整域性帮扶，是指一个东部省（市）结对帮扶一个西部省（区、市）的省际长期固定结对关系，在产业、教育、劳务等方面实施综合性、系统性的帮扶举措，这有利于帮扶力量的整合，从而提升帮扶效益。调研发现，除了"一对二"结对帮扶关系如山东帮扶重庆和甘肃，广东帮扶广西和贵州、江苏帮扶陕西和青海之外，其余基本是"一对一"的结对帮扶关系，包括天津帮甘肃、北京帮扶内蒙古、上海帮扶云南、浙江帮扶四川、福建帮扶宁夏。之所以有这样的思路转换，这与东西部协作主动融入新发展格局有关。乡村振兴阶段，农村不再是简单的减贫，而应立足于乡村振兴，过去东西部之间的"穿花式"帮扶显然不适应这样的要求，故而要转为"整域性"结对帮扶关系[1]。

2021年4月，习近平总书记强调，要完善东西部结对帮扶关系，拓展帮扶领域，健全帮扶机制，优化帮扶方式，加强产业合作、资源互补、劳务对接、人才交流，动员全社会参与，形成区域协调发展、协同发展、共同发展的良好局面[2]，这进一步要求东西部协作的结对帮扶关系重新调整为省与省结对，并将结对帮扶重心向其中160个脱贫基础较差的乡村振兴重点县倾斜。

（三）从"重帮扶"到"重发展"：协作内容与时俱进

过去二十多年，东西部协作助推脱贫攻坚战取得历史性成就。迈入新时期，东西部协作内容根据协作目标进行了调整，从"重帮扶"转向"重发展"，重点强调具有造血功能的产业协作、消费协作、劳务协作、教育协作等"四大协作"，这是立足中国国情做出的深刻变革。

---

[1] 徐明强：《基层政府治理中的"结对制"：个体化联结与情感化互动》，《探索》2021年第5期。
[2] 《习近平对深化东西部协作和定点帮扶工作作出重要指示强调适应形势任务变化弘扬脱贫攻坚精神，加快推进农业农村现代化全面推进乡村振兴》，《人民日报》2010年4月9日第1版。

2020年之前，我国的减贫方略聚焦于脱贫群众的基本生存和基本生活，分层分类进行精准帮扶。相应地，东西部协作的内容也以帮扶为主，所以那时候叫"东西部扶贫协作"，强调东部对西部的帮扶。从对口单向帮扶转向双向协同发展，从定点定向帮扶转向全面推进，新时代的东西部协作，围绕"以协作促发展"的新目标、新任务和巩固脱贫攻坚成果、促进乡村振兴的新要求，建立健全协作机制，探索建立高效化的合作方式。这一点，2021年新颁布的考核指标体系可以佐证。在新一轮考核指标体系中，主要围绕"组织领导、助力巩固拓展脱贫攻坚成果、加强区域协作和促进乡村振兴"四个方面，[34]强调区域协调发展、协同发展和共同发展。例如，在产业协作方面，部分地区提高了产业协作在资金使用中的占比标准，有的甚至高达70%，主要是因为产业的转移和建设有利于区域间生产要素的快速流动，从而推动西部地区经济发展；在消费协作方面，强调促进土地、技术、人才等要素在两地之间充分流动、有机耦合，形成"线上""线下"产销对接机制，进一步拓宽消费市场；在劳务协作方面，考核指标中关于"就近就业"的标准，从"帮扶车间、公益岗位"等"输血式"的方式转向强调"就业培训、稳岗就业"等自身能力的提升，更加注重脱贫人口可持续生计能力的发展。

（四）从"择强向度"到"均衡发展"：协作要素梯度适配

作为特定政治生态中形塑而成的制度安排，东西部协作是巩固脱贫攻坚成果、促进乡村振兴的有效工具，与对口支援一样，呈现出东部地区帮扶西部地区发展的"扶弱向度"、区域竞争和资源配置的"择强向度"以及实现共同富裕的"均衡发展"①。也即，通过东西部省际的结对帮扶，将区域资源进行合理化梯度适配，实现了协作要素的良治均衡。

在"东强西弱"的背景下，东西部协作具有明显的"扶弱向

---

① 谢炜：《对口支援："项目制"运作的梯度适配逻辑》，《中国行政管理》2022年第4期。

度"。具体来说，东部地区与西部地区并非"偶然性结对"，而是蕴含着国家层面对于东西部地区进行梯度适配的顶层设计。中央政府处于统筹协调的角色，运用中央政府的权力，指令东部地区政府直接向西部地区政府划拨地方财政资金，通过制定规划、实施考核评估等顶层设计来调控东西部之间的资源适配，促进要素在东西部间自由流动，将先进技术和生产能力向西部转移，帮助西部地区脱贫致富，逐步缩小区域差距。不过在实践中，东西部协作却表现出区域资源竞争和博弈的"择强向度"。受历史发展、自然环境、政策惠及、资源禀赋等因素的制约和影响，西部地区脱贫人口还不能充分享受到人类历史发展进程中的公共资源，造成脱贫人口的发展能力受限。由此，东部地区和西部地区之间在经济发展、资源配置、地理位置、治理水平等方面存在明显的梯度位差，经济技术发展水平极不均衡，要在短期内实现效益，尤其是为应对每年的考核，东部的资源投入则需要呈现"择强向度"。

但从结对双方角度来看，东西部协作的形成离不开迈向共同富裕的"均衡向度"。在东西部协作的制度框架内，东部地区结对帮扶西部地区既是中央指令下的一种"政治性馈赠"，又有促进自身利益实现的动力。对于东部地区来说，参与东西部协作是一种利他行为。而对于西部地区来说，东西部协作使其在中央政府的指导下，也实现了地方自身的发展。也就是说，东部地区与西部地区的协作并非"单向政治性馈赠"的线性关系，而是既关注西部地区的资源禀赋和发展需求，又重视东部地区的利益诉求，通过动态调适利益结构，实现取长补短、互惠互利的关系和协作共赢的格局，促进了东西部地区间经济社会的均衡、一体化发展。就此而言，按照谢炜的解释，与对口支援相似，东西部协作之所以可以有效促进西部地区脱贫，是因为协作机制各资源之间形成了合理化梯度适配的状态。"梯度适配"概念来自哈佛大学学者约翰·凯恩提出的"空间失配"，指主体之间的要素失衡状态，资源配置处于闲置或消耗的现象，低梯度主体的利益需求无法满足，共同目标被侵蚀的后果。[①] 东西部协作的梯度适配区别于一般意义上资源调动的内涵，还蕴含主体之间多元竞合的结对帮扶关系，从制度、政策和机制上深化减贫行动，有效促进东西部地区经济社会发展，为实现共同富裕长期努力。

四 东西部协作的时代价值

新时代新阶段持续深化东西部协作对于丰富和完善中国特色结对治理体系、推进全国统一大市场建设、促进共同富裕具有独特的价值意蕴。

（一）丰富和完善中国特色结对治理体系

结对帮扶是我国在过去减贫治理中为促进和实现共同富裕而采用的独特方法，是不同区域、行业、部门乃至省域间开展合作与交流的有效形式[②]，多组织单位中的跨部门治理、地理空间上的跨行政区域治理是其典型特征。作为一种资源协调和跨域协作机制，"结对"这种工作方法能够通过可控性多层竞争实现任务的高效完成[③]。因此，结对帮扶这一政策工具被广泛运用于中央定点帮扶、对口支援、对口合作、高校对口帮扶、东西部协作、"第一书记"驻村帮扶等国家治理的诸多领域。上升到国家治理层面，结对治理衍生于结对帮扶中的各类对口结对关系，具有资源统筹性、优势互补性等特征，可以有效促进区域均衡发展与资源配置，助推乡村振兴。进入全面乡村振兴阶段。

结对治理有纵向结对、横向结对和纵横交叉结对，其中，东西部协作是典型的横向结对。事实上，众多结对帮扶中，东西部协作

[①] Bryan D. Jones and Saadia R. Greenberg, et al, "Service Delivery Rules and the Distribution of Local Government Services: Three Detroit Bureaucracies", *The Journal of Politics*, Vol. 40, No. 2, 1978, pp. 332-368.

[②] 赵明刚：《中国特色对口支援模式研究》，《社会主义研究》2011年第2期。

[③] 钟开斌：《控制性多层竞争：对口支援运作机理的一个解释框架》，《甘肃行政学院学报》2018年第1期。

是运行最为持久、影响最为广泛的结对安排，充分体现了我国的制度优势，已成为我国结对治理体系的重要组成部分。与东西部协作一样同属于横向结对的还有对口支援和对口合作，但这两种结对协作并不纳入强制性考核；加之对口合作只是由中央政府倡导在各省（市）之间展开的一种市场行为，更多是一种倡导性行为，激励约束机制还有待完善。从这个角度看，常态化、规范化、制度化的东西部协作是我们观察全链条、全过程、全域性横向结对的一个理想样板，有助于我们摸清横向结对中各治理主体在如何相互作用、相互制约，进而探讨横向结对的逻辑体系，识别其主要特征，这显然也有助于我们进一步研究中国特色的结对治理体系。因此，新的历史阶段，继续坚持和完善东西部协作制度，不仅是巩固拓展脱贫攻坚成果同乡村振兴有效衔接的时代要求，也是丰富和完善中国特色结对治理体系的现实需要。

（二）有利于建设全国统一大市场

作为发展中国家，建设统一开放、竞争有序的全国统一大市场，是构建高水平社会主义市场经济体制的必然选择，也是实现党的二十大报告所提出的高质量发展的基础支撑和内在要求。通过建设全国统一大市场，可以促进生产要素资源在更大范围内畅通流动，均衡区域资源要素空间配置，依托全国统一大市场顺利实现国内外经济循环和扩大再生产，促进区域协调发展。这意味着，作为区域协调发展的关键政策，东西部协作对于建设国内统一大市场具有积极促进作用。

作为中国本土的特色实践，东西部协作发挥地方定向援助和区域协作优势，通过资金支持、人才支援、产业合作、劳务协作、消费帮扶，一定程度上校正市场失灵，对资金、劳动力、技术等生产要素进行重组，既完善脱贫地区的生产、分配、交换、消费四大体系，释放地区间经济发展所产生的经济效益，客观上推进了区际资源配置优化、市场效应扩散、发展模式推广①，改善了脱贫地区的生产生活条件。尤其是在产业协作方面，结对双方在持续深化协作中不断优化营商环境，加强产业市场化协作，逐步引导东部地区产业向西部地区适度疏解和梯度转移，优化西部地区产业结构，同时也将西部协作地区产业纳入东部地区产业发展链条，推动生产力各要素跨区域流动，实现优势互补、利益共享。新的阶段，东西部协作立足发挥各地区比较优势和缩小区域发展差距，围绕努力实现区域协调发展、协同发展、共同发展的目标，致力于将脱贫地区纳入全国统一大市场和社会大分工中，破除地区之间的利益藩篱和政策壁垒，让各类要素和资源在地区间互动配置，形成相互依存、互为补充、统一开放、有机协调的市场体系，推进全国统一大市场形成。

（三）助推实现共同富裕

脱贫攻坚的成功经验表明，东西部协作能够继续为西部地区实现乡村振兴发挥重要的制度功效。乡村振兴阶段，东西部协作着眼巩固拓展脱贫攻坚成果，深化东西部协作，持续做好脱贫地区帮扶工作，增强西部贫困地区内生发展动力，实现巩固拓展脱贫攻坚成果同乡村振兴有效衔接。不仅如此，东西部协作还可以有效统筹资源、实现东部和西部优势互补。毕竟，一方面，协作双方主体通过共商共建区域协作发展机制，并就协作双方资源统筹问题进行沟通协商，可以落实制度层面的资源统筹工作，让资金、技术、人才等资源在西部地区乡村振兴中得到合理配置，一定程度上实现支援方资源供给与受援方资源需求相匹配；另一方面，协作双方依托各自资源优势，在产业合作、消费协作等方面加强互惠型协作，探求支援地与受援地如何形成一种互惠互利的关系，推动构建东西部协调发展新格局，形成协作双方共赢局面。在迈向共同富裕的关键时期，东西部协作也能为扎实推进共同富裕发挥不可或缺的制度功效。共

---

① 贺立龙：《中国历史性解决绝对贫困问题的制度分析——基于政治经济学的视角》，《政治经济学评论》2020年第5期。

同富裕是一个长久的目标和规划，具有长期性、艰巨性、复杂性、渐进性等特征。围绕共同富裕目标，东西部协作有力支持了脱贫攻坚，消除了绝对贫困。然而，也应该看到西部地区依然是当前我国实现共同富裕的薄弱区域，东部地区和西部地区发展不平衡、贫富差距较大等现实问题仍旧存在，实现共同富裕任重道远。因此，在共同富裕的大背景下，继续坚持和深化东西部协作，可以通过先富带后富、先富帮后富分阶段分层次实现共同富裕。

上升到制度优势与治理效能层面，可以说，在很大程度上，东西部结对治理通过系列制度安排和政策供给实现了区域资源互补、共同发展，实现了制度优势向治理效能的转变。为了在新阶段充分发挥东西部协作在促进区域协调发展方面的作用，当务之急是如何构建具有中国特色结对治理体系，将东西结对制规范为长期的均衡机制，这就需要积极推进中国特色结对治理理论的建构，推动东西部协作迈上新台阶。

为此，站在构建中国特色结对治理理论体系的高度，东西部协作还需要在以下方面进行完善：一是进一步厘清国家、市场、社会关系，逐步引导我国的结对治理从国家主导向国家引导、市场主导与社会参与的转变，助推实现共同富裕；二是进一步完善结对考核评估机制，健全考核评估指标体系，通过有为政府与有效市场，促进公平与效率平衡发展，助推实现分层次的共同富裕；四是进一步树立区域协调发展、协同发展、共同发展理念，正确处理外力帮扶与内生发展的关系。

第二章 东西部协作的政策变迁与扩散维度

自诞生以来，东西部协作政策随时间变迁发生了一系列的扩散，在此背景下，本章以政策扩散理论为框架，以 1996—2021 年东西部协作政策为研究样本，利用 Nvivo 软件，分别从空间维度、内容维度、组织维度研究东西部协作政策扩散现象，分析东西部协作政策扩散表征、逻辑与启示。

一 东西部协作政策变迁的背景与缘起

脱贫摘帽不是终点，而是新生活、新奋斗的起点。在开启全面建设社会主义现代化国家新征程、向第二个百年奋斗目标迈进的新发展阶段，习近平总书记在 2021 年 4 月 8 日召开的"全国东西部协作和中央单位定点帮扶工作推进会"上再次强调，东西部协作是解决乡村问题的重要抓手，并指出要"完善东西部结对帮扶关系，拓展帮扶领域，健全帮扶机制，优化帮扶方式，形成区域协调发展、协同发展、共同发展的良好局面。"按此布局，党中央对原来的结对帮扶关系进行了调整，由原来的"穿花式帮扶"调整为"整域性帮扶"。接着，各结对省份面对新形势下的任务变化，迅速召开协作联席会议，签署"十四五"时期东西部协作协议，研究部署相关工作，为助推乡村振兴、实现共同富裕提供了重要支撑。

可以说，我国的 8 年脱贫攻坚战能够取得圆满胜利，获得彪炳史册的伟大成绩,东西部协作功不可没。然而,现有关于东西部协作的研究还比较少,即便有,也主要聚焦在考察维度[1]、内容总结[2]、实践成效[3]、个案分析[4]、资源分配[5]、利益冲突[6]、现实困境[7]、模式转向[8]、绩效考核[9]等方面,鲜有进行政策梳理与文本分析,尤其对政策如何在空间上从原有地区扩散到其他地区、在内容上从之前以资金援助为主演变为"十三五"的"6+1"帮扶体系再到"十四五"的"4+1"帮扶体系,在组织上从单一主体扩大到多元协同的研究很少,而这些问题对于总结东西部协作助推脱贫攻坚经验、启示东西部协作助推乡村振兴具有重要价值,也是政策扩散的重要表现。

政策扩散(Policy Diffusion)研究最早见于沃克在1969年对美国各州政策传播的研究[10]。罗杰斯认为扩散是指经过一段时间,创新在社会系统成员间传播的过程[11]。在此过程中,一个时间或地点存在的政策、管理举措或机构,可以用于在另一个时间或地点来发展,这些发展可从时间维度、空间维度、组织维度、内容维度来探知[12]。时间维度上的政策扩散通常表现为政策采纳主体数量随时间变化而

---

[1] 李小云:《东西部扶贫协作和对口支援的四维考量》,《改革》2017年第8期。
[2] 韩广富、周耕:《我国东西扶贫协作的回顾与思考》,《理论学刊》2014年第7期。
[3] 黄承伟:《东西部扶贫协作的实践与成效》,《改革》2017年第8期。
[4] 祝慧、雷明:《东西部扶贫协作场域中的互动合作模式构建——基于粤桂扶贫协作案例的分析》,《苏州大学学报》(哲学社会科学版)2020年第1期。
[5] 王士心、刘梦月:《东西部协作扶贫须做好资源跨区域分配》,《人民论坛》2019年第3期。
[6] 孙崇明:《东西部扶贫协作进程中府际间利益冲突与协调》,《地方治理评论》2019年第2期。
[7] 吴国宝:《东西部扶贫协作困境及其破解》,《改革》2017年第8期。
[8] 谢治菊:《东西部协作教育组团帮扶的模式转向与本土建构》,《吉首大学学报》2021年第4期。
[9] 方珂、蒋卓:《东西协作扶贫的制度特点与关键问题》,《学习与实践》2018年第10期。
[10] Walker, Jack L., "The Diffusion of Innovations among the American States" *American Political Science Review*, Vol. 63, No. 3, 1969.
[11] [美]埃弗雷特·M·罗杰斯:《创新的扩散》,辛欣译,中央编译出版社2002年版,第25页。
[12] David Dolowitz and David Marsh, "Who Learns from Whom: A Review of the Policy Transfer Literature" *Political Studies*, Vol. 44, No. 2, 1996.

呈现出"慢—快—慢"的 S 形增长模型[①]；空间维度上则呈现为政策采纳主体的区域性集聚和近邻效应[②]；组织维度则体现为采纳新政策的主体多元化，即存在较大差异的主体推行一致或相似的公共政策[③]；内容维度上的趋同则意味着不同地区的公共政策在政策目标、内容、工具、产出、风格上趋向一致[④]。

  自提出以来，政策扩散理论在我国研究领域已有一定的应用，特别是在电子政务[⑤]、信息公开[⑥]、社会保障[⑦]、城市治理[⑧]等领域，但在政策扩散现象频发的反贫困治理领域运用却较少[⑨]，也尚无从政策扩散视角研究东西部协作的文献。再加上，东西部协作政策中地区结对关系调整只在 2013 年、2016 年和 2021 年才发生，在时间维度上政策扩散连续性较弱，故以时间维度研究该政策的扩散效度较差，因而本章拟放弃这一维度，主要从空间、内容与组织维度上来分析。但是，由于现有研究对政策空间维度的关注主要是邻近地区的辐射扩散[⑩]，对地理上不接壤跨越政策扩散关注较少；内容维度的

[①] Kurt Weyland, "Lessons from Latin American Pension Reform" *World Politics*, Vol. 57, No. 2, 2005.

[②] Lawrence A. Brown and Kevin R. Cox, "Empirical Regularities in the Diffusion of Innovation" *Annals of the Association of American Geographers*, Vol. 61, No. 3, 1971.

[③] Lawrence A. Brown and Kevin R. Cox, "Empirical Regularities in the Diffusion of Innovation" *Annals of the Association of American Geographers*, Vol. 61, No. 3, 1971.

[④] Colin J. Bennet, "What Is Policy Convergence and What Causes It?" *British Journal of Political Science*, Vol. 21, No. 2, 1991.

[⑤] 马亮：《政府创新扩散视角下的电子政务发展——基于中国省级政府的实证研究》，《图书情报工作》2012 年第 7 期。

[⑥] 王洪涛、魏淑艳：《地方政府信息公开制度时空演进机理及启示——基于政策扩散视角》，《东北大学学报》（社会科学版）2015 年第 6 期。

[⑦] 朱旭峰、赵慧：《政府间关系视角下的社会政策扩散——以城市低保制度为例（1993—1999）》，《中国社会科学》2016 年第 8 期。

[⑧] 林雪霏：《政府间组织学习与政策再生产：政策扩散的微观机制——以"城市网格化管理"政策为例》，《公共管理学报》2015 年第 1 期。

[⑨] 刘央央、钟仁耀：《基于博弈论视角的支出型贫困救助政策扩散研究》，《社会保障研究》2017 年第 5 期。

[⑩] 李健：《公益创投政策扩散的制度逻辑与行动策略——基于我国地方政府政策文本的分析》，《南京社会科学》2017 年第 2 期。

关注主要集中于领域多元化[①]，忽略了同一领域政策内容的深化；组织维度上的注意力主要聚焦于政策在平行组织之间的传播[②]，对不同层级组织和不同类型组织的扩散现象关注不足，为此，本章拟对政策扩散的空间、内容、组织维度进行优化，具体思路如下：空间维度上，拟在已有辐射扩散理论基础上增加层级结对的空间对等和不相邻地域的跨域扩散；内容维度上，拟以政策内容的拓展、深化为逻辑主线；组织维度上，以政策数量增多、组织类型增加、结对层级下移作为研究关注点，如图2—1所示。

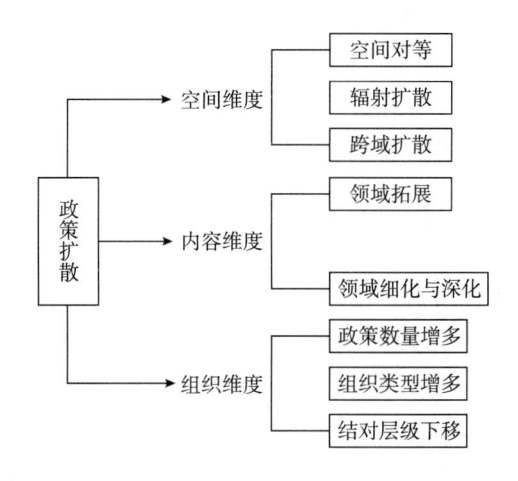

图 2—1　东西部协作政策扩散示意

基于此，本章拟在优化整合现有政策扩散理论的基础上，对东西部协作政策扩散的空间、内容与组织维度进行分析。具体来说，通过对东西部协作政策的历史回顾与文本分析，从空间、内容、组织三个维度去阐释东西部协作政策扩散表征、逻辑与启示，为巩固拓展脱贫攻坚成果与全面推进乡村振兴提供历史借鉴，为区域协调

[①] 文宏：《危机情境中的政策扩散：一项探索性研究——基于446份复工复产政策的文本分析》，《四川大学学报》（哲学社会科学版）2020年第4期。

[②] 罗新祜、陈敏、陈亚艳：《美国高等教育绩效拨款政策的演进逻辑——基于政策扩散理论的分析》，《现代大学教育》2020年第1期。

发展和全球乡村治理提供中国智慧。

二 东西部协作政策变迁的数据与来源

东西部协作的前身是对口帮扶，来自20世纪80年代初邓小平同志提出的"两个大局"构想，即"沿海地区加快对外开放，使这个拥有两亿人口的广大地带较快地先发展起来……内地要顾全这个大局"与"发展到一定时候，又要求沿海拿出更多的力量帮助内地加快发展……那时沿海地区也要服从这个大局"[1]。随后的1996年，东西部协作政策文件正式出台，强调东西部要以优势互补、互利互惠、共同发展的原则开展扶贫协作；而后续的东西扶贫协作、东西协作扶贫、东西部扶贫协作，实际上都是指东西部协作政策，直至党的十九届五中全会统一规范为东西部协作。不过，有学者将对口支援作为东西部协作的来源，认为对口支援就是东西部协作[2]，但从二者定义与实践对象来看，对口支援是一种无条件、单方面的输血性支援，是政治性任务和道德性义务结合[3]；而东西部协作则是以"优势互补""互利互惠"为原则，以政策引导、市场化参与形式开展，更加注重对欠发达地区发展内生动力的促进，是实现区域协调发展的手段。所以，将对口支援纳入东西部协作范畴不免有囿圄之意。故此，本专著的主要数据来源是：采取分层抽样的方法，以深度访谈、参与式观察与案例追踪的方式，于2019—2021年在贵州、云南、广西、内蒙古、甘肃、宁夏、四川、重庆、青海等西部9省进行了系统调研与考察，调研共深度访谈东部帮扶干部98人、西部在地干部82人、项目运营主体67人、项目受益对象134人，参与观察东西部产业协作、劳务协作、消费协作、科教协作、人才交流等

---

[1] 邓小平：《邓小平文选》（第三卷），人民出版社1993年版。
[2] 李勇：《改革开放以来东西扶贫协作政策的历史演进及其特点》，《党史研究与教学》2012年第2期。
[3] 李瑞昌：《界定"中国特点的对口支援"：一种政治性馈赠解释》，《经济社会体制比较》2015年第4期。

领域项目50多项，由此收集的文件、获取的观点、采集的案例、呈现的诉求是本专著的主要素材。

本章拟以1996—2021年中共中央、国务院及相关部门出台的有关东西部协作、对口帮扶的政策为研究样本，这些样本主要来源于北大法宝数据库，以及中国共产党历史文库、学术文献、人民日报、光明日报等。具体搜索步骤如下：在北大法宝数据库输入"对口帮扶""东西扶贫协作""东西部协作"等字样，并设为模糊检索；随后，将检索出来的文件进行筛选，剔除主题关联度较差的政策，并将剩余的政策按照时间先后进行排序，在其他样本来源重复上述操作，将筛选后的所有相关政策进行合并统计。结果显示，截至2021年4月1日，收集到的与东西部协作政策高度相关的法规、文件、条例、方案、通知、意见共209个；最后，以这209份政策文件为内容，建立东西部协作政策文本分析库。

本章主要分析方法为内容分析法，即结合Nvivo软件进行质性研究。内容分析法（Content analysis）是以客观、系统、定量方式对研究对象的内容进行深入分析，进而发现事物本质现象的一种研究方法[1]。内容分析法广泛运用于图书情报、政治学、社会学等研究领域，是质性研究的主要研究方法之一。本章以Nvivo软件为依托进行数据整理与内容分析。Nvivo软件是一种支持质性研究和混合研究的软件，使用便捷，可以支持不同来源的数据分析，是目前最为流行的质性研究软件之一[2]。

按照内容分析法的步骤，本章首先对筛选出来的209份政策文本按时间进行排序，然后对政策文本逐份编码。编码后，以政策扩散中的空间、组织、内容三个维度建立节点，随后分别在三个节点下建立相应的子节点，最后对政策文本内容编码后进行统计分析，得出研究结果，具体过程如图2—2所示。

---

[1] 刘伟：《内容分析法在公共管理学研究中的应用》，《中国行政管理》2014年第6期。
[2] 左春伟、吴帅：《乡村振兴战略中绩效目标的价值与困境——基于中央和17省级区划乡村振兴指导性政策文件的Nvivo质性研究》，《西藏大学学报》（社会科学版）2019年第2期。

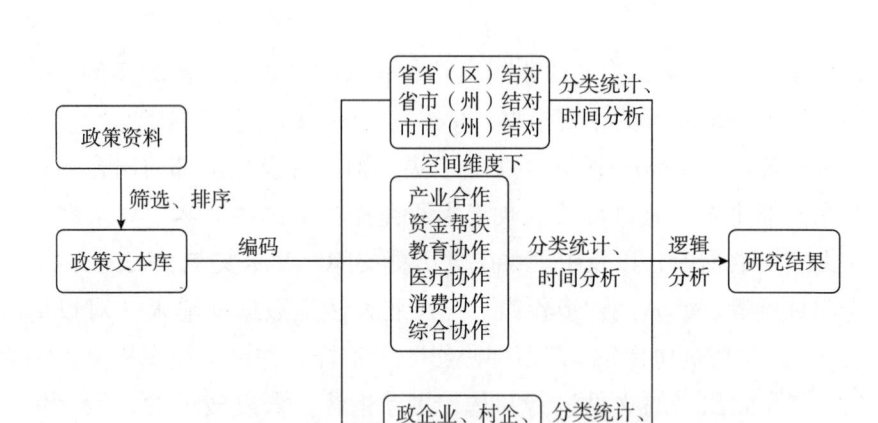

图 2—2　东西部协作政策文本分析

三　东西部协作政策扩散的维度与表征

东西部协作是按照"中央要求、当地所需、东部所能"的原则来开展工作，一般是"担最重的任务、啃最硬的骨头"。东西部协作的本质是政府治理方式的制度变迁，即打破传统属地管理的制度安排，重塑府际间利益格局的制度演变过程①。这种演变呈现出如下特征：一是空间上由过去的19个省4个市增加至2021年18省119市；二是内容上由过去单一的资金援助变为多领域深化合作；三是组织上的结对层级下移和结对组织类型多样化比较明显。进一步利用Nvivo的词语云分析功能，对东西部协作政策文本库中的209份材料进行词频统计功能，结果显示"发展""建设""地区"频数较高，直观地反映出东西部协作政策是以地区的建设发展为重心，强调教育、医疗、产业、就业等领域的协作模式，这与演变的特征基本吻合，如图2—3所示。

---

①　孙崇明：《东西部扶贫协作进程中的府际利益冲突与协调》，《地方治理评论》2019年第2期。

图 2—3　东西部协作政策词语汇集

（一）空间维度：辐射扩散与跨域扩散并重

从空间维度来看，东西部协作政策扩散存在三种特点，分别是：

一是结对空间日趋完善与对等，从 1996 年的"市—省"结对，到 2016 年的"市—市、县区—县区"结对，再到 2021 年的"省—省、市—市、县区—县区"结对，结对层级覆盖省、市（州）、县（区）三级，链条日趋完整，且是在同等级的空间之间进行结对。例如，1996 年东西部协作提出之际，大连、青岛、深圳、宁波四市与贵州省组成结对关系，2013 年结对关系做出调整，大连、青岛、深圳、宁波四市在原先与贵州省结对的基础上，分别与贵州省内六盘水市、安顺市、毕节市、黔东南州结对；再如，2021 年调整后，原来东部 7 个城市结对贵州 7 个地州市的格局被打破，贵州 7 个地州市的 66 个脱贫县由广东广州、中山、东莞、佛山、珠海、惠州 6 个城市结对帮扶，并签订了省与省、市与市（州）、县区与县区的帮扶协议，分层次组建了协作组织机构，分别叫协作工作队、协作工作组、协作工作小组，这表明从空间上看，现有的结对关系是对等的。

二是结对空间辐射扩散明显，即帮扶空间从原受助方所在地为核心，逐渐向周边辐射扩散，帮扶方与新的受助方组成结对关系，且新旧结对关系在地理上接壤。例如，2016年对口结对帮扶关系进行第二次调整，在此次调整中，北京、天津两市在帮扶内蒙古、甘肃的基础上分别与邻近接壤的河北省张家口市与保定市、承德市组成新的结对关系，此次政策调整使得东西部协作空间呈现"以原帮扶地为核心，同时向相邻周边扩散"的"一元多核"模式，如表2—1所示。

表2—1　　　　　东西部协作空间辐射扩散示例

1996—2015年		2016年	
帮扶方	受助方	帮扶方	受助方
北京市	内蒙古自治区	北京市	内蒙古自治区　河北省张家口市、保定市
天津市	甘肃省	天津市	甘肃省　河北省承德市

三是结对空间跨域扩散显著，即在地理位置不接壤的情况下，帮扶方与受助方组成新的结对关系，且双方结对不是在原有结对层面的细化。例如，2013年上海新增对口帮扶贵州遵义，这既非原有结对关系的细化，亦非地理接壤，因而可认为这是一种跨域扩散。同理，同年新增的三组结对关系——江苏苏州对贵州铜仁、浙江杭州对贵州黔东南州、广东广州对贵州黔南州，都发生了结对空间跨域扩散。再如，2016年以来，对口帮扶结对关系出现了大面积调整，除上述京、津两市的辐射型扩散以及广东对四川甘孜、江苏省对青海省西宁市与海东市的跨域扩散外，还有两个现象较为特殊：一是山东省取消帮扶新疆，而与重庆市形成组成帮扶关系；二是广州市与贵州省毕节市展开协作，但原有的协作关系即深圳市对毕节市的帮扶关系保持，即广州、深圳二市共同帮扶毕节市。按上述的政策扩散划分的定义，这两种现象仍可看作政策发生跨域扩散。

（二）内容维度：领域深化与政策细化并行

这些年，东西部协作政策在内容上的扩散主要体现在两方面：一是政策领域不断拓展与扩散；二是同一领域的政策内容不断细化与深化。

首先，政策内容涉及的领域越来越广泛。早在1994年，东西部协作正式确立之前，中央就拟通过财政转移支付的方式来协助西部地区发展。1995年，中央统筹的单一的财政转移支付帮扶思路，随着东西部乡镇企业开展合作政策的提出而开始发生转变，这项旨在促进生产要素流通的政策可看作东西部协作中的产业合作前身。1996年，东西部协作政策正式提出，尽管当时的政策已提及产业协作、领导互派挂职、人才交流、技术支援、资金和物资支持，但实际运行是以资金支持为主，在内容上较为单一。随着时间的推移，帮扶内容开始多样化，2016年提出了"组织领导、人才支援、资金支持、产业合作、劳务协作、携手奔小康"外加自主创新的"6+1"协作内容，2021年更改为"组织领导、助力巩固拓展脱贫攻坚成果、加强区域协作、促进乡村振兴"四大块内容，其实质与2016年协作内容相差无几。事实上，虽然东西部协作工作在1996年就开始启动，并有科技企业互派干部、转移中西部贫困劳动力到东部地区就业等政策内容，但教育方面的东西部协作政策直至2000年"东部地区学校对口支援西部贫困地区学校工程"的启动才正式出现；同样，虽然医疗领域的对口支援政策早在1983年就已经提出，但当时的政策旨在支援民族地区开展医疗卫生建设。而如前所述，对口支援不能等同于对口帮扶，故医疗领域的东西部协作政策最早应是2001年正式提出。及至2018年，消费协作才正式启动并纳入东西部协作考核体系中，这种结合"线上消费和线下带贫"的新协作模式的出现，意味着东西部协作政策领域发生了扩散。2021年，进入乡村振兴时期后东西部协作考核内容以组织领导、助力拓展巩固脱贫攻坚成果、加强区域协作、促进乡村振兴四大板块为框架形成新的考核体系，在将上述内容涵盖的同时，增加了复制推广东部地区乡村振兴经验与做法的内容，将协作由脱贫攻坚导向转向乡村振兴导向。

其次，同一领域的政策内容不断细化与深化，具体表现在：一是政策内容随时间推移不断深化；二是政策思路逐渐由帮扶向协作转移。以产业合作为例：1996年东西部扶贫协作政策刚提出时，产业合作明确为东部地区带动西部地区生产，对企业类型并无详细说明，同年9月出台的政策补充说明了东部科技型产业带头联合西部企业的具体方式。到了2001年，这一政策规定就变成了以市场化、追求效益、互利为目的的全方位经济技术协作。到了2010年，东西部产业合作继续深化，国家鼓励东部地区在先进技术方面协助中西部地区，进一步引导支持中西部承接东部地区高新产业转移，这些转移的产业涵盖能源、农产品加工、装备制造、现代服务、高新产业等领域；2020年则以协同、创新为主的进一步深化东西部科技创新合作，打造协同创新共同体。这说明，东西部产业合作在深化的同时也由原来的以东部对西部帮扶为主，逐渐转向双向互利的模式。同样，教育领域的东西部协作正式始于2001年，当时的政策提到东部学校帮助西部学校培训师资、提升科研水平；到2002年，倡导社会力量协助办学，并引入目标责任制以促执行；2008年，东西部"手拉手"对口培训项目启动，旨在提高中西部地区农村教师整体素质；到2010年，鼓励东西部高等院校展开联合培养高等人才。劳务协作方面也是从最初的东部地区根据需要从西部地区引进人才，到利用东部职业教育资源加强对西部培训，再到协助西部地区人员就近就地就业，再到2016年提出的建立和完善省市协调、县乡组织、职校培训、定向安排、跟踪服务的劳务协作对接机制，提高劳务输出脱贫的组织化程度，政策内容也在不断细化与深化。不仅如此，地方政府还对东西部协作政策开展了具有地方特色的调整，如广东对劳务协作开展形式进行创新，将"粤菜师傅""南粤家政""广东技工"纳入对口协作中，细化了政策内容。

（三）组织维度：类型多元与层级下移并举

东西部协作政策在组织维度中的扩散主要体现为三方面：一是协作的地级市数量逐步上升；二是协作组织的类型日益多元；三是协作中的结对层级逐步下移。

首先是协作的地级市数量逐步上升。1996年正式出台东西部协作政策时，根据当时政策安排，关涉19个省（自治区、直辖市）及4个独立的地级市；2013年扩散至19个省（自治区、直辖市）15个独立的地级市（自治州）；2016年则有18个省（自治区、直辖市）46个地级市（自治州）；2021年则为18个省（自治区）和119个地级市（自治州）。总体而言，结对协作的省份数量变化不大，但地级市（自治州）的数量却明显上升，2021年是1996年的约30倍，如图2—4所示。之所以如此，是因为地级市位于省、县两级政府的中间，资源调配、信息沟通、组织决策能力等均比较适中，比较适合开展协作统筹工作。

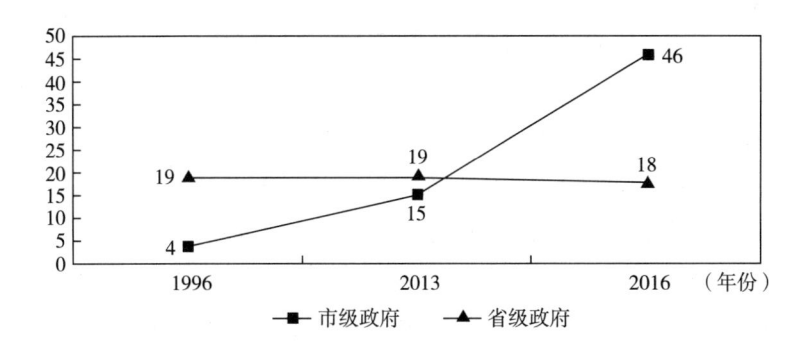

图2—4 东西部协作政府数量变化

其次，协作组织类型日益多样化。分析中央出台的规范性文件可知，组织类型多样化表现在从最初单一亮相的政府间结对、企业间结对到2001年出现的学校、医院、科研机构等事业单位之间的结对帮扶，再到2016年国家出台政策鼓励社会组织参与东西部协作以及"万企帮万村"的企业与村组织的结对,东西部协作的结对组织类型日益丰富。丰富的结对类型大大提升了帮扶效益,社会组织的加入更是大大提升了帮扶质量。例如,2020年东中部11省(直辖市)共组织动员1599家企业、674家社会组织,结对帮扶1113个挂牌督战村,帮助就业6465人、购买和助销扶贫产品3215万元,社会组织帮扶取得了显著成效。

最后,协作中的结对层级逐步下移。1996年东西部协作政策出台时就已提到帮扶任务落实到县,探索县县间结对帮扶,当时做得比较好的省份如福建与宁夏的结对帮扶,从一开始就在省级和县级层面同时签订了相应的协议书并严格执行,但地区间的政策执行差异较大,其他地区县级层面的结对帮扶形同虚设。为了实现东西部县县间的无缝对接,2016年国家出台政策开展"携手奔小康"行动,同时也鼓励乡镇、行政村之间进行结对,这不仅落实了县县结对关系,还进一步下移了结对层级。只是,受考核指标与基层组织能力的限制,下移的结对关系发挥的作用并不大。

四 东西部协作政策扩散的逻辑与机理

东西部协作首先是政治行为,是实现邓小平提出的"先富带后富,然后共同富裕"的庄严承诺;其次是一种经济行为,是对区域经济发展差距过大的一种遏制与补偿。作为一种政治行为,其运行逻辑具有明显的"集中力量办大事"的跨区域协同治理痕迹,受央地关系的协调;作为一种经济行为,协作中的府际利益差异与冲突会进一步制约其协作效能。所以,要分析东西部协作政策扩散的逻辑与机理,需从协作背景与协作环境出发,结合政策扩散的政治、经济、地理要素进行解释。

(一)政策扩散的缘起:减贫环境与减贫内容的变化

东西部协作政策扩散首先源于减贫环境与减贫内容的变化。1994年,时值国家八七扶贫专项计划开始之际,相较于以往的救济式扶贫,这个时期重点在于解决贫困人口的温饱问题,关注贫困地区基础设施建设以及贫困人口的自我发展能力。与此同时,改革开放使得东部地区走在了发展前沿,东西部差距逐步扩大。由于彼时西部地区正处于内源性贫困状态,单靠中央的财政转移不仅远不能达到区域协调发展之目的,反而会加重中央财政负担。因此,东部对口帮扶落后的西部地区,帮助中西部贫困地区人口摆脱贫困,是缩小地区贫富差距、实现区域协调发展的重要举措,是践行邓小平提出的"两个大局"战略构想的关键途径。

2001—2010年是综合性扶贫开发时期[①],此时的指导性方针为《中国农村扶贫开发纲要(2001—2010年)》。在这一时期,西部大开发、振兴东北传统工业基地等区域发展战略的实施不仅对东西部政策提出了创新要求,也为东西部协作政策的扩散提供了动力,特别是对于科技、教育和医疗领域在扶贫工作作用的重视,东西部协作内容也在相应的领域得到不断深化。

2011年,《中国农村扶贫开发纲要(2011—2020年)》的出台标志着我国进入了新的阶段,该《纲要》中提出了"两不愁三保障"的减贫目标,也对扶贫开发对象进行了细化,确定了六盘山区等14个片区作为减贫的主要对象,强调协作双方在资金支持、产业合作、人才交流、劳动力转移就业等方面的积极配合。在双轮驱动的扶贫格局下,东西部协作逐渐形成了以政府为主导、全社会参与的扶贫开发模式。为此,2013年东西部协作结对关系进行了调整,在原有与云南结对关系不变的前提下,上海市与贵州遵义市开展协作,大连、青岛、深圳、宁波四市进一步下移到与贵州省的市(自治州)级层面结对,新增江苏省苏州市、浙江省杭州市、广东省广州市分别与贵州省铜仁市、黔东南州、黔南州组成结对子,通过将结对层次下移、焦点集中,不仅能减少省级层面繁重的任务,还能给予地方政府更多的自主权,使得协作双方能够更有针对性、精准化地开展协作。

---

① 吴大华:《东西部扶贫协作问题研究——以贵州省为例》,经济管理出版社2019年版。

进入了脱贫攻坚阶段后的东西部协作更加关注结果。2016年，习近平总书记在东西部扶贫协作座谈会上，从政策认识、政策深化、政策聚焦和政策考核四个方面对东西部协作提出了要求，随后中共中央办公厅、国务院办公厅印发的《关于进一步加强东西部扶贫协作工作的指导意见》对东西部协作内容进行了进一步细化，2017年出台的协作考核办法则将该项工作制度化、规范化，进而形成了"6+1"的考核体系。及至2021年7月，新的考核办法强调，在保持核心内容不变的情况下，东西部协作要重点考察其助推巩固拓展脱贫攻坚成果与乡村振兴的成效。这说明，减贫环境与减贫内容的变化是东西部协作政策扩散的诱因。

（二）政策扩散的实质：地方诉求与地方差距的回应

东西部协作政策扩散需要中央政府的调适，在与地方政府合作和博弈的过程中如何回应地方政府的需求与政策创新，是中央政府需要考虑的问题。事实上，东西部协作本质上是一种中央高位推动的"强制性制度变迁"[1]，是中央政府以"行政发包"的方式让地方政府展开交流合作的途径。在这个过程中，中央政府是委托者，地方政府尤其是东部地方政府成了被委托者，中央政府委托东部政府支援西部政府，以分担中央政府压力，西部政府和中央政府为主要受益者，这是东西部协作最初状态。在得到中央政府的政治命令后，地方政府在层层分解的任务压力中执行[2]。对于最初的东部政府而言，执行中央指令是义务，但在实际协作中容易形成西部地区对东部地区单向性的依赖，东西部协作成了东部政府的"政治担子"。从成本与收益角度来看，最初的东西部协作方对于东部地区政府明显也是不对称的。其次，对于一些由多个地区帮扶一个地区的协作模

---

[1] 孙崇明：《东西部扶贫协作进程中的府际利益冲突与协调》，《地方治理评论》2019年第2期。

[2] 荣敬本：《县乡两级的政治体制改革，如何建立民主的合作新体制——新密市县乡两级人民代表大会制度运作机制的调查研究报告》，《经济社会体制比较》1997年第4期。

式而言，各方责任边界是模糊的，容易导致"集体行动的困境"[①]，在中央政治压力下，东部只能"硬着头皮"先执行，此时的协作模式并不是一个可持续发展路径，因此必须要有一个反馈机制，地方政府向中央进行反馈，通过自下而上的方式来实现政策扩散。事实上后续在中央政府对政策的调整中，东西部协作考核机制充当了反馈中介的角色，使得东西部协作朝着更为互利共赢的方向发展，如图 2—5 所示。

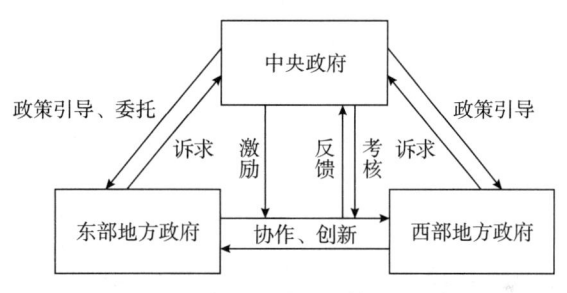

图 2—5 东西部协作政策运作逻辑

从权力与回应的角度来看，中央政府在委托的同时也赋予地方政府权力。由于中央层面只是对大体方向进行了规划，地方政府对于执行政策具有较大的自由裁量权空间，这种裁量空间为地方自主创新提供了可能：东西部双方的资源、需求、自身特点都是影响政策具体执行方式的重要因素，地方政府作为政策执行者的同时也承担着地方政策制定的责任，如何细化政策要求、因地制宜地落实政策、协调各个部门的对接工作，是组成结对子的双方政府所面临的议题，在中央政策的主导下，地方政府实际上承担起了政策创新的任务。从政策执行者——官员来看，政府官员是政治参与人，关注"政治利益"和"经济利益"，政治利益是晋升，经济利益是地方经济收入和财政收入增长最大化[②]。地方官员为了吸引政治注意力，在

[①] ［美］曼瑟尔·奥尔森：《集体行动的逻辑》，陈郁等译，格致出版社 2018 年版。
[②] 周黎安：《转型中的地方政府：官员激励与治理》（第二版），格致出版社、上海三联书店、上海人民出版社 2017 年版，第 324 页。

地方政策创新上必然要下苦功,而地方取得的成功经验,就有可能作为典型在考核情况中展现出来,并进而实现政策扩散。例如,在地方领导的高度重视下,同期的"MN 模版"因其独特的协作模式与显著成效在政策创新中扮演了先行角色,在中央政府的政治号召下,各地开始学习"MN 模版",再到进一步开展"携手奔小康"行动并在闽宁模式的基础上建立统一的考核的体系。在此过程中,考核机制起到了激励、监督和反馈的作用。

(三) 政策扩散的发生:制度优势向治理效能的转化

如前所述,东西部协作政策从最初的西部地区政府和中央政府两方受益,到中央、东部、西部三方受益,东西部协作扩散的过程实际也是制度优势转化为治理效能的必然要求。改革开放后,党和中央政府对制度优势的认识得到全面深化:制度能够实现生产力发展、能够实现共同富裕,丰富物质文明和精神文明。"中国特色社会主义制度"和"制度体系"概念的提出使得中央政府为保障社会公平正义、实现共同富裕、集中力量办大事提供了制度和体系的支持。

东西部协作是典型的"中国之治"模式,彰显出中国特色社会主义制度的优越性。然而,制度优势并非直接产生治理效能,要实现集中力量办大事的制度优势向治理效能的转化,需要在全面深化对制度优势的认识下通过决策、执行、组织和监督机制等的有序运行,以此实现这一重要转化[1]。

在从制度优势转向治理效能的过程中,具有中国特色"党政双轨结构"[2]确保了党的领导权在各级政权机关和社会领域的决策中体现,进而使得后续政策扩散体现出党的执政理念,同时也使得制度优势得以体现。静态的国家制度通过治理主体和运行机制获得了治理动能,才实现了制度优势向国家治理效能转化的可能。也就是说,

---

[1] 傅慧芳、苏贵斌:《集中力量办大事制度优势转化为公共危机治理效能的内在机理及实现机制》,《福建师范大学学报》(哲学社会科学版) 2020 年第 3 期。
[2] 王浦劬、汤彬:《当代中国治理的党政结构与功能机制分析》,《中国社会科学》2019 年第 9 期。

当执政党、政府、市场主体、社会组织进入国家制度体系的运转中，在相互作用和协调的过程中建立了制度运行的各种机制，国家制度体系才获得转化为国家治理效能的治理动能，而这也是东西部协作政策在空间、内容和组织上发生扩散的原因。更何况，作为一种监督与调整机制，东西部协作的考核机制本质上也是治理效能完善的过程，通过中央政府、地方官员、专家学者对协作成效的交叉评估、独立考核，可使制度优势在转化为治理效能的过程中及时调整与优化，进而产生扩散。

五 东西部协作政策扩散的启示与展望

对东部地区而言，帮扶西部地区是一项特殊的"政治任务"；对西部地区而言，接受东部帮扶是一项特殊的"政治馈赠"[①]。按此逻辑，虽然经过20多年的发展，东西部协作已由初期的单向度帮扶、救济式援助变为现在的多主体参与、协作式治理，正在向"双向互动、合作共赢"的道路上迈进，但是，政府主导的东西部协作模式仍然没有根本性变化，东西部政府在协作中的"非对称性"角色并没有实质性改变，中央政府、支援政府、受援政府之间的利益冲突并没有有效解决，为此，这样的政策扩散能带给我们如下启示。

（一）加强党建引领是根本

党的领导为构建东西部协作长效机制提供了根本保证。党的十八大以来，习近平同志对坚持党的领导做了充分强调，其中，关于党的领导是中国特色社会主义最本质的特征、是中国特色社会主义制度最大优势的重大论断，为确立党的领导制度在中国特色社会主义制度体系中的根本地位奠定了思想基础。中国特色社会主义制度优势首要的是发挥党的全面领导的根本制度优势。习近平总书记关

---

① 李瑞昌：《界定"中国特点的对口支援"：一种政治性馈赠解释》，《经济社会体制比较》2015年第4期。

于中国制度"最大优势"的相关论述表明，党的领导是中国特色社会主义制度的最本质特征，中国的治理模式实际上是以政党为中心的复合治理模式，因此，突出坚持和完善党的领导制度，把党的领导贯彻到东西部协作决策、执行、组织和监督的方方面面，将党的领导和东西部协作治理结合在一起，发挥自上而下的推动作用和东西部两地政府的组织领导作用，把制度优势更好转化为治理效能，是未来东西部协作长效发展的关键所在。

（二）督促权力下移是关键

作为东西部协作政策创新的主要来源，地方政府对于完善东西部协作机制的作用不可小觑。进入乡村振兴时代的东西部协作工作，面临着转轨衔接的现实问题与互利共赢的深层任务，如何化央地政府间的博弈为合作，将统筹重心更多下移至地方政府，鼓励地方政府在实际工作中发挥创新的能动性，是"十四五"期间东西部协作高质量发展、巩固脱贫攻坚成果同乡村振兴有效衔接的关键所在。为此，应将权力更多下放至地方政府，重视东部与西部地方政府的结对机制，让地方政府有更多自主创新空间，为地方政府做好帮扶、讲好故事、传播创新提供条件。在此过程中，中央政府应当做好把关，既要监督帮扶机制的执行，也要吸取和推广地方创新模式和经验。不仅如此，还应利用好互联网时代信息流动的便捷性，鼓励地方政府之间相互学习经验、交流做法，形成政策扩散的示范效应，营造良好的创新氛围。

（三）完善考核评估是保障

"十四五"时期，还应坚持考核的总体导向，坚持发挥结对考核"指挥棒"作用的同时，根据定性考核与定量考核相结合、节点性评估与阶段性评估相结合、过程督导与结果评定相结合的原则开展考核，根据新形势、新要求来优化考核体系。具体来说，考核内容上，应将巩固脱贫攻坚成果放在首位，为促进西部脱贫地区产业、人才、文化、生态等方面振兴而奠定基础；考核方法上，应继续采用东部政府、西部政府交叉考核与第三方考核相结合的方式，充分考虑工作量、人员规模、专业构成、技能特长、组织单位等因素，选派与扶贫、乡村振兴相关的财务、审计、业务人员参与考核；考核指标设计上应注意实际性和衔接性，明确指标权重，分清主体责任，强化协作导向，制定每个指标的具体评价标准；考核方式上，可将常态化考评与动态性考评结合起来，建议在每年年初发布本年度考核评价实施方案，对当年的考核工作进行指引，督促东西部政府按照数字化、数据化、智能化的要求做好平时档案建设；年末时，考核人员可先在网上看电子材料、电子数据，然后带着问题到西部地区核查与印证，并最后提交定性与定量相结合的考评报告，这样可以大大减轻被考评方的负担，减少资源浪费。

（四）开展深度合作是目标

在超常规的脱贫攻坚战背景下，地方政府在东西部协作的资金资源投入中发挥了主体和主导作用，政策计划性强。这在取得积极成效的同时，也造成了政府"大包大揽"、经济利益驱动不足、政策灵活性不够、市场与社会参与的深度和广度不足等问题。2021年后的东西部协作，正在由原来以单向扶持为主的非对称性帮扶转向更具协同性、互利性的协作。也即，进入乡村振兴阶段的东西部协作将不仅仅是"政治任务"，而是以乡村振兴战略为统揽，以市场化方式引领的协作共赢。协作的重点是产业协作、消费协作与劳务协作，这都与市场有莫大的关系。下一步，建议协作双方可进一步优化财政援助基金，通过贷款贴息、担保、风险补偿等方式引导更多的企业参与西部地区产业开发，利用政府撬动市场资源，发挥民营企业在资金、技术、市场、管理等方面的优势，协助西部地区发展主导产业，继续引导企业向西部梯度转移。同时，与政府间的协作帮扶相比，社会领域的东西部协作具有更广阔的空间和更深入人心的作用，建议通过健全激励机制，采取政府购买服务等方式，引导东部省市的社会机构尤其是公益慈善类组织到对口援助地区从事教育、医疗、村庄发展等层面的工作，发挥社会力量在扶贫、济困、救孤、恤病、助残、救灾、助医、助学等方面的优势，协助西部地区持续改善乡村基础设施条件和公共服务水平，优化政府、企业与社会协同参与的格局。

　　东西部协作是中国特色反贫困治理体系的重要一环，为区域间的均衡发展做出了较大贡献，但协作中面临的诸多困难与集体行动困境还是告诉我们，还要关注协作各方的利益冲突与利益均衡问题，这就要求中央层面要加强顶层设计，出台相应的法律法规，设立专门的协调机构，进行专门的利益补偿，提升协作的制度化水平；同时，完善协作双方的多级互访与联席会议制度，制定需求清单与供给清单，建立协作双方的信息共享与利益共享机制；此外，应从命运共同体的角度来看待协作工作，将协作双方的共同发展看作避免唇亡齿寒、树立大局意识、维护共同利益、促进长远发展的大事，真正实现共同富裕的价值理念。

第三章 东西部协作的结对关系与演变历程

东西部协作的长期实践对实现共同富裕具有重要意义[①]。2016年7月20日，习近平在银川主持召开东西部扶贫协作座谈会时指出，东西部扶贫协作和对口支援，是实现先富帮后富、最终实现共同富裕目标的大举措，组织东部地区支援西部地区20年来，区域发展差距扩大的趋势得到逐步扭转，这在世界上只有我们党和国家能够做到，充分彰显了我们的政治优势和制度优势，必须长期坚持下去[②]。2021年4月，习近平总书记对深化东西部协作和定点帮扶工作作出重要指示指出，开展东西部协作和定点帮扶，是党中央着眼推动区域协调发展、促进共同富裕作出的重大决策[③]。

什么样的中国制度优势使东西部协作取得成功？西方国家虽然也有区域间协作现象，但实际上实行自由市场为主导、政府发挥有限消极作用的经济运行机制，依靠资本家慈善精神帮助弱者，这未能带来

---

① 现行东西部协作政策由对口支援、经济技术协作、东西部扶贫协作等政策演变而来，因此本章统称东西部协作。
② 《习近平在东西部扶贫协作座谈会上强调认清形势聚焦精准深化帮扶确保实效切实做好新形势下东西部扶贫协作工作》，新华社，http://www.xinhuanet.com/politics/2016-07/21/c_1119259129.htm，2016年7月21日。
③ 《习近平对深化东西部协作和定点帮扶工作作出重要指示强调适应形势任务变化弘扬脱贫攻坚精神加快推进农业农村现代化全面推进乡村振兴》，新华社，http://www.xinhuanet.com/politics/leaders/2021-04/08/c_1127306971.htm，2021年4月8日。

最下层人民的普遍富裕,也未能有效解决贫富两极分化[1]。而中国制度是用高度集中的政治嵌入与行政吸纳推进人、财、物等资源再分配[2],以解决区域、城乡、群体及行业等方面的贫富分化难题,即集中力量办大事。东西部协作内在包含协作治理中动态平衡的政治秩序,又有协同治理中多元主体的协调配合,还有合作治理中协商平等的自愿参与[3]。对此,学者们认为东西部协作之所以可能,从府际关系视角来看,是由于中央权威嵌入、多元互惠驱动与道德文化熏陶的共同作用[4];从制度功能视角来看,是由于其制度设计内在蕴含行政激励和约束、分摊风险和成本、汇集资源和力量等政治、经济和文化功能[5]。

如何发挥制度优势才能使东西部协作政策助推共同富裕从愿景变为现实?共同富裕的实现不仅涉及静态的主体关系与制度功能的问题,也涉及动态结构与过程演化的问题,是一种"现在—未来"的渐进式发展状态[6]。本章以东西部结对关系为研究对象,以结对关系变迁为研究维度,在历史制度演进分析与田野实践调研的基础上,梳理东西部协作过程中结对关系变迁的规律,并进一步深入分析东西部协作及其结对关系变迁的内在机制。这对促进脱贫攻坚成果同乡村振兴有效衔接、推动区域协调发展与促进共同富裕具有启示意义。

一 东西部协作结对关系的核心要素

经由跨域治理策略展开的东西部协作实践,是推进共同富裕的

---

[1] [英]亚当·斯密:《国民财富的性质和原因的研究》,郭大力、王亚南译,商务印书馆1983年版,第20页。
[2] 祝彦:《中国共产党集中力量办大事的历史经验》,《人民论坛》2020年第4期。
[3] 颜佳华、吕炜:《协商治理、协作治理、协同治理与合作治理概念及其关系辨析》,《湘潭大学学报》(哲学社会科学版)2015年第2期。
[4] 邢华、邢普耀:《强扭的瓜不一定不甜:纵向干预在横向政府间合作过程中的作用》,《经济社会体制比较》2021年第4期。
[5] 周光辉、王宏伟:《对口支援:破解规模治理负荷的有效制度安排》,《学术界》2020年第10期。
[6] 吕小亮、李正图:《中国共产党推进全民共同富裕思想演进研究》,《消费经济》2021年第4期。

重要理论路径。跨域治理即跨越行政区划的联合行动,建立在协同治理、区域治理的理念之上,并吸纳区域治理、地方治理的理论精华,探究跨地理空间、跨行政区划,甚至是跨层级部门的治理。国外研究从实证方面提出"起始条件、催化领导力、制度设计、协作过程"四个变量,构建出跨域治理的 SFIC 理论模型[1],国内学者在东西部扶贫协作的研究过程中进一步将该模型修正为"初始条件—政策牵引—催化领导—协作过程—监督问责"[2],可见以协作过程为核心的条件、制度、主体相互作用是跨域治理的内在机制,但恰是协作过程演化分析还不够清晰,不能观照动态治理效果。本章依据跨域治理理论并嵌入历史制度主义理论的结构和历史要素[3],以东西部结对关系变迁为核心,尝试深度解读跨域治理逻辑下主体结构关系不断演进过程中的东西部协作实践。为此,本书初步建构了一个理想的整体性解释框架,以明确跨域治理过程中的东西部协作目标、动力与抓手,再进一步阐释动态因果机制如何影响东西部协作实践过程,如图 3—1 所示。

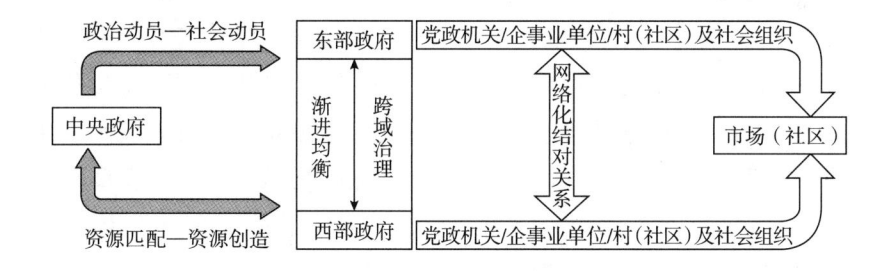

图 3—1 东西部协作结对关系解释框架

---

[1] Ansell C. and Gash A., "Collaborative Governance in Theory and Practice" *Journal of Public Administration Research and Theory*, Vol. 18, No. 4, 2008, pp. 543-571.

[2] 姜晓晖:《跨域治理下的扶贫协作何以优化?——基于粤桂扶贫协作的图景变迁》,《兰州学刊》2020 年第 3 期。

[3] 何俊志:《结构、历史与行为——历史制度主义的分析范式》,《国外社会科学》2002 年第 5 期。

（一）价值目标：由区域均衡到共同富裕

从中央对区域资源再分配的视角来看，只有实现区域均衡发展的近期目标，才能实现共同富裕的远景目标。但共同富裕既不能"杀富济贫"，也不是平均主义，要兼顾扶贫与发展，是区域间渐进均衡发展的结果。在目标方向上，邓小平在1992年南方谈话时指出，社会主义的本质，是解放生产力，发展生产力，消灭剥削，消除两极分化，最终达到共同富裕，并进一步强调共同富裕是社会主义制度不能动摇的原则。在战略步骤上，20世纪80年代，邓小平就提出"两个大局"的战略构想："沿海地区要加快对外开放，使这个拥有两亿多人口的广大地带较快地先发展起来，从而带动内地更好地发展，这是一个事关大局的问题。内地要顾全这个大局。反过来，发展到一定的时候，又要求沿海拿出更多力量来帮助内地发展，这也是个大局，那时沿海也要服从这个大局。"[1]

通过东部与西部的跨域协作，有利于实现区域均衡发展的目标。邓小平反复强调，社会主义的目的就是要全国人民共同富裕，不是两极分化[2]。在改革开放政策扶持下，东部沿海地区较快地发展富裕起来。同时，由于地理区位、政策资源的差异，以及市场自由化形成的贫富因果循环累积效应，导致西部地区的贫困人数和贫困发生率显著高于东、中部地区[3]。根据国家统计局数据显示，2020年，西部10省份的人均GDP为5.6万元，只相当于东部8省份10.6万元的一半左右。此外，北京、上海、广州、深圳等东部大城市的地价、房价等财产性要素进一步影响区域间财富分配差距与社会阶层分割[4]。实证研究发现，发达地区与欠发达地区的对口支援政策经过20多年实践，对区域均衡发展起到一定的效果，但仍然有待进一步

---

[1] 邓小平：《邓小平文选》（第三卷），人民出版社1993年版，第277—278页。
[2] 邓小平：《邓小平文选》（第三卷），人民出版社1993年版，第277—278页。
[3] 左停、李世雄：《2020年后中国农村贫困的类型、表现与应对路径》，《南京农业大学学报》（社会科学版）2020年第4期。
[4] 刘建江、罗双成：《区域房价差异、人口流动与地区差距》，《财经科学》2018年第7期。

完善[①]。因此，在改革开放进程中，东西部协作政策如何更好实现区域间均衡发展意义重大。

（二）动力来源：政治动员与资源匹配

行政与市场是行政空间区域内资源配置的两种重要方式，也是跨域空间治理的动力来源。一方面是在政治与行政同构体制下利用强制性权威进行政治动员[②]。高效的"命令—服从"执行模式，化解管理边界僵化、资源分布碎片化、信息沟通不畅与组织效率低下等跨部门或跨域协作治理困境，将分散的社会资源组织动员起来实现抗震救灾、贫困治理等总体性目标。另一方面是以市场自主性规律为基础的资源匹配。理性"经济人"的逐利动机与市场一体化的需求，倒逼公共服务流程再造与制度供给的时空协同。

因此，政治动员与资源匹配是东西部协作取得成功的两大初始变量。政治动员强调治理主体关系中以人为中心的主体能动性，尤其是政府官员及其行动集合，随着动员力量逐渐突破体制范畴，政治动员变为社会动员；而资源匹配强调治理机制运行中以物为中心的经济社会规律作用，逐步实现资源创造与再生产循环。首先，从改革开放实践来看，政治动员方式由总体性支配演变为自主权释放过程中的技术性动员，通过双轨制、分税制、项目制、科层制等治理技术，形成权力与市场、资本与劳动、支配与治理交互连带、限制和转化的关系[③]，使中央权威动员地方社会的能力日益增强。其次，从经济社会运行规律来看，资源匹配在东西部协作过程中发挥重要作用。在中央资源匹配方面，作为传统纵向财政转移支付的补充工具，东西部协作政策不仅改变了财政转移支付的方向，还节约

[①] 赵晖、谭书先：《对口支援与区域均衡：政策、效果及解释——基于8对支援关系1996—2017年数据的考察》，《治理研究》2020年第1期。

[②] 周雪光：《运动型治理机制：中国国家治理的制度逻辑再思考》，《开放时代》2012年第9期。

[③] 渠敬东、周飞舟、应星：《从总体支配到技术治理——基于中国30年改革经验的社会学分析》，《中国社会科学》2009年第6期。

了财政资源使用的成本,进一步实现了社会贫困治理与跨域市场统一的两大目标①。在地方资源匹配方面,东部城市优化发展与创税企业的环保、用地、用工等生产经营矛盾突出,需要引导企业向西部梯度转移以优化产业结构,而西部实现脱贫致富的民生目标也需要与发达地区建立利益关联系统。在市场资源匹配方面,西部具有丰富的自然条件、劳动力、土地等比较优势,而东部具有资金、技术、管理等比较优势,有利于资源优势互补,当然,市场要素的自由流动还需要制度环境的支持。

(三) 重要抓手:结对关系

东西部协作即东西部结对治理,突出跨域治理主体关系与治理方向性。"结对子"是将源于传统乡土中国文化生活的"结对交友"经验,运用于公共管理的情感治理技术②。如东西部结对、村企结对、定点扶贫结对、驻村联户结对、党支部结对等。"结对子"形成正式关系与非正式关系混合的社会网络关系,有主动与被动之分,既把具有相同地位和权力的行为者联系在一起,又将不平等的行为者结合到不对称的等级和依附关系之中③,有利于促进结对双方物质、信息和情感交流。因此,东西部结对治理与东西部结对关系具有相互促进作用。

东西部结对的初始状态是非均衡的跨域主体结构关系。结对双方分别是发达的东部地区与欠发达的西部地区,地区综合实力不均衡,结对目的在于建立发达地区与欠发达地区的帮扶关系,实现区域均衡发展。20世纪80年代,费孝通先生调研了沿海和中西部各省基本情况后,认为"全国一盘棋"呈现出东强西弱、沿海勃兴、中

---

① 王磊:《对口支援政策促进受援地经济增长的效应研究——基于省际对口支援西藏的准自然实验》,《经济经纬》2021年第4期。
② 徐明强:《基层政府治理中的"结对制":个体化联结与情感化互动》,《探索》2021年第5期。
③ [美]罗伯特·D.帕特南:《使民主运转起来》,王列、赖海榕译,江西人民出版社2001年版,第203页。

部萎顿、边区瘦弱的态势[1],进而提出"开发边区、拉拢东西两头"的东西结对思想。结对关系一旦建立,则作为一种结构关系嵌入传统区域内部科层组织结构中,主要是东部承载了针对西部的资金支持、项目援建、劳务协作、人才支援等治理内容,在经济生产、收入分配、发展能力、发展环境等领域实现系统化全方位横向带动[2],这便形成了中国特有的"先富带动后富以实现共同富裕"的生动实践。

东西部协作的结对关系是纵向权威干预横向治理的重要抓手[3]。对中央而言,建立东西部结对关系有利于让地方政府明确帮扶主体方向、减少沟通协调成本,使结对双方明确责任分工,促进资源供需匹配[4]。因此,政治权威是结对关系形成的主导因素,自上而下的政治动员既促成东西部政府间结对帮扶关系的形成,又为东部对西部进行实质性帮扶提供保障[5]。同时,经济实力、历史文化等因素也纳入结对主体配对的考量范畴,如2016年辽宁大连与贵州六盘水结对则是延续两地人民的三线建设友谊联系。总体而言,东西部空间距离远、市场交易成本高,使跨域市场缺乏合作自主性;受到行政区域间横向竞争的路径依赖,跨域政府协作动力不足,尤其是东部政府需要提供非辖区范围内的公共服务,更易造成跨域协作的集体行动困境。因此,一方面,中央在东西部结对方向和帮扶力度上要起到引导作用;另一方面,随着经济社会的变化发展,中央需要对东西部结对关系进行动态调整。

---

[1] 费孝通:《费孝通全集》(第十五卷),内蒙古人民出版社2010年版,第55页。
[2] 韩文龙、祝顺莲:《地区间横向带动:实现共同富裕的重要途径——制度优势的体现与国家治理的现代化》,《西部论坛》2020年第1期。
[3] 邢华、邢普耀:《强扭的瓜不一定不甜:纵向干预在横向政府间合作过程中的作用》,《经济社会体制比较》2021年第4期。
[4] 李庆滑:《我国省际对口支援的实践、理论与制度完善》,《中共浙江省委党校学报》2010年第5期。
[5] 周晓丽、马晓东:《协作治理模式:从"对口支援"到"协作发展"》,《南京社会科学》2012年第9期。

二 东西部协作结对关系的变迁历程

东西部协作结对关系的变迁，反映了中央引导发达地区与欠发达地区，通过结对帮扶实现共同富裕的过程。从共同富裕的内涵、过程、目标、战略等要求来看，不仅涉及资源公平分配，也涉及生产力高质量发展；不仅要实现区域均衡发展，也要实现城乡、群体、行业之间的均衡发展；不仅是发展的问题，也是改革与稳定的问题[①]。结合中华人民共和国成立后执政党关于社会主义现代化道路实践历程中的制度建设、贫困治理、乡村发展等重要议题，以及东西部协作政策在共同富裕实践过程中的历史价值，本章将东西部协作的历程分为社会主义建设时期、扶贫开发时期、乡村振兴时期三个阶段，进而将东西部协作关系细分为结对支援关系、结对扶贫关系和结对发展关系。

（一）社会主义建设时期的东西部结对支援关系（1949—1985年）

结对支援关系由社会互助关系演化而来。中华人民共和国成立后，执政党关于民族独立、人民解放的任务完成，肩负起国家富强、人民富裕的历史任务，并开启调动一切积极因素促进生产力恢复发展的社会主义建设时期。全国生产力水平低下，处于普遍贫困状态，国家实行计划经济制度，社会资源按计划分配，商品价格受到管控，户籍管理限制城乡流动，总体上实行内陆、农业、农村支持沿海、工业、城市的战略。尤其是以人民公社为福利依托的农村地区，在应对自然、经济与社会环境灾害时，脆弱性突出；但政府财力有限、国家工业化建设负担沉重，难以对贫困人口展开大规模的社会救助。由此形成社会互惠互助与道义支援的现象，并逐步形成定向有序的

---

① 周文、肖玉飞：《共同富裕：基于中国式现代化道路与基本经济制度视角》，《兰州大学学报》（社会科学版）2021年第6期。

支援关系，包括城乡互助关系、厂社互助关系、灾区与非灾区结对支援关系。1978年湖北省抗旱救灾过程中武汉对口支援灾区的经验在全国宣传推广，标志着"结对"支援逐渐被纳入中央倡导性政策议题①。

对口支援关系在边疆和少数民族领域初步形成。1979年，中央统战部部长乌兰夫在中央边防工作会议中作《全国人民团结起来，为建设繁荣的边疆、巩固的边防而奋斗》的报告，号召发达省市对经济社会发展比较薄弱的边境和民族地区进行援助，援助内容包括经济、技术、文化、教育、卫生等各个方面，并建立一一对应的支援与受援关系，即对口支援关系，主要包括：北京—内蒙古，河北—贵州，江苏—广西、新疆，山东—青海，天津—甘肃，上海—云南、宁夏，全国支援西藏。

对口支援关系的建立既有利于帮助西部地区建立社会主义制度，又有利于帮助东部地区建立社会主义市场经济体制。与改革开放同步推进的对口支援，进一步扩大了发达地区与欠发达地区的经济、技术交流。从1980—1982年，确定开展的对口支援和经济技术协作项目有1178项，其中已完成项目占1/3，推进了重点企业改造与管理，提高了技术和质量水平，促进了智力和资源开发。对于加速民族地区的经济文化建设，促进经济发达省、市经济的发展，对口支援是一条投资少、见效快、收益大的重要途径②。然而，东西部结对支援关系的不足之处在于社会民生帮扶逐步弱化。根据改革开放初期的地方自主发展规律，跨区域间经济技术交流行为较为积极，而跨区域教育、卫生等民生领域帮扶积极性不高。因此，1991年，国家民委印发《全国部分省、自治区、直辖市对口支援工作座谈会纪要》，针对经济技术协作与对口支援工作交叉进行过程中出现的弱化对口支援的问题，建议区分经济协作与对口支援，并强调发达地区帮助民族地区加快发展的政治意义。

---

① 钟开斌：《对口支援灾区：起源与形成》，《经济社会体制比较》2011年第6期。
② 《国务院批转关于经济发达省、市同少数民族地区对口支援和经济技术协作工作座谈会纪要的通知》，《中华人民共和国国务院公报》1983年第2期。

（二）扶贫开发时期的东西部结对扶贫关系（1986—2020年）

东西部扶贫协作关系在扶贫开发过程中逐步确立。改革开放通过家庭联产承包责任制、乡镇企业改制、户籍制度改革和开设沿海经济特区等政策，调动农民劳动生产与脱贫致富的积极性，也逐步奠定先富带后富的物质基础。1986年，国务院贫困地区经济开发领导小组成立，标志着以政府为主导的有计划、有组织、大规模的扶贫行动开始，并逐步推出"八七"扶贫计划和两个"十年扶贫开发纲要"，提出以经济发展促进贫困问题解决的扶贫开发道路，并引导发达地区对欠发达地区进行帮扶。1996年，"九五"计划要求加强发达地区对贫困地区的支援，继续巩固和发展各种形式的对口扶持。1996年7月6日，国务院办公厅转发《国务院扶贫开发领导小组关于组织经济较发达地区与经济欠发达地区开展扶贫协作报告的通知》，标志着东西部扶贫协作关系正式建立。1996年9月，江泽民在中央扶贫开发工作会议上强调，东部经济较发达省市要把扶贫协作当成一项政治任务，主要领导同志要亲自抓，切实抓出成效，同时西部贫困地区要充分发挥主观能动性，主动搞好对口协作[①]。因此，东西部扶贫协作政策成立之初就明确了其对促进东西部优势互补、缩小差距，并逐步实现共同富裕的价值意义与政治目标。

东西部扶贫协作政策将原来的"经济技术与对口支援"作出"扶贫协作"与"对口支援"之分，将发达地区对欠发达地区确定为扶贫协作关系，而各地对西藏自治区、三峡库区维持原有的对口支援关系。同时，对原有的东西部结对关系进行了调整，如图3—2所示。东部9省4（单列）市与西部10省的结对扶贫关系，具体包括：北京—内蒙古，天津—甘肃，上海—云南，广东—广西，江苏—陕西，浙江—四川，山东—新疆，辽宁—青海，福建—宁夏，

[①] 中共中央文献研究室：《十四大以来重要文献选编（下）》，人民出版社1999年版，第108页。

深圳、青岛、大连、宁波—贵州。在东西部结对关系调整的同时，中央也对结对关系运行管理作出相应的调整。一方面是纵向决策主体的整合。将原来由国家经委、计委和民政部门主管的经济技术交流协作、由教育和民政部门主管的教育结对支援、由卫生和民政部门主管的卫生结对支援，转变为由国务院扶贫办统一主管，并将各项帮扶内容统一到扶贫开发工作上来。另一方面是横向执行主体的整合。将原来经济、教育和卫生对口支援事项中支援省市与受援省市各不相同的结对关系，调整为支援省市与受援省市一一对应的结对关系，并开展以经济、教育、卫生为主要内容的综合性扶贫协作。

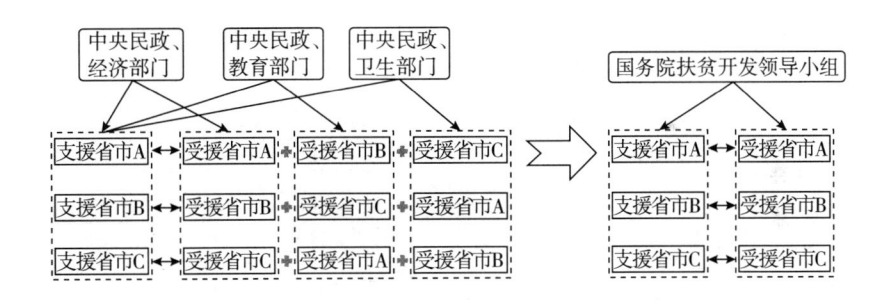

图 3—2 东西部协作结对关系调整示意

东西部扶贫协作关系在脱贫攻坚阶段不断强化。2015 年，中央出台《关于打赢脱贫攻坚战的决定》，奠定全国脱贫攻坚的制度基础。2016 年 7 月 20 日，习近平总书记在银川东西部扶贫协作座谈会上做出"适当调整结对关系"的要求。同年 12 月，中共中央办公厅、国务院办公厅印发《关于进一步加强东西部扶贫协作工作的指导意见》，对结对关系做出三个方面的调整。一是加大结对主体关系覆盖面。东部 9 省 13 市结对帮扶中西部 15 省 22 市，结对关系覆盖 30 个民族自治州，加强云南、四川、甘肃、青海等重点贫困市州的帮扶力量，如图 3—3 所示。二是推进结对主体关系下沉。在原来省市结对关系的基础上推进县县结对，即东部组织辖区内经济强县与对口帮扶省份贫困县建立结对帮扶关系，同时积极探索县域内学校、医院、企业、街道、乡镇与贫困地区学校、医院和贫困村建立结对帮扶关系。三是引入结对考核机制。2017年，国务院扶贫开发领导小组印发《东西部扶贫协作考核办法（试行）》，对结对双方政府政策执行情况进行考核。同时，西部地方政府内部也制定相应的东西部扶贫协作考核办法，形成层层结对考核、东西结对竞赛的局面①。根据官员晋升"锦标赛"制度，执行东西部协作政策的东部各省市之间是竞争关系，西部各省市之间也是竞争关系，进一步强化结对主体合谋以增强各自的政绩竞争力。

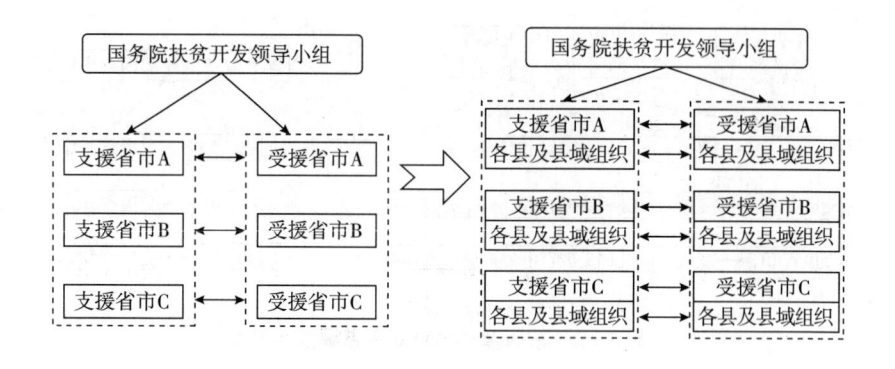

图3—3 东西部协作结对关系变迁过程

东西部结对扶贫关系实现了发达地区对欠发达地区的大力帮扶。1996—2015年，东部共向中西部10省提供扶贫协作财政资金132.7亿元，动员社会力量捐助款物27.6亿元，引导企业实际投资1.5万亿元，实施了一大批帮扶项目和民生工程。2016—2020年，东部343个经济较发达县与中西部573个贫困县开展"携手奔小康"行动，东部共向扶贫协作地区投入财政援助资金和社会帮扶资金1005

---

① 黄晓春、周黎安：《"结对竞赛"：城市基层治理创新的一种新机制》，《社会》2019年第5期。

亿多元，互派干部和技术人员13.1万人次，超过2.2万家东部企业赴扶贫协作地区累计投资1.1万亿元。尤其是2016年中央对政策和结对关系做出调整之后，东部帮扶西部的力度显著提高。如广东对西部各省1996—2015年的财政援助资金为26.7285亿元，仅2018年一年的财政援助资金投入就超过了过去20年的总额，达到29.22亿元[1]。同时，东西部结对主体在共同打赢脱贫攻坚战的过程中结下了深厚的"革命友谊"，如在山东与重庆的学校结对关系中，"双方师生答疑解惑、集体备课等交流活动在脱贫攻坚之后得以延续"[2]。

（三）乡村振兴时期的东西部结对发展关系（2021年以后）

2021年以后，东西部协作关系进入巩固脱贫攻坚成果与促进乡村振兴有效衔接的新阶段。脱贫攻坚解决了农村、农民的绝对贫困问题，但中国乡村发展仍然是中国式现代化建设和共同富裕的薄弱环节。2021年，中共中央、国务院发布《关于全面推进乡村振兴加快农业农村现代化的意见》，乡村振兴战略开始全面实施。为防止返贫风险发生，西部地区在2020年脱贫攻坚结束后，设立了五年过渡期以巩固脱贫攻坚成果，促进乡村振兴有效衔接。2021年4月，习近平总书记在深化东西部协作和定点帮扶工作中指示："东西部协作工作要适应形势任务变化，要完善东西部结对帮扶关系，拓展帮扶领域，健全帮扶机制，优化帮扶方式，加强产业合作、资源互补、劳务对接、人才交流，动员全社会参与，形成区域协调发展、协同发展、共同发展的良好局面[3]。"

乡村振兴时期，东西部结对关系由"插花式"结对关系转为顺

---

[1] CYT，广东省扶贫办社会扶贫处干部，访谈于2021年1月7日。
[2] CL，山东威海赴重庆YY县挂职教师，访谈于2021年12月29日。
[3] 《习近平对深化东西部协作和定点帮扶工作作出重要指示强调适应形势任务变化弘扬脱贫攻坚精神加快 推进农业农村现代化全面推进乡村振兴》，新华社，http://www.xinhuanet.com/politics/leaders/2021-04/08/c_1127306971.htm，2021年4月8日。

序结对关系，如表3—1、图3—4所示。"插花"结对关系形成的原因，一方面是西部存在着"插花式"散布的贫困人口和贫困地区，而东部城市经济实力大小的分布状况也不甚均匀；另一方面是在打赢脱贫攻坚战时间紧、任务重的压力下，为便于供需资源的汲取与再分配，中央将经济因素作为建立结对关系的重要考量，要求广州、杭州等经济实力排名靠前的城市承担更多结对帮扶任务。在脱贫攻坚背景下建立的"插花"结对关系，使结对政府间的层级、数量不一定对等，结对规则不易协同，结对考核难以评价。如2016年广东省及其广州、佛山、中山、东莞和珠海5市分别与西南地区的4省6市建立结对关系，而贵州省的六盘水、遵义、铜仁、黔东南、黔西南、安顺、黔南和毕节8市分别与东部沿海的6省8市建立结对关系。其中，广东面临既要考核省又要考核市的现象，而贵州面临来自各省市帮扶力度大小不一、政策不一的现象。2021年，东西部结对关系重新调整为省与省结对，结对双方在省级结对基础上再进行市县结对。东西部省级结对关系包括：北京—内蒙古，天津—甘肃，上海—云南，江苏—陕西、青海，浙江—四川，福建—宁夏，山东—重庆、甘肃的临夏、定西和陇南，广东—广西、贵州。在新一轮结对关系中，除广东、江苏、山东为"一帮二"以及甘肃为"二帮一"关系外，其余各省均为"一帮一"关系，中部地区脱贫攻坚后不再参与东西部协作，东西部县级结对关系基数保持国定832个脱贫县（原贫困县）不变，并将结对帮扶重心向其中的160个脱贫基础较差的乡村振兴重点县倾斜。同时，根据重新修订的东西部协作考核评价办法，中央只考核省级政府，各省再自行制定市县考核办法。国家为扶持贫困地区，先行设立国家级贫困县（乡村振兴重点帮扶县），其程序和数量由地方申报后再经国务院扶贫开发领导小组办公室。

表 3—1　　　　　　　　　2016 年东西部结对关系

序号	东部地区	中西部地区	序号	东部地区	中西部地区
1	北京	内蒙古、河北张家口和保定	12	福建厦门	甘肃临夏
2	天津	甘肃、河北承德	13	山东	重庆
3	辽宁大连	贵州六盘水	14	山东济南	湖南湘西
4	上海	云南、贵州遵义	15	山东青岛	贵州安顺、甘肃陇南
5	江苏	陕西、青海西宁和海东	16	广东	广西、四川甘孜
6	江苏苏州	贵州铜仁	17	广东广州	贵州黔南和毕节
7	浙江	四川	18	广东珠海	云南怒江
8	浙江杭州	湖北恩施、贵州黔东南	19	广东佛山	四川凉山
9	浙江宁波	吉林延边、贵州黔西南	20	广东东莞	云南昭通
10	福建	宁夏	21	广东中山	云南昭通
11	福建福州	甘肃定西			

资料来源：作者根据国务院扶贫办官网资料整理而得。

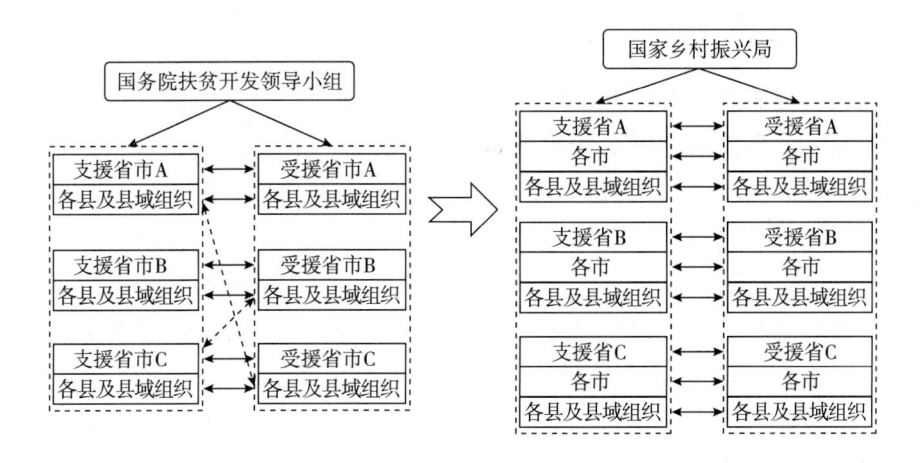

图 3—4　东西部协作结对关系调整结果

三　东西部协作结对关系的变迁特征

（一）总体趋势：由"点轴式"到"网络化"

在东西部协作中，"结对"这一方式成为东部政府和西部政府开展协作的重要环节，通过建立结对关系使双方在结对期间明确责任分工、减少协调成本、提升协作效率。在协作过程中，东西部协作这一制度安排还诱发和塑造了其他相应的行为方式和行动机制，具体表现在央地联动与府际协同的叠加、制度优势向制度效能的转化、规划引领与考核评价的协同、依附并超越科层制的协同网络等方面。与此同时，在中央主导、地方自主探索的过程中，东西部协作的协作机制、协作关系、协作内容、协作要素等不断得到优化调整。为此，在全面推进乡村振兴、扎实推进共同富裕的大背景下，厘清东西部协作的制度逻辑与实践经验，并将这些经验在全国范围内推广开来，恰好有助于深化对区域协调发展、国内统一大市场的认识，也对促进共同富裕、建构中国特色的结对治理体系具有重要的价值与意义。

东西部协作的结对关系呈现出由点到网的发展趋势。由普遍贫弱背景下针对重点困难领域的群众自愿性结对，逐步演变为发达地区对经济社会发展薄弱地区的经济、教育和卫生等轴线领域的舆论倡导性结对，最后变成覆盖东部与西部经济社会全网络的政策强制性结对。结对关系网络化趋势具体体现在结对主体、结对内容和结对原则三个方面。

一是结对主体不断扩大。在市级层面，2021年市级政府参与结对数量是1996年的30倍左右，在1996年涉及19个省和4个单列的地级市，而2021年变为18个省和119个地级市。在县级层面，脱贫攻坚时期，东西部共有916个县级政府参与结对，占全国县级政府总数（2862个）的32%，结对县又推进县域内的部门、乡镇、学校、医院、村、企业等基层社会主体建立东西部结对关系[1]。二是结对内容日益深化。在资源交换属性方面,由早期的财政、人事等行政资源交换,逐步扩展为技术、价值、能力等市场与社会资源交换,以区域间产业合作、劳务协作、人才交流、社会帮扶等形式呈现。在资源受益模式方面,由西部单向获利转向东西部双向共赢,越来越多东部企业和社会组织自愿参与东西部协作。三是结对原则更加规范。在事权(事责)与财权一致性方面,地方具有更多资源(拥有)控制权,如财税汲取与再分配、公共部门人员选派、资源使用再决策等。在激励与约束方面,结对政府基于绩效目标的相关性和责任风险的连带性而加强协作。在资源支配与信息控制方面,结对双方能清晰掌握和表达各自的资源禀赋和合作需求,化解了传统纵向委托—代理的信息不对称问题,促进供需资源精准配置。

(二)本质特征:国家治权结构的延伸

在本质上,东西部协作的结对关系网络化是国家治权结构延伸的条件和结果。中央权威主导结构关系的网络化建构,又在"无缝隙政府"和"网格化管理"基础上,不断重塑区域间资源交换的时空结构并强化其经济社会的交互性,进而通过东西部结对治理实现整体性国家治理[2]。东西部结对网络关系既包含府际关系,也包含国家与社会关系、行政与市场关系;既包含横向关系,也包含纵向关系(甚至斜向关系);既包括利益关系,也包括权力关系、财政关系和行政关系[3]。这种反映国家治权结构延伸的跨域网络关系,不同于西方理想型的网络化府际关系[4],并没有超越权力收放、管辖时空与

---

[1] 谢治菊、彭智邦:《东西部协作政策扩散的维度、逻辑与启示——基于政策扩散理论与文本分析》,《中国公共政策评论》2021年上半年卷(总第20卷)。

[2] 竺乾威:《公共服务的流程再造:从"无缝隙政府"到"网格化管理"》,《公共行政评论》2012年第5期。

[3] 谢庆奎:《中国政府的府际关系研究》,《北京大学学报》(哲学社会科学版)2000年第1期。

[4] 边晓慧、张成福:《府际关系与国家治理:功能、模型与改革思路》,《中国行政管理》2016年第5期。

公私分别的议题边界。

首先,在府际关系中,东西部协作中的国家治权结构延伸围绕纵向权力收放,以 M 形科层组织结构为基础,嵌入综合协调机构、机制以调节横向联系。一方面,M 形科层组织结构有利于将"授权性竞争"转变为"授权性合作"[①]。中央授予各省具有部分自主发展决策权,形成发展型政府驱动下的竞争性经济增长,以迅速累积国家财富。同时,由于各省被嵌入国家战略框架之中,中央则通过调控财政、人事、行政等权威资源,授予各省自主合作权,进而打破部门、层级以及职能边界,将分散的社会资源集中起来,化解长期被排斥在经济发展之外的教育、医疗、环保、扶贫等社会治理难题;另一方面,国家治权结构延伸离不开综合协调组织机构和机制。从中央到地方分别建立专门负责东西部协作工作的指挥部或工作组,实行同级行政首长负责制,抽调各部门干部组成临时编队,在行政过程中利用或强化原有机构的职能,实现社会资源的组织化凝聚与再分配,而非松散的自由联盟;并通过高层互访[②]、协同办公等机制加强协作政府之间的沟通交流。

其次,在国家与社会关系中,东西部协作中的国家治权结构延伸是基层控制与社会认同相互作用的结果,促进政治动员转变为社会动员。从国家的视角看,不仅要依靠行政命令动员公职人员执行政策,还要调动社会自愿参与的积极性。因此,中央需要不断建构网络化结构关系并渗透国家意志,既要依托基层社会网格化管理结构和政社互动机制,又要在行政层级和行政边界上打破一般网格化管理的空间约束,形成跨域政社互动,如广泛的政治宣传、协同的制度供给、精准的需求回应。从社会的视角看,社会则根据自身需求、互惠契约和政策机会,增强自身能力建设和合作意愿,又在持

[①] 文宏、崔铁:《运动式治理中的层级协同:实现机制与内在逻辑——一项基于内容分析的研究》,《公共行政评论》2015 年第 6 期。

[②] 根据访谈了解到,闽宁协作关系(1996—2016 年)持续 20 年不间断的原因在于福建和宁夏两省坚持省级领导定期互访机制。2016 年,中央出台的东西部扶贫政策将此项经验做法纳入省级结对关系考核指标。

续的参与效能激励过程中累积参与认知和参与能力，对属地政府和跨域合作对象的信任不断强化[1]。

最后，在行政与市场关系中，东西部协作中的国家治权结构延伸形成了正式与非正式制度机制与行动实践的相互作用，使资源匹配变为资源创造。行政资源的关键作用在于发挥传导机制，撬动市场资源。根据结构二重性特征，人类（政府）的实践活动促进东西部网络化结对关系形成，而这种结构属性具有规则和资源自组织再生产的功能[2]，不断重塑区域间资源交换的时空结构与财富分布状态。一方面，跨域网络化结对系统交互的诸制度，受自均衡因果循环机制或行动者反思性自我调控支配，逐步形成正式制度与非正式制度的再生产，使制度非均衡逐步走向制度均衡，以适应超越共时性和共场性的社会化大生产诉求。原来各自为政的地方政府不断打破旧制度建立新制度，加强区域间项目审批、税收、融资等政策衔接，使东西部资本、劳动力、产品等要素流动更加高效；另一方面，跨域网络化结对系统中的行动者决策，受系统再生产激励机制或行动者预期支配，逐步形成物质资源再分配惯性，使区域间经济发展非均衡逐步走向经济发展均衡。东西部网络化结对关系的自我强化和价值增值，促使由行政制度主导的资源匹配逐步让位于由信任、规范和网络等社会资本推动形成的资源创造[3]，东西部协作由"输血式"帮扶转变为"造血式"合作。

四 东西部协作结对关系的变迁逻辑

根据跨域治理理论与历史制度主义理论，本章认为背景条件、关键制度，以及间断或连续的时序要素，尤其是任务模式变化，是

---

[1] 李慧凤、孙莎莎：《从动员参与到合作治理：社会治理共同体的实现路径》，《治理研究》2022年第1期。

[2] ［英］安东尼·吉登斯：《社会的构成：结构化理论纲要著》，李康、李猛译，中国人民大学出版社2016年版，第231页。

[3] ［美］罗伯特·D.帕特南：《使民主运转起来》，王列、赖海榕译，江西人民出版社2001年版，第201—207页。

影响东西部协作中结对关系变迁的内在逻辑。

(一)"效率—公平"兼顾：宏观背景条件的演进

治理效率与治理公平是公共管理中的两大价值取向及其实现机制[①]，也是新中国成立以来东西部结对关系不断变化的背景条件。在价值层面，效率是公平的基础，公平是效率的保证。只有当社会生产力水平提升、社会财富积累到一定阶段，才有可能实现社会成员普遍意义上的公平；而公平的政策环境又促进经济实现更高质量发展。在机制层面，市场机制重在实现效率，政策机制重在实现公平。然而，过度使用市场机制可能扩大区域贫富差距和府际竞争张力，过度使用政策机制也有可能约束治理创新活力。

改革开放以前的公平分配只是形式上的低水平的均衡，中央所倡导的东西部结对支援关系缺乏稳定性。而改革开放通过市场机制效率的发挥，为实现社会公平奠定了物质基础，也出现了区域贫富差距拉大、背离社会公平的现象。由于大城市"虹吸"效应、工农业产品价格"剪刀差"，曾一度加剧东部对西部优势资源的掠夺，而帮扶则名存实亡。党的十六大以来，政府职能发挥更加注重社会公共服务与公平正义，尤其是"全面建成小康社会""扶贫路上一个都不能少"等政策话语，表明我国社会主义制度对底线公平的追求，要努力为社会的每一成员提供满足个人基本生存和发展的资源和条件，这要求东西部结对关系在实现区域间公平的规则、程序、环境和实质性结果方面发挥重要作用。

(二)"运动—常规"相济：中观任务模式的转化

运动式治理与常规化治理是中国国家治理的两种基本组织状态[②]，在暂时性或长期性任务模式推动下，也使东西部结对关系具有

---

① 陈庆云、庄国波、曾军荣、鄞益奋：《论公共管理中效率与公平的关系及其实现机制》，《中国行政管理》2005 年第 11 期。
② 周雪光：《运动型治理机制：中国国家治理的制度逻辑再思考》，《开放时代》2012 年第 9 期。

相应的"间断—均衡"变化特点。运动式治理的特点在于,当科层常规治理面临环境突变而失灵的情况时,用大张旗鼓的政治动员过程取代常规组织过程,以集中资源和注意力,达到政策执行纠偏效果。而要长期治理更复杂的社会痼疾,又不得不将运动式治理要素编织进常规组织运行框架之中,以动员更多社会资源,即运动式治理常态化。因此,暂时性重点任务是东西部结对关系变化的间断点,而长期性重点任务驱动使东西部结对关系与结对治理走向均衡状态。

1996年正式出台的东西部扶贫协作政策,伴随多年的行政体制改革,政策执行偏差越来越大,部分东西部结对关系出现中断,亦不再适应党的十八大以来关于精准扶贫和打赢脱贫攻坚战的运动式治理环境。2016年是"打断"旧有治理模式路径依赖的重要节点,"当时中央关于扶贫工作的'四梁八柱'已经搭建起来,又正值东西部扶贫协作政策实施20周年,党中央借此机会总结旧政策执行情况、提出新政策的部署意见"[①]。接着,国务院扶贫办于当年10月16日(全国第三个扶贫日)召开脱贫攻坚先进表彰会、政治学习会和学术研讨会,以形成社会大扶贫氛围,造势之后顺势启动东部经济较发达县与西部地区贫困县的"携手奔小康"行动,将东西部结对关系正式下沉到县。脱贫攻坚结束后,乡村振兴任务更艰巨、目标更宏远,需要依赖更高效的科层组织运作体系。相应地,东西部市县结对关系总体数量没有大幅变动,依然延续绩效目标考核机制来驱动任务执行,但将"插花"结对关系转变为顺序结对关系,逐步恢复层级对称、差序管理的常规组织运行秩序。

(三)"激励—约束"并重:微观关键制度的驱动

绩效激励和绩效约束是中央对权力、资源和信息要素的调控,对处于竞争环境中的集体行动产生影响,是跨域治理的关键制度[②],驱动东西部结对关系和结对治理的变迁。经济社会组织业绩与行政

---

① ZW,国务院扶贫办社会扶贫司干部,访谈于2020年12月12日。
② 杨志云、毛寿龙:《制度环境、激励约束与区域政府间合作——京津冀协同发展的个案追踪》,《国家行政学院学报》2017年第2期。

组织政绩都离不开正式制度与非正式制度的激励与约束[①],甚至所有的制度都围绕激励与约束属性来设计。资源优势互补、制度协同供给和互信互惠的社会网络资本,有利于建立良性的政商(社)关系以及市场主体合作关系,激励市场与社会主体积极参与跨域合作。而在体制内部,激励与约束并重有利于强化东西部结对关系。通过"绩效目标设定—绩效考核评价—官员排位晋升"的路径,不仅将晋升"锦标赛"作为前排官员的激励手段,也将政治"淘汰赛"作为后排官员的约束手段倒逼履职尽责,如末位淘汰、一票否决、约谈问责等。

2016年以来的东西部协作政策,一方面,基于东西部地方官员在结对治理目标利益上的差异,中央出台相应的干部选派管理和考核评价办法,将结对帮扶任务完成情况与结对政府的官员晋升与问责挂钩,有力调动了东西部结对竞赛的积极性。另一方面,根据县级政府对县域供需资源配置的信息优势、各类财政资金整合与再分配的场域优势,中央决定把省市结对关系下沉到县,"结对关系下沉到县,考核措施下沉到县则将责权利关系进一步理顺,把责任压实了"[②]。

五 东西部协作结对关系的未来走向

关于东西部结对关系变迁的研究,是观察共同富裕从愿景变为现实的切口,由此揭示出在东西部协作政策多年实践过程中我国制度优势转化为治理效能的机制。一方面是通过东西部结对关系的网络化建构,实现国家治权结构的延伸;另一方面是在治权结构载体之上,根据宏观背景条件、中观任务模式和微观关键制度的变化,辩证实施治理效率与治理公平、运动式治理与常规化治理、绩效激励与绩效约束策略,以强化结构网络和治理手段。

---

① 周黎安:《地区增长联盟与中国特色的政商关系》,《社会》2021年第6期。
② ZW,国务院扶贫办社会扶贫司干部,访谈于2020年12月12日。

从结构观来看，东西部结对关系的网络化有利于实现区域间渐进均衡发展。西部结对关系是发达地区与欠发达地区结成的一一对应的帮扶关系，原本东部各省处于较高水平均衡状态、西部各省处于较低水平均衡状态，通过非均衡跨域结对关系的网络化建构，重塑区域间资源交换的时空结构并强化经济社会的交互性。同时，强化国家治权结构延伸与跨域治理机制影响，最终使结对网络形态和生产力水平趋于均衡，使各种经济社会力量调整到彼此相适应的位置，逐步实现区域均衡发展。

从历史观来看，东西部协作及其结对关系的变迁是中央权威对地方政府进行间歇性、嵌入性干预的结果，如图 3—5 所示。东西部网络化结对关系，有利于促进区域间均衡性发展；但是，由官员晋升"锦标赛"体制主导的地方政府竞争性发展，既是东西部结对治理的物质基础，也日益成为其潜在阻力。因此，不得不依靠更高权威力量的制衡，并不断发挥治理效率与治理公平、运动式治理与常规化治理、绩效激励与绩效约束的机制共演作用。

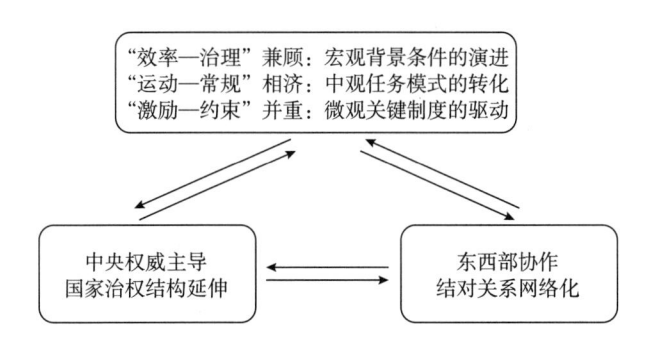

```
         "效率—治理"兼顾：宏观背景条件的演进
         "运动—常规"相济：中观任务模式的转化
         "激励—约束"并重：微观关键制度的驱动
              ↙            ↘
    中央权威主导    ⟷    东西部协作
    国家治权结构延伸         结对关系网络化
```

图 3—5 东西部协作结对关系变迁逻辑

本章认为，东西部协作与共同富裕的议题还有以下三个方面值得进一步讨论。一是从跨域治理的理论来看，东西部网络化结对关系的建构，有利于实现国内各区域之间的均衡发展；而各省内部各区域、城乡之间也在探索建立类似的结对关系，以实现区域内部均衡发展，由此可进行更加深入的比较研究。二是从研究变量之间的相互作用关系来看，政治、经济、历史因素促进了东西部结对关系的形成，经济社会的交互性也会不断强化东西部结对关系演进，但当前实践主要是中央权威主导结对关系并依靠行政资源实现结对治理，政府是否退出、如何退出以及结对网络关系自组织效能的问题值得探讨。三是从共同富裕前沿议题来看，当前的乡村振兴任务不仅是西部的难题，而且是东西部农村发展共同面临的难题，结对区域政府间的帮扶动力将日益下降，区域内部的治理模式不尽相同。如浙江通过先富地区试点示范来激发后富地区发展的内生动力，广东各地则竞相开展乡村振兴"擂台赛"，这与脱贫攻坚时期结对合作局面形成鲜明对比，抑或将对乡村振兴阶段东西部结对关系带来新的启示。

第四章　东西部协作中的国家、市场与社会

东西部协作是党和国家根据东西部地区之间发展不平衡的现状，依托社会主义制度优势和政治优势，动员和组织东部经济发达地区援助西部欠发达地区发展，缩小区域发展差距、促进共同富裕的一项重大战略决策和帮扶行为。作为一种政治行为，东西部协作是一项极其重大的政治任务，是在中央政府主导下地方政府间的"政治性馈赠"[1]，是助推脱贫攻坚战取得全面胜利、全面推进乡村振兴、加快实现共同富裕的重大部署，是促进党的二十大报告所提出的区域协调发展的重要力量；作为一种经济行为，是对区域经济发展差距过大的一种遏制与补偿[2]。回望过去，东西部协作助力减贫经历了"整村推进、两轮驱动、脱贫攻坚、乡村振兴"等四个阶段，对中国彻底解决绝对性贫困问题作出了不可磨灭的贡献。然而，随着巩固拓展脱贫攻坚成果同乡村振兴有效衔接的重心从解决"两不愁三保障"转向全面推进乡村振兴，从突出到人到户转向促进区域协调发展，从政府投入为主向政府引导与发挥市场作用有机结合的转变，东西部协作既迎来了新的发展机遇，也面临新的挑战。在此背景下，东西部协作中国家、市场与社会的功能和角色也会发生转变，过去

---

[1] 李瑞昌：《界定"中国特点的对口支援"：一种"政治性馈赠"解释》，《经济社会体制比较》2015年第4期。

[2] 谢治菊、彭智邦：《东西部协作政策扩散的维度、逻辑与启示——基于政策扩散理论的文本分析》，《中国公共政策评论》2021年第3期。

强调政府主导的"单项输出"帮扶模式难以适应时代的发展要求，有必要重新理顺国家、市场与社会等三重力量在其中的关系与角色，充分发挥市场与社会在东西部协作中的作用，破解区域发展不平衡不充分问题，推动形成东部地区和西部地区协调发展、协同发展、共同发展的良好局面。基于此，本章从国家、市场与社会等三重力量的交互影响与多元互动视角出发，结合东西部协作调研素材，厘清新时代东西部协作中国家、市场与社会等三重力量的关系与逻辑。

一 东西部协作中国家、市场、社会的历史交替

20世纪70年代后期，改革开放后，东西部地区由于区位条件、资源禀赋、发展基础等原因，发展不平衡问题日益突出。20世纪90年代初，为了实现邓小平"两个大局"①的构想，国家在顶层设计上初步作出东部发达地区反哺西部地区的制度安排，东部发达地区为西部地区提供人才、资金、技术等资源，从而助力西部地区经济社会发展，缩小区域发展差距。

1996年7月，为如期实现《国家八七扶贫攻坚计划》确定的目标，国务院办公厅转发了国务院扶贫开发领导小组《关于组织经济较发达地区与经济欠发达地区开展扶贫协作的报告》，明确指出"引导区域经济协调发展，加强东西部地区互助合作，帮助贫困地区尽快解决群众温饱问题，逐步缩小地区之间的差距，是今后改革和发展的一项战略任务"，这标志着东西部协作正式付诸实施。2008—2009年，国务院扶贫办先后下发了《2008年东西部扶贫协作工作指导意见》《2009—2010年东西部扶贫协作工作指导意见》，对东西部扶贫协作工作作出重要指导。2011年5月，国务院印发的《中国农村扶贫开发纲要（2011—2020年）》，指出要继续做好东西部扶贫协作

---

① 20世纪90年代初，邓小平同志明确提出了"两个大局"的伟大构想：一个"大局"，就是东部沿海地区加快对外开放，使之较快地先发展起来，中西部地区要顾全这个大局；另一个"大局"，就是当发展到一定时期，比如21世纪末全国达到小康水平时，就要拿出更多的力量帮助中西部地区加快发展，东部沿海地区也要服从这个"大局"。

工作。党的十八大以来，脱贫攻坚战全面打响。为全面贯彻落实中共中央、国务院《关于打赢脱贫攻坚战的决定》和中央扶贫开发工作会议以及东西部扶贫协作座谈会精神，2016年12月，中共中央办公厅、国务院办公厅出台了《关于进一步加强东西部扶贫协作工作的指导意见》，强调东西部扶贫协作要帮助西部地区打赢脱贫攻坚战，解决区域性整体性贫困。2017年8月，国务院扶贫开发领导小组印发《东西部扶贫协作考核办法（试行）》，明确了东西部协作的考核目标、考核对象与考核内容，为促进西部地区如期完成脱贫攻坚任务奠定了坚实基础。2019年6月，为推动参与东西部扶贫协作的各省份进一步加大工作力度，提高帮扶水平，促进中西部地区如期完成脱贫攻坚任务，国务院扶贫开发领导小组正式印发了《东西部扶贫协作成效评价办法》，优化了扶贫协作考核对象与考核指标。2021年4月，全国东西部协作和中央单位定点帮扶工作推进会在宁夏银川召开，会议再次明确提出将"东西部扶贫协作"更名为"东西部协作"。2021年7月，中央农村工作领导小组根据乡村振兴的任务与要求，调整了结对关系与考核指标，印发了《东西部协作考核评价办法》。2023年中央一号文件再次强调，要"深化东西部协作，组织东部地区经济较发达县（市、区）与脱贫县开展携手促振兴行动，带动脱贫县更多承接和发展劳动密集型产业"。

在一些学者眼中，东西部协作是国家对区域资源的政治性调配[1]，已成为我国政治经济社会活动中组织性日渐增强、覆盖面越来越广、力度不断加大的区域协作，基本实现了最初设计的优势互补、共赢目标[2]，但仍存在一些问题，具体表现在：从协作主体和协作方式看，东西部扶贫协作的主体以政府为主，市场参与的方式与路径有限，社会力量参与不足。例如，就产业协作而言，政府主导的产业协作处在政府行为与市场逻辑的张力之中[3]；一方面，产业协作是

---

[1] 钟开斌：《对口支援：起源、形成及其演化》，《甘肃行政学院学报》2013年第4期。
[2] 吴国宝：《东西部扶贫协作困境及其破解》，《改革》2017年第8期。
[3] 蒋永甫、龚丽华、疏春晓：《产业扶贫：在政府行为与市场逻辑之间》，《贵州社会科学》2018年第2期。

一种政府行为，农户参与不足，多为政府主导下的被动参与，难以与地方政府进行平等对话和协商，资源配置效率低下[①]；另一方面，产业发展面临市场竞争和市场风险，为确保产业扶贫资金增值保值，政府倾向于与龙头企业合作，对其进行资本化运作，以达到联农带农富农效果，但从长远来看，这种运作模式不具有可持续性。再如，在消费协作方面，其核心在于需求与供给的充分对接，而帮扶产品由于存在特色不突出、优势不明显、中高端农产品供给不足、区域结构趋同等问题，以致整体市场竞争力不强，阻碍了消费帮扶的纵深推进[②]。上述产业协作和消费协作面临的问题，原因是多方面的，其中比较根本的是没有正确处理好国家、市场与社会等三重力量之间的关系。

国家、市场与社会之间的关系既是个理论问题，也是一个实践问题。在多数文献里，一般把国家、市场与社会当作三类"行动主体"或三个"部门"，格外关注三者的职能范围或边界问题[③]。特别是有关政府在经济和社会发展中的角色和边界[④]、政府在某种程度上超越市场与社会的限度或制约而拥有的国家自主性[⑤]以及市场与社会如何在政府干预中保持自身自主性[⑥]等问题，均成为研究的重要议题。随着国家治理的日趋复杂，厘清国家、市场与社会等三者的关系，探讨国家、市场与社会等三重力量在国家治理中的交互影响与多元互动愈发重要。可以说，无论是强调国家治理的简约主义[⑦]，还

[①] 胡振光、向德平：《参与式治理视角下产业扶贫的发展瓶颈及完善路径》，《学习与实践》2014年第4期。

[②] 厉亚、宁晓青：《消费扶贫赋能脱贫攻坚的内在机理与实现路径》，《湖南科技学院学报》2019年第2期。

[③] 顾昕：《走向互动式治理：国家治理体系创新中"国家—市场—社会关系"的变革》，《学术月刊》2019年第1期。

[④] 唐兴军、齐卫平：《治理现代化中的政府职能转变：价值取向与现实路径》，《社会主义研究》2014年第3期。

[⑤] 孙立平：《向市场经济过渡过程中的国家自主性问题》，《战略与管理》1996年第4期。

[⑥] Trigilia C., *Economic Sociology: State, Market and Society in Modern Capitalism*, UK: Blackwell Publishers, 2002, p.75.

[⑦] 韩志明：《简约治理的价值主张及其实现方式》，《人民论坛》2022年第24期。

是国家市场社会的新型互动①，抑或国家、市场与社会的协同治理②以及有为政府、有效市场、有机社会③等，都把厘清国家、市场与社会的关系，让三者各归其位、有效互动等摆在突出地位。

基于历史与国际的视角，经济发展中国家、市场与社会等三者的关系具有演化性质，在不同国家不同时代动态演变。从治理的视角看，历史上出现过两种不同的治理模式，即以市场经济体制为基础的治理模式和以计划经济体制为基础的治理模式④。前一种治理模式催生和推动了社会组织的发展壮大，形塑了国家、社会与市场三分的格局⑤。至今，让市场在资源配置中发挥"决定性作用"已成为广泛共识。与此同时，在国家与社会的关系上，社会治理的地位日益凸显，国家治理依赖全社会的广泛支持与参与，国家权力的运用要同社会需要、公共利益相一致⑥。更为重要的是，伴随社会力量的培育和壮大，其参与公共事务的独特品格和重要作用日益凸显，它们或是独立承担社会的某些职能，或是与政府机构一道合作，共同行使某些社会管理职能。为此，在党的政治领导和政府职能优化过程中引导社会力量有序参与，是社会治理的核心机制⑦。由此可见，如何在国家、市场与社会等三重力量的交互影响与多元互动上做好文章，达成相辅相成的治理成效，也是创新国家治理体系、实现党的二十大报告中所强调的"中国式现代化"的应有之义。

如前所述，东西部协作的出发点在于东部地区和西部地区通过协作达到"优势互补""互惠互利"，进而形成区域"协调发展、协同发展、共同发展"的良好局面。因此，东西部协作应超越单一

---

① 胡宁生：《国家治理现代化：政府、市场和社会新型协同互动》，《南京社会科学》2014年第1期。
② 李汉卿：《协同治理理论探析》，《理论月刊》2014年第1期。
③ 李玲、江宇：《有为政府、有效市场、有机社会——中国道路与国家治理现代化》，《经济导刊》2014年第4期。
④ 竺乾威：《国家治理现代化与厘清国家社会市场关系》，《理论探讨》2022年第1期。
⑤ 张红凤、杨慧：《规制经济学沿革的内在逻辑及发展方向》，《中国社会科学》2011年第6期。
⑥ 徐顽强：《社会治理共同体的系统审视与构建路径》，《求索》2020年第1期。
⑦ 张来明、刘理晖：《新中国社会治理的理论与实践》，《管理世界》2022年第1期。

"强政府"行政主导模式[①]。虽然东西部协作是在中央政府主导下地方政府开展的,离不开政治动员,往往还需要上升为"政治任务"才有效果,并且在初期表现为东部地区的单向帮扶,但并不意味着政府主导的协作模式更有效;相反,随着国家减贫治理方略的推进,以政府为主导的协作模式不具有可持续性,更需要市场与社会的充分参与。然而,现有的协作机制,尤其是协作中的组织领导机制,对于完成高标准的协作要求还有一定的差距。例如,新一轮协作关系调整后,虽然强化了省级层面的统筹协作能力,但一些地方直接弱化甚至取消了市级层面的协作,不利于中观层面的资源调配与协调。同时,协作理念难以支撑共赢型的协作目标,协作资源难以有效匹配市场化的协作任务。为此,基于国家与市场、国家与社会关系的视角分析东西部协作,具有重要的价值和意义。

二 东西部协作中国家、市场、社会的行动逻辑

解决贫困问题,是国家正义不可分割的一部分。作为贫困治理的重要实现途径,东西部协作中国家、市场与社会等三重力量的介入具有合理性、合法性和正义性。国家力量的介入是东西部协作顺利开展的必要前提,在政治动员、顶层设计、资源配置等方面发挥着关键作用;市场力量的推动,提高了资源配置效率;而社会力量的参与,则能在扶危济困上有更高水平的协同,且在一定程度上弥补政府、市场的不足。只是受政治、经济等因素的影响,国家、市场与社会在东西部协作中的行为面向有不同的行动逻辑。

(一)东西部协作中的国家介入

东西部协作工作具有高度的政治全局性,是"政府主导、高位推动、互惠互利"的一种帮扶方式,其中,国家力量的强力介入是

[①] 廖成中、毛磊、翟坤周:《共同富裕导向下东西部协作赋能乡村振兴:机理、模式与策略》,《改革》2022年第10期。

东西部协作能够顺利开展的首要条件与制度保障。

第一,作为一项政治任务和政治馈赠,中央政府的政策支持和地方政府的积极探索,使得东西部协作政策不断创新和发展。在东西部协作中,国家和政府发挥着巨大的主导作用。作为高位推动下的制度设计,其主要依靠中央政府动员,地方政府实施。从早期的"对口帮扶"到脱贫攻坚时期的"东西部扶贫协作",再到乡村振兴阶段的"东西部协作",东西部协作成为解决区域发展不平衡的重要途径。在中央政府的推动下,东部地区和西部地区地方政府通过"结对子"方式形成了特定的地方政府间"对口关系",其中,中央政府是"对口关系"形成、发展和维系的主导者,"谁与谁结对子、如何结对子"等都是由中央政府来确定的[1],并通过"行政发包"的方式增进地方政府之间的交流与合作。在发包过程中,中央政府与地方政府形成了一种事实上的"委托—代理"关系。对东部地区政府而言,执行中央政府指令是义务,借助馈赠方式,实现资金、人才、技术等资源从东部经济发达地区流向西部欠发达地区,并通过政治任务与道德义务的转化机制来保证馈赠的长期性和持续性。在这一过程中,西部地区政府是主要的受益者。随着减贫形势的变化,东西部协作相关政策不断调整和完善,不仅调整了结对子关系,还优化了评估考核机制、督查巡查机制、日常调度机制,这对东部地区政府和西部地区政府提出了更高要求。

第二,依托并超越科层制的层级体系,使东西部协作政策得以贯彻实施。基于这一组织架构,中央政府通过制度安排、考核评估、政治动员等手段促使东部省份和西部省份结对协作,把东西部协作作为政治任务分派给地方政府,这种任务的分派以"地方服从中央、上级服从下级"的国家权力结构为依据,通过"行政发包"的方式让地方政府展开交流合作,以分担中央政府的压力[2]。在中央政府下达政治任务后,地方政府按照"中央统筹、省负总责、市县抓落实"

---

[1] 李瑞昌:《地方政府间"对口关系"的保障机制》,《学海》2017年第4期。
[2] 周黎安:《行政发包制》,《社会》2014年第6期。

的逻辑层层传达和部署，并通过"任务分解、层层落实"的运行机制具体落实。在协作过程中，东西部各层级政府的结对遵从"中央→省（直辖市、自治区）→地级市（区、盟）→县（区、市、旗）→乡（镇）→村（社区）"的科层体系，上级对下级进行监督、考核，进而促进东西部协作各项任务的顺利完成[1]。与此同时，东西部协作还打破了传统的属地管理，重塑府际利益格局[2]，通过横向协作和纵向联动丰富了府际关系内容，超越了科层制一般特征，实现了财政的"横向转移支付"。从纵向视角看，东西部协作使得纵向府际关系出现了国家任务向下级政府分派的现象，中央政府以政治任务的方式将国家缩小区域发展差距的任务向下分派；从横向视角看，东西部协作中成立的由主要党政领导负责的组织机构，如东西部结对协作的省、市、县（区）均设有由党委、政府"一把手"任双组长的东西部协作领导小组，西部地区还有东部派驻的结对协作省工作队、市工作组、县（区）工作小组，东部地区也有西部派驻的结对协作办公室、劳务工作站等，这些机构都是复合型、枢纽型的"指挥部"，其资源整合能力不断增强，在一定程度上打破了科层制的局限，实现了政府间的跨部门协同治理[3]；此外，在中央政府把协作任务"发包"给东西部地区结对政府的同时，也将部分协作控制权"发包"给了它们，为它们积极探索结对形式与创新结对内容提供了可能。

第三，通过常态化考核机制与混合制考核方式，实现制度优势向治理效能的转化。东西部协作是典型的"中国之治"，彰显了中国特色社会主义制度的优越性，成效越来越显著，其最大的原因在于实行了常态化考核机制与混合制考核方式。2016年12月《东西部扶贫协作考核办法（试行）》出台后，改变了过去单边考核东部地区

---

[1] 庞明礼：《领导高度重视：一种科层运作的注意力分配方式》，《中国行政管理》2019年第4期。

[2] 孙崇明：《东西部扶贫协作进程中的府际利益冲突与协调》，《地方治理评论》2019年第2期。

[3] 左停、金菁、李卓：《中国打赢脱贫攻坚战中反贫困治理体系的创新维度》，《河海大学学报》（哲学社会科学版）2017年第5期。

的做法，分别针对东部地区和西部地区设计了不同的考核指标，使得该项工作逐步实现制度化、规范化与常态化。2019年6月，国务院扶贫开发领导小组印发了《东西部扶贫协作成效评价办法》，2021年7月，中央农村工作领导小组印发了《东西部协作考核评价办法》，后者使考核内容从"十三五"时期的"6+1"指标体系转变为"十四五"时期的"4+1"指标体系，考核形式也从过去东西部地区"政府人员交叉考核"转变为现在的"政府人员交叉考核+第三方考核"的混合搭配，考核方式从过去不定期的运动式考核到现在一年一次的常态化考核，这些无不彰显着东西部协作考核体系在走向成熟，尤其是通过中央政府、地方官员、专家学者对东西部协作成效的交叉评估、混合考核，在一定程度上对政策执行成效的监管评估更加科学。另外，值得注意的是，最新考核评价办法新增了每月一次的调度通报制度，与过去以最终考核结果为导向有所不同，现有的考核结果是按照月度报表、自评报告、年终考核各占30%、30%、40%的比例计算出来的，且增强了协作成效的定期反馈环节。难怪访谈时有官员表示："哪个省的工作情况怎么样，实际上我们心里是非常清楚的，因为我们每个月都要调度数据，这些数据能够反映平时的情况。"[1] 由此可见，东西部协作考核"指挥棒"作用发挥得比较充分，这对于深化东西部协作关系、提高协作质量有着重要作用。可以说，作为一种监督与调整机制，东西部协作考核机制是制度优势转化为治理效能的催化剂，是增强治理效能的工具。

（二）东西部协作中的市场推动

如果说早期的减贫治理，国家在资源配置、顶层设计等方面发挥着关键作用的话，新时代的东西部协作，市场在帮扶资源配置中的作用将不可小觑，具体体现在：一是推进产业协作，实现优势互补；二是深化劳务协作，促进用工精准化对接；三是促进消费协作，

---

[1] 本章以"被访者姓名+职务+访谈时间"的格式对访谈内容进行编码，下同。ZW，国家乡村振兴局S处长，访谈于2021年12月22日。

解决农产品市场供需错位问题；四是创新金融协作，化解信用担保融资难题。在东西部协作中，市场主体推动协作的逻辑主要表现在如下三个方面：

1. 市场化运作

在优势互补、互惠互利基础上开展的协作，是市场经济条件下东西部优化资源配置方式的一种手段，是在平等和自愿基础上开展的协作，具有长久的生命力。不过，这样的协作方式是一种应然状态，目前还处于探索阶段，常见的方式是以市场化手段来运作东西部协作项目。龙头企业是东西部协作比较理想的市场主体，具有丰富的市场资源、运营经验和较强的风险抵御能力，可以通过市场化运作实现生产要素的集聚，进而带动产业发展与升级。可以说，在资源有限的情况下，市场化运作方式能冲破小农经济的束缚，促使西部地区土地、资金、劳动力等要素尽快融入全国统一大市场，更能实现资源的有效配置。

2. 博弈式合作

在社会主义市场经济条件下，市场调节与政府干预是紧密相连、相互交织、缺一不可的。政府与市场之间的关系是一个长期、动态的博弈过程，而触发政府与市场之间博弈的因素是市场失灵或政府失灵。国家干预与市场调节各有其优势和缺陷，均存在失败的客观可能，关键在于寻求二者之间的最佳结合点，实现"以国家干预之长匡正和纠补市场调节之短，以市场调节之长克服和避免国家干预之短"，二者形成良性互动①。在初期，东西部协作更多是被当作政治任务来完成的，政府在与市场的博弈中占绝对优势，市场主体和社会力量参与不足，由此带来了政策执行与资源配置效率低下问题，因而需要市场的力量来推动。已有研究显示，政策力量与市场力量的协同更能推动协作目标的实现，且市场力量在其中起的作用是决

---

① 陈庆修：《更好发挥中国特色市场经济的作用应把握的几个方面》，《经济研究参考》2013年第71期。

定性的，这对地区产业结构调整和优化升级至关重要①。尤其是，如有龙头企业的带动，则更能有效促进各类生产要素的集聚，将产业前端、中端与末端统筹考虑，助推一、二、三产业融合发展，形成相对完整的产业链条和生产体系。由此，尽管东西部协作中政府与市场的合作是博弈式的，但也能让政府、企业、农户多方受益。

3. 互嵌式推动

东西部协作过程具有政府与市场"互嵌"的特征。在协作初期，政府发挥着主导作用，从发展战略的选择到产业项目的确定，再到投资项目的规划，政府这只"看得见的手"无处不在，但发展到一定程度后，东西部协作就不仅是政府的事，也是政府与市场互嵌式推动的结果。其中，政府通过政策引导、行政规制、综合激励等手段与市场主体进行对话，为企业提供税收减免、资金奖补、人才服务等优惠政策。以产业协作为例，产业协作的常见状态是西部地区出资源、场地、劳动力，东部地区出理念、技术、资金、市场，两地各司其职、各负其责，进而促进产业梯度转移。尽管如此，东部企业到西部地区投资仍然面临一些障碍，包括服务体系不健全、保障措施不到位、一些承诺不兑现等。因此，为了吸引东部企业到西部地区投资，西部地区地方政府往往会出台一些厂房租赁、土地使用、营商服务等方面的优惠政策，为东部企业落地西部保驾护航。例如，在厂房租赁方面，一般是"三免两减半"，即前三年免租，后两年租金减半；在土地使用方面，往往会给予低于市场价的建设用地指标；在营商服务上，往往推出"贵人服务"，即以最优质的服务抓招商，建设国内一流营商环境。在这一点上，贵州省BJ市D县的营商服务算是比较有特色的。在粤黔协作大背景下，GZ市TH区主动发挥在营商环境方面的经验，助力BJ市D县因地制宜创新"以商迎商"服务模式，推出"东西部协作投资项目服务礼包"，在不增加财政负担的前提下，政企合力解决市场服务痛点，激发民间力量

---

① 韩永辉、黄亮雄、王贤彬：《产业政策推动地方产业结构升级了吗？——基于发展型地方政府的理论解释与实证检验》，《经济研究》2017年第8期。

与政府共创环境、共享成果，让外来投资"零成本"体验本地服务、本土企业"零距离"拓展潜在客户、政府财政"零负担"完成双向服务，成为粤黔协作落实《国务院关于支持贵州在新时代西部大开发上闯新路的意见》（国发〔2022〕2号）"切实优化民营经济发展环境"要求的一项具体创新举措。这说明，政府与市场的合力推动，是东西部协作得以有效运转的关键。

（三）东西部协作中的社会参与

作为脱贫攻坚与乡村振兴的有效助力，东西部协作中的社会力量参与受到党和国家的高度重视，多次在重要会议或文件中提及要强化此类帮扶。例如，2016年12月，中共中央办公厅、国务院办公厅印发的《关于进一步加强东西部扶贫协作工作的指导意见》，明确将"动员社会参与"作为东西部扶贫协作的主要任务之一；2017年8月，国务院扶贫开发领导小组印发的《东西部扶贫协作考核办法（试行）》，也将社会力量参与东西部协作情况纳入考核范围；2020年12月，中共中央、国务院印发的《关于实现巩固拓展脱贫攻坚成果同乡村振兴有效衔接的意见》提出"坚持和完善东西部协作和对口支援、社会力量参与帮扶等机制"；2023年中央一号文件再次强调，要抓好四支帮扶力量，其中之一就是社会帮扶，具体包括"深入推进'万企兴万村'行动，引导更多民营企业到脱贫县投资兴业、开展帮扶；开展社会组织助力乡村振兴专项行动，会同民政部搭建参与平台，完善参与机制，动员引导更多社会组织参与乡村振兴，打造一批社会组织助力乡村振兴公益品牌"。这些都是从宏观层面肯定了社会力量参与东西部协作的重要性，也彰显了构建政府、市场、社会协同推进大扶贫格局的价值①。

1. 嵌入式参与

从政府、社会二分观点看，从政府、市场与社会三分观点来看，

---

① 苏海、向德平：《社会扶贫的行动特点与路径创新》，《中南民族大学学报》（人文社会科学版）2015年第3期。

社会力量参与是一种互动式、多中心治理[①]。东西部协作中社会力量参与的内容主要是医疗、教育、科技、文化等民生领域，这些参与植根于崇德向善、扶危济困的中华慈善文化，来源于实现共同富裕的目标要求，形成于习近平总书记关于社会力量参与扶贫工作的重要论述，保障于东西部协作的政策体系，维持于中国特色社会主义府际关系，"十四五"时期以产业协作、教育协作、就业协作、消费协作、科技协作、医疗协作等形式，嵌入西部乡村振兴的大多数领域，具有重要价值。例如，近年来，GZ 市 Y 行业协会充分挖掘行业优势，以 GZ 市对口帮扶地区贵州省 BJ 市 D 县为试点，发挥党建引领作用，与 GZ 驻黔工作队紧密合作，打造行业组织全面参与助力乡村振兴公益品牌，先后实施资金、物资、平台支持，并派出乡村振兴志愿者靠前参与，先后在防疫、就业、教育、文化等方面捐赠超 500 万元。

2. 激励性引导

减贫是一项具有较高正外部性的事业，要推进社会力量广泛参与，关键在于设计合理的利益联结机制[②]。为此，各地纷纷出台税收优惠、贴息补贴、信贷支持、特殊荣誉等激励性政策，鼓励民营企业、社会组织、公民个人等参与东西部协作。例如，《贵州省大扶贫条例》第四十四条规定："对到贫困地区兴办符合国家和本省产业政策的扶贫开发项目的公民、法人和其他组织，实现贫困人口脱贫的，有关部门应当依照国家有关规定优先给予税收优惠、社会保险补贴、职业培训补贴、贷款贴息、资金补助、风险补偿等优惠政策，并依照有关规定减免行政事业性收费。"同时，东部、西部地区政府还通过购买社会服务的方式，让参与主体获益。例如，到贵州省、广西壮族自治区开展帮扶工作的市级工作组、县级工作小组，往往会以购买服务的方式，让社工嵌入易地扶贫搬迁社区，开展心理服务、

[①] 李周：《社会扶贫的经验、问题与进路》，《求索》2016 年第 11 期。

[②] 王怀勇、邓若翰：《后脱贫时代社会参与扶贫的法律激励机制》，《西北农林科技大学学报》（社会科学版）2020 年第 4 期。

儿童关爱、老人陪伴、家庭教育等活动。这在一定程度上能够有效地缓和社会力量参与所面临的"个人收益—社会收益"失衡问题，实现社会力量参与正外部性的内部化。值得一提的是，调研发现，当前参与东西部协作的社会力量大多还是以国有企业和官方社会组织为主，这些带有行政属性的社会主体因有政府背景，因而在科层制激励下更愿意参与帮扶工作。

3. 互助式成长

从古至今，社会互助都是人类维系共同体存在与发展的重要方式，其本质是为了维持国家与社会的生存和发展[1]。由此，东西部协作中社会力量参与的内在逻辑，离不开社会互助。从组织成长角度看，社会力量参与东西部协作也能实现互助式成长。具体来说，在政策、合同等约束下，社会主体之间形成较紧密的、正式的合作关系、伙伴关系，并通过结对帮扶，因地制宜实现党委或政府领导下的互助组织体系、志愿服务组织体系、社工体系、企业体系等四类体系的合作，在精神、服务、组织等层面交互合流，进而促进资源使用效率的提高与组织目标的达成[2]。与此同时，互助类组织和志愿类组织还可以通过政治型互助组织管理、专业社会组织培育、企业/社会企业经营等方式实现体系化成长[3]。迈向新阶段，东西部协作更需要不断加强和深化社会互助创新，以社会互助驱动东西部协作提质增效。

简言之，随着国家东西部协作政策的不断调整与日益完善，我国东西部协作实践规范化、制度化、体系化、市场化程度越来越高，作为协作内容之一的社会力量参与，其组织化程度、多元化取向、多主体协作也越来越明显，可以实现参与主体之间的互助式成长。

---

[1] 赵宇峰：《社会互助：社会治理共同体建设的新驱动》，《南京社会科学》2021年第12期。

[2] 王涛：《组织跨界融合：结构、关系与治理》，《经济管理》2022年第4期。

[3] 刘妮娜：《互助与志愿的交互合流：以互助型社会养老发展为例分析》，《中国志愿服务研究》2021年第3期。

三 东西部协作中国家、市场、社会的现实挑战

新形势下,随着结对关系的调整优化,体现我国独特政治优势与制度优势的东西部协作,在国家、市场与社会之间建构一种新的平衡还面临着深层次问题与挑战。

第一,虽然市场与社会在东西部协作中发挥着重要作用,但政府主导下的东西部协作行政成本较高,协作的边际效用递减,不利于真正激发市场与社会的自主性,具体表现在产业合作程度较低、群众参与不够、社会组织效能发挥不强[1],因而会带来一些问题,难以长久与持续。

第二,靠国家力量强力推动和以财政资源输入为主的东西部协作,在协作的早期阶段——扶贫阶段,成效会较为明显,但长此以往,会影响真正协作关系的形成。例如,"会造成西部地区对东部地区的依赖程度过高而内生动力不足,没有将工作重心放在如何整合内在资源以高质量承接东西部协作任务、如何提升自身服务以满足高标准市场需求、如何促进跨区域跨部门协同以达成互利共赢目标等方面"[2]。

第三,在市场与社会效能增加的同时,国家的效能呈边际效应递减。东西部协作的阶段性使命决定了扶贫目标到协作目标的转变,这将会带来治理方式的变化。就应然状态而言,高位推动、政治动员式的单向帮扶是短暂的,只有向双向互动、经济激励式的互利共赢,才能使后扶贫时代的减贫治理、区域经济协调发展具有长效性。因此,"2020年年底之前,我们更倾向于把东西部协作的工作重心放在扶贫,2020年以后更多的重心就放在协作了,就是大家都要共同进步"[3]。

第四,新时代东西部协作的协作机制、协作理念和协作资源在

---

[1] SLM,Y协作工作队X工作组组长,访谈于2020年8月3日。
[2] ZMM,Z协作工作队综合部副部长,访谈于2021年7月25日。
[3] ZQW,Y协作工作队L工作组组长,访谈于2020年8月3日。

提质增效方面面临深层次问题，主要表现在：一是协作机制与高标准的协作要求有差距，府际交流沟通少，不利于工作的开展。二是协作理念与共赢型的协作目标有差距。目前，东西部协作单向度帮扶较多，双向协作不够，难以有效支撑共赢型的协作目标，因此有人提出"乡村振兴阶段应该改变脱贫攻坚时期急功近利的做法，不赶数量、不赶工程，而要提质增效"①，也有人表示"如果西部主要是想要钱，先进的理念与技术难以落地的话，真正造血式帮扶就难以形成"②。三是协作资源与市场化的协作任务有差距。农产品标准化、品牌化有待提高，缺乏深加工，农产品附加值低；东部市场对高质量农产品的需求与西部数量不多、规模不大、质量不高的初级农产品供应之间存在一定的矛盾，订单式农业供需不对等、实施不充分等，难以有效匹配市场供需。一如访谈时有人所指出的，"西部一些扶贫产品质量不够标准，比如尺寸大小、营养含量等，很多地区冷链，产品保鲜有问题"③。"我们也想大规模帮他们卖产品，但量很小，对接不了。"④

尽管存在上述问题，但纵观中国东西部协作的历史进程，从1996年的正式启动，到2016年的规范化，再到2021年的常态化，在此期间出台了一系列政策文件，召开了多次专题会议，让国家、市场与社会的关系形态正逐步从"国家主导"向"国家引导"转变，这说明市场与社会在东西部协作中发挥作用的政策导向越来越明显。

四 东西部协作中国家、市场、社会的未来面向

一般而言，要达成相得益彰的治理成效，实现良好的互动式治理，国家、市场与社会等三大行动主体之间应相互嵌入和协同共治。

---

① CBC，Y协作工作队N工作组组长，访谈于2021年7月25日。
② ZZH，D协作工作队综合部副部长，访谈于2020年7月30日。
③ ZDW，Y协作工作队Q工作组组员，访谈于2020年7月28日。
④ CMW，Y协作工作队Q工作组H小组组长，访谈于2020年12月10日。

换言之，三大行动主体既应具有一定的运行自主性又应具有相互嵌入性，东西部协作的整体绩效才会更加凸显。

（一）路径与走向

如何让国家、市场与社会等三种不同的治理工具相互嵌入、相得益彰，是东西部协作需要进一步考虑的问题，建议下一步的工作开展要注意如下三个方面：一是进一步厘清国家、市场与社会的关系，逐步引导东西部协作机制从国家主导向国家引导、市场与社会主导的转变，充分运用行政机制、市场机制和社群机制推动产业深度合作、鼓励群众积极参与、引导社会力量有效嵌入，优化政府、企业与社会协同参与的格局。二是构建"个体、家庭、社区、社会"四位一体的帮扶模式，建立东西部协作长效机制。通过建立基于激发西部内生动力的自觉机制，将西部地区个人、家庭、社区、社会作为帮扶对象，充分发挥个体、家庭、社区、社会的作用，以形成协同发力的常态化治理局面。在东西部协作中，强化共同体思维意识，蕴含着利益共享的发展观、公平正义的价值观、共生和谐的社会观。如前所述，东西部协作是国家着眼于大局，缩小区域发展差异、实现社会公平正义的重要途径，表达着对"团结、集体行动"的寻求。由于协作对象具有跨省区或跨省市以及多为民族地区的特点，观念、利益、情感等因素影响着共同体思维意识的形成[1]。例如，东部地区和西部地区在发展理念方面存在差异，导致先进的理念与技术难以落地，难以形成真正造血式帮扶。此外，与一般脱贫地区相比，受资源禀赋、地理位置等因素影响，民族地区巩固脱贫攻坚成果的难度更大，加之少数民族独特的文化使得巩固拓展脱贫攻坚成果工作更为复杂、艰难[2]。因此，推动东西部协作真正成为学习共同体、情感共同体、价值共同体是维系主体间平衡感和互惠感，

---

[1] 王云芳：《中华民族共同体意识的社会建构：从自然生成到情感互惠》，《中央民族大学学报》（哲学社会科学版）2020年第1期。

[2] 莫光辉：《五大发展理念视域下的少数民族地区多维精准脱贫路径——精准扶贫绩效提升机制系列研究之十一》，《西南民族大学学报》（人文社会科学版）2017年第2期。

实现各民族地区经济互利、文化互惠和社会生活互动，迈向共同富裕目标、参与集体行动的重要平台，是解决利益差异、文化差异的重要路径。

（二）余论与展望

就国家与市场的关系而言，在脱贫攻坚背景下，地方政府在东西部协作中发挥着主导作用，推进了协作工作的顺利开展。在这一过程中，政府主导的东西部协作在一定程度上起到了激活市场和纠正市场的作用。无论产业协作、劳务协作还是消费协作，政府都较为成功地运用了奖补、信贷、税收、金融等手段，引导市场主体参与到东西部协作中来，然而，未来该如何更好地发挥市场的作用，推动产业梯度转移，值得深思。毕竟，目前东部地区向西部地区转移的产业主要以电子配件加工、服装生产等劳动密集型产业为主，大部分产业处于低端且产业结构、品种结构单一，市场参与的深度和广度不足，难以给协作双方经济发展带来质的突破。一般而言，产业梯度转移有政府主导和市场主导两种模式，不过，由于结对协作是政府跨区域调配资源、促进区域协调发展的制度安排，因此，政府主张下的产业梯度转移，需要根据"受扶地所需、帮扶方所能"的原则，因地制宜、差异推进。事实上，应结合双方的资源禀赋与资源优势，着力在转移地产业强链、补链、延链上做好文章。

就国家与社会的关系而言，存在社会力量参与不活跃、不深入等问题，有效的工作网络和联系机制尚未建立，且大部分以物资捐赠为主，技能培训、心理辅导、项目规划等较少，社工参与尤为不足。未来的东西部协作较为理想的局面应是政府引导、市场主导、社会积极参与，利用国家与市场的双重力量将一部分工作更好地转移给包括社会组织、民营企业、企事业单位、人民团体、社会各界爱心人士在内的社会力量，发挥社会力量在慈善助学、扶贫济困、助残优抚、助医助学、扶老救孤、科教文卫等方面的优势，帮助西部地区改善基础设施条件和提高公共服务供给水平，优化国家、市场与社会"三位一体"协同参与的格局。由此看来，在东西部协作中，有必要在国家、市场与社会之间创建起一种互动式治理模式，通过国家、市场与社会制度化互嵌，达成共识，形成共同目标，推动区域协调发展、协同发展、共同发展。可以说，走向政府、市场与社会的互动式治理是东西部协作发展的新方向。

与过去以政府主导为主的治理方式不同，互动式治理具有效率性、互联性、合作性等特征，能够更好地推动政府、市场与社会协商解决东西部协作问题[①]，主要体现在行政机制、市场机制和社会机制在协作过程中的适配性，即国家不仅要通过行政手段和行政措施推动东西部协作工作的顺利开展，还要与市场、社会基于合理利益的需要建立有效的互动。其中，关系型契约准市场的构建让多方行动者通过网络式互动形成共同遵守的制度规范，实现将市场机制嵌入社群机制中，能有效降低签约和履约过程中的交易成本，进而优化配置资源，这对东西部协作质量的提升会产生积极作用；社群机制所主导的网络治理嵌入市场机制，通过关系型契约推动社会多元主体间建立起伙伴关系，对协作达成广泛的共识，并采取培育产业、链接发展资源等市场手段满足西部地区多元化、差异化的现实需求，助推西部地区经济社会发展。而政府在增强市场、激活社会上则扮演着重要的角色，既要跨界协调市场机制和社群机制的有效运作，又要提供保障性支持，让市场机制和社群机制在行政机制的扶助支撑下于东西部协作之中发挥积极的作用。为此，在国家与社会、市场的互动策略中，政府与市场可以在合理的利益联结中达成合作共赢的局面，政府与社会则需要在多方协同中实现协作目标，最终实现区域协调发展、协同发展、共同发展。

[①] 田丹：《互动式治理及其实现路径——L 县政府的扶贫工作调查分析》，《湖北民族大学学报》（哲学社会科学版）2020 年第 4 期。

第二部分

东西部协作的主要维度

第五章　东西部"内生—互嵌"式产业协作探究

马克思在《政治经济学批判》中指出,未来新社会的显著特征是"生产将以所有的人富裕为目的"①。党的十九大报告强调,中国特色社会主义进入新时代后的重要目标就是逐步实现全体人民的共同富裕,同时明确指出,到2035年基本实现社会主义现代化时,全体人民共同富裕迈出坚实步伐,到21世纪中叶建成社会主义现代化强国时,全体人民共同富裕基本实现。然而,在新时代,"我国社会主要矛盾已经转化为人民日益增长的美好生活需要和不平衡不充分的发展之间的矛盾"②,其中东西部区域发展不平衡是社会主要矛盾之一,且已成为实现共同富裕目标的"拦路虎"。因此,通过东西部协作助推区域协调发展、协同发展、共同发展,是达成共同富裕的应有之义。

一　东西部"内生—互嵌"式产业协作的博弈关系

著名博弈论学者罗伯特·奥曼和瑟吉由·哈特在其合编的《博弈论及其应用手册》第一卷中对博弈论的精辟介绍指出,博弈论研

---

① 中共中央马克思恩格斯列宁斯大林著作编译局:《马克思恩格斯选集》(第2卷),人民出版社2012年版,第787页。

② 习近平:《习近平谈治国理政》(第三卷),外文出版社2020年版,第9页。

究那些决策会相互影响的决策者们（参与人）的行为。① 博弈论研究的核心问题是社会中各个参与人之间及由其组成的群体之间（如公司、政府、国家、公益团体、协会等）的互动行为及策略选择机制，也就是要揭示社会主体选择合作的深层机制。

（一）西方传统博弈理论中的政府与企业

总体上看，所有类型的博弈理论具有共性的基本假设前提：第一，参与人是理性经济人；第二，参与人的终极目标（信念）是利益最大化。但是不同类型的博弈理论对于两个假设前提具体内涵的理解有巨大差异。西方传统博弈理论可称为个人主义原则下的外生性对立式博弈理论，它们的核心观点在于：第一，参与人是原子化、个人主义式的存在者，其本质在于把不同参与人之间的关系定性为对立竞争式的非兼容关系；第二，原子式的参与人本性是自利性，即"经济人"。现实表征就是各自基于自身的欲望、预设的信念追求利益最大化而选择行动策略。利益最大化的本质单纯是个人经济效益的最大化，在具体行动中体现为各个参与人的理性算计。古典经济学家亚当·斯密提出，"我们每天所需的食物和饮料，不是出自屠户、酿酒家或烙面师的恩惠，而是出自他们自利的打算。"② 穆勒随后进一步完善"经济人"假设，明确指出"经济人"就是精于计算、富于创造并能获得最大利益的人。③

传统博弈论中博弈的根本原则是参与人之间的自由竞争，博弈的主体关键是各类企业或者个人，博弈的宗旨是各个参与人获得最大经济效益的效率。它们坚信市场具有节约信息成本和形成有效激励的优势，是实现资源优化配置的核心工具。政府是外生于企业的独立主体，仅仅是作为市场的补充为其在实现资源最优配置的过程中提供公共产品，政府只是"守夜人政府""有限政府""最小政

---

① 张维迎：《博弈与社会》，北京大学出版社2013年版，第14页。
② ［英］亚当·斯密：《国民财富的性质和原因的研究》（下卷），郭大力、王亚南译，商务印书馆1981年版，第14页。
③ 徐传谌、张万成：《"经济人"假设的发展》，《当代经济研究》2004年第2期。

府"。在市场自由竞争中，区域间普通的产业协作是参与企业基于自身经济效益最大化，自愿选择双方各种经济要素在区域之间的自由流动的结果，充分体现了市场在资源有效配置中的决定性作用。因此西方传统博弈理论在诠释以自由主义（新自由主义）为核心原则的市场竞争机制引导下参与人的行动策略及西方发达国家经济发展取得巨大成绩等现象时十分有效，但是却无法有效诠释20世纪80年代开始东亚国家及地区的经济腾飞现象，尤其是中国自改革开放以来长期的经济高速发展。

（二）主观博弈论框架中政府、企业与个体的"内生—互嵌"

与西方不同，中国政府具有更强的资源配置与市场调节能力[①]，我国"每一次重大突破的改革取向都是调整和优化政府和市场的关系"[②]。学者在不同国家政府经济职能发挥的比较研究中也发现，"后发国家经济起飞与第二次世界大战前发达国家工业化的一个重大不同是，政府要在经济发展中发挥更加重要的作用"[③]。兴起于20世纪80年代、由查默斯·约翰逊开创的诠释东亚经济奇迹的"发展型国家"理论也强调政府的有效作为而非顺应市场是经济发展的关键。[④] 日本学者青木昌彦在2001年的《比较制度分析》中构建一套独特的主观博弈模型来诠释中国的巨大经济成就。

主观博弈论本质上是一种集体主义原则下参与人之间彼此内生互嵌的合作式博弈，其核心观点在于：第一，每类参与人的共同特征是拥有有限理性，即参与人基于自身的有限经验形成具体的自我认知和决策的逻辑与模式；第二，参与人共同所处的诸如正式规则

---

① 李兰冰、高雪莲、黄玖立：《"十四五"时期中国新型城镇化发展重大问题展望》，《管理世界》2020年第11期。

② 洪银兴：《市场化导向的政府和市场关系改革40年》，《政治经济学评论》2018年第6期。

③ 张来明：《中等收入国家成长为高收入国家的基本做法与思考》，《管理世界》2021年第2期。

④ 黄宗昊：《"发展型国家"理论的起源、演变与展望》，《政治学研究》2019年第5期。

（法律等各项制度）、非正式规则（习俗等各种文化传统）等内生性环境变量是重塑其有限理性，进而在参与人之间形成可能共有信念及合作行为的核心要素；第三，参与人作为经济人追求的利益最大化不再是以参与人个体的特殊利益为核心和标准，而是共有信念统摄之下的国家、社会公共利益最大化，即参与人追求的利益最大化由单纯追求个体利益的最大化演化为个体利益与共有信念（公共利益）之间的平衡，在实现公共利益最大化为根本前提的现实约束中实现自身利益的最大化，此时参与人要实现的自身利益就不再是单向度的经济效益，而包含更复杂的政治、文化等层面。因此，主观博弈理论的本质在于突出参与人在共同历史文化、传统习俗、制度中形成共有信念，进而超越个体特殊利益的对立、实现特殊利益之间及特殊利益与公共利益之间的整合，最终形成合作式博弈。在合作式博弈中，参与人之间的关系是统一之中有分离、彼此内生—互嵌式的整体关系。

　　社会主义初级阶段的国情决定了中国经济发展不仅仅是企业和个体的职责，更是各级政府的重大责任；政府不仅要关注经济发展效率，更要关注发展公平与社会正义；政府的价值追求不仅是让一部分人富裕起来，更是要实现全国各族人民共同富裕。国家及地区经济发展必然是政府、企业与个体三类参与主体的共同职责，三类参与主体之间的内生—互嵌式合作博弈实现的不仅是"经济任务"，更是政治正确的"政治任务"，并且"政治任务"的重要性远远高于"经济任务"。在政治任务统摄下政府、企业和农户超越特殊经济利益的分离而目标趋向一致、形成内嵌式协作。亚当·斯密在《道德情操论》中说："在人类社会的大棋盘上，每个个体都有其自身的行动规律，和立法者试图施加的规则不是一回事。如果它们能够相互一致，按同一方向作用，人类社会的博弈就会如行云流水，结局圆满。如果两者相互抵牾，那博弈的结果将苦不堪言，社会在任何时候都会陷入高度的混乱之中。"① 在中国，政府和市场、个体相互

---

① ［日］青木昌彦：《比较制度分析》，周黎安译，上海远东出版社2001年版，第1页。

塑造，不存在脱离于市场的政府经济职能，或者脱离于政府作用的市场资源配置功能。① 习近平总书记在十八届中央政治局第十五次集体学习时的讲话就强调："准确定位和把握使市场在资源配置中起决定性作用和更好地发挥政府作用，必须正确认识市场作用和政府作用的关系。政府和市场的关系是我国经济体制改革的核心问题……使市场在资源配置中起决定性作用和更好发挥政府作用，二者是有机统一的，不是相互否定的，不能把二者割裂开来、对立起来，既不能用市场在资源配置中的决定性作用取代甚至否定政府作用，也不能用更好发挥政府作用取代甚至否定使市场在资源配置中起决定性作用。"②

（三）东西部产业协作研究

东西部产业协作是指东西部协作省、市、县按照"中央所求、西部所需、东部所能"的原则，根据双方签订的产业协作任务书，有序进行产业梯度转移的过程。产业协作的目的在于：一方面积极引导市场要素自东向西流动，鼓励引导东部相关产业、企业落地西部地区，为西部地区经济发展注入"新鲜血液"；另一方面不断突破西部地区经济发展的空间限制，补齐短板，培育和壮大西部地区自由市场，实现经济可持续增长。

在主流经济学理论语境中，区域间产业协作是市场充分发挥资源优化配置功能的必然结果。市场才是实现区域间产业协作、企业合作的"魔法师"和真正主体，政府只是外生于市场、在市场失灵③时为其提供公共产品的补充性独立主体，政府越少干预市场越好。政府与市场之间核心关系是对立性关系。因此，一般的区域间产业协作、企业合作只能是在市场自由竞争机制引导下，协作企业

---

① 高帆：《新型政府—市场关系与中国共同富裕目标的实现机制》，《西北大学学报》（哲学社会科学版）2021年第6期。
② 《习近平总书记在十八届中央政治局第十五次集体学习时的讲话》，《人民日报》2014年5月28日第01版。
③ 高帆、汪亚楠：《多维视角下政府与市场的经济关联》，《探索与争鸣》2014年第8版。

完全遵循以经济利益为核心的"资本"逻辑，实现资源要素在区域和企业之间双向自由流动，这是企业自发自愿主动选择的经济行为，是其市场主体性的本质体现。这其中，地方政府主要为其协作提供公共性政策指引及服务，充当消极"公益人"角色。

东西部产业协作不同于一般区域间的产业协作，它是具有中国特色的经济发展探索之一，是结对省、市、县政府在中央政府总目标总任务统摄之下，融合政府、市场和社会多方需求，以多种角色内嵌于市场和社会，积极发挥其资源配置功能的行政威权优势，实现与市场配置功能叠加，保障资源要素自东向西的"逆市场"流动，加快欠发达地区经济协同发展、实现共同富裕，是政府积极主动干预市场下的产业协作，遵循的是"超市场"与"市场"的双重逻辑。

近年来，随着实践的不断推进，东西部产业协作日渐成为学者们研究的重点问题，这些研究主要聚焦在：一是从经济学产业梯度转移视角对东西部产业协作的可行性及成果展开实证研究[1]；二是从个案分析视角对产业协作经验与模式进行总结性研究[2]；三是对东西部产业协作的困境展开对策性研究[3]。整体而言，当前学界对东西部产业协作的研究成果不仅数量有限，呈现出碎片化、表象化、经验化等特征，还缺乏系统深入的理论研究，这为本章提供了契机。

二 东西部"内生—互嵌"式产业协作的主要类型

脱贫攻坚时期，东西部产业协作本质上是产业扶贫，因此，学术界关于东西部产业协作类型的研究主要是融合于一般产业扶贫类型的研究之中。例如，林万龙等基于河南、湖南、湖北、广西四省

---

[1] 郑楷、刘义圣：《产业梯度转移视角下的东西部扶贫协作研究》，《东南学术》2020年第1期。
[2] 姚迪：《东西部扶贫协作下产业扶贫：由"输血式"扶贫变"造血式"扶贫路径探析——以"闽宁模式"为例》，《营销界》2020年第19期。
[3] 吴国宝：《东西部扶贫协作困境及其破解》，《改革》2017年第8期。

区若干贫困县的调研总结,将实践中各地政府多样化的产业扶贫活动归纳为产业发展带动扶贫模式、瞄准型产业帮扶模式和救济式产业帮扶模式[1];贺林波等将地方政府的产业扶贫总结为自由型、引导型和强制型三种合作类型[2];张琦等在《产业扶贫脱贫概览》一书中,对产业扶贫类型做了比较完备的分析,他认为,按照产业扶贫带动主体标准可将产业扶贫分为龙头企业带动型和专业合作社带动型两种,按照部门参与标准可分为"金融服务+""特色旅游+""互联网+""移民搬迁进城进园"四种类型,按照帮扶的形式还可以划分为直接帮扶、委托帮扶、捆绑帮扶、"增量奖补法"帮扶等多种类型[3]。仔细研究发现,在一般产业扶贫中,政府的核心角色是国家扶贫资源分配的主导者,"只管资源投入、不管实际效益",是"单向救济输入、不计后果式"帮扶。在新发展阶段,东西部产业协作虽然仍具有帮扶功能,但随着结对政府在产业协作中扮演角色的多重化与差异化,政府在注重资源投入时,日益注重产业协作所能产生的实际收益以及收益的公平分配,这为东西部产业协作注入了鲜明的时代特征,呈现出三种类型。

(一)"租金收益+股份分红"的资产收益型

资产收益型产业协作实质是指西部政府将东部政府无偿提供的协作帮扶资金资本化、形成经济收益的过程,一般有"地租经济"与"股份分红"两种形式。"地租经济"是指东部政府根据西部政府的需求,将协作资金注入到引进企业或本土企业的厂房、道路等硬件设施中,或者为其购买机器设备、生产设备,形成固定资产,企业则按一定比例(一般为5%—8%之间)给东西部协作资金所形成的资产交租金,政府再将收取的租金放入县乡村振兴局所属的防

---

[1] 林万龙、华中昱、徐娜:《产业扶贫的主要模式、实践困境与解决对策——基于河南、湖南、湖北、广西四省区若干贫困县的调研总结》,《经济纵横》2018年第7期。

[2] 贺林波、邓书彬、李赛君:《地方政府产业扶贫:合作质量与网络结构——基于自我中心网的理论视角》,《华东经济管理》2019年第6期。

[3] 张琦、万军:《产业扶贫脱贫概览》,中国农业出版社2018年版,第96—104页。

返贫资金监测池，或作为相关村庄的集体经济，或作为相关农户的保底收益。例如，内蒙古自治区 W 县利用 B 市提供的协作资金 2700 万元修建产业园区，共建成 2 座恒温库、20 栋网棚，完成水电围墙等基础设施修建，政府把这些固定资产租赁给某农业科技有限公司经营，企业则按照协作资金 5% 的比例返还租金，租赁期内租金返还比例一般保持不变或略有增长，政府也不对企业实际经营效果负责。"股份分红"是指西部政府整合东西部协作资金在内的各种资源设立国资平台，以尊重市场规则和产业发展规律为前提，以资本和股权"双纽带"作为突破口和切入点，通过直接投资或者组建参与各类投资基金，带动社会资本落地西部地区，"以投带引"为西部地区打造产业、培育合力提供了重要保障。例如，课题组 2020 年在四川省 Z 县调研时发现，该县政府整合西部协作资金 200 万元、县财政资金 800 万元，合计 1000 万元成立县政府直属农投公司，与 Z 县 TY 农业有限公司合资组建 H 农业开发有限公司，负责 Z 县 FZ 农业现代产业园项目，农投公司代持股并参与企业利益分红，采取"政府主导、企业运作、群众参与"的运营模式，带动当地 11 个贫困村集体经济的发展，实现农户年户均增收 2 万元以上，产业发展成效显著[①]。

"资产收益型"产业协作的实质是东部地区结合对口协作地区的自然资源禀赋，经过充分论证、合理选择，以"资金+园区+（项目）"培育壮大产业链。这里可能存在的"项目"，主要是东部地区帮助引进当地成长性强、产品美誉度高、市场销路宽的新品种。而西部政府则在产业协作中分别以"投资合伙人""利益代言人"的身份实现政府与企业、政府与农户的有效链接，以"市场经营者"和"国家公益人"角色充分发挥其积极作用，履行政府经济社会发展职能。由是，此种产业协作优势明显，具体表现在：一是能够充分发挥东部协作资金的杠杆作用，政府作为社会资本进入地方投资的"信用担保"，便于吸收更多企业落地西部地区；二是降低政府协作资金用于产业发展的风险，同时又可以降低协作企业的运营成本，

---

① LHC，H 农业开发有限公司经理，访谈于 2020 年 12 月 12 日。

对企业形成正向激励，为其增加投资西部的利润空间；三是政府将资产收益精准量化到每一村每一户，建立合理的利益联结机制，有利于巩固拓展脱贫攻坚成果同乡村振兴的有效衔接。当然，这类产业协作同时具有"益贫性"与"效益性"双重特征，是政府与市场共同发挥资源有效配置的结果，凸显出政府与市场的"嵌入式自主"，西部地区的产业在东西部政府的积极作为下实现了从单纯的"输血式"协作向持续的"造血式"发展。但资产收益型产业协作可能存在的最大隐忧在于：一是协作企业对于政府资金及其他资源的过度依赖，甚至可能会滋生企业"等靠要"的惰性思想；二是协作企业的良性发展问题，一旦注入协作资金的企业破产，将面临国有资产的流失。

（二）"前店后厂"的产销合作型

"前店后厂"式产业协作是东西部结对省、市、县基于各自优势自主性、专业化分工与合作的结果。从经济学来看，地区间专业化分工的形成，主要取决于专业化效率与交易效率的比较。一般而言，专业化分工会带来交易的增加，只有在交易效率高、交易成本低，或是分工带来的效率的提高超过了交易成本的提高之时，专业化分工才会发展①。东部在全国乃至全球经营生产、过程管理、市场供应、产品销售等方面的优势，远远超过西部同类地区，同时西部地区有着东部地区欠缺的土地资源、劳动力优势，这就为企业形成"前店后厂"的产销合作模式奠定了坚实的现实基础。

"前店后厂"的产销合作主要有两种形式：一是双方政府利用各种优惠政策，帮助西部本土企业在东部各大商超设立实体专销平台或者网络专销平台，帮助西部本土企业拓展东部市场。例如B市积极帮助内蒙古自治区的农副产品在B市构建"市区一张网、上下一盘棋"的消费帮扶营销网络，在京东商城、建行善融、首采网等平台持续运营B市消费帮扶电商馆。二是积极鼓励、引导和扶持东部

---

① 封小云：《关于"前店后厂"模式的再思考》，《经济前沿》2003年第5期。

企业将其产业的生产环节转移至西部地区，建立生产基地，销售则留在东部，实现双赢。例如 GY 集团在广东省与贵州省两地政府的积极引导支持下，在 QL 州 HS 县搭建了生产基地，挂牌成立贵州省 WLJ 刺柠产业发展有限公司，积极帮扶贵州省刺梨产业发展，有效促进当地人口就业，同时带动了当地原料种植、运输等相关产业的发展。

"产销合作型"产业协作的实质是围绕当地的主打产品，以东部的市场来帮助提升西部的技术品种、建立标准体系、打造推广品牌，增强西部产业的综合竞争力，也即，以"技术+标准+品牌"的模式优化升级西部产业链。东西部政府在产业协作中一方面以"产品销售员"的角色直接参与协作企业的产品销售；另一方面以"公共资源供给者"的角色重塑企业经营决策。这种产业协作类型的优点在于：一是有助于西部地区产业总量增长和产业结构优化。消费帮扶与生产基地的落户皆有助于本土企业及产业经济总量的提升，而且还将通过"增长极"效应、产业集聚效应和产业乘数效应，进一步放大西部产业总量；二是有助于为西部地区带来明显的税收贡献。尤其是建立生产基地的企业绝大部分是规模化生产的加工制造业，具有投资规模大、生产资料进出大、市场交易量大的特征，能够积极为西部地区"创收"，带动西部地区经济良好发展；三是有助于促进西部地区就业水平和人力资本的提升，帮助西部地区农户实现就业增收，提升收入水平，可持续改善西部人民的生活质量。不过，"前店后厂"产业协作的问题则是易于滋生企业对政府"销售兜底"福利的路径依赖，很可能导致企业不注重自身产品品质和产业结构的优化与提升，不利于企业内生动力的培育。

（三）"保底收益"的订单生产型

"保底收益"式订单生产型产业协作是订单农业的一种具体形式。农牧业在西部地区的产业结构中占有重要地位，订单农业是实现小农户与大市场有效连接的方式，目的是在维护以家庭为基本生产单位的前提下，保障农户的农畜产品能有效进入市场，实现农畜产品的货币化、效益化，帮助农户增收。企业与农户依托于产品生产与市场销售两类衔接工具，双方分别以口头和书面形式就产品生产与市场销售形成具有约束效力的契约安排。农户的职责是按照企业统一的生产标准和要求进行生产，并自觉接受企业的统一监管；企业的职责则是在规定的时间地点对农户的农畜产品按照协议收购价格进行"保底收购"，并负责产品销售，自负盈亏，农户通过"保底收益"获得生产中的固定收益。

东西部产业协作中的订单生产有三种形式：一是东西部政府利用协作资金对企业直接进行补贴，企业最终以略高于市场价格兜底收购农户产品。例如，内蒙古自治区省 SN 种羊科技有限公司的"种羊投放"模式。SN 公司一只种羊正常售价 1 万元，政府每只补贴 5000 元，企业让利 4000 元，公司以每只 1000 元的价格出售给贫困户，贫困户自繁自育成功的杂交羔羊，SN 公司以高于市场价 1 元每斤的价格进行回收。二是东西部政府利用协作资金对农户直接进行补贴，企业按照固定兜底价格回收农户产品。例如 SN 种羊科技有限公司的"母羊银行"模式。SN 公司向当地每户贫困户提供 6 只怀孕母羊，所产羔羊饲养 2 个月达到 35—40 斤，公司按照 700 元每只的价格兜底回收，当地政府利用协作资金向每户贫困户提供 2400 元专用饲料补贴及每户 360 元的母羊配种补贴，累计带动 275 户弱劳动能力的贫困户实现增收。三是东西部政府利用协作资金购买种子、牲畜等生产资料，交由企业代管，形成固定资产收益由贫困农户均享。例如 SN 种羊科技有限公司的"托管代养"模式。当地政府利用东西部协作资金购置 648 只种公羊，交由 SN 公司托管经营，合作期 6 年，期满后种公羊资产归村集体所有，合作期内产生的资产收益按年兑现到贫困户。

东西部政府在"保底收益"订单式产业协作中以"公共资源供给者""担保人""投资理财人"的多重角色间接介入企业和农户的生产经营环节，在企业和农户之间架构一座维持长期供应合作的桥梁。这种协作模式的优点有：一是有效降低农户产品自行进入市场的风险，实现稳定收益；二是有利于帮助农户形成稳定的农畜产品销售渠道，降低农户与企业的交易成本，在一定程度上缓和了农畜产品"小生产，大市场"的矛盾①，有利于保护农户生产的自主性和积极性；三是有利于提升农户种养殖技术水平，提升农畜产品的质量，增强产品的市场竞争力，实现农业结构的升级创新发展。缺点在于削弱了农牧产品生产的多样性，大规模的单一种植或养殖，增加了产品过剩的可能。

除以上三种主要类型之外，东西部产业协作还有合作社带动等具体类型。总体而言，在东西部产业协作中，对口协作政府常常以"政策制定者""公共资源供给者""公司合伙人""公司职能人""农户利益代理人""信用担保人"的复合角色积极内生于市场和农户，参与产业协作。因此，对于结对地区而言，东西部产业协作不仅是一项"经济任务"，更是一项"政治任务"，且其"政治正确性"意义远远高于"经济实效性"意义。

三 东西部"内生—互嵌"式产业协作的运行逻辑

在直觉思维及西方主流经济学看来，不同人与人之间结成的组织、集体皆是"经济人"，追求自身利益最大化是"经济人"一切行为选择的根本出发点。亚当·斯密说："我们每天所需的食物和饮料，不是出自屠户、酿酒家或烙面师的恩惠，而是出自他们自利的打算。"穆勒随后进一步明确指出"经济人"就是精于计算、富于创造并能获得最大利益的人②。社会主体具有多元性，在国家政策的执行过程中，执行主体就是各级政府及政府官员，国家政策落实执行的问题自动演化为人格化的行为问题，所以美国著名经济学家、公共选择派代表人物布坎南主张："应该把政治家和政府官员看成是用他们的最大权力最大限度地追求他们自己利益的人。"这就意味着不同政府主体之间在政策的执行过程中必然存在自身利益的差异性

---

① 叶飞、蔡子功：《"随行就市，保底收购"还是"土地入股"？——农户加盟农业组织模式的两难抉择》，《系统工程理论与实践》2019年第8期。

② 徐传谌、张万成：《"经济人"假设的发展》，《当代经济研究》2004年第2期。

和分离性。谢炜、蒋云根的研究也发现，在中国的公共政策执行过程中，地方政府之间形成了纵向的上下政府之间和横向的同级政府之间的利益博弈关系，并指出利益关系是政府间所有关系的核心①。但是在东西部产业协作中，东西部政府之间、政府与企业之间、企业与个人之间、政府与个人之间似乎打破了"经济人"、博弈论的"魔咒"，超越各自利益的差异性、对立性而在产业协作中实现内部组织结构和行动的基本一致性，这是如何做到的呢？

（一）自觉认同：东西部产业协作有效推进的思想基础

政府、企业和个人形成关于东西部产业协作的思想共识成为主体间打破狭隘利益博弈、推进产业协作的基础和前提，这种共识具体表现在：第一，东西部产业协作是社会主义中国（政府）执政为民的正义之举，其直接目的是要助力中西部欠发达地区经济社会发展，提升当地人民的生活水平和质量，实现共同富裕，是中国各级政府主动有为、积极担当的责任感和使命感的根本体现，是合民心顺民意的大义之举，具有较高的政治、道德的双重正确性。第二，政府、企业和个人之间是共生共荣的整体关系，企业和个人有责任和义务积极参与产业协作，同样具有崇高的政治正确性和道义普遍性。

思想共识的形成根源于人民对执政党及政府执政理念的高度信任与认同。童燕齐提出在国家作用问题上，中国人皆认为国家是可以信任的"善"，我们的执政党、中央及各级地方政府应该主动承担更多职责②。党和国家执政理念的核心就是实现好、维护好、发展好最广大人民的根本利益，这不仅是社会主义国家的内在规定性，也是中国五千年以"民生"思想为核心的传统政治文化的历史必然。

古希腊哲学家亚里士多德曾在《政治学》一书开篇中提出：

---

① 谢炜、蒋云根：《中国公共政策执行过程中地方政府间的利益博弈》，《浙江社会科学》2007年第5期。
② 俞可平等：《中国的治理变迁（1978—2018）》，社会科学文献出版社2018年版，第197页。

"国家是最高而包含最广的一种社会团体，国家是以最高的善为目的的。"①"国家是伦理理念的现实——是作为显示出来的、自知的实体性意志的伦理精神。"②社会主义国家追求的终极目的是实现绝大多数劳动者的根本利益。马克思恩格斯基于现实的人的生存论维度，揭示大多数劳动者期待的根本利益的实质就是每个人对自己向往的物质和精神生活需求的满足。"社会主义道路上一个也不能少。"③因此，消除贫困、改善民生、实现共同富裕构成当前社会主义中国国家目的的实质内容，也是中国共产党和各级政府的终极使命和承诺。

　　在中国传统政治文化中，民为政之基，为政在贵民，治国在富民，善政在教民。人民的幸福生活、人民的共同富裕历来是中国人民最大的民生，是中国历朝统治者最大的政治，是国家和民族追求的终极目的。中国五千年的农耕生产方式塑造了中华民族集体主义、团结主义的文化内核和以"郡县制"为载体的中央威权政治体制。个人与企业（社会）在思想与行动上自觉融合于国家（政府）成为普遍性和根本性原则。

　　东西部产业协作是东西部协作的一部分，东西部协作是国家为实现全民共同富裕的终极"善"，遵循政治与经济双重逻辑，是举东西部政府及全社会之力助力西部经济良性发展的重要举措。在社会主义国家性质与中华民族集体主义、团结主义政治文化的框架内，地方政府之间、政府与企业、政府与个人之间的本质关系是互助共生关系，而非对立排他关系，这与罗尔斯的"差别原则"相一致。改革开放以来，我国基本按照邓小平"两个大局"的思想分阶段、分层次发展，因而始于1996年的东西部协作，是贯彻执行邓小平"两个大局"思想的重要体现，这一点，已成为政府和社会的基本思

---

① ［古希腊］亚里士多德：《政治学》，商务印书馆1997年版，第3页。
② 朱辉宇：《国家治理的伦理逻辑——道德作为国家治理体系的构成性要素》，《北京行政学院学报》2015年第4期。
③ 杜尚泽：《微镜头·习近平总书记两会"下团组"》，《人民日报》2022年3月7日第01版。

想共识与情感共识。按此逻辑，东西部产业协作是集"政治、道德、经济"任务于一体的协作，因而能在各级主体间产生自觉认同。

（二）科学考核：东西部产业协作有效运行的制度保障

东西部产业协作内含"理念与实践"双重维度。理念的正义性、正确性并不能保证实践过程及其结果不偏离理念的设想。东西部产业协作的实践主体是东西政府、企业和个人，其中政府是核心主体。中央政府如何确保东西部政府及其官员在产业协作中主动有为，同时又能有效防止和避免政府及其官员在协作中不作为甚至是乱作为，最大限度上保障东西部产业协作理想成效的实现？除了依赖于协作主体的思想自觉与思想认同外，更需要合理可靠的制度监督进行外在保障。因此，中央政府对东西部结对政府产业协作成果的科学考核是产业协作有效运行的根本制度保障。

东西部协作考核机制既是对东西部结对政府及官员的正向激励，鼓励其积极主动有为；也是有效监督和约束其消极无为、防止结果偏离的根本保障。东西部协作考核机制是一套极具中国特色的纵向层级行政绩效考核机制与地方政府官员个人职位晋升机制内嵌融合的创新考核方式。这种考核机制以上级对次级官员的事实政绩考核为基础，既可以实现上级政府对地方各级政府的有效监督，又可以作为提拔晋升官员的客观依据，实质是把政府官员的个人利益与国家公共利益进行"捆绑"，激发各级官员积极履行自身职能的内生动力，有力推动地方经济社会发展，实现国家既定公共目标。

在脱贫攻坚阶段，东西部协作考核的组织者是国务院扶贫开发领导小组，采取结对省份自查、省际交叉考核、第三方评估的形式，根据"随机抽取、临时定向"的原则，从"组织领导、人才支援、资金支持、产业合作、劳务协作、携手奔小康""6+1"方面对结对协作地区进行综合立体式考核，力求做到公正客观。在巩固脱贫攻坚成果同乡村振兴有效衔接阶段，东西部协作考核的组织者是中央农村工作领导小组，采取结对省份自查、专家考核的形式，同样遵循"随机抽取、临时定向"原则，以组织领导、助力巩固拓展脱贫攻坚成果、加强区域协作、促进乡村振兴"4+1"大类9小类126个具体指标作为对结对协作地区进行量化考核。中央政府则根据国家乡村振兴局提供的考核情况报告与考核等次建议，分别对结对协作地区的年度工作成效进行等级评判。中央最后的等级评判既成为结对协作地区各级政府官员的巨大压力，更成为结对协作地区政府超越狭隘差异、走向共同目标、实现共同利益的巨大推力。国家自上而下的组织化、体系化的东西部协作考核机制，成为结对地区协作行为高度一致的超强"黏合剂"，双方自觉形成利益共同体。

有研究表明，作为中国官员的激励模式，中国地方官员的"晋升锦标赛治理模式"是中国各区域乃至全国经济增长奇迹的重要根源[1]。东西部产业协作的成效直接关系到东西部各级政府官员的个人仕途、政治生命，以"绩效事实考核+个人仕途晋升"为核心的东西部考核机制，成为持续推动双方政府携手并进的强激励动力。

（三）利益分配：东西部产业协作持续运行的调节机制

东西部产业协作是政府、企业、个人多元主体之间的经济合作行为。如果这种协作只是奠基于抽象的主体思想认同、道德情怀感召和威权的考核机制监督，而不能切实满足多元主体的现实利益诉求，那么东西部产业协作必将是昙花一现。Farrell探讨产业区的信任与合作问题时，证实了基于潜在利益的信任比基于身份和基于文化的信任更能对产业区内企业的合作提供合适的解释[2]。利益是否在合作者中共享与合作者之间能否形成良好的信任关系高度正相关，主体间信任关系的强弱又极大地影响着协作质量。Dyer等认为，信任关系的建立能促使企业间形成一种共进退的战略姿态，从而促进企业双边关系的形成。因此，东西部产业协作能实现协作主体间的利益均衡，从而在政府、企业和个人多元主体之间构建良好的信任关系，从根本上确保产业协作持续有效运行。

---

[1] 周黎安：《中国地方官员的晋升锦标赛模式研究》，《经济研究》2007年第7期。
[2] 陈晓峰、孙月平、金飞：《信任关系、利益获取与集群企业间合作行为》，《江海学刊》2014年第2期。

在东西部产业协作中，主体间力图满足的现实利益结构具有复杂性。首先，政府及其官员想要获得的利益是政治利益。只有两地政府及其官员能顺利通过国家考核，才能为其积累一定的政治资本，实现可预期的职位升迁。其次，协作企业想要获得的是经济与政治利益的叠加。其中，企业获得的经济利益主要包含两个方面，一是切实享受来自协作政府的资金支持和各种政策优惠；二是企业生产的各类产品通过政府的消费帮扶获得直接的经济利益。企业想要获得的政治利益主要是基于企业积极主动执行政府政策，符合国家民生大义，既能获得政府的高度认可，从而为企业积攒宝贵的政治资本，同时也能在民众中树立良好的社会道义形象，为自己积累社会声誉。最后，个人在产业协作中一方面能以较小的资金投入获取较大的经济收益，政府与企业的帮助为个人降低了产品生产和市场交易的成本与风险；另一方面则是获得来自政府和企业的资金扶持、能力培训、技术服务等馈赠，实现积极的自我赋能。

显然，政府、企业与个人在东西部产业协作中皆能"各取所需"，主体间的特殊利益与国家的共同利益的整合成为可能。协作者之间追求的不再是"吃独食"与"利益最大化"的"零和博弈"，而是"共赢"，这使得政治利益与经济利益在主体间的共享成为可能，进而确保产业协作可持续发展。

四 东西部"内生—互嵌"式产业协作的趋势探讨

区域之间"内生—互嵌"式产业协作将是国家未来实现共同富裕目标的关键抓手和主流趋势。东西部"内生—互嵌"式产业协作是中西部地区实现产业结构升级和可持续性发展协作的有效实践。我国正处于产业结构转型升级的关键期，产业结构能否转型升级直接决定共同富裕目标能否实现，因此对当前东西部"内生—互嵌"式产业协作存在的主要困境进行探讨分析，必然为将来更广范围、更深程度的区域之间"内生—互嵌"式产业协作提供宝贵的经验。

（一）"内生—互嵌"式产业协作的主要困境

1. 协作产业同质化现象普遍存在，产业链条短

同质化主要表现在协作企业或项目主要集中在投资规模小、技术含量低、经营模式可简单复制等低端加工制造行业，类似企业、行业出现"扎堆"现象。显然，同质化会造成自然、社会各种资源的严重浪费，阻碍中西部地区产业结构进一步优化升级，不利于中西部地区经济可持续发展，最终影响共同富裕目标的实现。

2. 协作产业布局不合理，自然环境负外部性特征比较明显

在东西部产业协作实践中，协作的产业或项目主要是种植养殖及初级农产品加工类、自东部向中西部转移的低端、劳动密集型制造加工类，这些项目的一个共同特征就是高能耗、高污染，属于资源开发型项目，在没有强大的治污技术和监督机制的保障下，协作企业和项目对自然环境呈现的负外部性、环境非友好性日渐增强，这与国家在经济结构转型升级时期、实现"经济—生态—社会""双高"发展的根本目标是偏离的。真正技术含量高、资源环境友好型的新生态产业比较缺乏。

3. 产业协作中政府总体投入大、成本高，综合成效不明显

在东西部产业协作中，东部省市向结对省市提供的年度产业协作资金高达几亿元甚至几十亿元。但现行的东西部考核机制遵循结果导向原则，以协作企业的数量、资源投入总量等量化指标为核心，不重视对投入资源产生的实际效益的考核，这就必然导致大量的协作资金及其他资源只能以"撒胡椒面"的形式被消耗，造成国家及社会资源的严重浪费。

4. 中西部地区整体营商环境不完善，市场经济水平发展滞后

第一，中西部地区从政府、本土企业到具体的生产个体思想观念较落后。竞争、开放、效率、信用等市场经济观念比较薄弱，自然经济观念和小农意识比较浓厚；第二，市场经济配套改革比较落后，金融、资本、技术等要素市场发育滞后，地区之间、政府职能部门之间条块分割现象比较明显，严重制约政府职能部门之间及政府与企业之间的沟通协调机制，无形中增加了产业协作的成本，一定程度上削弱了东部省市政府及企业的协作积极性与信心；第三，中西部地区劳动力的综合素质偏低，无疑提升协作企业的用工成本。第四，中西部地区公共基础设施不完善不利于产业协作的深入开展。第五，中西部地区政府缺乏对市场的过程监督与管理的意识，更不可能以市场为标准构建企业合理化政策，积极监督、引导和激励企业和产业实现自主升级发展。

5. 产业协作项目的益贫性不够，利益联结机制须进一步完善

东西部产业协作中存在"精英捕获"现象。东西部产业协作中来自政府的资金援助及其产生的实际收益，龙头企业、能人大户富户才是主要受益者，脱贫户或一般农户只能获得很少的现实利益，这就是常说的"扶富不扶贫""垒大户""帮富不帮穷""帮大不帮小"。"精英捕获"不仅加剧中西部农村地区内部的社会分化，而且还破坏乡村治理秩序，削弱基层自治组织的权威与合法性，造成乡村治理内卷化的问题。这些都不利于产业的结构转型与升级优化。

（二）"内生—互嵌"式产业协作中的核心关系

不难看出，东西部产业协作是一项复杂的系统性工程，不仅是一个经济学上的事实问题，更是一个政治学、社会学、管理学的综合性问题；不仅讲究效率，而且追求社会公平和正义。要切实解决当前面临的困境，实现东西部产业协作在乡村振兴发展新阶段的升级优化，必须要把握好政府与市场、效率与公平的关系。

1. 政府与市场的关系

西方经济学的众多理论总是力图在政府与市场之间打造一道泾渭分明、一成不变、一劳永逸的边界，似乎边界分清了，政府与市场就只是按照规定履行职责就可以解决问题，显然这只是学者们的一厢情愿。政府与市场不存在一般的、抽象的理论关系，而是具体的实践关系。世界著名经济学家、诺贝尔经济学奖获得者约瑟夫·斯蒂格利茨曾针对政府与市场的关系作出论断，"二者间需要一个平衡，但这种平衡在各个国家，不同时期和不同的发展阶段又各不相

同，因此这个问题还没有统一的结论。"[1]查默斯·约翰逊基于对日本经济成就的分析构建的发展型国家理论也强调，政府与市场之间是"因时、因地"的动态协同关系。格申克龙也主张落后国家处于工业化发展初始阶段，由于缺乏资金积累和社会基础，不能依赖市场自动完成积累，就必须依赖政府的政策性调控、通过政府权威提升各种资源的配置效率，实现经济增长。

　　我国不仅是社会主义国家，而且中西部地区正处于工业化、现代化的发展初始阶段向高一级阶段转型的时期，政府在产业协作中的职能必然是复合双重的，既是各种市场要素的"供给者""输血者"，又是引导企业、产业未来可持续发展的"规划者""规范者"和"塑造者"，帮助其实现"自我造血"。东西部产业协作中如何科学处理政府与市场的关系，没有统一的模式可以复制，而需要结对政府与企业结合具体条件共同探索。在扶贫阶段，东西部产业协作实质是"输血式"协作，主要是指东部政府直接向结对的中西部政府提供资金、人才、技术等，西部要什么东部就给什么，是"一种社会救助"。"输血式"的产业协作在帮助中西部地区解决产业、企业"有没有"的问题阶段占有重要地位，但随着转型期的到来，事实却表明："输血式"产业协作的成效与初衷日渐背离。韩安庭认为"以往的救济方式扶贫模式侧重于钱财物的发放，只能解一时之'贫'，却不能根除贫困之源"；王蓉基于调查指出受"输血式"扶贫模式救助的"贫困人口一直处在普遍的被动接受状况，生活热情和生产积极性未得到充分激发和调动，反而养成了一种惰性心理"[2]，即这种扶贫模式容易使中西部政府及贫困者养成"等、靠、要"的消极依赖心理；朱坚真等人则认为该模式"具有很大的局限性，例如，不能达到扶贫的根本目的，不能充分利用资源等"[3]。在乡村振

---

[1] 姜红：《不平等现象加剧是新兴国家面临的一大挑战——访诺贝尔经济学奖得主、哥伦比亚大学教授约瑟夫·斯蒂格利茨》，《中国社会科学报》2014年4月28日第A05版。
[2] 王蓉：《我国传统扶贫模式的缺陷与可持续扶贫的战略》，《农村经济》2001年第2期。
[3] 朱坚真等：《西部地区扶贫开发的模式转换与重点选择》，《中央民族大学学报》（哲学社会科学版）2000年第6期。

兴的新发展阶段，政府在未来东西部产业协作中的职能应该更多地体现在对企业、产业合理化发展的引导、激励和规范等方面，实现"造血式"协作，授人以鱼不如授人以渔，只有增强中西部地区的自我发展能力，才能真正帮助企业和产业实现自主良性可持续发展，无论参与国内市场竞争还是国际市场竞争，都能为其找到坚实的立足之根，才能真正帮助中西部地区实现真脱贫、脱真贫，实现共同富裕。

2. 效率与公平的关系

一般地，效率是一个经济学概念，核心是如何实现经济总量增长、做大"蛋糕"；公平是一个政治学和社会学概念，核心是如何合理地分配蛋糕，"给予每个人所应得的权益"和"对同样的人平等对待（对不同的人相应地给予不相同的对待）。"[1] 西方主流经济学通常把效率与公平的关系理解为对立的、竞争式的。牛津大学赫希教授曾指出，效率和分配问题是无法分开的，分配会影响效率，进而影响社会稳定和社会流动，影响整个社会的经济发展和福利水平[2]。越来越多的经验证据也否定了效率与公平相互替代的主流经济学观点，不少学者日益注意到良好的分配状况与经济发展之间所存在的共进性。缪尔达尔曾说："发展一般被简单定义为'增长'，这种概念至今还在经济学家中占有一席之地，加大内部不平等甚至被一些经济学家认为是增长的不可避免的结果，这种观点我从不敢苟同。相反，我一直认为更为充分的平等是更有潜力的增长的条件。"[3] 从长期来说，效率和公平之间从根本上是互补的。

东西部产业协作作为国家实现共同富裕的核心举措之一，是建立在以产业协作为手段、帮助中西部地区实现经济增长的基础上最终实现共同富裕，效率是实现公平的基础和前提。在产业协作的实

---

[1] 王众、于博瀛：《中国特色社会主义对公平与效率关系的探索与启示》，《学习与探索》2020年第2期。

[2] Fred Hirsch, *The Social Limits to Growth*, *Cambridge*, MA: Harvard University press, 1976.

[3] ［英］西尔斯·达德利、［美］杰拉尔德·马文·迈耶：《经济发展理论的十位大师》，刘鹤等译，中国经济出版社2013年版，第149页。

践中，必须首先关注效率，而且是实质效率并非形式效率。东西部产业协作当前面临的诸多困境正是政府追求形式效率的结果，追求形式效率又是政府化解绩效考核的"短期性"与产业发展"长期性"冲突的必然选择。追求形式效率必然导致追求形式公平。在东西部产业协作中，虽然政府、企业、农户之间构建了普遍的利益联结机制，但"精英捕获"现象屡见不鲜，龙头企业、种植养殖大户成为实际的最大获益者。长远来看，追求形式效率与形式公平，将会逐渐瓦解农户等普通民众对政府与企业的信任关系，降低农户参与产业协作的积极性和主动性，没有农户自愿参与的产业协作必定是无法可持续的。在新发展阶段，东西部产业协作不仅要努力实现转型升级，解决发展的实质效率问题，还要同步完善和升级多元主体间的利益再分配机制，解决发展的实质公平问题。

（三）"内生—互嵌"式产业协作的优化路径

正如前文所述，东西部产业协作在新发展阶段的重点是如何实现产业转型升级，更好地实现持续性脱贫、实现共同富裕。产业、企业转型升级的实质就在于企业凭借过硬的产品质量和科学管理，在激烈的国际国内市场竞争中占有一席之地。要达此目就必须同时调动政府、企业和社会组织等多元主体的积极性，并建立"政府宏观引导、企业创新发展与社会自主配合"的多元治理框架[①]。

1. 强化政府引导

新的发展阶段东西部产业转型升级必须以东西部政府职能转变为前提和基础。在扶贫阶段，东西部政府是作为产业协作的主导者和决策者，以"政府企业家"的身份代替市场和企业，根据政府及其主政官员的偏好进行意愿性产业选择，带有浓厚的主观性，这在当时具有积极意义。但随着新发展阶段的来临，政府作为产业发展的决策主导者职能必须向政策引导者转化。政府引导的目的是什么？

---

① 黄锡生、易崇艳：《政府职能转变视角下产业结构转型升级的挑战与对策分析》，《理论探讨》2019年第4期。

怎样引导？唐雪松等研究建议，要深化市场体制改革，政府必须推动产业政策改革，从依靠政府直接干预的选择性产业政策过渡到以增进市场机能为目标的功能性产业政策。[1] 功能性产业政策就是企业内部合理化政策，这将是政府引导的重点，引导的根本目的是政府通过制定对企业内部生产经营管理过程的规范、塑造、引导和激励举措，帮助企业实现"自我造血"。因此，在东西部产业协作中，政府要积极引导和鼓励企业不断"亲"市场，政府通过制定系统科学的企业合理化政策，给予开放市场主体选择的机会集合和行为边界，尊重经济主体进入产业和市场的自由权利，发挥市场发现并扩散知识的功能，激发市场活力，增进产业活力，进而保护和促进产业发展。企业内部合理化政策主要是指在尊重市场竞争机制、不以政府大量的资金投入为前提，政府通过制定奖励竞争、技术"搭桥"等举措，协助并有效监督企业改进管理办法、提高管理效率，激发企业内生发展动力，凭借自身产品和服务的质量积极主动参与市场竞争，实现企业、产业转型升级。

2. 强化企业创新发展

协作企业将成为中西部地区在新发展阶段实现产业结构转型升级的核心主体。一个地区的产业结构升级最终是通过企业的自我升级实现的。企业自我升级的核心就在于产品质量的升级优化和内部管理效率的提升优化，这又必须依赖于新技术、新产品。创新理论大师熊彼特认为，在市场中真正占据主导地位的并非价格竞争，而是新技术、新产品的竞争，它冲击的不是现存企业的盈利空间和产出能力，而是它们的基础和生命[2]。所以创新是企业可持续发展的第一动力[3]。"亲技术"是企业实现创新发展的关键路径。一方面，企业要充分整合与利用各类政策和环境资源，主动引进、消化和吸收

---

[1] 黄少卿、江飞涛、白雪浩、潘英丽：《重塑中国的产业政策：理论、比较与实践》，格致出版社、上海人民出版社2020年版，第67页。

[2] [美] 熊彼特：《资本主义、社会主义与民主》，绛枫译，商务印书馆1979年版，第106—107页。

[3] 李鑫：《从"政府企业家"到"市场企业家"——新常态下西部地区创新发展的策略转变》，《西部论坛》2017年第3期。

高技术,通过"外部引进"方式助力企业实现阶段性创新发展;另一方面,长远来看,"外部引进"式创新发展不是长久之计,还必须实现"内生原创"式技术创新才能为企业提供源源不竭的动力。这就要求企业必须集合自身的资本、技术等资源优势进行原创性的自主创新。企业通过"亲技术"实现产品升级和创新发展,才能有效满足人民日益增长的美好生活需要,才能赢得市场、赢得竞争,真正落实供给侧结构性改革,才能使得企业保持不断发展的活力。

3. 强化社会组织自主参与

东西部产业协作是一项长期而复杂的系统工程,并非可以由政府或企业单独完成,还需要整合社会各种资源、社会各类组织,它们是东西部产业未来转型升级的不可替代的辅助力量。社会组织主要指的是学校、科研机构和其他专业团体,它们在前沿科学理论研究和专业知识方面的优势,是政府和企业无法比拟的。所以政府、企业要加强与社会组织的深度合作,将产学研紧密结合以提高研发的水平和效率。政府在加强对企业内部进行合理化引导的同时,也需要进一步完善相关政策引导社会组织积极主动参与东西部产业协作,多方合力共同助力东西部产业协作转型升级,促进东西部区域发展,最终实现共同富裕的宏伟目标。

(四)余论与讨论

东西部产业协作是党和国家、社会长期共同探索的成果。在东西部扶贫发展阶段,产业协作的关键是主要依托东部地方政府"被动"的"人、财、物"等公共资源向中西部地区无偿救济式输入,东部地方政府"有什么"给什么,西部地方政府也只能被动接受。双方产业协作停留在被动完成国家政治任务的浅表层面,无法真正激发双方政府、企业、社会其他组织及农户的内生动力,积极主动形成合力共谋产业高质量发展。在新发展阶段,政府、企业和农户对主动的产业协作共识不断增强,产业协作不是政府或者企业的事,而是政府、企业和社会个体的共同责任,把东西部产业协作都主动当成政府、企业和农户自己的事,才能彻底激发各自的积极能动性。

东西部"内生—互嵌"式产业协作不仅助力中西部地区产业结构升级转型，同时助力于国家整体产业结构向高质量转型，这是实现共同富裕目标的根本。另外，东西部"内生—互嵌"式产业协作生动彰显了日益强大的民族凝聚力和向心力，共同富裕、中华民族伟大复兴的宏伟目标只能依靠政府、社会各类主体的合力才能实现。

第六章　东西部"有为—有效"式消费协作研究

作为东西部协作重要抓手之一，消费帮扶是指政府采取制度化、组织化、市场化手段，引导社会各界尤其是东部政府、市场、民众购买西部结对地区产品，进而带动结对地区产品规范化、规模化、组织化生产、运输与销售的过程。消费帮扶是践行东西部协作"先富带后富"理念的重要途径，已成为带动农村脱贫人口和低收入人口增收致富的重要力量，于2018年国务院办公厅出台的《关于深入开展消费扶贫助力打赢脱贫攻坚战的指导意见》中正式提出，近年来取得了明显成效，截至2021年12月，全国各部门、各地区累计直接采购和帮助销售脱贫地区产品超过4500亿元。[①]

作为一种非自发性的市场化帮扶方式，消费帮扶离不开政府的动员与引导，更离不开市场的助推与嵌入。可以说，二者的有效平衡是消费帮扶能够取得成功的密码。那么，从政府和市场关系来看，消费帮扶的本质是什么？是如何运作的？背后的推动因素有哪些？现有的研究尚未进行回答，而这些问题对于实现运行有效的协作模式与平等互惠的协作关系具有重要价值。基于此，本章拟以东西部协作中的消费帮扶为案例，以政府与市场的关系为切入点，对现阶段消费帮扶的本质、表征与运行逻辑进行分析，力图为探索消费帮

---

① 《国家发展改革委召开视频会议推介消费帮扶助力乡村振兴典型案例》，人民网，http://finance.people.com.cn/n1/2021/1203/c1004-32299015.html，2021年12月3日。

扶中政府与市场的良性互动关系添砖加瓦。

一 东西部"有为—有效"式消费协作的理论嬗变

（一）"政府干预"与"市场自由"之争

政府与市场关系一向是充满争议的话题。亚当·斯密极力反对政府对微观个体的干预，认为政府干预市场个体经济是一种僭越行为①，政府应在尊重人民合法利益和自由的前提下维护市场经济秩序，这是有限政府理论的雏形。相较之下，洛克则从宪政的角度对政府的权力进行了阐释："政府的目的在于保护人们的财产安全②，不能扩张到超越公众福利需要范围③。"此外，古典经济学派对萨伊定律极力推崇，认为完全自由的市场经济中社会总供给与总需求始终对等，进而反对政府干预。综上，尽管存在差异，但"自由放任"是古典经济学派的主要政策主张，具体表现为对政府权力的限制与对市场干预的摒弃。

20世纪30年代，福利经济学派兴起，为政府干预找到了合理的解释。庇古对外部性理论的阐释表现了政府干预市场的必要性，其认为无法完全依靠市场机制可以形成资源的最优配置从而实现帕累托最优④，需要依靠政府征税或补贴来解决经济活动中广泛存在的外部性问题⑤。与此同时，提倡政府干预市场的凯恩斯主义盛行，有效需求不足导致市场投资的不稳定性以及资本主义社会存在的非自愿失业⑥成为政府干预经济的有力证据。此时，古典自由主义的经济理论基础——萨伊定律遭到全面否定，政府干预经济达到高潮。

---

① ［英］亚当·斯密：《国民财富的性质和原因的研究》，郭大力等译，商务印书馆2012年版。
② ［英］约翰·洛克：《政府论》刘晓根译，北京出版社2007年版。
③ ［英］约翰·洛克：《政府论》刘晓根译，北京出版社2007年版。
④ ［英］阿瑟·赛西尔·庇古：《福利经济学》，金镝译，华夏出版社2007年版。
⑤ ［英］阿瑟·赛西尔·庇古：《福利经济学》，金镝译，华夏出版社2007年版。
⑥ ［英］约翰·梅纳德·凯恩斯：《就业、利息和货币通论》，徐毓枬译，译林出版社2011年版。

随着政府干预的加强，政府财政赤字、效率低下问题不可避免，政府干预的局限性也逐渐暴露出来。20世纪70年代新自由主义的出现可以看作是古典自由主义思想的回归，其主流观点一是倡导实现以个人自由主义为主导的自由市场经济，认为有效市场关键则在于竞争充分①；二是否认公有制，认为凯恩斯主义加剧了既有的困境，也产生了如财政赤字等新问题。②"超弱国家"的概念也随之而生："国家不是实现善、价值和理想的适合地方，其基本功能是保护社会的安全、稳定和秩序。"③

总体而言，新自由主义的主要观点是对国家调控经济反对以及追求自由化、私有化、市场化，在政治方面则是否认公有制、否定社会主义以及否定政府干预，但并非提倡无政府主义，而是主张一个最小的政府来维持社会秩序。如果从社会公平角度看，古典经济学派主张是"起点平等"，政府保障公民同等的权利和自由，那么福利经济学派则是主张"结果平等"，政府直接给予快乐和自由④，这也是二者对于政府干预市场起始逻辑的差异所在。

（二）"有为政府与有效市场"的并存

自20世纪80年代起，政治、经济、社会急剧变革所带来的高度不确定性导致两极分化的政府干预与市场自由论逐渐失去意义，有为政府与有效市场成为政府与市场理论发展的生长点。有学者提出"有限有为政府"概念，即在依法明确划分出政府和市场的边界的前提下，政府积极履行法定职责，提供优质服务。⑤进一步，有为政府是不同发展阶段能因时制宜、有针对性地培育和保护市场，促

---

① ［英］弗雷德里希·奥古斯特·冯·哈耶克：《通往奴役之路》，王明毅等译，中国社会科学出版社1997年版。
② 忻林：《布坎南的政府失败理论及其对我国政府改革的启示》，《政治学研究》2000年第3期。
③ ［美］罗伯特·诺奇克：《无政府、国家和乌托邦》，姚大志译，中国社会科学出版社2008年版。
④ 王军：《哈耶克》，中国财经经济出版社2006年版。
⑤ 石佑启：《论有限有为政府的法治维度及其实现路径》，《南京社会科学》2013年第11期。

进公平和社会福利的政府①。有效市场则源于金融领域有效市场假说（EMH）。② 所谓"有效市场"，是指一个存在着大量理性的、掌握重要信息、追逐私利的投资者的市场，随着时间的推移，这一概念逐渐扩展至金融领域之外。

党的十八届三中全会后，"有为政府与有效市场"并存的理论在中国犹如雨后春笋般迅速发展。例如，林毅夫提出中国在经济发展和转型中保持良好的发展的关键在于"有为政府与有效市场"的结合③。中国从计划经济转向市场经济过程中有效市场的发展与有为政府的成长是如影随形的④。简言之，"有为政府与有效市场"并存的理论是在基于中国国情的宏观背景下，高屋建瓴对政府与市场关系的重新审视，是对传统西方政府与市场理论的革新，具有重要的理论意义与实践价值，但就聚焦度而言，"有为政府与有效市场"并存的理论对于政府与市场的讨论范围比较宽泛，对于中观层面的政府与市场主体的行为聚焦不够，不过仍是观察与理解中国政府与市场关系的一个新窗口。

（三）消费帮扶中政府与市场的关系

无论是市场自由还是政府干预，抑或"有为政府与有效市场"的结合，现有文献对政府与市场关系的解读与研究已然十分丰富，然而，对于消费帮扶中政府与市场关系的探讨，目前还比较缺乏。作为一种曾是社会地位竞争和满足个人欲求的手段，消费如今被赋予为一种解决社会问题和环境问题的手段⑤。由此产生的消费帮扶，

---

① 王勇、华秀萍：《详论新结构经济学中"有为政府"的内涵——兼对田国强教授批评的回复》，《经济评论》2017年第3期。

② Andrew W. Lo., "Reconciling Efficient Markets with Behavioral Finance: The Adaptive Markets Hypothesis" Journal of Investment Consulting, Vol. 7, No. 2, 2005.

③ 林毅夫：《中国经验：经济发展和转型中有为政府与有效市场缺一不可》，《行政管理改革》2017年第10期。

④ 林毅夫：《有为政府参与的中国市场发育之路》，《广东社会科学》2020年第1期。

⑤ Frank Trentmann, "Citizenship and Consumption" Journal of Consumer Culture, Vol. 7, No. 2, 2007.

从社会关系的角度看往往与道德消费联系在一起。道德消费又称为良知消费，即消费者除关注产品或服务以外，还重视其所包含的道德层面因素，体现了消费者的社会责任意识[1]。在道德消费的语境下，消费者的道德认知促使其消费需求转向更符合道德的产品[2]，提高贫困弱势群体生产的产品和服务在市场上话语权[3]。消费帮扶要解决的关键议题是供需平衡问题。为保障消费帮扶中的供需平衡，需要对消费帮扶的政策结构体系[4]、长效运行机制[5]、内生驱动机理[6]等进行分析，也需要对其发展趋势——供需关系由失衡向均衡变迁[7]、供需对接从无序走向有序[8]、供需模式从单一走向复合[9]进行研究。

按此逻辑，与主要依赖市场的普通消费帮扶相比，东西部协作中的消费帮扶有如下特征：第一，是一项政治任务。东西部协作中的消费帮扶是"中央政府主导、东西部政府执行、东西部市场联动"的一种制度安排，是通过"政府引导、市场带动、社会参与、考核激活"等手段而维持其有效运转的一种结对帮扶形式。第二，是一种道德消费。中国消费者购买脱贫地区产品的行为可以被理解为一种道德消费，不过，其"扶农助农"的道德关切与西方所关注的主

---

[1] Jmaes A. Roberts, "Profiling Levels of Socially Responsible Consumer Behavior: A Cluster Analytic Approach and Its Implications for Marketing" *Journal of Marketing Theory and Practice*, Vol. 3, No. 4.

[2] Ballantine P. W. and Creery S., "The Consumption and Disposition Behaviour of Voluntary Simplifiers" *Journal of Consumer Behaviour*, Vol. 9, No. 1, 2010.

[3] Hulm P., Kasterine A., "Browne S. Fair trade" *International Trade Forum*, No. 2, 2006.

[4] 彭小兵、龙燕：《基于政策工具视角的我国消费扶贫政策分析》，《贵州财经大学学报》2021年第1期。

[5] 范和生、刘凯强：《从"一时火"到"一直火"：消费扶贫的阶段反思与长效安排》，《学术研究》2021年第3期。

[6] 胡磊、刘亚军：《互联网背景下消费扶贫的商业模式创新机理》，《管理案例研究与评论》2020年第1期。

[7] 陈宝玲、罗敏、国万忠：《从失衡到均衡：消费扶贫进程中商品供需关系的变迁研究——以宁夏L县实践为例》，《理论月刊》2020年第12期。

[8] 葛建华：《"一站式"消费扶贫电商平台的构建及运营研究》，《广东社会科学》2019年第3期。

[9] 张喜才：《农产品消费扶贫的供应链模式及优化研究》，《现代经济探讨》2020年第9期。

流道德产品并不完全一致①。第三，是一种政府行为。东西部协作中的消费帮扶首先是一种市场行为，但由于协作双方处于非均衡状态，因而为了提高市场运作效率，政府会以发放消费券、直接购买、工会采购、设立专区专柜专馆等手段进行强力干预。

更为重要的是，东西部协作中的消费帮扶是有为政府与有效市场的结合。有别于政府干预市场的传统公共物品与基础设施类服务，东西部协作中的消费帮扶所要流通的是具有明显市场属性的物质商品，而政府主导属性反映出这是一种政府嵌入市场的运作模式：消费帮扶既有市场性，更有政府干预的一面，且以政府干预为主；消费帮扶中的市场并非一种自发性的市场，而是政府嵌入于其中，在前端组织农户与商品生产、中端组织商品运输与商品贮存、末端组织商品销售与利益联结。可以说，没有政府的强力推动，就不存在相应的市场行为，因而消费帮扶中的市场是一种"适应性变化"，即市场由于政府的"嵌入"而发生相应改变，之所以会改变，是因为政府的嵌入激活了消费帮扶的市场属性，政府的"有为"很大程度上影响了市场的"有效"。这一点，既有的研究以招商引资的角度对政府嵌入市场进行了相应的说明，并从宏观的战略框架、中观的项目规划以及微观的投资服务角度对政府"嵌入"市场的三种形态进行理论分析②，这为本章的研究框架提供了借鉴。

二 东西部"有为—有效"式消费协作的类型特征

就有为政府与有效市场的种类而言，陈云贤基于资源配置和资源生成提出了有为政府与有效市场相结合的九种类型，分别是强式有为政府与强式有效市场、强式有为政府与半强式有效市场、强式有为政府与弱式有效市场、半强式有为政府与强式有效市场、半强式有为政府与半强式有效市场、半强式有为政府与弱式有效市场、

---

① 全世文：《消费扶贫：渠道化还是标签化？》，《中国农村经济》2021年第3期。
② 潘同人：《嵌入关系：中国招商引资中的政府与市场》，上海人民出版社2017年版。

弱式有为政府与强式有效市场、弱式有为政府与半强式有效市场、弱式有为政府与弱式有效市场[①]，但此种分类过于宏大，且维度较多。本章拟根据政府嵌入市场后的有为程度分为"强有为政府与半强有为政府"，根据政府"嵌入"后市场有效程度分为"强有效市场与半强有效市场"。由于上述四个维度并非一一对应的关系，即强有为政府嵌入后不一定对应强有效市场，"半强有为政府"对应的不一定是"半强有效市场"，因而可以形成四种组合模式——"强有为政府与强有效市场"、"强有为政府与半强有效市场"、"半强有为政府与强有效市场"、"半强有为政府与半强有效市场"。

其中，东西部协作中消费帮扶的"强有为政府"指嵌入市场后对消费帮扶运行起着强力推动作用的政府，即在宏观上做好规划引导市场、中观上出台政策规制市场、微观上具体行动对接市场；相较于"强有为政府"，"半强有为政府"则指宏观上进行规划引导，中观上通过出台基本政策来引导消费帮扶市场运作、维持基本秩序，微观上并无具体对接行为的政府。强有效市场指介入到产品的前端、中端和后端的市场，即前端农户与商品生产环节、中端商品运输与商品储存环节、末端商品销售与利益联结环节都有市场的介入；半强有效市场指只有末端的产品销售存在市场介入，而前端商品生产和中端产品运输与存储并未有市场介入，它们各自的划分依据与核心要素，如表6—1所示。

表6—1　　　　　　消费帮扶中的政府与市场类型

模式	政府特征			市场特征		
强有为政府与强有效市场	宏观规划	中观政策	微观引导	前端有效	中端有效	末端有效
	○	○	○	○	○	○
	疏通式帮扶			添瓦式补齐		

[①] 陈云贤：《经济新引擎——兼论有为政府与有效市场》，外语教学与研究出版社2019年版。

续表

模式	政府特征			市场特征		
强有为政府与半强有效市场	宏观规划	中观政策	微观引导	前端有效	中端有效	末端有效
	○	○	○		○	
	保姆式帮扶			摊派式运作		
半强有为政府与强有效市场	宏观规划	中观政策	微观引导	前端有效	中端有效	末端有效
	○	○		○	○	○
	托管式帮扶			造血式激活		
半强有为政府与半强有效市场	宏观规划	中观政策	微观引导	前端有效	中端有效	末端有效
	○	○		○		
	象征式帮扶			萎缩式发展		

（一）疏通式帮扶与添瓦式补齐：强有为政府与强有效市场

强有为政府与强有效市场模式表示东西部协作消费帮扶中政府强势推动，市场运作有效的状态，即政府对消费帮扶市场呈全方位推动态势，而市场在整个流程中都能有效运转，特征为政府通过宏观层面对消费帮扶市场进行谋划、中观层面为开展消费帮扶提供政策倾斜与支持、微观上积极解决市场有效运作的难点和痛点进行推动，而政府嵌入后的市场则在前端商品生产、中端商品运输与存储与末端商品销售都呈现出有效的状态。强有为政府与强有效市场主要适用于帮扶方实力雄厚，受扶方原有产业链存在缺陷但相对完整的情况。

东部 Z 省 N 市与西部 S 省 L 市是结对关系，为解决 L 市农特产品物流时间长、成本高、销售渠道单一等问题，N 市政府与 L 市政府在宏观层面上共同谋划了"两市仓"项目，两市分别建立销地仓和产地仓，由政府为仓库运输配备普通物流与冷链快运；中观层面，N 市多部门联合出台政策，以工会福利形式定向购买 L 市农特产品、设立专用的展销摊位、引导商超等多种方式为基础，扩展至以各种博览会等载体将 L 市农特产品销往 Z 省，保障市场需求的稳定性。此外，N 市与 L 市两地政府均出台了相应的优惠政策，吸引消费帮扶企业入驻两市仓,确保"两市仓"运作的实效性;微观层面,两地协调引进了新型仓储物流管理系统用于商品的分发与物流模式的优化,分别通过市中心仓和各县分仓灵活配送的方式将 L 市产品配送到 N 市的销地仓,解决了商品的调配难与仓储物流的效率低等问题。此种消费帮扶的成效是显著的,"不仅物流周期成本降低了,也方便了企业大件商品仓储、冷藏,同时实现两地物品双向互通"[1]。

"两市仓"模式有效提升了协作商品竞争力,体现了以政府力量为主导,市场运作有效的特点。政府嵌入后在中端的商品存储运输以及末端的销售中以强有力的手段确保消费帮扶市场的有效运作,即政府的强力有为打造了一个欣欣向荣的消费帮扶市场,这也是大多数消费帮扶主推的模式,但缺点在于一方面依赖帮扶方政府,并非所有帮扶方都能有如此大的财力与能力,特别是在政府注意力分配[2]受多重议题影响情况下。另一方面也受制于受扶地的产业链基础。在这种模式中,尽管政府依旧强势干预,但市场要素在政府嵌入后得以补全,市场整体逐渐迈向成熟,即政府是"疏通式帮扶",市场是"添瓦式补齐"。对比已有的政府与市场的争论,这种模式其实是回应了有为政府对有效市场的促进作用[3],即政府的强力有为塑造了一个有效的消费帮扶市场。

(二)保姆式帮扶与摊派式运作:强有为政府与半强有效市场

强有为政府与半强有效市场模式指东西部协作消费帮扶中政府在宏观规划引导与中观政策引导都呈现出强势干预态势,微观层面采取如硬买硬销、指标摊派等方式来强力推动消费帮扶运作,而市场由于地理因素、市场垄断等条件的限制,中端商品运输与末端的销售均无法达到充分有效。这种模式特点是政府的"保姆式帮扶"

---

[1] CJJ,LS 州东西部协作挂职部,访谈于 2021 年 12 月 31 日。
[2] [美]布赖恩·琼斯:《再思民主政治中的决策制定:注意力、选择和公共政策》,李丹阳译,北京大学出版社 2010 年版。
[3] 王勇、华秀萍:《详论新结构经济学中"有为政府"的内涵——兼对田国强教授批评的回复》,《经济评论》2017 年第 3 期。

与市场的"摊派式运作",常见于产业链条缺失的西部地区中,与之结对的东部地区市场开发空间有限的情况下因政治动员而产生"动员式市场",这种"动员式市场"的运作几乎完全依赖于政府的行政摊派。

Q省Z县是典型的西部县城,尽管消费帮扶带动了当地农户生产,但由于大部分产品由非组织、非标准化生产流程生产,品质参差不一,加之缺少政府认定帮扶产品销售资格与运输成本限制,西部农户不能以纯粹市场化的方式将产品销往对口东部地区,唯有通过政府认证的中间商进行产品流通。作为衔接政府与农户的载体,中间商通过以低廉价格向农户采购原料及吸纳少量脱贫户就业的方式享受政府帮扶企业认定政策,将西部产品加工运输至对口城市,赚取大量差价。另一方面,中间商准入环节具有垄断性,仅少数商家具有资格合法售卖帮扶产品。从末端销售来看,"专馆、专柜、专区"销售平台不理想,工会福利系统销售占比过高。究其原因,与Z县结对的G省Z市由于消费体量较小,为完成指标任务,体制内强制摊派的份额占到了任务数的85.6%,纯粹市场份额不到两成①。"就像我们机构机关采购,过一个中秋节,工会的福利就是每人300块钱,300块钱米就已经占了100多块钱,他说要16块钱一斤,剩下的钱买月饼。中秋至少发两个月饼,这点钱买月饼质量就很差了,还有什么可发的?当然,这种消费也有市场,不过市场在于政府给的摊派②。"

强有为政府与半强有效市场模式不仅给政府带来巨大负担,溢出的政策效应并未能使农户从中获得太多利益,这就导致了政府力量越大,格局越乱,问题得不到有效解决,且从长远角度来看,市场的内生动力得不到有效的提升。倘若政府放弃了"保姆式帮扶",原有的消费帮扶市场必定会丧失运作动力而停摆,在中央考核的指标要求下,地方政府变得骑虎难下。这种模式实际上可看作凯恩斯

---

① 根据Z市2020年年度消费扶贫台账数据整理而得。
② ZHK,G省Z市协作办干部,访谈于2021年9月9日。

主义中的政府与市场关系的变形，即政府在"结果正义"的出发点下大力包揽市场的职能，过多越位干预也为政府与市场的畸形关系的形成埋下了伏笔。

（三）托管式帮扶与造血式激活：半强有为政府与强有效市场

半强有为政府与强有效市场模式指的政府的干预主要集中于宏观的引导与中观的政策引导，在微观层面上并未采取如行政摊派等方式来推动消费帮扶。市场前端农户组织与产品生产、中端的运输与存储与末端流通与利益联结都能实现有效运行。这种模式下的政府在嵌入消费帮扶过程中并非一种大包揽的角色，对消费帮扶市场的干预范围不如强有为政府，尽管如此，消费帮扶市场依然可以实现有效运作。这种模式特点在于政府主要是起链接企业与资源的作用，类似于"委托—代理"① 关系，政府委托龙头企业以市场化方式参与其中，帮扶的主体是企业本身，主要适用于帮扶地市场体系成熟、体量大的情况。

刺梨是 Q 省盛产的水果之一，由于地域性强、成熟期集中，直接食用口感并不符合当代消费者喜好，加之当地工厂加工与存储能力较弱，刺梨无法真正走出大山，实现消费助农。为帮助西部 Q 省开发当地刺梨产业，东部 G 省通过主要省领导推动，确定由 G 省药业集团对 Q 省刺梨进行开发。G 省药业集团通过调研与市场化标准生产方式，打造出口感改良的刺梨产品，生产加工链的完善也为商品长途运输得到了质量保证。产品流通方面，凭借 G 省药业集团的自身品牌效应与渠道能力，该刺梨产品甫一推出便在全国市场取得良好的销售额与影响力，2019 年上市不到一年总销售额超 1 亿元，2020 年 5 亿元，2021 年 10 亿元，这让 Q 省刺梨生产加工企业销售额同比提高 30% 以上，间接带动超 2.8 万人脱贫增收。恰如访谈时该企业销售经理所说："这么多年下来每一轮的扶贫我们都没有落

---

① Ross Stephen A., "The Economic Theory of Agency: The Principal's Problem" *American Economic Review*, Vol. 63, No. 2, 1973.

下,这次省政府也是特意让我们来做(帮助 Q 省开发刺梨产业),接到任务也是第一时间去做,记得当时是投了 3 个亿,还好做起来了,现在一个工厂可以带动整个产业链,包括刺梨原液到饮料罐制造再到产品运输等等①。"

在"半强有为政府与强有效市场"模式中,政府更多是规划设计与引导的角色,以市场化方式如招商引资来实现政策目标,是一种"托管式"政府,即政府旨在宏观规划与中观政策引导上来对市场体系进行塑造,将具体的运作功能"委托"于企业,并未在微观上进行干预。②消费帮扶的运作主体是企业,当政府进入后市场得以打通,市场的前端、中端与末端有效运作,而市场自发性也在经过政府推动之后逐步成熟。在这种模式下,政府类似于"全能政府"向"守夜人政府"过渡的非完全中间形态,而市场则在政府的干预下从无效走向有效,即政府是"托管式帮扶",市场是"造血式激活",尽管政府的在场依旧重要,但政府责任不会过大。"输血+造血"的运作机制使得市场内生动力正逐步完善,消费帮扶走向一种可持续发展状态。这是一种最接近消费帮扶理想状态的模式,政府的适度有为带来市场可持续的内生动力。

(四)象征性帮扶与萎缩式发展:半强有为政府与半强有效市场

"半强有为政府与半强有效市场"是指政府虽然在宏观与中观层面出台相应的政策来指导开展东西部协作消费帮扶,但在微观层面操作过程中往往流于形式,市场不仅前端的产品生产受阻,中端运输存储与末端的销售流通存在的问题也得不到解决,市场未能有效运作。这种模式特点一是政府的有为流于表面;二是产业链条缺失致使市场存在固有缺陷,这也是多数消费帮扶的真实运转情况。这种模式常见于东部市场体量较小,西部产业链缺陷较为严重,政府并未在微观上进行有效推动。

---

① LJY,G 省药业集团销售经理,访谈于 2021 年 11 月 1 日。
② 王立平、丁辉:《基于委托—代理关系的低碳技术创新激励机制研究》,《山东大学学报》(哲学社会科学版)2015 年第 1 期。

为开展消费帮扶，帮助西部 C 省产品实现消费助农，东部 L 省商务委员会出台了年度消费帮扶的工作要点，并委托当地传统的老字号餐饮业国企帮扶 C 省，采购该地区农产品作为原料进行食品加工与餐饮服务。通过访谈发现该国企采购帮扶地区产品存在很多阻力。首先是原材料的收购上，来自 C 省脱贫地区原材料大多是粗放式生产，产量不可控、个体异质性较大，导致收购成本高。此外，单一且不定量的供应也成为影响该餐饮国企收购的一个重要影响因素，由于生产源头缺少规划、指导与监管，农产品同构现象明显，产品供需不对等。运输方面由于未打通点对点冷链环节导致运输成本过高。在政策协议采购数额裹挟下，该国企只能通过开辟其他渠道来消化过剩产品，这也进一步增加了企业的运作成本。"我们作为餐饮业也希望把这些贫困山区（原料）拿过来，结果他们运过来一拉就一整车，可能 5 吨，差不多天天吃，都吃了一个多月，后面萝卜都烂掉了，而且你也知道像餐饮店，它不可能每道菜吃萝卜。并且，有时候采购过来的蔬菜肉类价格又高又不宜储存，有些会烂掉，这些情况我们给政府反映过，政府也没有解决。"[1]

在这种模式下，政府嵌入后并非以一个强有力姿态干预市场运作，市场在本身体制机制不完善的情况下，由于政府没有进行后续干预与监管而导致消费帮扶中的市场流于表面，有效运作困难重重，内生动力缺少实质性提升。在此背景下，消费帮扶产品在同类竞争中无法拥有市场优势，消费帮扶长效发展机制难以有效建立，其结果必将是政府"象征式帮扶"，市场"萎缩式发展"。这是一种不可持续的发展模式，也是中央政府、东西部政府急需治理的关系模式。

综上，消费帮扶实践中的政府与市场关系呈现上述四种典型模式，这四种模式的分类依据是政府嵌入后的三个层面的有为程度与市场三端的有效程度，并且这四种类型中更符合消费帮扶政策设想的显然是第三种模式，在第三种模式中，"政府宏观引导、市场有效运作"。这也符合消费帮扶的本质，即以消费带动产业链条与市场秩

---

[1] GWX, 该国企工会主席，访谈于 2021 年 1 月 6 日。

序的完善，提升市场的内生水平，并在此基础上，完善与前端农户的利益联结与监督管理机制，保证消费帮扶的连农带农效果。但必须承认的是，在实践中第三种模式是少数的，大多数的消费帮扶实践都停留在第一种模式和第二种模式中，即在条件相对适宜的地区，政府的强力有为能够带来消费帮扶三端运作的有效，或是在条件相对较差的地区，通过政府的强力有为来试图弥补市场末端的销售不足。总而言之，目前消费帮扶实践大多离不了政府的强力干预，消费帮扶市场的内生动力尚显不足。

三 东西部"有为—有效"式消费协作的利益联结

东西部协作中的消费协作之所以可能，主要在于其科学合理的利益联结机制。利益联结是消费帮扶的关键，是实现商品变现的最终目的、产业链前端联农带农的关键所在，也是反映消费帮扶中市场前端是否有效的重要内容之一。

（一）结对关系中消费帮扶的利益关涉主体

1. 市场生产端

在市场的生产端，消费帮扶的利益主体主要可以分为三类，一类是作为消费帮扶的帮扶主要对象的农户，这些农户通常指的是作为个体的散户，多为脱贫户，这类散户往往种植与生产较为分散，标准化程度较低。在自然条件下，这些农户可以选择加入中介组织，如加入农业合作社或是与种植面积大、种植技术较为先进的种植大户合作，在合作社或是大户带动下生产，通过上述主体来对接上一级销售渠道，进而降低生产的风险，提高产量，同时也可以保证产品的销路，而此类中介组织则可以归为市场生产端的第二类主体，与普通农户相比，这类主体往往在自身具有技术创新的基础上还具备了更强的市场开拓作用，相较于作为个体的农户而言体量更大、标准化程度更高，对接市场综合实力更强。在结对关系的消费帮扶中，第三类主体就是整个产业链中的龙头公司，此类龙头企业除了带动农户之外，有时候也可能以平台公司的身份存在。此类主体可以说是体量最大的主体，龙头公司不仅相较于第二类主体具有更强技术创新和市场开拓的功能，更重要的是，大多数情况下兼具平台公司身份的龙头公司是作为链接农户与对接政府、东部市场的中间载体。

1. 市场运输与贮存端

在结对关系中，消费帮扶的产品通常需要从西部的产地销往东部市场，作为对接二者的载体，平台公司是实现"西品东卖"的关键之一，此类平台公司可以大致分为两类，一类是政府注资进入的国有平台公司，一类则是纯粹市场化运作的平台公司。平台公司往往与物流公司、仓储基地联系在一块，但物流与仓储实际上是纯粹市场化的板块，以合同的形式来实现货物运输等，是消费帮扶中固定的成本支出，与末端销售并无利益联结。因此，平台公司只负责流通功能，即负责架接东部市场销售与西部产品供应。

2. 市场销售端

在市场销售端，通常存在以下几类主体：一是非组织化市场个体消费者；二是自由市场公司；三是国有企业与工会，其中非组织化市场个体消费者的消费帮扶通常指的市场上的自由个体自主、自愿购买消费帮扶产品，不存在组织上的动员。自由市场公司对帮扶产品的采购虽同样也不存在组织动员式的采购，但采购数额却也是算在政府消费帮扶数据中。而国有企业与工会虽然前者是企业、后者是社会组织，但在消费帮扶中二者由于政治动员与社会道德等因素驱动而参与的采购行为，因而不能等同于纯粹的市场自发行为。

（二）结对关系中消费帮扶的涉农利益联结

从上述分析中可以得出，从市场末端、中端到市场前端存在三类消费帮扶利益关涉主体，其中，农户作为消费帮扶的对象在市场前端与其他主体互动的过程中产生了直接的利益联结，而这些利益联结在实际运作过程中具体可以表现为松散型、半紧密型和紧密型三种利益联结模式，已有的研究对松散型利益联结机制、半紧密型和紧密型利益联结机制的组织形式做出了定义,[①] 但结对关系中的消费帮扶所涉主体更为多元且关系更为复杂,且利益联结侧重点不同,因此,文章借鉴上述利益联结及组织形式,并在整合上述二者的基础上对三种模式内涵进行探究。

1. 松散型利益联结模式

松散型利益联结模式通常指农户以松散契约形式与其他利益关涉主体进行直接利益交换的形式,通常有以下几种:一是以劳动交换;二是物质交换;三是二者均存在的情况。在第一种情况下,农户常以务工的方式与龙头公司签订劳务合同,通过劳动交换的方式来获得报酬,在这种契约关系下,帮扶产品销售的利益分配与农户之间并非直接挂钩,即农户的收入取决于与公司签订的劳务合同,劳务收入不随商品的变现而调节。在大多数情况下,劳动交换合同具有较强的临时性与灵活性,尽管可以保证农户的基本利益收入,但不稳定且不具备利益调节的作用。在第二种情况下,农户可以选择将自己种植或生产的货物为原料向合作社或大户此类中介组织销售,再由此类中介组织转售给龙头公司或平台公司,在这种情况下,信息不对称为双方带来交易成本以及逆向选择是影响利益联结稳定的因素之一。此外,农户与其他组织间的物质交换作为一种非紧密的互惠互利供销关系,不存在二次返利,农户并没有得到加工、流通环节的利润,市场价格的波动极易引发公司与农户双方的逆向选择,很难达到增加农业效益、降低农业风险、提高农民收入的目的[②]。第三种情况是较为常见的混合式利益联结方式,农户可以既选择在龙头公司务工也可以选择向龙头公司或中介组织出售自己生产产品进而同时获得务工收入与销售收入,但无论在哪种情况下,农户的利益联结与市场末端的销售并未直接挂钩,但无论哪种情况,农户依然处于一种弱势地位,这也就导致了农户的实际收入更多决

---

① 陈学法、王传彬:《论企业与农户间利益联结机制的变迁》,《理论探讨》2010年第1期。

② 姜睿清、黄新建、谢菲:《为什么农民无法从"公司+农户"中受益》,《中国农业大学学报》(社会科学版)2013年第3期。

定在中介组织与龙头公司手中。"自己种的一般卖给合作社""一年有一两个月公司招人就过去，工资都是每天结的，做多少得多少""村里基本上都是这样，自己也种，有时候过去（龙头公司）打打零工"。①

2. 半紧密型利益联结模式

在半紧密型利益联结模式下，农户与中介组织和龙头公司之间除了有上述的劳动交换与物质交换的基础上还加入了产品的销售分红。具体而言，龙头公司作为主要的销售主体由于自身市场实力影响获得了直接进入市场的权利，经由龙头公司的消费帮扶产品可以直接进入全国的大市场，面向更加广大的消费主体，或与平台公司合作销往结对帮扶的地区。在这样的基础上，龙头公司一方面具有足够市场体量来对农户直接给予销售分红或对接合作社这类中介组织，由中介组织进一步对农户分红。另一方面可以参与消费帮扶可以享受政府补贴和其他政策性支持。"地方的特色羊在销售出去后，我们公司会给合作社销售分红，由合作社去分给农户们，大概一只羊赚150—180元，这样每家农户养上30只羊，可以挣五六千块，大家都有一定的工作收入的""实际上我们卖到东部去要经过BK公司（平台公司）操作，那边至少要抽成个10%的运作费用，不然你去不了东部市场，那边不认可你这个产品。"② 与松散型利益联结模式相比，这种模式对于农户而言显然更为友好，农户的收入与商品的销售有了更为直接的联系，获取收入方式更为多元且抗风险能力更强，对于促进农户的内生动力具有一定的作用。

3. 紧密型利益联结模式

在紧密型利益联结模式下，除了包括上述的合同式与销售分工式的利益联结方式外，还包括了吸纳农户入股的利益联结方式。具体而言，农户可以以资金、技术、土地等方式入股，获得务工收入、生产收入、销售分红以及股份分红四大收入。紧密型利益联结模式

---

① LLP，西部L龙头公司务工人员、农户，访谈于2022年1月6日。
② XZP，西部L公司总经理，访谈于2022年1月6日。

可以说是目前最能带动农户脱贫增收的方式，但这种模式一方面依赖于龙头公司规模，规模较大的龙头公司自然利益联结范围更广、更稳定，"关于发展产业方面，我们采用'公司+合作社+农户'的方式，苗木、种植技术及土地，包括后期的养护都是我们提供，苗木成熟后返销给企业，农户也可选择后期来我们公司务工，当苗木栽培达到一定条件后，我们按市场价或保护价负责收购""大概能使农户的平均收入达到一万至两万，种植大户收入能达到五万到十万""合作社那边每年年底还会分红，主要依据农户们的出资额与参与度，多投多得、多劳多得，最终每人分得1000—5000元不等。没有固定的分红比例。"① 另一方面利益联结也由政府与龙头公司之间的协调来决定，政府通常会要求龙头公司提供利益联结方案，通常由当地的乡村振兴局负责对利益联结方案进行评估和协调修正。"我们会要求他们先拿出一份利益联结方案，有哪些方式，普通农户什么方式，脱贫户什么方式，比如说脱贫户是不能低于本身雇用人数的30%的，但是在具体的金额还有每个人最后得到的收益我们是不计算的。"②

（三）结对关系中消费帮扶的利益联结机制分析

1. 利益联结机制的设计

从政府的角度思考，通过消费要素交换实现对农户的利益联结，是消费帮扶的核心所在，也是消费帮扶的出发点之一，而择强扶弱是政府在利益联结机制设计中的路径逻辑，所谓择强是指选择经济实力强、产业化、标准化程度更高的主体作为消费帮扶开展的载体，通过出台相应的措施扶持这类载体，再由这类载体通过市场化的手段吸纳农户，进而对处于非组织化的农户进行间接帮扶。扶弱是择强的目标，择强则是扶弱的路径。在这个过程中，政府实际上是作为一种类似于委托者的角色，龙头公司则是作为代理者的角色，由

---

① MT，西部B公司总经理，访谈于2022年1月6日。
② WWY，Z县乡村振兴局局长，访谈于2021年9月9日。

龙头公司代理政府实际与农户发生利益联结关系，进一步，龙头公司与中介组织中也可能存在委托代理的关系，特别是龙头公司规模较大，对产品标准化程度要求更高时，往往会与多个合作社或大户签订合同，由合作社自身与农户通过这种逐级代理的方式实现对农户的利益联结，通过采用多种委托代理的形式，实际上是减少了协调成本，特别是市场中的交易成本与政府协调需要的行政成本。但需要指出的是，尽管委托代理方式带来了运作成本的降低与效率的提高，二者都会出现信息不对称与博弈的现象，在以往的利益联结研究中主要关注农户与中介组织之间的博弈，特别是二者的逆向选择，然而在结对关系中的消费帮扶中，在政府对于龙头公司的利益联结要求下，上述矛盾只是一方面，而由于中间环节过多以及生产标准化与规模经济为代表的经济效率与垄断地位导致的二者不平等的关系带来的精英俘获才是市场前端无效的主要原因。

2. 利益联结机制的运行

上述的利益联结模式主要从市场的前端角度即离农户最为直接的关涉主体去观察，而在结对关系中，农产品从农户的手上到消费者的手中后，其价值返还往往还需经过漫长的中间环节。从农户手中收购后，无论是农户本身还是合作社，其本身的加工能力无法达到一个完整的、标准化的、符合市场需求的产品规格，因而作为架接农户与消费者的桥梁之一，龙头公司的参与不仅是让产品获得深加工的过程，更是让产品实现标准化、品牌化的过程，在这个过程中，通常做法是政府选择将帮扶资源注入龙头公司，进而让龙头公司去实现利益联结。"一般投资都是选择有实力的，不可能随便就放在一个弱小的企业里边的，假如企业垮了怎么办？所以我们龙头公司介入一个是保证资金安全，再一个就是到时候你要成交金额（用于统计消费帮扶的数据，计入政府的消费帮扶的年度成果），这些体量不够的企业数据很难看的。"[①] 在这个过程中，政府可能通过对龙

---

① DYC，西部 Z 县龙头公司负责人，访谈于 2022 年 1 月 7 日。

头公司的注资，确保国有成分占主导地位，国有龙头公司在对农户的利益联结上的要求以及受到的监管更多，因而在前端的利益联结要求也更多。"3349万元，投入这个公司帮扶资金数额，直接投固定资产，方便确权"，整体投资6000万元左右，我们51%他们49%，国有占股多"，"我们要求他们出一个利益联结方案，比如提供工作岗位、每年分红给合作社或直接给村委村集体，都是有要求的。"[1]

在这个过程中，前方的工作组和西部当地的政府会对这些龙头公司进行筛选并注入帮扶资源，由龙头公司对接中介组织或是农户通过紧密型和半紧密型利益联结模式实现利益联结，并对龙头公司采取相应的监管措施。当然，龙头公司在整个消费对接中只是一部分，还有架接西部产品与东部市场的平台公司，通过平台公司运作，把产品投放到消费帮扶销售平台，东部各地的消费帮扶专馆、专区、专柜，甚至是对接工会系统等。"本地政府会组织进本地工会、商超，我们主要把产品运作过去（过去东部），比如本地商务局也会帮忙推荐地方产品进我们的平台公司，由我们来给他们推广销售，从原生态、地方特色这些方面出发来给他们包装，提高附加值与价格，再对接进东部的专馆、专柜，到时候那边体制内肯定是要从这些地方采购的。"[2]

从上述的分析来看，消费帮扶的利益联结基本围绕农户、龙头公司与平台公司、政府、消费者主体间展开，实际上对比实际商品售价和作为农户通过要素投入获得的商品原始收入，中间存在巨大的差距。帮扶产品所具有的生态附加值与道德附加值化身为价格转移给了消费者，而农户却没有从附加值中获取大部分的利润，而结对关系中消费帮扶中前端农户与公司之间的"逆向选择"并非主要原因，而是由于利益联结链条过长，农户与消费者的中间环节的龙头公司与平台公司作为中间商，在准入门槛的限制和销售渠道的绝对保障下对价格取得事实上的控制权，进而导致了"精英俘获"现

---

[1] LX，Z县乡村振兴局东西部协作科科长，访谈于2022年1月7日。
[2] XCF，西部Z县平台公司负责人，访谈于2022年1月7日。

象,如图 6—1 所示。而在强有为政府与强有效市场模式中的"两市仓"案例和半强有为政府与强有效市场模式中 G 省制药公司的帮扶案例则证明了中间环节削减后对于前端利益联结乃至整个市场以及产业链的做法的有效,一个是直接通过政府打通流通渠道,减去了平台公司运作的空间,另一个是依托 G 省制药公司这样的财力雄厚的大型企业打造全产业链的帮扶模式,避免外部平台公司的干预。

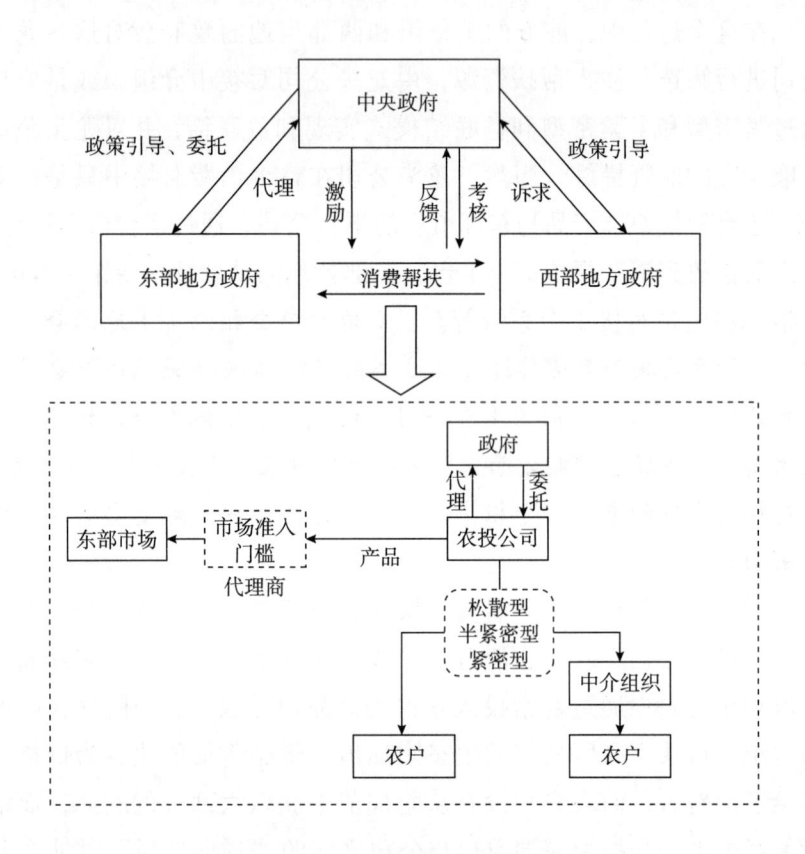

图 6—1 消费帮扶利益联结机制

3. 利益联结机制的考核

在传统的利益联结模式中,农户难以对中介组织及龙头公司进行监管与利益诉求,加上市场价格变动下的违约风险委托—代理视角下利益联结不紧密、不稳定,在这种情况下,政府对利益联结的介入就显得尤为重要。从中央与地方的委托—代理视角来看，作为政策委托方中央在考核指标上专注于销售数据，以及前端带动农户增收的数量，无论是自评估还是第三方考评，短期考核导向较为明显，作为代理方地方政府行动是以满足中央的考评要求为导向的政治动机，地方政府动机在于凸显消费端成绩，前端的利益联结的质量不是必选题，进而容易导致政府对市场前端以及整个产业链的完善注意力不足，指标增量行动导向与农户长期利益获取不对称，导致利益失衡。从政府与市场视角来看，前方的工作小组与西部当地职能部门专注于打通西部销往东部的流通渠道，通过委托当地的龙头公司和平台公司来实现联农带农，对此类主体的考核基于中央考核的内容基础，即以带动农户的数量为基础，要求企业制定利益联结方案，以满足中央考核为导向，政府对市场主体委托进而市场化手段实现助农的目的，动员的逻辑是择强扶弱，但从政府政策执行到农户获益中间流程主体太多，逐级委托—代理下关系下容易出现信息不对称，资源与监管不对称现象。同样，后方的消费帮扶联盟的考核激励制度中也专注于对企业采购的数额，对利益联结考核并非主要内容。

四 东西部"有效—有为"式消费协作的组织基础

行动者网络理论虽然提出行动者之间的关系是平等的、互惠的，但是同时又强调行动者在网络中的角色与地位，指出各行动者在网络中所在节点占据的资源不同，因此其角色和功能也是不一样[1]。在广州市消费帮扶的实践样态中，虽然各行动者都有一定的资源优势，但由于各自处于网络中不同的节点位置，因此各自在该网络中的角色定位不一样，在消费帮扶过程中所建构的网络作用也不同。

---

[1] 马学广、李贵才：《世界城市网络研究方法论》，《地理科学进展》2012年第2期。

（一）核心行动者：消费帮扶专班

消费帮扶产品一般为农特产品，由于其处于"深山"中，消费者并不能够用等价交换的形式来消费该产品，常在供求关系中表现出信息不对称等市场失灵情况。由于"市场失灵"的存在，帮扶产品不能达到帕累托最优[1]，那么对"市场资源具有权威性调配"的政府无疑是网络中最核心的行动者，相较于其他类型的行动者，拥有高度权威的政府具有丰富的资源优势与强有力的动员能力，在该网络中具备协调其他行动者参与到消费帮扶中的优势，更为重要的是其能够有效规范市场行为，从而实现帮扶产品在市场上的流通。因此，政府承担着协调、监督网络中其他行动者的责任，是消费帮扶行动网络的关键节点和枢纽，发挥着核心行动者的主导作用。

在广州市消费帮扶行动者网络中，作为市域中观层面落实消费帮扶的政府部门主要是广州市协作办公室（以下简称"广州市协作办"）。2021年7月，广州市扶贫协作和对口支援合作工作领导小组印发了《广州市加强消费帮扶助力乡村振兴十八项措施》，明确指出要创建全国消费帮扶示范城市，并将消费帮扶作为广州市民生开展的十大重点工作执行。为了更好地推进消费帮扶工作，广州市协作办从市供销合作社、农业农村局、商务局、市场监管局、国有企业等单位抽调人员组成消费帮扶专班，专班办公室设立在市协作办，市协作办与消费帮扶专班类似于"委托—代理"关系：前者主要负责决策，后者主要负责执行。专班的人员通过抽调的形式组建，因此专班是以工作任务牵头的任务型组织，专班成员内部有明确的责权清单，在行动者网络中分管不同行动者的辖区或领域，通过职能分工的方式形成了网络的联动协调机制，如图6—2所示。

---

[1] ［英］阿瑟·赛西尔·庇古：《福利经济学》，金镝译，华夏出版社2013年版。

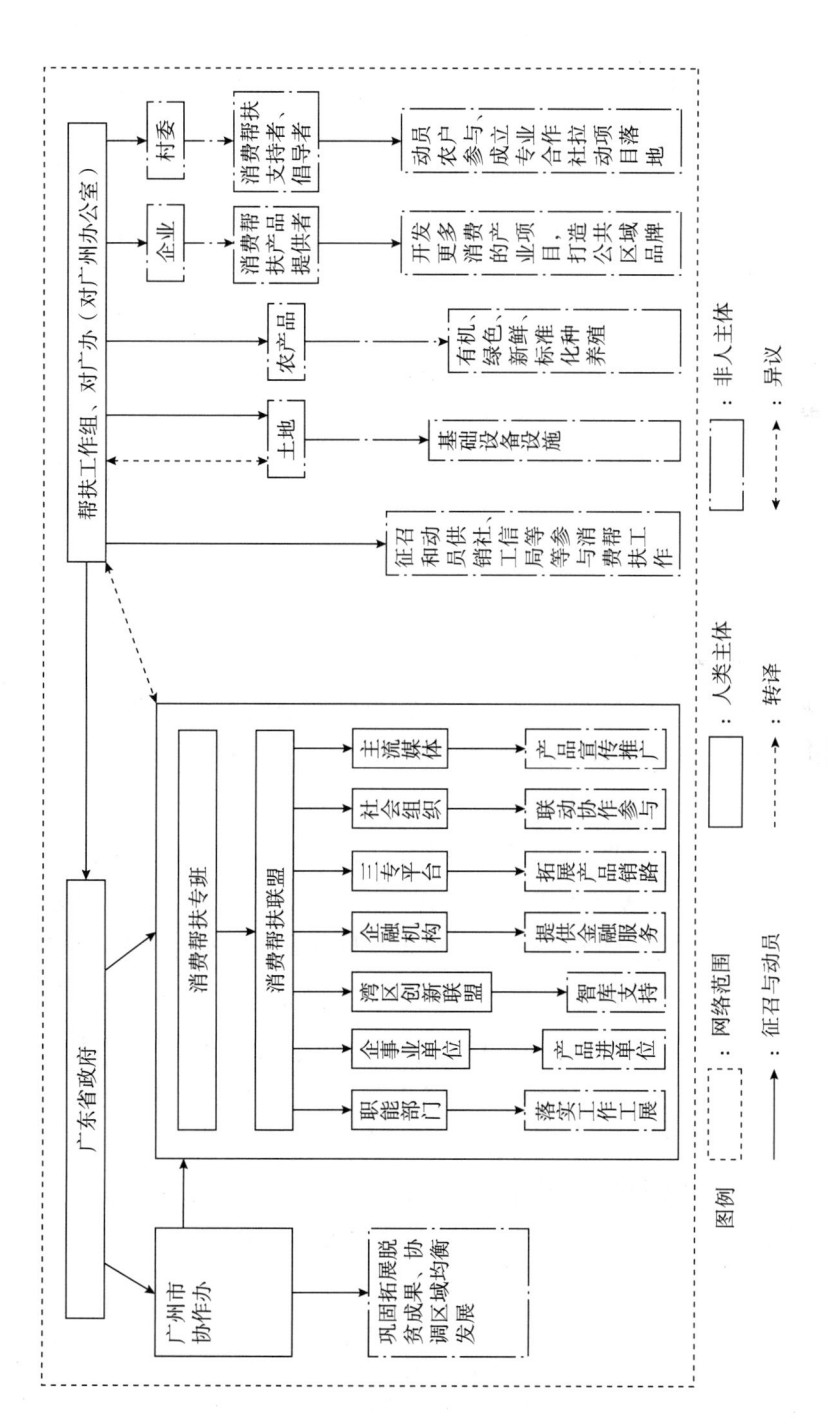

图 6—2 消费帮扶行动主体角色

消费帮扶专班内部结构样态打破了传统封闭式的科层制结构，表现为各级组织由市协作办纵向管理与同一层级政府各职能部门的横向分工合作。此外，信息技术有效弥合了不同政府层级和职能部门的数字鸿沟，信息资源在网络中各行动者之间流通效率更高，破除传统科层制的信息壁垒局限性，进而使专班整体组织结构趋向于开放性和扁平化。正如访谈专班成员所说："专班就是从各部门抽调人员，成员都是兼职的，专门负责消费帮扶的重要事情，有任务随时开会，注重时效性。"①从广州市域层面看，作为运动式"条状"的治理管理，消费帮扶的任务组织表现出信息流通快、专业化程度高、运作机制灵活等特征，同时保持各行动者在各网络节点之间有效协同。

（二）产品提供者：消费帮扶联盟

消费帮扶联盟是广州消费帮扶专班牵头成立、广州市协作办指导的非政府组织，由各线上线下各帮扶单位联合发起，广州市协作办和相关部门、前方指挥部和工作组（队）、相关企业、有关媒体、社会团体等热心于消费帮扶且在相应领域有一定影响力的组织，自愿组成的区域性、专业性的联盟组织。调研在访谈联盟成员中获悉："干这件事情最大的动力就是情怀，这是造福脱贫地区以及农户的好事情，我们都想把这件事情干好，为乡村振兴做出点贡献。"②消费帮扶联盟内设理事会作为最高权力机构，下设联盟职能委员会，例如广州消费帮扶联盟供应商委员会、采购商委员会、媒体推广委员会等，主要任务是负责协助联盟内部资源全方位为广州帮扶地区做好优质农产品"出山入湾"产销对接工作。总体来说，消费帮扶联盟的主要角色是提供消费帮扶产品全过程的服务，即打磨前端供应帮扶产品，畅通中间流通环节，并打造末端帮扶市场，实现"产品"到"商品"的转变。

---

① ZSX，消费帮扶专班干部，访谈于 2022 年 11 月 14 日。
② YSY，消费帮扶联盟成员，访谈于 2023 年 4 月 10 日。

在消费帮扶联盟中，联盟中的决策、执行等事务需经联盟理事会同意，专班通过对联盟中成员的管理，有效整合市场、技术、管理等资源，将原来"一对一"的分散、独立帮扶联结模式转变成网络中联结模式，促进联盟成员中的优势互补。作为市域政府主导下的组织，该联盟有着不可比拟的资源优势。联盟大多数成员通过政府部门的号召，自动加入该网络中，并跟随和执行核心行动者的意图以实现资源的兑换，完成组织自身的发展。由此可见，专业性强的消费联盟嵌入到消费帮扶行动者网络是其发展内在要求和本质属性，相对于其他类型的行动者，该行动者所拥有资金、经营技术和管理经验等要素方面的优势[1]，通过提供消费帮扶的产品或者服务，在保障广州市消费帮扶工作能够有序开展中起着不可替代的作用。

（三）重要支持者：社会组织

在多元主体参与的消费帮扶工作中，具有明显的"政府部门+"的特征，其多方向连接各级各类的组织[2]，社会组织所具备的某一领域专业知识和社会资源成为开展消费帮扶工作的主要支持者。我国社会组织长期处于政治动员的网络中，兼备政治性的特点，具有强烈的政治参与感[3]。作为政策执行重要的辅助工具，政府通过一系列的政策推动社会组织参与消费帮扶，社会组织基于核心行动者的征召及自身政治高位意识，自然积极响应政府的号召参与消费帮扶。如果说科层体制内的政治动员遵循的是自上而下的动员逻辑，那么针对社会组织自身遵循的则是自上而下与自下而上相结合的动员逻

---

[1] 韩广富、辛远：《乡村振兴背景下农民农村实现共同富裕路径研究》，《贵州师范大学学报》（社会科学版）2023年第4期。

[2] 李晓红、冯永：《消费帮扶政府机制的多向连接与启动功用——基于政策文本与现实考察的发现》，《治理研究》2022年第6期。

[3] 孙发锋：《中国共产党社会组织政策的变迁历程及主要经验》，《领导科学》2021年第14期。

辑①。因此，作为具有广大群众基础的社会组织，对组织的成员宣传消费帮扶政策、理念以及号召组织成员参与到消费帮扶中具有其独特的优势。此外，社会组织作为强大的团体组织具备多种形式以及功能的组织，不同的组织能够有效地反馈到不同的帮扶产品以及需求中。例如，在市委、市政府等部门动员、指导下，广州市各层级工商联、协会、商会等社会组织采取多样化的形式参与其中，就是最好的例证。

其中，工会作为社会组织中最庞大的组织，通过政府号召、社会引导，对消费帮扶的政策也积极响应。作为我国政治体系中最重要的群团组织之一，工会是属于职工的社会组织，同时是党政联系工人全体的纽带，在社会的治理过程中具有双重身份，具有"官民二重性"②的特点。从消费帮扶的过程看，工会在帮扶过程中起到了不可替代的作用。例如，2021年6月，广东省总工会与广东省乡村振兴局联合下发《关于深化拓展消费帮扶工作的通知》（粤工总〔2021〕17号），鼓励各级工会组织和乡村振兴（扶贫）部门充分发挥采购帮扶产品的引导作用，在职工集体福利项目、职工活动项目中，提升消费帮扶产品的采购份额。文件同时指出，各工会在发放节假日慰问金，有固定金额用来购买消费帮扶的农副产品，并且鼓励工会成员优先在消费帮扶平台等官方渠道上进行实名制采购。G市总工会有关负责人表示："对帮扶地区来说，最不缺的就是无污染、绿色生态健康的好产品，我们有需求，他们有产品，恰好不谋而合。"③ 由此可见，社会组织中的工会体系拥有广泛的组织动员力量，相对于其他类型的行动者，该行动者能够有效整合体制内外的资源，可以有力激发消费帮扶产品的活力，扩大帮扶产品受众面，在全社会形成消费帮扶的氛围。

---

① 陈家建：《项目制与基层政府动员——对社会管理项目化运作的社会学考察》，《中国社会科学》2013年第2期。

② 耿依娜：《中国社会组织属性特征对公共性生产的影响研究》，《党政研究》2023年第4期。

③ WM，G市工会负责人，访谈于2023年4月24日。

（四）关键连接者：帮扶工作组

帮扶工作组是将消费帮扶地区和受扶地区两方连接起来的重要纽带，也是推动消费帮扶工作的重要力量。帮扶工作组是广东省委组织部从各职能部门抽调形成的一个临时性组织，独立于原有政府体系、超越并依附科层制的组织形式。帮扶工作组作为对接消费帮扶地区和受扶地区两端的条状组织结构与块状组织结构，是执行结对任务的重要抓手。从帮扶工作组的组织架构整体来看，其隶属于省级帮扶领导小组，是领导小组命令的执行机构；从人员的结构上看，派出干部在受扶地区挂职市、县两级主要领导干部，挂派干部受挂职地部门和派出的广东领导小组共同管理，帮扶工作组通常要接受本级领导小组的命令和上级工作组的指导。帮扶工作组根据消费帮扶政府考核内容下设消费帮扶促销专班，指导下一级工作组的工作，如地级市的工作小组要在接受市级对口协作工作组的领导同时接受省级工作队的指导。此外，帮扶工作组与受扶地区的对接广州市对D帮扶工作领导小组办公室对接，对广办直接对接帮扶工作组，通过帮扶工作组这个纽带间接与广州市形成市域层面横向对接。因此，领导小组、帮扶工作组与消费帮扶专班三者一同构成了消费帮扶的条状结构，是结对关系下消费帮扶运作的重要组织脉络。

在各级领导小组的领导下，帮扶工作组深入受扶地区开展消费帮扶工作，其主要职责是通过调研厘清受扶地区底数，协调帮扶的资源，形成"帮扶—受扶"合力的组织体系。在开展消费帮扶具体工作中，帮扶工作组主要是聚焦在受扶地区消费帮扶的前端工作，负责推进受扶地区产业园建设、农产品地理标识认证、溯源制度建设、"菜篮子"工程认定等工作。此外，帮扶工作组同时引导广州企业入驻受扶地区完善受扶地区产业布局，在延长农产品产业链方面进行规划，推动"产业—园区"集群建设[1]，推动前端供应的标准

---

[1] 翟坤周：《共同富裕导向下乡村振兴的东西部协作机制重构——基于四个典型县域协作治理模式的实践考察》，《求实》2022 年第 5 期。

化、规模化，更好地对接广州市消费需求。同时将脱贫地区农特产品对接广州消费帮扶专班，就像访谈中一位帮扶工作队队长所说："我们的工作主要是引荐当地企业对接广州市场，帮助企业把农特产品在广博会、广交会等大型展销活动流通，让更多消费者知晓咱们优质的帮扶产品。"① 由此可见，相较于其他类型的行动主体，帮扶工作组条状和块状的组织结构能够连接帮扶地区和受扶地区实现产品对接②，在连接两地资源方面有着其独特的优势，并在两方政府与其他行动者发生利益冲突时，通过相互协商、平等对话等方式，发挥调适的中介作用。

五　东西部"有为—有效"式消费协作的三重逻辑

消费帮扶呈现上述四种模式原因为何？从理论、制度、实践三个方面剖析，消费帮扶是国家、市场与社会共生的结果，而公平与效率两种制度逻辑耦合则是政府与市场关系表征制度层面的解释。在原有产业链条三端融合存在差异的前提下，政府嵌入后的强力有为不一定产生同样有效的市场实践。

（一）理论逻辑：国家、市场与社会共生

东西部协作是实现共同富裕的政治行为，也是对区域经济发展差距过大进行补偿的经济行为③，作为东西部协作的重要抓手，消费帮扶是国家、市场与社会互动参与的结果。

作为一项政治任务，消费帮扶体现了政府对市场的干预。在消费帮扶语境下，作为国家的权力运作中心，政府对市场的嵌入被赋予合理性：当西部地区的市场囿于自身基础薄弱，无法实现充分有

---

① DHC，G 省帮扶工作队队长，访谈于 2023 年 2 月 15 日。
② 梁琴：《论中国特色的结对治理：以东西部协作为例》，《广州大学学报》（社会科学版）2023 年第 2 期。
③ 谢治菊、彭智邦：《东西部协作政策扩散的维度、逻辑与启示——基于政策扩散理论的文本分析》，《中国公共政策评论》2021 年上半年卷（总第 21 卷）。

效运作时，通过政府的介入，以对接需求与生产为切口，引入市场机制能使原本链条不完整、产业结构松散的市场发生相应的资源交换，进而带动当地农户增产增收，这是东西部协作助推共同富裕的有效机制。在这里，消费帮扶的运作基础是政府的权力与合法性，即政府将政治动员与行政治理结合，用以引导与规范市场行为，体现了"看得见的手"对"看不见的手"的合理化干预，是国家对市场的具象化嵌入，也是对首次分配带来的区域失衡的调节，即对原本在自然禀赋与政策红利中处于劣势的西部地区构建一种补偿机制，可看作一种宏观意义上的"再分配"行为。

首先，作为一种经济行为，消费帮扶体现的是市场机制对资源的配置作用，即通过商品的流通带动生产要素的交换：位于产业链下游的消费市场以个体和集团的形式存在，通过市场购买的方式，将位于产业链上游的农民手中的资源变现，首次分配进而得以完成。此过程中任何非经济的政治力量都无法对此限制，市场行为的非人格化程序确保了最初的正义[1]，即消费帮扶市场机制带来了首次分配上的正义。其次，消费帮扶构建了一个市场社会：在效率导向与社会利益导向双重规范叠加下，市场与社会形成一个有机结合，以"社会利益"为原则的市场社会保护其中弱者，进而体现公平价值，微观角度上的道德消费理念也说明了这点：消费者这种经济行为往往是出于助农心态，体现出道德力量对消费的影响，符合第三次分配的特点。

从社会角度来看，一方面，国家注入政治资源发动以工会为主体的各类社会团体参与到消费帮扶的市场流通中，将"基础性权力"[2] 与"专断性权力"[3] 有效结合，高度动员社会力量参与，创造了大量的商品需求；另一方面，购买帮扶产品是消费者对政治动员

---

[1] 万俊人：《论市场经济的道德维度》，《中国社会科学》2000年第2期。

[2] Michael Mann, "The Autonomous Power of the State: Its Origins, Mechanisms, and Results" *European Journal of Sociology*, Vol. 2, No. 2, 1984.

[3] Michael Mann, "The Autonomous Power of the State: Its Origins, Mechanisms, and Results" *European Journal of Sociology*, Vol. 2, No. 2, 1984.

与行为正义的符号认同，这种认同进一步强化了民众对于西部地区的情感联结，如图6—3所示。

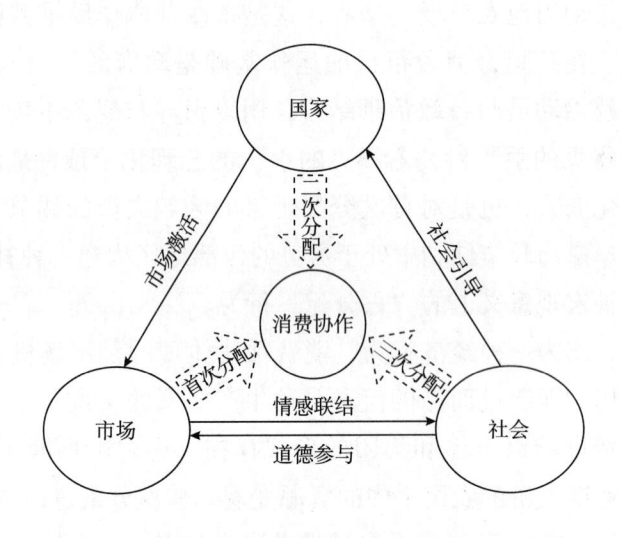

图6—3 消费帮扶中的三维关系

综上，消费帮扶体现了国家、市场、社会同时在场，结合了首次、二次与三次分配的特点，国家、市场和社会行动者之间形成互动性联结，在国家强大控制力与辐射作用[①]下构建出一个以追求效率与公平共存的"国家—市场—社会"多元共生的格局。

（二）制度逻辑：效率与公平耦合

如前所述，东西部协作赋予了政府嵌入市场的合理性，而政府与市场两种制度的交融使得消费帮扶的顶层设计就必须兼顾"效率"与"公平"两种逻辑：如果说以市场机制为基础的首次分配是为了实现机会平等，以福利政策为代表的政府干预是为了实现结果平等，那么消费帮扶就是寻求"机会平等"与"结果平等"之间的平衡，即兼顾效率与公平的平衡状态，而消费帮扶中"公平"与"效率"

---

① 于建嵘：《岳村政治》，商务印书馆1982年版，第12页。

两种制度逻辑的耦合则为政府的"嵌入式有为"与市场的"适应性有效"提供了条件与空间。

消费帮扶通过政府嵌入的方式构建了一个市场,以此减轻以往东部政府资金转移压力,同时也能满足东部地区市场需求,化单向帮扶为双向协作,无疑是对于以往的人力与财力单方面倾斜式协作的优化与创新,是提高受扶地区内生发展动力的一个长效之举。在制度设计上,消费帮扶运作囊括了"压力型体制"[①]"目标责任制"[②]"行政发包制"[③]与"运动式治理"[④]等特点。

出于对政策试验与地方创新的考虑,中央层面给予了地方政府足够的政策创新空间,并通过年度考核来督促落实、挖掘、推广相应典型案例,但考核的指标主要关注地方政府在帮助消费帮扶末端流通的成效,以销售额作为评价依据。对销售额的量化指标要求地方政府的基本面向仅停留于如何扩大市场末端销售的统计数据,如何从前端、中端和末端去打造一个有效市场则成了自选题。

从地方角度来看,上至宏观意义的政府,下至作为政府代理人的官员面临着考核的压力。尽管东西部协作于西部政府而言是一项"政治馈赠"[⑤],但考核制度使得东西部政府形成"利益共同体",消费帮扶成果虽不是"政治锦标赛"[⑥]的唯一方向,但把消费帮扶数据做得精彩,则成了东西部政府的共同目标。对地方来说,顶层设计不够完善,存在模糊,而中央却希望地方做出政策创新,这个就是消费帮扶中央与地方关系的张力所在。考核制度考验着地方政府如何发力,于是地方政府聚焦宣传消费帮扶销售成绩,不顾成本效

---

① 邢成举:《压力型体制下的"扶贫军令状"与贫困治理中的政府失灵》,《南京农业大学学报》(社会科学版) 2016 年第 5 期。

② 何绍辉:《目标管理责任制:运作及其特征——对红村扶贫开发的个案研究》,《中国农业大学学报》(社会科学版) 2010 年第 4 期。

③ 周黎安:《行政发包制》,《社会》2014 年第 6 期。

④ 周雪光:《运动型治理机制:中国国家治理的制度逻辑再思考》,《开放时代》2012 年第 9 期。

⑤ 李瑞昌:《界定"中国特点的对口支援":一种政治性馈赠解释》,《经济社会体制比较》2015 年第 4 期。

⑥ 周黎安:《行政发包制》,《社会》2014 年第 34 卷第 6 期。

率，主动加码①式用体制力量来解决市场问题，在市场要素缺乏、产业链条不全的西部地区，这种举动无异于饮鸩止渴，这背后体现的一种对"公平"极致追求，抛弃了市场应有的效率，与消费帮扶政策出发点相违背。

此外，从政策执行的角度看，政策执行组织与人员所掌握的方法、技术与资源对中央政策的执行存在很大影响。②加上每个地方政府面临的实际情况、自身理念以及政策理解的差异，因而对政策工具的选择可能有所不同。东部政府帮扶措施从设计上看往往是长期性，注重受帮扶地区内生动力的提升，从源头上帮助西部打造一个有效市场，通过号召实力企业参与到其中，结合企业自身的资源与特点，在不同环节注入受帮扶地。在这种模式下，中央政府、地方政府与企业形成了"委托—代理—管理"③的关系，让原本的"包揽式"帮扶转向"托管式"帮扶。在此情形下，政府不再是一种强有为的形象，而是依托于市场的半强有为政府。

（三）实践逻辑：产业前端、中端与末端相融

如前所述，消费帮扶的市场是一种适应性有效的市场，政府的有为则决定了市场的有效，这从本质上决定了消费帮扶中市场运作对于政府的依赖。没有政府的引导，就难以形成这种有效的市场。但为何东西部协作消费帮扶一定需要政府引导呢？

从前端来看，尽管消费帮扶的初衷是通过消费兑现脱贫地区的资源禀赋实现联农带农，但实际操作中农户往往是松散的、无组织的，且缺少现代化种植理念。生产的产品与东部的市场需求存在较大差距，这种差距需要政府通过大量补贴来弥合，政府的资金注入

---

① 凌争：《主动"加码"：基层政策执行新视角——基于 H 省 J 县的村干部选举案例研究》，《中国行政管理》2020 年第 2 期。

② 朱广忠、朴林：《影响地方政府有效执行中央政策的因素分析》，《理论探讨》2001 年第 2 期。

③ 周雪光、练宏：《中国政府的治理模式：一个"控制权"理论》，《社会学研究》2012 年第 5 期。

也促使各种农业投资平台产生。实践中，农业投资公司一般会通过与农户签订收购协议，通过收购农户手中的农作物进行深加工，然后再向上一级平台出售，通过逐级加码方式最终呈现在消费者面前，这也是大部分消费帮扶商品"高附加值、溢价严重"的背后原因，消费帮扶政策效应也随之在无形中被俘获。

在中端的运输环节，由于受帮扶地区地域因素的影响，运输难度往往较大，高额的物流成本按市场规律最终将体现在价格上，进而导致商品缺少竞争力。想要消费帮扶商品价格不因各种费用而过于高昂，唯有通过政府补贴。尽管市场看起来运作顺畅，但实际上离不开政府的"深度帮扶"。

从末端的流通环节来看，贸易渠道的垄断性带来的是"不平等的有权势者"[1]。消费帮扶是一种行政命令，也是"以购代捐"的变体。对消费者尤其东部地区的消费者而言，购买脱贫地区产品一方面能满足自身对绿色健康理念的需求，但更大程度上是出于一种道德消费上的补偿心理，但当各种附加成本变相成为商品的附加值进而反映在价格上，而商品实际品质无法与高昂价格对应，且溢出的效益无法与农户直接联结而是在中间环节遭遇精英俘获时[2]，消费者个人意愿长期为政治动员所裹挟，自然会造成消费者倦怠情绪滋生、对消费帮扶行为认同减弱，而这背后反映的是政府强力嵌入的原因。

正如哈耶克所言："一个有效的竞争制度和其他制度一样，需要一种明智规划的并不断加以调节的法律框架。"[3] 诚然，当旧的规则失效时，新的规则便通过其有效的制度安排代替前者发挥作用。[4] 政府倡导消费帮扶本是短期的应急性策略，如产品因自然灾害等不可

---

[1] [英]弗雷德里希·奥古斯特·冯·哈耶克：《通往奴役之路》，王明毅等译，中国社会科学出版社1997年版。

[2] 仝志辉、温铁军：《资本和部门下乡与小农户经济的组织化道路——兼对专业合作社道路提出质疑》，《开放时代》2009年第4期。

[3] [英]弗雷德里希·奥古斯特·冯·哈耶克：《通往奴役之路》，王明毅等译，中国社会科学出版社1997年版。

[4] 陈晓运、王敏：《规则嵌入、市场建构与乡村有效治理——以广州市番禺区龙美村为例》，《广州大学学报》（社会科学版）2021年第1期。

抗力因素无法正常销售，通过政府行政资源的拢合与对接实现对市场规则失效的补救，但如果这种短期的应急变成一种长期性行为，势必会改变市场的规律甚至市场秩序，而市场秩序的更替所带来的是对政府角色的重塑，这体现在政府嵌入市场后的各种表征中。尽管政府的嵌入一定程度上可推动市场发展，但西部地区产业链条的不完整却导致了市场适应的不完全有效。在建立新秩序的过程中，政府权力与责任的边界变得模糊，有为政府的内涵逐渐扩大化。在这种嵌入关系下，当政府行为囿于惯性，不再适应重组后的规则时，各种畸形的政府行为就会产生，这便是秩序更替带来的混乱，"保姆式帮扶"体现的正是这种混乱中的政府面向。不过，同样也应看到政府在秩序更替中所展示出的其他面向，在其中如何去试图平衡政府与市场的力量，建立与维持新的秩序，与之对应的便是"托管式帮扶"的表现。

六　东西部"有为—有效"式消费协作的动态均衡

作为我国一项重要的发展制度，东西部协作对于实现国内区域协调发展、协同发展、共同发展具有重要意义，是助推乡村振兴与共同富裕的重要力量，也是解决人类面临相对贫困与区域发展失衡问题的中国智慧、中国方案、中国力量。作为东西部协作的重要抓手，消费扶贫体现了政府与市场同时在场的结果。在政府嵌入式有为与市场适应性有效框架下，政府与市场的关系呈现出"强有为政府与强有效市场、强有为政府与半强有效市场、半强有为政府与强有效市场、半强有为政府与半强有效市场"四种类型，实践中较为理想的应该是第三种模式，即"政府宏观引导、市场有效运作"。这也符合消费扶贫的本质，即以消费带动产业链条与市场秩序的完善，提升市场的内生水平，并在此基础上，完善与前端农户的利益联结与监督管理机制，保证消费扶贫的连农带农效果。尽管如此，这些模式或多或少存在一些共性的问题。

一是市场三端的融合程度不够。首先体现为产品前端组织化程度不足。由于产业链不完整，消费扶贫产品生产端的标准化、品牌化、规模化程度普遍不高，农产品同构现象比较明显，同业竞争比较激烈，深加工企业不多，产品附加值低，带动能力不足。再加上订单式农业供需不对等、链条不充分，这使得东部市场对高质量高品质农产品的需求与西部"数量不多、规模不大、质量不高"的初级农产品供应之间存脱节，西部农产品未能形成自发的市场，政府只好强力介入推动消费，故而不能很好地开展消费方面的协作。其次是产品中端信息化手段不够。由于西部产品"出山"的成本偏高、冷链不及时、路途有损耗，因而运输到东部的农产品质量难以有效保证，"专馆、专柜、专区"的售卖不太理想。再加上农产品销售中的信息化、智能化、数据化手段使用不够，部分农户和企业、合作社与市场沟通不及时、信息不对称，这也极大制约了东西两地消费扶贫效益的提升。最后是产品后端的市场化程度不高。市场化程度低导致政府通过行政摊派试图解决市场表面问题现象严重，"专馆、专柜、专区"作用不明显，供需不匹配下政治力量过度注入后导致畸形运作，"道德消费"变成"道德裹挟"，在没有解决前面环节问题的情况下，政府的强式有为只会进一步加剧这种现象，带来恶性循环。

二是产品链中的利益联结不畅。除两地政府外，消费扶贫的直接利益主体包括农户、西部公司、流通公司、东部公司、消费者，从目前运行的情况来看，让"农户、西部公司、消费者"更多受益的政策目标难以实现，政策效应集中于东部公司与流通公司，消费者与农户利益联结不强，即市场机制无法有效给予前端积极反馈。因此，在现有的消费扶贫链条中，如何以市场需求去倒推农户种植、以产品后端去倒逼产品前端，是面临的较大难题。高质量发展要求下的消费帮扶不仅要重视增量，更要强调量的合理增长与质的有效提升相结合。如今，消费扶贫不仅仅被看成一种末端消费，更主要是通过末端消费来带动产品前端的规范化和产业链条的完整化，因而需要一种长效机制。

作为一种"国家—市场—社会"行为，可持续的消费扶贫机制追求的是一种国家倡导下的东西部"平台共建、资源互搭、理念融合、共促发展"目标。为此，针对已有的困境，应从以下几方面进行优化：一是强化产业链思维，做大做强产业链条，瞄准产业主攻方向，有针对性地"建链、延链、补链、强链"，以助推产业全链条的思路去开展消费扶贫。二是优化考核导向与利益联结的关系，现有对消费扶贫考核往往倾向于重结果轻过程、集中于末端统计数额而忽视了前端与中端的整合优化。作为一种益农助农手段，消费扶贫既要关注末端流通环节，更要关注前端生产环节和中端流通环节。具体而言，在考核指标设计上，国家层面需要在末端销售量化指标的基础上在前端农民增收方面制定更为细致、量化的指标，鼓励地方政府在规范市场行为的同时投入更多注意力在利益联结，确保消费扶贫能够真正使农民受益。三是预防政府与市场的"双重失灵"，消费扶贫目前虽未有"弱有为政府与弱有效市场"的运作现状，但本章建构的第四种模式已经给予一定的警醒：在产业链基础薄弱的地区政府支持力度不够或政府介入方式过于激进，极有可能对消费扶贫造成巨大打击。为避免相应状况出现，在政策设计与具体政策实施应把握政策短期效益与长期效益的关系。

第七章　东西部"组织—推拉"式劳务协作分析

东西部劳务协作是中国特色的脱贫制度，是东西部协作战略的重要组成部分，在巩固拓展脱贫攻坚成果、促进乡村振兴中具有重要作用。与普通务工"零散、自发、盲目、单一"不同，东西部劳务协作是以"政府主导、政策规制、市场参与、社会支持"为模式的一种务工形式，是一种有组织、有规模、有市场的务工对接。通过梳理我国东西部劳务协作的政策变迁，运用"推拉"理论分析东西部劳务协作的实践逻辑，提出在共同富裕阶段，东西部劳务协作需要优化主体关系与政策议程。

一　东西部"组织—推拉"式劳务协作的历史演变

当前，我国已进入全面推进乡村振兴阶段。解决西部地区农村劳动力高质量就业问题、促进东西部地区间协调发展是实现共同富裕的关键。然而，由于市场配置资源存在固有缺陷，纯粹依靠市场机制调节的劳动力个体流动虽能短暂提高劳动力市场效率，但会导致公平性不足，陷入"失灵"或"半失灵"状态，这会直接制约共同富裕的实现。在此背景下，劳动力领域的"公平"和"效率"如何兼顾就迫在眉睫。从已有研究来看，学界已对劳务协作的价值内涵、政策效应、运作模式、实践经验"等问题进行了深入而广泛的讨论，并形成了有价值的研究结论。但是，关于劳务协作的组织化运作逻辑,以及如何实现公平与效率兼顾,仍然缺乏系统性的探讨。尤其是对于西部地区,其天然的自然资源和劳动力资源的特殊性决定了以往研究难以满足共同富裕的目标需求。事实上,我国多年的减贫经验表明,实现西部地区农村劳动力稳定就业,是解决农村剩余劳动力的根本出路,这就要求这些劳动力能够有序地、有组织地、有规模地进行流动。因此,东西部劳务协作是我国现代化生产条件下实现农村劳动力高质量就业的具体表现和实现形式,兼具公平与效率双重属性,对东西部地区经济社会发展和实现共同富裕具有重要的作用,具体表现为:于劳动力个体而言,组织化劳务协作是西部地区农村劳动力获得收入的主要手段,关乎个体的生计、尊严和价值,也是他们融入东部经济发达地区和实现全面发展的基本途径;于社会而言,组织化劳务协作不仅是重要的区域协调发展政策,也是重要的社会政策和民生政策。因此,本章拟在已有研究的基础上,梳理劳动力个体流动历程和演进逻辑,基于推拉理论分析东西部劳务协作组织化的推拉运作过程,揭示东西部劳务协作组织化的可能局限,以期为东西部劳务协作助推共同富裕的政策目标提供科学的理论依据。

新中国成立后,为提高劳动力市场效率,政府实行宽松的个体流动政策。1951年7月,公安部发布了《城市户口管理暂行条例》,进一步明确了要保障人民的安全、居住和迁徙自由。在计划经济体制下,一些农村劳动力有计划地向城市流动,慢慢出现了新中国成立后第一次"民工潮",这促进了城乡之间的劳动力交换和市场繁荣。1953年至1957年,即"一五"计划期间,出现了短暂的"反冒进"政策,主要是当时有部分农村劳动力盲目地涌入城市,不仅引发了农村的农业生产困难,而且导致城市人口激增,政府公共服务供求矛盾凸显。1956年12月,国务院发布《关于防止农村人口盲目外流的指示》,之后逐渐抑制了农村劳动力向城市的涌入,加强了国家经济与社会建设的计划性。国家限制个体盲目流动的政策增加了农村劳动力流动和迁移的困难,但农民依然有流动和迁移的机会,这主要是因为,相比于城市职工、城镇企业更愿意雇佣廉价的农村劳动力来降低生产成本。这一时期，城镇实行统包统配的就业体制，确保每个劳动力都能就业，低工资和高福利使中国城镇拥有世界最高的劳动参与率。农村则实行人民公社制度，农民自由流动的权利被限制了，农村成为剩余劳动力的蓄水池。

20世纪80年代以后，东部地区企业的发展对劳动力的需求增加，国家逐步放松了流动限制。其中，1985年出台的《中共中央、国务院关于进一步活跃农村经济的十项政策》，鼓励劳动力、资金、技术的流动，并且提倡"东西互助"①。这表明，国家为农村劳动力流动提供了政策空间，农村劳动力的地区交流、城乡交流和贫困地区劳务输出得到允许。随着经济体制改革的深化，东南沿海地区在外资引进过程中吸纳了大量西部地区农村劳动力，成为劳动力市场发展的重要支撑②。后来，在特殊政策的鼓励下，农村劳动力跨地区流动解决了效率问题，劳动力市场实现了优胜劣汰。然而，在计划经济体制下，大量农村劳动力跨区域流动难以兼顾公平，一方面，这严重超过了东南沿海地区工业建设和社会服务的吸纳能力，外出务工群体难以被城市认同和接纳，处在体制边缘、产业边缘和城乡边缘；另一方面，西部地区部分剩余农村劳动力因达不到东部沿海地区的技能条件与知识储备，无法充分就业或不能有效就业，在一定程度导致了劳动力市场"效率为主"的现象，难以兼顾弱劳动力的就业问题。③ 由此表明，中华人民共和国成立后的前四十年，我国劳动力流动政策整体上以有限控制为主，以劳动力市场人力资本配置效率为主。

20世纪90年代，市场机制就成为调节农村劳动力流动的主导力

---

① 《中共中央、国务院关于进一步活跃农村经济的十项政策》，http://rb.lsrbs.net/index.php?m=home&c=Nparticle&a=view&aid=7046，1985年3月27日。
② 张琛、孔祥智：《农村劳动力流动的演变历程、趋势与政策建议》，《中国特色社会主义研究》2022年第3期。
③ 周肖：《1949—1957年间农民进城问题的历史考察》，《江汉论坛》2016年第10期。

量[1]，流动方式呈现出农民自发外出为主[2]，西部地区农村劳动力流动的减贫效应逐渐减弱[3]。受市场自身供求调节和价值规律的支配，农村劳动力能够在产业间和地区间自由流动。就此而言，个体流动有其存在的必然性和合理性，是社会经济社会发展的必然结果。然而，由于政府配套政策不足、农村劳动力基本素质较低、信息不对称、贫困思维禁锢等因素，城乡之间、地区之间的收入差距明显，导致了东部发达地区"招工难"和西部欠发达地区"就业难"问题，从而使得劳动力市场处于极度不均衡状态。[4] 究其原因，一是市场机制调节是个体流动的主导力量；二是流动方式以农民零散的、自发组织的外出为主；三是外出务工的岗位一般为工资较低的低技能工作；四是以提高收入为目的劳动力大量盲目集聚到东部发达地区。由此可见，主要依靠市场调节为主的劳动力个体流动，似乎陷入了"失灵"或"半失灵"状态，且这样的流动也以有能力的劳动力为主，残疾劳动力、弱劳动力难有立足之地，劳动力流动市场的公平问题欠缺。在此背景下，在中西部地区，农村剩余劳动力多，政府将组织化劳务输出作为重要的施政目标。

自脱贫攻坚以来，我国开始对西部地区半劳动力或弱劳动力、丧失劳动力和无劳动力等弱势群体进行精准化帮扶。因为是帮扶，所以劳动力领域的"公平问题"，也成为与"效率"同等重要的关注点，甚至为了确保那些在劳动力市场上竞争力相对较弱的群体也有工作机会，国家更是出台了专项政策。例如，2016年8月，中共中央办公厅 国务院办公厅印发的《关于进一步加强东西部扶贫协作工作的指导意见》，明确用专项资金鼓励扶贫

---

[1] 农村劳动力跨地区流动课题组：《关于农村劳动力流动的研究》，《管理世界》1993年第2期。
[2] 潘盛洲：《农村劳动力流动问题研究》，《管理世界》1994年第3期。
[3] 韩佳丽：《深度贫困地区农村劳动力流动减贫的理论逻辑与实践路径》，《云南民族大学学报》（哲学社会科学版）2020年第4期。
[4] 纪韶、李小亮：《改革开放以来农村劳动力流动就业制度、政策演进和创新》，《经济与管理研究》2019年第1期。

车间的发展，奖励企业聘用弱劳动力或残疾劳动力，开发大量的公益性岗位。同时，为了决战决胜脱贫攻坚，中央政府优化了东西部协作政策，并设计了相关的考核体系以推动政策落实，如2017年8月，国务院扶贫开发领导小组印发的《东西部扶贫协作考核办法（试行）》；2018年8月，人力资源社会保障部和财政部联合印发的《关于进一步加大就业扶贫政策支持力度着力提高劳务组织化程度的通知》等。自此，劳务协作的组织化推拉应运而生。

与有组织、有规模的劳务协作相比，劳动力的个体流动以自发的非组织化为主，主要依靠市场机制的调节。这种个体流动虽然能短暂提高劳动力市场发展效率，但是必然会导致社会公平的缺失，因为，一方面，个体流动没有实现全部就业或充分就业，毕竟，西部地区的半劳动力或弱劳动力，或就业困难、无法离乡的边缘户、脱贫不稳定户等群体，以及农村留守的老人、妇女和残疾人等群体，没有得到公平的就业机会和公正的就业能力培训；另一方面，个体流动会导致劳动力市场供需失衡。市场机制具有"外部性"，仅仅依靠市场机制自发的流动，部分农村劳动力即便能够外出务工，其就业素质也不能满足东部地区现代化生产企业的需要，也可能因无收入或低收入成为困难群众。

由此，本章拟以 SN 东西部协作为例，就以下问题进行研究：一是劳务协作组织化的有效性是什么？二是劳动协作组织化如何兼顾公平和效率？三是劳务协作组织化兼顾公平与效率的逻辑是什么？四是劳动协作组织化有哪些局限，该如何解释？

二 东西部"组织—推拉"式劳务协作的理论基础

东西部协作是根据邓小平同志"两个大局"思想，为加快西部贫困地区的扶贫开发进程，缩小东西部经济差距，促进区域经济协调发展而作出的重要部署。1994年3月，国务院颁布了《国家八七扶贫攻坚计划（1994—2000年）》，提出"有计划有组织地发展劳务输出"措施。① 这说明，开展组织化劳务输出已成为当时扶贫开发的目标之一。经过20多年的实践探索，我国劳务协作取得了重要成效，被认为是最能解决贫困问题、最具中国特色的一种脱贫方式。而且，随着减贫方略的不断推进，劳务协作主体多元化越来越明显，政府不再是唯一推动力，"政府主导、市场发力、中介输出、企业接收、农户就业"相结合的多元化、体系化协作机制逐步建立。由此，本章所称的"劳务协作组织化"，是指面向乡村振兴、共同富裕的战略目标，在中央统筹指导下，东部和西部地区各级党委政府基于劳动力需求差异与资源优化配置要求，在互惠互利、共同发展的基础上，通过市场化、组织化、规模化方式将西部地区农村剩余劳动力转移到省外就业、省内就业、就地就近就业，帮助西部地区脱贫致富的一种协同活动。②

劳务协作组织化的基础理论是"推拉理论"。早在19世纪末，拉文斯坦（E. G. Ravenstein）最先提出了人口迁移的七大规律③。20世纪50年代末，博格（D. J. Bagne）首次提出了"推拉"理论，认为人口流动是由流出地的"推力"因素与流入地的"拉力"因素之间的推拉决定的。直到1966年，美国学者埃弗雷特·李（Everett S. Lee）归纳出推拉理论的分析框架，是该理论的集大成者④。李的推拉理论不仅仅是对人口迁移理论的一个阶段性总结，而且为国内学者解释劳动力转移提供了分析框架。20世纪90年代末，国内学者就对比研究了中国农村劳动力流动的几大理论，包括推拉理论、期望收入理论、二元经济论等，大部分认为推拉理论更具借鉴意义⑤。此后，运用推拉理论分析我国农村劳动力流动

---

① 《1994年：国务院印发〈国家八七扶贫攻坚计划〉》，http://www.moa.gov.cn/ztzl/xzgnylsn/gd/200909/t20090923_1356488.htm，2009年9月23日。

② 谢治菊、陈香凝：《协同治理视域下东西部劳务协作研究》，《广州大学学报》（社会科学版）2023年第2期。

③ Ravenstein E. G., "The Laws of Migration" *Journal of the Royal Statistical Society*, No. 2, 1889, pp. 167-235.

④ Everett S. Lee, "A Theory of Migration" *Demography*, Vol. 3, No. 1, 1966, pp. 47-57.

⑤ 李若建：《中国农村劳动力外流的结构性因素》，《社会学研究》1991年第5期。

的研究较多。例如，有学者立足本土化，以"农村拉力、农村推力、城市拉力、城市推力"四个因素解释农村劳动力流向城市就业的动因[①]；有学者则依据推拉理论发现我国不同收入城市的拉力存在差异，高收入城市应注重满足劳动力的精神需要，低收入城市则致力于提高劳动者的物质待遇[②]。随着我国区域发展和城乡发展的不协调、不平衡，有学者从"理性经济人"角度出发，认为推力和拉力是"理性经济人"面前的城乡优劣因素，并提出农业现代化的发展将改变农村劳动力的流动规律[③]。相对于老生代而言，受到流出地作用力减弱和流入地作用力增强的影响，新生代农村劳动力定居城市意愿的不确定性显著提高。可见，推拉理论的主要观点是，在市场经济和人口自由流动政策的情况下，劳动力可以通过迁移改善生活条件[④]。因此，我国西部地区农村劳动力的流动行为适用推拉理论，其影响因素也可借用推拉理论框架进行解释分析。[⑤]

本章以推拉理论为基础，探索该理论如何巧妙地诠释并解决效率与公平之间的矛盾，从而在西部地区农村劳动力转移过程中实现效率与公平的兼顾。与个体流动零散的、自发的、盲目的、单一的方式不同，劳务协作组织化是以"政府主导、政策引导、市场吸纳、社会参与"为模式的务工形式，是一种有组织、有规模、有市场的务工对接。因此，劳务协作组织化具有促进区域协调发展、实现全体人民共同富裕的内在要求，本身蕴含公平与效率的

---

① 邹新树：《农民工向城市流动的动因："推—拉"理论的现实解读》，《农村经济》2005年第10期。
② 徐清：《工资"拉力"与城市劳动力流入峰值——基于"推拉"理论的中国经济实证》，《财经科学》2012年第10期。
③ 魏卓：《新时期中国农民工融入城市的推拉力分析》，《天津大学学报》（社会科学版）2014年第6期。
④ 梁土坤：《二重转变：新生代农民工定居意愿的发展态势及其影响因素研究——基于推拉理论的实证再检验》，《河南社会科学》2019年第9期。
⑤ 许进龙、卢新海、滕明兰：《西部地区农村流动人口土地流转行为的决策逻辑——基于推拉理论视角》，《中国农业资源与区划》2022年第11期。

理念诉求①。比如，劳务协作组织化通常会将推力因素如迁移成本、社会福利等，转化为拉力因素如培训、住宿和交通补贴等，这有助于降低农村劳动力转移的阻力，提高劳务输出效率；通过提供技能培训，劳务协作组织化可以帮助农村劳动力提升就业技能，提高其市场竞争力，这有利于增强西部地区农村劳动力在东部地区的拉力，促进其稳岗就业；通过政策支持，劳务协作组织化可以加大西部地区和东部企业之间的交流与合作，为西部地区农村劳动力提供就业机会，促进社会公平。总之，劳务协作组织化可以通过利用推拉理论原理，实现效率和公平的兼顾，助推区域协调发展，实现共同富裕。

根据李的推拉理论，劳动力跨域流动是一种涉及迁出地和迁入地的现象，其关键概念是"推力"和"拉力"。推力指的是阻碍劳动力转移的因素，如高昂的迁移成本、不完善的社会福利制度和教育机会等。拉力则是吸引劳动力转移的因素，如更高的工资、更好的就业前景和更优的生活条件等。推拉理论的核心思想是，劳动力转移行为是由推力和拉力这两种力量共同作用的结果。按此逻辑，我国西部地区农村劳动力的外出务工经历了从零散、自发、盲目、单一的个体流动方式，转向劳务协作的组织化方式，无论是东部地区还是西部地区，都作用于西部地区农村劳动力群体，通过各自的推力和拉力解决其就业问题。本章将推拉理论中的拉力和推力，分解为西部地区的组织推力、东部地区的组织拉力和东西部地区的组织合力，分析劳务协作的组织化推拉过程如何兼顾效率和公平，具体思路和逻辑如图7—1所示。

---

① 钟文、严芝清、钟昌标等：《兼顾公平与效率的区域协调发展能力评价》，《统计与决策》2021年第10期。

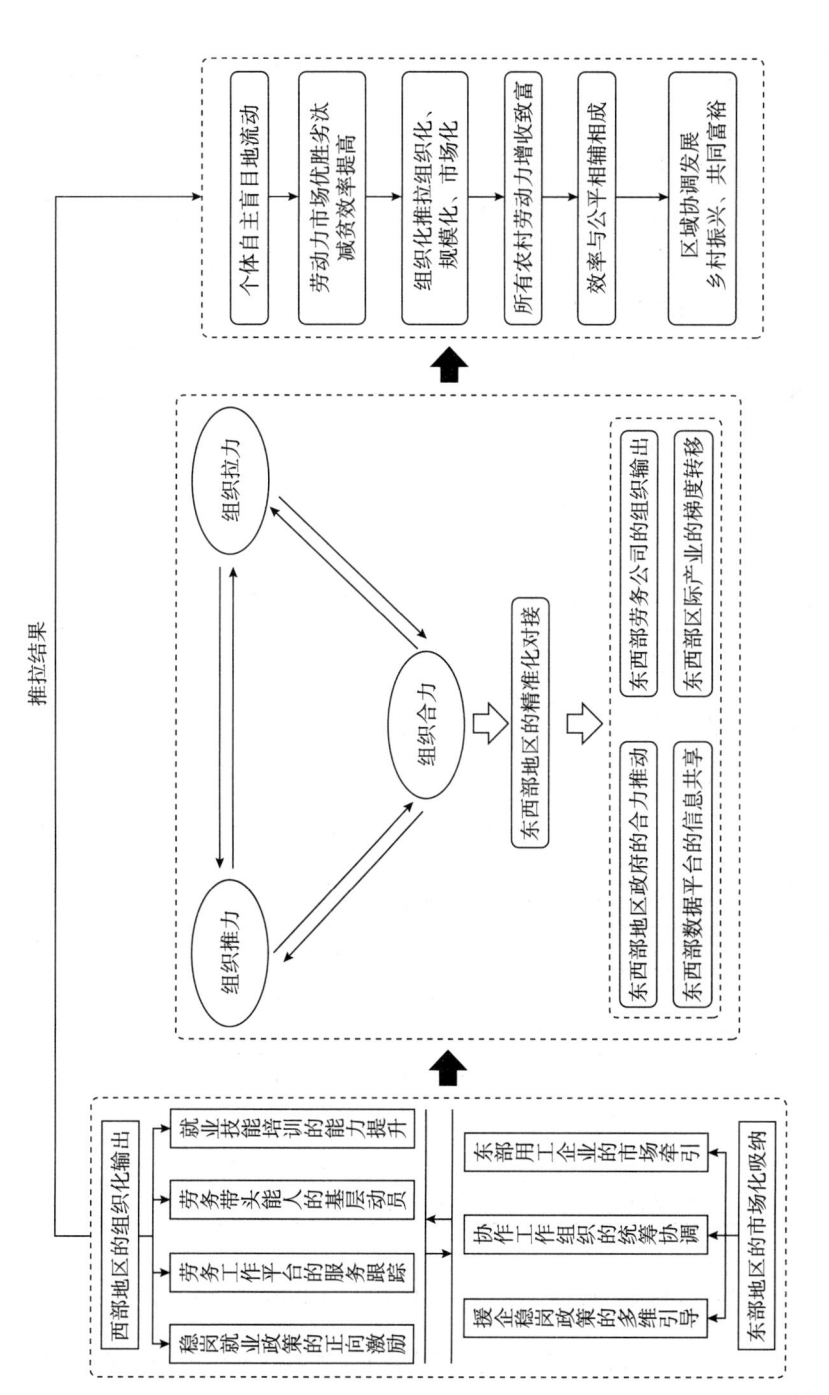

图7—1 东西部劳务协作组织化分析框架

三 东西部"组织—推拉"式劳务协作的政策变迁

在东西部协作过程中,东西部跨域人力资源的流动与配置逐步形成了系列制度安排。根据黄承伟关于我国扶贫开发与对口支援阶段划分,改革开放以来,我国东西部劳务协作政策经历了区域性扶贫开发阶段(1991—1996)、综合性扶贫开发阶段(1997—2015)、脱贫攻坚阶段(2016—2020)和乡村振兴阶段(2021—)等四个阶段[①]。以此为据,此处主要在厘清各阶段贫困特点的基础上,明确各阶段东西部劳务协作的目标、对象和重点,并分析国家层面提供的与之相应的制度供给与政策支持,如表7—1所示。[②]

表7—1　　　　东西部劳务协作政策演进(1990至今)

阶段	发布时间	政策名称
区域性扶贫开发阶段(1991—1996)	1992年1月	邓小平同志在南方谈话指出:走社会主义道路,就是要逐步实现共同富裕。
	1994年4月	《国家八七扶贫攻坚计划(1994—2000年)》
	1996年7月	《关于组织经济较发达地区与经济欠发达地区开展扶贫协作的报告》
综合性扶贫开发阶段(1997—2015)	2001年6月	《中国农村扶贫开发纲要(2001—2010年)》
	2009年3月	《2009—2010年东西扶贫协作工作指导意见》
	2010年4月	《关于加强就业援助工作的指导意见》
	2011年12月	《中国农村扶贫开发纲要(2011—2020年)》
	2014年1月	《关于创新机制扎实推进农村扶贫开发工作的意见》
	2015年4月	《中华人民共和国就业促进法》
	2015年6月	《关于支持农民工等人员返乡创业的意见》
	2015年11月	中共中央、国务院《关于打赢脱贫攻坚战的决定》

[①] 黄承伟:《中国扶贫开发道路研究:评述与展望》,《中国农业大学学报》(社会科学版)2016年第5期。

[②] 李勇:《改革开放以来东西扶贫协作政策的历史演进及其特点》,《党史研究与教学》2012年第2期。

续表

阶段	发布时间	政策名称
脱贫攻坚阶段（2016—2020）	2016年4月	《关于开展粤湘劳务协作试点工作的通知》
	2016年7月	《关于开展技能脱贫千校行动的通知》
	2016年12月	《关于切实做好就业扶贫工作的指导意见》
	2016年12月	《关于进一步加强东西部扶贫协作工作的指导意见》
	2017年1月	《关于做好农村贫困劳动力就业信息平台有关工作的通知》
	2018年1月	《关于实施乡村振兴战略的意见》
	2018年6月	《关于打赢脱贫攻坚战三年行动的指导意见》
	2018年8月	《关于进一步加大就业扶贫政策支持力度着力提高劳务组织化程度的通知》
	2019年5月	《关于做好易地扶贫搬迁就业帮扶工作的通知》
	2020年2月	《关于应对新冠肺炎疫情进一步做好就业扶贫工作的通知》
	2020年3月	《关于建立防止返贫监测和帮扶机制的指导意见》
	2020年12月	《关于实现巩固拓展脱贫攻坚成果同乡村振兴有效衔接的意见》
乡村振兴阶段（2021— ）	2021年2月	《关于全面推进乡村振兴加快农业农村现代化的意见》
	2021年3月	《关于坚持和完善东西部协作机制的意见》
	2021年4月	《中华人民共和国乡村振兴促进法》
	2021年5月	《关于切实加强就业帮扶巩固拓展脱贫攻坚成果助力乡村振兴的指导意见》
	2021年7月	《东西部协作考核评价办法》
	2022年2月	《关于做好2022年全面推进乡村振兴重点工作的意见》
	2022年3月	《关于做好2022年脱贫人口稳岗就业工作的通知》
	2022年11月	《关于进一步推进东西部人社协作的通知》

（一）东西部劳务协作政策的阶段划分

1. 区域性扶贫开发阶段的劳务协作（1991—1996年）

改革开放后，户籍管理松动，区域间劳动力资源可以自由流动。我国贫困问题呈现出贫困地区的"边缘性"特征，即大多数边远地区位于国家边疆或者省内边缘地区，交通闭塞，信息不通，具有一定的封闭性，贫困户的就业形势比较严峻。因此，这一时期，我国的就业脱贫问题主要是区域性就业贫困。① 在此背景下，1994年3月，国务院颁布了《国家八七扶贫攻坚计划（1994—2000年）》，提出"有计划有组织地发展劳务输出"措施。② 1996年年底全国从业人员68850万人，劳动力市场进一步完善，全国共组织了425.5万人参加各类就业训练。③ 1996年东西部协作政策推出，使劳务合作开始建立多维度、多空间、多向度的东西部劳务交流与互动机制。我国东西部劳务协作在全国23个省、区、市正式启动并有序开展，人力资源和社会保障等相关部门持续深化劳务输出。

2. 综合性扶贫开发阶段的劳务协作（1997—2015年）。

东西经济发展不平衡和贫富差距成为了实现共同富裕的瓶颈，为增加西部农村人口收入，2001年，国务院颁布的《中国农村扶贫开发纲要（2001—2010年）》明确要求扩大贫困地区劳务输出，同时保障输出劳动力的合法权益；④ 同时，世纪之交提出的西部大开发战略，通过倾斜和支持中西部地区和民族地区基础设施建设、增加财政转移支付等措施，也为推动东西部劳务协作开辟了更为广阔的空间。2009年3月，国务院扶贫办印发了《东西扶贫协作工作指导意见》，强调既要支持东部企业吸纳西部农民工就业，又要帮助西部农民工返乡创业。随后，《中国农村扶贫开发纲要（2011—2020年）》于2011年5月发布，明确了在东西部劳务协作方面，对贫困学生群体、贫困劳动力、残障人士等进行分类扶持、因地制宜。⑤

---

① 王曙光、王丹莉：《中国扶贫开发政策框架的历史演进与制度创新（1949—2019）》，《社会科学战线》2019年第5期。
② 《关于印发国家八七扶贫攻坚计划的通知（国发〔1994〕30号）》，中国政府网，https://www.gov.cn/ztzl/fupin/content_396733.htm，2006年9月23日。
③ 《1996年度劳动事业发展统计公报》，中华人民共和国人力资源和社会保障部官方网站，http://www.mohrss.gov.cn/SYrlzyhshbzb/zwgk/szrs/tjgb/200602/t20060207_69885.html，2006年2月7日。
④ 《中国农村扶贫开发纲要（2001—2010年）》，中国政府网，https://www.gov.cn/zhengce/content/2016-09/23/content_5111138.htm，2001年6月13日。
⑤ 《中国农村扶贫开发纲要（2011—2020年）》，中国政府网，https://www.gov.cn/jrzg/2011-12/01/content_2008462.htm，2011年12月1日。

3. 脱贫攻坚阶段的劳务协作（2016—2020 年）

脱贫攻坚时期，从区域性脱贫转向精准性脱贫。2016 年，人社部印发了《关于切实做好就业扶贫工作的指导意见》，明确东西部劳务协作的政府推动、市场主导、分类施策等基本原则；2018 年 1 月，国务院颁布了《关于实施乡村振兴战略的意见》，提出促进农村劳动力转移就业和农民增收，通过大规模培训、自主创业、培育特色产业等促进农民增收，推进乡村治理体系和治理能力现代化。我国东西部劳务协作从原来注重对口支援和帮扶，转变为全面推动协作向深层次、宽领域、全方位发展，从原来注重单向劳务输出协作转变为双向劳务协作，着力提高协作质量和水平的阶段。[①]

4. 乡村振兴阶段的劳务协作（2021 年至今）

巩固脱贫成果同乡村振兴有效衔接阶段，东西部劳务协作迎来了国家战略规划发展的新机遇。新阶段，中央将东西部协作与定点帮扶、驻村帮扶、对口支援等作为下一步乡村振兴战略要继续坚持和完善的系列制度。2021 年 4 月，习近平总书记作出重要指示，强调要深化东西部协作和定点帮扶工作[②]。我国东西部劳务协作的协作力度进一步加大，从原来注重和依赖政府帮扶，向"政府和社会"全面参与转变。[③] 根据人力资源和社会保障部统计快报数据，2021 年，我国城镇新增就业人数为 1269 万人，大龄、身有残疾、享受最低生活保障、连续失业一年以上等就业困难人员就业人数为 545 万人。

（二）东西部劳务协作政策的变迁规律

1. 政策理念：从"政府输血"转向"自身造血"

"政府输血"，强调国家和东部沿海发达地区政府在结对帮扶中

---

① 张晨：《职业教育"东西部扶贫协作"中的问题与实践研究——以上海对口支援喀什地区为例》，《教育发展研究》2018 年第 7 期。
② 《习近平对深化东西部协作和定点帮扶工作作出重要指示强调适应形势任务变化弘扬脱贫攻坚精神加快推进农业农村现代化全面推进乡村振兴》，《人民日报》2021 年 4 月 9 日第 1 版。
③ 许旭红：《我国从产业扶贫到精准产业扶贫的变迁与创新实践》，《福建论坛》（人文社会科学版）2019 年第 7 期。

的劳务协作过程中只是单纯的输血者，向西部地区提供物资和资金，义务引导西部地区农村劳动力转移到东部地区，没有形成结对双方的利益联结关系和共治共赢的格局。随着西部地区正扮演着越来越多的主动协作的角色，以更深层次的介入对劳务协作政策过程产生重要影响。新时期，改变贫困的根本途径是依靠西部地区自身的力量，增强当地经济发展的内部活力，结对帮扶中劳务协作转向"自身造血"的政策理念。

2. 政策主体：从依赖政府帮扶转向政府和社会全面参与

结对帮扶中的劳务协作政策是政府的职责和使命。面对普遍性贫困，从中央政府、地方政府到基层政府都是劳务协作政策的重要主体，实行"中央统筹、省负总责、市县乡抓落实"的工作机制。[①] 在结对帮扶中的劳务协作政策框架内，政策执行效果与干部绩效和晋升关联，权责层层传导，充分发挥了政府的主导和引导作用。同时，随着东西部市场与社会的运作水平和治理能力不断提升，市场资源流动更加顺畅，社会力量被更加广泛地动员起来，逐步构建了政府、市场、社会共同治理的格局，"政府主导、市场发力、中介输出、企业接收、农户就业"相结合的政策主体体系逐步建立。

3. 政策对象：从农村绝对贫困个体转向整个农村劳动力

扶贫初期，我国结对帮扶中的劳务协作问题集中体现在农村绝对贫困个体的温饱问题上，致力于解决这类农村绝对贫困个体的就业问题。同时，让有劳动能力的农村绝对贫困个体获得工作机会也是改变贫困现状的重要策略。2020年，我国脱贫攻坚取得历史性成就，绝对贫困得到历史性消除，揭开了相对贫困治理新阶段的序幕，我国结对帮扶中劳务协作的重点也转向统筹城乡区域发展、解决绝对贫困与相对贫困并重的阶段，需要东部地区与西部地区深化劳务协作，强化地区间的优势互补，推进社会整体生

---

① 赵映、张鹏：《基于历史制度主义的农村扶贫政策变迁及减贫机理》，《农业经济问题》2022年第6期。

产力的解放和发展。

4. 政策路径：从单纯的财政援助转向帮扶与协作相结合

早期劳务协作政策实施的过程中，帮扶方式以人道主义的物资输送和资金救济为主，这种单向的救助虽然起到了一定的作用，却造成了部分脱贫群众"等、靠、要"的思想。脱贫攻坚时期，以区域协调发展战略为导向，结对帮扶中劳务协作的范围从生活扩大到生产，从治标深化到治本，从应急发展为常态，通过资金、技术、劳动力等要素在东西部地区的流转与配置，我国结对帮扶中劳务协作的帮扶与协作相结合的发展趋势也初步形成。乡村振兴时期，为了进一步帮助西部地区农村劳动力提高就业率，结对帮扶中劳务协作的政策路径不断丰富，强调要做到"互惠互利"和"共同发展"，并在具体的实施上把帮扶与协作结合起来。

三 东西部"组织—推拉"式劳务协作的运作过程

在推拉理论中，影响劳动力流动的因素多种多样，包括经济情况、自然环境、文化环境、政治因素以及教育状况等。李（E. S. Lee）的推拉理论认为，这些因素在不同的流出地或流入地，都可能成为推动或拉动个体迁移的力量，即劳动力流动的因素既存在流入地的推力和拉力，也存在流出地的推力和拉力，是双向流动的结果。在研究我国东西部劳务协作组织化时，国家政策、社会制度、经济发展状况等都不同程度影响西部地区农村劳动力转移。而本文的研究对象——YQ东西部劳务协作始于1996年，积累了丰富的经验，形成了系统化、规范化的劳务协作组织化模式，是一种持续有效的东西部劳务协作。

为深入了解YQ劳务协作的组织推拉情况，2021年2月至2023年12月，课题组多次前往东部Y省Y市帮扶的Q省S市、B市、X市30多个县（区）60多个乡镇100多个村庄或社区深度调研。调研采用深度访谈、集体座谈和参与式观察等方式进行。其中，与两地省乡村振兴局、市乡村振兴局和县（区）乡村振兴局及其相关部门进行了 16 场座谈，与东部帮扶干部、西部在地干部、劳务协作管理部门主要领导、劳务协作中介负责人、劳务协作对象、劳务协作企业负责人、西部地区农村劳动力等 7 类对象共 140 多人进行了深度访谈，同时参与式观察了 YQ 劳务协作的具体实践过程发现组织化推拉过程，如图 7—2 所示。

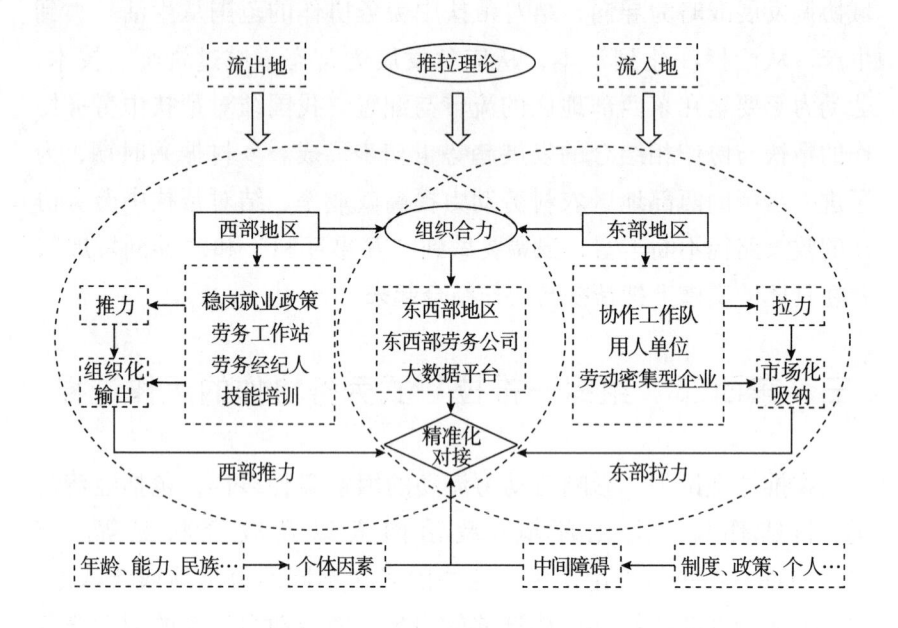

图 7—2 东西部劳务协作运作过程

（一）组织推力：西部地区的组织化输出

在西部地区，由于经济发展水平相对落后，农村剩余劳动力较多，劳务协作组织化推力已经成为西部地区提高收入水平的关键举措之一。为了充分发挥劳务协作组织化的价值，西部地区政府运用其组织推力优势，在兼顾提高帮扶效率与维护社会公平的同时，助推当地农村劳动力稳定增收。

1. 稳岗就业政策的正向激励

在西部地区，政府发挥其组织推力优势，主要是实施一系列稳岗就业政策，以此作为核心手段和重要支撑兼顾效率和公平，从而为劳务协作组织化的顺利进行提供正向激励[1]。稳岗就业政策主要通过各类就业奖补举措稳定就业，这些奖补主要针对脱贫人口、劳务公司、集体经济补贴以及其他市场主体的奖励措施等。具体来说，为了维护社会的公平正义，西部地区政府对实现3个月以上稳岗就业的脱贫人口提供一次性补助，以提高他们的生活水平，帮助他们更好地融入东部地区，从而持续巩固脱贫成果。为了提高劳动力市场效率，西部地区政府对劳务公司按照人口进行服务补贴、对村庄给予集体经济补贴以及其他市场主体的政策补贴，以充分调动市场主体和基层单位的组织推力，提高就业率。正如T县人社局副局长[2]所说："稳定就业是关键，有助于提高劳务输出的组织化和服务水平，致力于实现共同富裕的最终目标。"在这样的政策保障下，西部地区农村劳动力的就业形势愈发明朗，不仅帮助了农村劳动力稳定就业，更深层次地提高了脱贫劳动力的信心，为稳定就业大局做出了巨大贡献。

2. 劳务工作平台的服务跟踪

为了实现"让外出务工人员找到家"的核心目标，劳务工作平台的就业跟踪服务保障了劳务协作组织化输出的质量。一般来说，劳务工作平台的运作机制主要是通过西部地区市县两级在东部地区设立劳务工作站。以Q省B市为例，市级层面在Y省设立两个劳务工作站，主要是通过专项财政资金每年20万元购买第三方服务机构来运营；县级层面在Y省设立近10个劳务工作站，主要是通过县专项财政资金每年8万—10万元购买第三方服务机构来运营，部分县还会派1名干部长期驻扎在劳务工作站办公。通过整合各种资源，劳务工作平台构建了适应东部地区市场需求的岗位供给与西部地区的就业需求之间的平衡机制，建立科学的"人岗匹配"模式，提升

---

[1] 赵亮：《新时代乡村振兴背景下农村劳动力稳岗就业研究——基于Heckman两阶段模型的实证分析》，《经济问题》2023年第1期。

[2] ZFX，T县人社局副局长，访谈于2022年8月5日。

劳动力市场效率①。2021年，Q省A市驻S省G市的劳务工作站，共收集发布优质岗位信息近20000条，共输出到Y省G市就业近5000人，其中西部地区农村劳动力2600余人。更重要的是，劳务工作平台打破了传统劳动力个体自发流动的就业模式，以全方位的就业跟踪服务，包括及时关注劳动力的就业状况、生活状况、劳动权益等，提升西部地区外出务工劳动力的就业质量，进而推动了社会公平。

3. 劳务带头能人的基层动员

劳务带头能人在提高就业效率和劳动力市场的公平公正中扮演着重要角色。劳务带头能人一般是在人力资源和社会保障部门的组织下，有一定文化知识、热心态度并愿意从事就业帮扶工作的村民。其主要职责是收集农村劳动力的培训和求职意愿，更新劳务大数据平台信息，推送相关岗位信息，协助公共就业服务机构、乡镇人社中心和用人单位开展招聘活动等。劳务带头能人不仅上联市场，了解用人单位的需求，而且下联农村劳动力，积极为农村劳动力争取到更多的就业机会，促进部分农村劳动力和用人单位的供需对接，有效解决了农村劳动力的就业难题②。例如，2021年，Q省A县和H公司联合劳务工作站按照"一村一名"的配备在全县招募"村级劳务经纪人"150余人，以"人社部门+劳务带头能人+农村劳动力"三位一体的劳务协作组织化模式，把公共就业服务向村（社区）延伸，破解了就业信息不对称的难题，消除了乡镇公共就业服务机构服务能力不足等明显缺陷。这一重要举措不仅极大地提高了就业效率，使西部地区农村劳动力在最短时间内找到最适合自己的工作，也有力地促进了劳动力市场的公平与公正。

4. 就业技能培训的能力提升

作为西部地区劳务协作组织化的重要推力措施，就业技能培训

---

① 王菊、李小勇：《脱贫劳动力"户—岗"适配与就业稳定研究——以广东H区对口协作贵州G县为例》，《湖北民族大学学报》（哲学社会科学版）2023年第3期。

② 石一婷、马尚林：《劳动力转移的困境和挑战——基于对凉山彝族外出务工人员困境的思考》，《民族学刊》2020年第5期。

充分兼顾了效率与公平两大要素。这项措施旨在通过精准的就业技能培训，提升西部地区农村劳动力的市场竞争力。更为重要的是，就业技能培训在提升个人能力的同时，也促使更多脱贫劳动者参与到社会经济活动中，进一步扩大了就业技能培训的社会价值。而且，就业技能培训助推了劳务协作组织化进程，通过促进不同地区和行业之间的资源实现合理配置，大大提升了劳动力市场发展的效率。例如，YQ两地劳务协作的就业技能培训，一方面关注培训对象的精准化，针对脱贫劳动力、脱贫家庭大学生和就业困难人员等不同群体，提供因村因户因人的培训方案；另一方面强调培训类型的多样化，通过"定向型、订单型、输出型、扶智型"四种不同方式的培训，推动企业的用工需求和劳动力就业意愿的精准匹配。从社会效益来看，就业技能培训关键在于扶贫与扶智相结合，调动了农村劳动力的积极性，使其由原先的"速度型""体力型"向"智力型""效益型"转变，在促进西部地区农村劳动力的高质量就业方面发挥了重要作用。

（二）组织拉力：东部地区的市场化吸纳

在经济相对发达的东部地区，劳务协作组织化表现为以市场化吸纳为核心的组织拉力。也就是说，劳务协作组织化以东部地区政府为主导、以市场为导向，充分尊重和利用市场规律，实现了效率与公平的完美契合。

1. 援企稳岗政策的多维引导

东部地区的援企稳岗政策，遵循市场规律的原则，以发挥东部地区市场主体作用，引导其更多更好地吸纳西部地区的农村劳动力。在公平层面，援企稳岗政策为东部地区企业提供了普惠性政策，如减税降费、减免租金、财政补贴等，在极大地调动了用工企业积极性的基础上，平衡了不同企业之间的劳动力资源分配，确保西部地区农村劳动力能够公平地获得工作机会。在效率层面，援企稳岗政策采取多元化扶持手段，如鼓励用工企业实施灵活的用工政策，这样的政策设计提高了政策实施效果，从而提高了劳动力市场的效率。

如 S 市出台措施，对新招收就业员工并为其连续正常缴纳社会保险费满 3 个月的企业，按照每人 500 元的标准给予一次性补贴；为帮扶企业招工，对经营性人力资源服务机构，为企业每介绍 1 人给予 400 元一次性补贴等。东部地区的援企稳岗政策在公平与效率方面取得了显著成果，通过给予用工企业相应的政策保障，增强了东部地区的组织拉力，为西部地区农村劳动力提供了公平的就业机会，有助于稳定就业市场。

2. 协作工作组织的统筹协调

协作工作组织全面、有序且高效的统筹协调是重要组织拉力，发挥着政府前瞻性规划和桥梁纽带作用。协作工作组织按照层级划分，又分为省级层面的"协作工作队"、市级层面的"协作工作组"和县级层面的"协作工作小组"，一般由东部地区选派到西部地区的若干名挂职干部组成，在东西部地区间架起了沟通的桥梁，促进了部门联动，从而提高了劳务协作组织化的效率。比如，2022 年，SN 东西部协作工作队在 Q 州成立了工作组，安排了 7 名干部常驻 Q 州帮扶，派驻了 36 名干部到 Q 州各县及相关部门挂职，并建立了定期互访机制。在这个过程中，协作工作组织拉动了西部地区政府积极参与劳务协作，使得东西部地区政府间的劳务协作更加紧密和高效，提高了劳务协作的组织化程度。同时，协作工作组织的组织拉力兼顾了效率和公平，发挥了西部地区劳动力资源优势和东部地区的就业市场优势，不仅提高了西部地区农村劳动力的收入水平，而且推动了东部地区劳动力市场的发展，形成了东西部地区优势互补、就业高质量发展的协作格局。

3. 东部用工企业的市场牵引

在东西部地区政府的有效介入下，东部地区用工企业的市场牵引，既妥善解决了东部地区企业自身"招工难"的问题，又缓解了西部地区农村劳动力"就业难"的困境，达到了公平与效率的平衡状态①。在推拉理论看来，区域 A 的工资收入落后于区域 B，往往导致区域 A 的劳动力向区域 B 转移。因此，东部用工企业因其较高的工资优势，具有天然的市场牵引力。为促进相对稳定和公平的就业环境，东部地区政府往往通过组织开展招聘会的方式，增强其组织拉力。例如，2021 年，G 市共组织召开招聘会 350 余场次，提供电工、保安、普工等岗位 18 万个，达成就业意向 2 万人次。而且，根据 G 市用工企业经理②所言："公司招用 S 省及对口协作地区的脱贫人口且稳定就业 6 个月以上的，按每人 5000 元标准获得政府一次性补贴。"可见，这一组织拉力提升了东部地区用工企业和西部地区农村劳动力相匹配的精准性，让更多西部地区农村劳动力能够享受到劳务协作组织化的政策福利，从而实现更加充分、更高质量的就业。

（三）组织合力：东西部地区的精准化对接

在李的推拉理论中，劳动力转移仅有推力和拉力两种作用因素，这适用于西方相对完善的市场经济体制。而东西部协作是极具中国特色的制度安排，是我国政治优势转化为制度效能的典型体现，一方面可以用推拉理论来解释，另一方面也是对推拉理论的丰富与拓展，具体体现为中国特色的推拉理论，还要强调组织合力，尤其是在市场经济体制不够完善的情况下，东西部地区的组织合力尤为重要。

1. 东西部地区政府的合力推动

东部和西部地区政府在劳务协作中处于主导地位，共同建立起一套系统化、规范化的劳务输出体系，以组织化的形式将西部地区农村劳动力转移到东部结对地区、其他地区以及就地就近就业。从纵向来看，东西部地区政府分为省级政府、市级政府和县级政府③。

---

① 胡联、杨成喻、盛迪：《我国劳动力市场分割加剧了相对贫困吗？》，《湖南农业大学学报》（社会科学版）2023 年第 3 期。
② WM，G 市用工企业经理，访谈于 2021 年 11 月 1 日。
③ 梁琴：《论中国特色的结对治理：以东西部协作为例》，《广州大学学报》（社会科学版）2023 年第 2 期。

东部和西部地区省级政府主要从宏观层面解决西部地区农村劳动力就业质量不高、稳岗难等问题,结对市县则签署具体的劳务协作协议并贯彻和落实相关政策。从横向来看,东部地区政府和西部地区政府的职责各有不同。东部地区凭借优越的区位条件、先进的发展理念和发达的管理机制积累了一定的财富,初步具备先富带动后富的现实条件,主要负责筹集协作资金、提供就业岗位信息协助西部地区组织化开展劳务输出。而西部地区因农村剩余劳动力较多,对来自东部地区的劳务协作资源保持积极的心态去争取,主要职责是摸清农村劳动力就业意愿、职业技能需求和开展就业培训组织劳动力外出务工。① 东西部地区政府间的合力推动,提高了地区间资源配置的效率,最大限度地提升了西部地区农村劳动力的就业质量,从而实现东西部地区间互惠互利、共赢发展。

2. 东西部劳务公司的组织输出

在坚持党委领导、两地合力推动的前提下,劳务公司等市场主体的参与,使得西部地区农村劳动力更好地适应和融入东部地区,提高了劳务输出的效率,并建立起一体化、现代化的劳动力市场,为全体农村劳动力谋求更大的福祉。对于政府部门而言,东西部劳务公司能够解决用人紧张的问题。劳务公司具有专业化、市场化的就业服务,为政府部门提供弹性的人力资源调配服务,提高劳务协作效率。对于用工企业而言,东西部劳务公司的作用同样显著。企业通过与劳务公司签订合同,将业务外包给劳务公司,通过劳务公司平台发布招聘信息,寻找合适的劳动力。这不仅可以减少企业招工成本,还为西部地区农村劳动力提供了更加多元的就业渠道。因此,东西部劳务公司的组织输出是优化劳动力资源的重要主体之一。乡村振兴时期,东西部地区政府需要不断发挥组织合力,探索更多劳务协作组织化模式,如"政府+劳务公司+劳动力"的形式,发挥各自的比较优势,共同营造有利于农村劳动力充分就业的市场环境,

---

① 谢治菊:《东西部协作教育组团帮扶的模式转向与本土建构》,《吉首大学学报》(社会科学版) 2021 年第 4 期。

让广大农村劳动力可以在更广阔的舞台上充分发挥自己的专长和潜能，实现增收致富，为社会公平、和谐发展注入活力。

3. 东西部数据平台的信息共享

依托劳务协作组织化机制，东西部数据平台旨在促进东西部地区就业信息的实时共享和高效对接，提高就业效率和公平性[①]。一方面，东西部数据平台实现了企业招工和劳动者求职的"双向选择"。通过建立东西部数据平台，整合人力资源市场、职业介绍中心等资源，并建立一套动态管理机制，使得劳动力资源的匹配过程更加高效，从而提升劳务协作组织化的运作效率。正如A市就业大数据平台负责人[②]所说："我们的平台打破了地域空间限制，2021年充分运用大数据手段，共录入岗位信息近3万条，成功匹配8千余人。"另一方面，东西部数据平台实现了就业信息的智能化监测。通过东西部数据平台对未就业的劳动力进行摸底排查和智能分析，为政府部门提供科学的决策支持，从而对未就业劳动力的组织化措施进行相应调整。在东西部数据平台的技术支持下，就业信息得以高效共享，促进东西部地区在高效率和最大公平性之间的协调发展，劳务协作组织化模式也逐渐优化。

4. 东西部区际产业的梯度转移

改革开放以来，东部地区通过大力发展产业迅速成为西部地区农村劳动力就业的聚集地。随着东部地区的要素资源供给日益紧张，劳动力成本不断上升，而西部地区的资源供给则相对充裕，劳动力成本和企业用地成本仍处于较低水平。[③] 因此，2022年1月，《关于促进制造业有序转移的指导意见》发布，明确要大力促进产业的梯度转移。现阶段，我国的产业逐渐从东部地区转移到成本更低的西部地区，使得全国范围内劳动力资源在地区之间的重新分布和配置，

---

① 冯兰刚、尚姝、赵庆：《数字化弥合城乡收入差距的效应与机制研究——基于中国230个市级区域面板数据的证据》，《贵州财经大学学报》2023年第3期。
② BY，A市就业大数据平台负责人，访谈于2022年7月31日。
③ 傅允生：《产业转移、劳动力回流与区域经济协调发展》，《学术月刊》2013年第3期。

为西部地区劳动力市场注入活力。东西部区际产业的梯度转移不仅给西部地区带来了大量的就业机会，又缓解了东部地区的就业压力，对于整体就业格局的和谐稳定发展起到了积极的推动作用。东西部区际产业的梯度转移充分发挥了东西部地区的组织合力，极大地推动了地区间劳动力市场的平衡健康发展，进而促进了区域协调发展[①]。

基于劳务协作组织化推拉运作的分析不难发现，在西部地区的组织化输出、东部地区的市场化吸纳和东西部地区的精准化对接下，政府、市场、社会等多方参与、形成合力，共同构建起组织化、规模化、市场化的劳务协作体系。劳务协作组织化不仅节省了市场交易成本，推动了东部地区劳动力市场发展，提高了资源配置效率，还重点帮助西部地区无法就业、就业困难等农村劳动力群体解决就业，确保农村劳动力就业的公平性。也即，组织化的劳务协作兼顾了劳动力市场中的公平与效率问题，缩小了区域间农村劳动力的收入差距。

四 东西部"组织—推拉"式劳务协作的可能局限

劳务协作组织化是以"政府主导、市场吸纳、社会参与"为主的运作方式，通过转变西部地区农村劳动力的认知、培训其技能、保障其权利来提升其适应性、增强其现代性，使其具备可持续增收的"造血"能力，进而带动家庭致富，走向共同富裕。从前述可知，推拉理论中关于组织推拉运作过程的阐述，充分解释了劳务协作组织化的核心。在李的推拉理论框架下，输出地和输入地之间会存在中间障碍，这些障碍主要指的是劳动力迁移时的交通状况和迁移费用等因素。结合 SN 东西部劳务协作的具体实践，发现我国劳务协作组织化过程中有政策、市场和个体方面的局限性。

---

① 成伯清：《效率、公平与结构——社会学视野中的共同富裕》，《南京社会科学》2023年第 7 期。

（一）政策投入边际效益慢慢递减

边际效益递减通常是一种经济现象，即不断增加资源投入产出反而减少的趋势。在这里，"边际效益递减"表现了政策投入与实际成效之间的关系，即在政策资源不断投入过程中，政策所带来的脱贫劳动力收入提高、增收致富成效呈现减缓趋势。尤其是，尽管2024年中央一号文件提出了要"落实东西部劳务协作帮扶责任，统筹用好就业帮扶车间，公益岗位渠道"，但这二者的边际效益递减情况却比较明显。

一方面，公益性岗位的"溢出效应"减缓。公益性岗位的帮扶对象主要是西部地区半劳动力或弱劳动力，且无法就业、就业困难、无法离乡的低保户、边缘户、脱贫不稳定户。调研发现，公益性岗位的基数较大、资金投入量很大，具有"输血式"帮扶的典型特征，不利于激发西部地区农村劳动力的内生动力。例如，2020年，Q州共投入劳务协作资金约5000万元，其中4000万元用于开发近9000个公益性岗位，占比80%。绝对的收入补贴，既不能体现社会公平原则，也不利于经济效率的提高。此外，公益性岗位除了数量不断增多、补贴力度不断加大之外，部分地区的帮扶对象从十几岁的年轻人到八十多岁的老年人，使帮扶资金"一分了之"，缺乏可持续性。

另一方面，帮扶车间的"造血功能"不强。帮扶车间是能人、农民专业合作社、种养大户、家庭农场等主体集中吸纳脱贫家庭成员就业，从事工农业产品加工、手工工艺、种植养殖等生产活动，是西部地区实现就近就业的渠道之一。但是，调研发现，帮扶车间实现"家门口"就业脱贫的效果并不明显，主要原因是部分帮扶车间因缺少订单而长期闲置；部分帮扶车间因结对关系的调整、物流运费较高等，基本上已经停止和东部企业的合作；有的帮扶车间因运营模式单一、产业结构单一、层次低，可持续发展能力不强；有的帮扶车间由于规模小、资金量少，面对市场波动难以维持政策运营；有的帮扶车间仍在运营，但由于收益低，每人每月几百元，脱贫劳动力的务工并不积极等。因此，帮扶车间目前的可持续性不强，存在较多困境与挑战，需要采取措施进行改革与优化。

（二）劳务市场资源匹配不够精准

市场资源配置的最大目标主要是两个层面：一是合理性，即资源配置与社会需求的比例相当，避免供需失衡；二是充分性，即要追求经济效益，发挥人尽其才、物尽其用、地尽其力的作用。在资源有限的情况下，劳务市场要想实现效率与公平的均衡，不仅需要明确资源分配的优先级，还需借助技术手段进行精细化管理。由此，劳务协作的组织化措施任重道远。

一方面，"线下"就业服务平台资源匹配不够精准。"线下"就业服务平台主要是前文论述的劳务工作站，是由东西部地区政府通过共同搭建的就业服务平台。调研得知，劳务工作站的场地一般由东部地区人社局下属的就业服务中心提供，驻站工作人员的工资由西部地区政府支付，工资在3000—5000元，但是由于东部地区物价和消费水平较高，驻站工作人员基本的生活难以保障，导致工作积极性不高。更为重要的是，由西部地区选派的驻站干部往往不了解东部地区就业市场情况，难以实现岗位信息与务工人员之间的精准匹配。这使得西部地区农村劳动力在东部地区寻找工作时，可能面临信息不对称、匹配度低、求职效果不佳等问题。如H县人社局副局长[①]所说："我们县在S省务工人员众多，而劳务工作站的服务范围无法全部覆盖，加上资金有限，服务效果不太理想。"这说明，劳务工作站等就业服务平台需要在如今的市场经济背景下进行市场化改进，以发挥市场配置资源的基础性作用，实现劳动力供需的高效率和社会公平正义的平衡。

另一方面，"线上"大数据平台资源利用率较低。当前，N省各地纷纷搭建了动态监测劳动力就业的大数据平台，利用大数据挖掘技术实时监测就业变化，及时发现问题，精准采取措施和办法。如

---

① ZXQ，H县人社局副局长，访谈于2023年2月14日。

B市于2021年建立的"劳动力大数据分析应用平台",并实现了16—60周岁劳动力近700万人的信息采集。但是,调研发现,大数据平台的运营和应用存在诸多困难。例如,由于劳动力流动性大、频率高导致信息更新、维护不及时问题,由于"市—县—乡—村"各级部门的权限限制导致信息壁垒问题,由于信息采集主要依靠村级劳务经纪人和村干部导致信息质量不高问题,在公民个人信息采集、存储、共享等环节中发生数据泄露、丢失及滥用等问题,大数据技术应用具有多样性和复杂性,使得大数据平台在劳动力的监测和预警等诸多环节质量参差不齐[1],因此,提高效率的空间有限。这不仅无法为政府决策全面提升科学参考的价值,甚至可能损害政府部门的公信力。

(三)农村劳动力素质整体偏低

随着经济社会的发展,产业结构不断升级,对劳动力素质的要求越来越高,由于西部地区输出的劳动力基数大、整体素质偏低,难以培养出大量高素质劳动力,农村劳动力往往只能从事低端岗位,也难以拥有较高的工资议价能力,这无疑不利于劳务协作政策目标的实现。

一方面,农村劳动力受教育水平较低。西部地区农村劳动力整体素质不强,集中体现为"两高四不强",即"初中以下学历、初级以下技能劳动力占比过高""内生动力不强、主动参训意识不强、学习能力不强、就业竞争力不强"。在我国产业结构持续升级的背景下,劳动密集型产业逐渐转向技术密集型产业,知识型、技能型、创新型的劳动力资源是主要的市场需求导向。[2]而西部地区普遍是低文化、低技能的农村劳动力,尤其脱贫劳动力、易地扶贫搬迁劳动力、低保边缘户劳动力等低收入脆弱性较高群体,难以提高其工资

---

[1] 贺芒、范飞:《脱域与回归:流动村民参与乡村振兴的困境与路径》,《湖北民族大学学报》(哲学社会科学版)2023年第2期。

[2] 乐章、梁航:《乡村振兴背景下社会资本与农村青年的初职获得——基于人力资本中介效应的实证分析》,《贵州师范大学学报》(社会科学版)2023年第2期。

水平，进一步阻碍了其增收致富的步伐。这反映了当前我国劳动力市场的局限性，即西部地区乃至全国教育结构与人才培养模式失衡的结果。① 西部地区的教育事业发展仍然相对滞后，导致劳动力市场供给与需求严重脱节，劳动力资源配置的低效率，拉大了东西部地区间的差距。

另一方面，农村劳动力技能培训针对性待提高。技能培训是提高西部地区农村劳动力整体素质的关键环节，其目的在于提升其就业技能，使他们获得工资议价权。调研发现，部分西部地区技能培训的内容仍然以入门级技能培训为主，存在培训针对性不强、忽略个体性差异等众多缺陷，不符合当下就业市场的要求。更有甚者，部分地区的技能培训存在签到、打卡等统计工作的形式主义，导致技能培训"不适用、不实用"的尴尬境地②。如K镇某培训对象③说道："技能培训能在具体工作中起到的作用似乎不大，主要还是培训的针对性不够。"可见，部分地区农村劳动力所具备的就业技能与工作岗位需求之间存在缺口，④ 仅仅靠"短平快"的培训体系并不能从根本上解决这种缺口，必须通过专业的职业教育和技能培训来提高劳动技能。

五 东西部"组织—推拉"式劳务协作的未来探讨

中国减贫实践表明，与贫困作斗争，离不开中国特色社会主义制度集中力量办大事的政治优势。东西部劳务协作正是在中国共产党的领导下，在立足中国国情和深刻把握中国减贫特点和减贫治理规律的基础上，发展出来的组织化、规模化、市场化的减贫机制。

---

① 魏峰、江永红：《劳动力素质、全要素生产率与地区经济增长——基于安徽省17个地级市的研究》，《人口与经济》2013年第4期。
② 江星玲、李小勇：《嵌入式治理：东西部协作教育"组团式"帮扶的内在机理——基于G省T县的治理实践探析》，《广州大学学报》（社会科学版）2023年第2期。
③ ZCY，K镇某培训对象，访谈于2021年7月25日。
④ 刘兰、肖利平：《技能偏向型技术进步、劳动力素质与经济增长》，《科技进步与对策》2013年第24期。

在全国整体劳动力结构供需失衡的情况下，东西部劳务协作组织化无疑促进了劳动力资源合理配置，提高了劳动生产效率。更重要的是，东西部劳务协作组织化缩小了区域差距，促进了社会整体公平。因此，必须更加关注东西部劳务协作组织化的边界条件，确保其既能高效推动区域协调发展，又能充分考虑西部地区农村劳动力群体的切身利益，兼顾效率和公平，推动共同富裕进程。

劳务协作是以"政府主导、市场吸纳"为主的协作方式，该方式通过转变农民工认知、培训农民工技能、赋予农民工权利来提升其适应性、增强其现代性，使其具备可持续增收的"造血"能力，进而带动家庭致富，走向共同富裕。东西部劳务协作是中国特色的创新实践，既不断推动实践基础上的理论创新，又用创新的理论来指导新的实践。[①] 具体来说，一是主体结构的创新。我国的东西部劳务协作构建了"党委领导、中央统筹、地方主导、企业协同、社会参与、劳动力主动融入"的协同治理模式，形成了全国上下联动、统一协调的强大合力和意志，体现了集中力量办大事的中国智慧和中国经验。二是组织方式的创新。通过市场组织、社会组织的通力协作，整合与强化政府组织的领导力量，是基于协同治理逻辑来实现反贫困治理目标的有效治理方式。三是协作模式的创新。随着劳动力市场的发展，东西部地区间的劳务协作要进一步把握好"输血"和"造血"的关系，以各种方式充分调动农村劳动力的积极性、自发性，不断增强其自身"造血"能力。不过，为使东西部劳务协作在共同富裕阶段继续更好发挥帮扶作用，我国东西部劳务协作需要理清几大关系。

一是政府组织化和运作市场化的关系。从历史的角度看，由于信息化不对称和外出不便等因素，西部农村劳动力外出务工实现自身的再生产需要政府主导的组织化劳务输出来协助，但是，劳动力的市场化就业从来不是自然发生的，只有将市场嵌入社会的调控之

---

① 谢玲红:《"十四五"时期农村劳动力就业：形势展望、结构预测和对策思路》，《农业经济问题》2021年第3期。

中，劳动力才能顺利地被虚拟化和自由买卖。[①] 自东西部劳务协作以来，政府组织化的劳务输出机制也存在一些问题，在这种协作机制下，政府投入的财政资金越来越多，其边际效益却呈递减趋势，成效不明显。例如，与 2020 年相比，西部 Y 省 M 县 2021 年多花费劳务协作奖补资金 108 万元，但劳务协作的人数却只多了 241 人。由此说明，作为一种自发形成的劳动力资源配置主体，政府资源配置的效率较低，市场的优势更为明显。当然，这并不意味着政府没有作用，政府要加强监管市场配置的劳务资源，并建立科学合理的考核评价体系和市场主体退出机制，营造更加规范和公平的市场环境、政策环境和社会环境。

二是中央考核与地方实践的关系。从 2021 年 7 月印发的《中央农村工作领导小组关于印发〈东西部协作考核评价办法〉的通知》可知，我国的东西部协作考核采取刚性化的制度设计。实际上，东部 8 个省（直辖市）帮扶的 10 个省（自治区、直辖市）的地域情况各有不同，比如民族地区的村民有些不愿外出务工，语言交流能力、受教育水平、情感附加成本及文化习俗等因素均制约着少数民族劳动力外出就业。因此，关于东西部劳务协作的考核指标应综合考虑民族和区域等各种因素，考核的指标设计与工作量设计，适于通过引入弹性理念来适应不同考核对象的差异，而指标权重则适于进行区间化设计为不同地区提供选择空间。[②]

三是外出务工与就近就业的关系。我国东西部劳务协作主要包括三种方式，分别是转移到东部协作省份就业、省内就近就地就业和转移到其他地区就业。2021 年，习近平总书记曾指出："要积极发展乡村产业，方便群众在家门口就业，让群众既有收入，又能兼顾家庭，把孩子教育培养好。"2022 年 1 月，国务院发布了《中共中央　国务院关于做好 2022 年全面推进乡村振兴重点工作的意见》，

---

① 马子琪、张广利：《马路劳务市场的组织生态与控制机制——基于 Z 市的实证调查》，《青年研究》2021 年第 6 期。

② 祖力亚提·司马义、陈稔源、陈艳平：《新疆喀什地区农村少数民族富余劳动力就业调查研究——以叶城县为例》，《西北民族研究》2018 年第 3 期。

强调"促进农民就地就近就业创业。"这些表明，省内就近就地就业即将成为国家鼓励的主要就业形态。事实上，随着西部地区经济发展水平的提高，对人才的需求和吸纳效应越来越大，"家门口就业"已成为新趋势，这将使东西之间的人力资源更趋平衡和互补，区域协调向纵深发展。[①]

在完成脱贫攻坚任务之后，我国东西部劳务协作踏上了新的征程，面临新要求和新挑战，这些挑战表现在：一是协作目标的变化。东西部劳务协作的目标从解决绝对贫困人口的温饱问题转向相对贫困人口的务工收入问题，消除绝对贫困后，乡村振兴要解好农村全部近6亿人的收入问题，要求比脱贫攻坚时期更高。二是协作范围的变化。乡村振兴时期，东西部劳务协作不仅仅只聚焦农村绝对贫困个体的就业脱贫问题，更要关注整个乡村劳动力的整体发展和全面需求等问题。三是协作模式的变化。新时期，东西部劳务协作需要政府和市场的密切协作，制度刚性约束与柔性参与的内在统一必不可少。四是协作任务的变化。新时期，我国劳动力供需不平衡、劳动力市场结构发生了巨大变化等问题导致结构性就业矛盾突出，更具隐蔽性、长期性、多维性和复杂性，加之市场经济的发展有其自身客观规律，这就决定东西部劳务协作将是一场艰苦的"马拉松"。[②]

因此，面对以"人口规模巨大、全体人民共同富裕、物质文明和精神文明相协调、人与自然和谐共生"为核心要义的中国式现代化要求与共同富裕目标，东西部劳务协作不能仅停留在理论层面讨论，更要实现理论和实践的衔接，建议从以下几个方面优化，为共同富裕全面赋能。[③] 具体来说：

一是探索新型就业服务模式，促进东西部劳务协作高质量发展。应加强政府引导，通过探索"人社部门+劳务公司+劳务经纪人+劳

[①] 吴国宝：《东西部扶贫协作困境及其破解》，《改革》2017年第8期。

[②] 孙崇明：《东西部扶贫协作进程中的府际间利益冲突与协调》，《地方治理评论》2021年第2期。

[③] 郁建兴、任杰：《共同富裕的理论内涵与政策议程》，《政治学研究》2021年第3期。

动力"四位一体就业服务新模式,推进东西部劳务协作高质量发展。强化市场运作,发展劳务经济是实现共同富裕的重要手段,通过成立劳务公司,为群众提供政策咨询、求职登记、岗位推荐等"一站式"服务,打通公共就业服务"最后一公里"。增强产业引领,即引导劳动力参与产业协作项目建设,促进就近就地就业。

二是优化劳动力市场空间格局,促进更高质量就业。我国劳动力市场的空间分布格局与区域协调发展战略规划还存在差距,要采取多种措施加以改善。建议在提供良好的外部发展环境的同时,劳动力市场也须从自身出发,不断改革和促进市场内部发展,才能实现可持续发展。根据各地区不同的资源环境承载能力、基础设施和发展潜力,充分发挥不同地区的比较优势、加强薄弱环节,形成东西部良性互动。依托互联网平台,打破劳动力空间边界。

三是提高稳岗就业的有效性、共享性和持续性,保障和改善民生。应进一步优化营商环境,对带动就业能力强的企业,简化审批程序,提升企业落地效率。积极开展职业技能培训,准确掌握农村劳动力底数和培训需求等信息,精心组织高素质农民、农村实用人才、创业致富带头人等专项培训,提升农村劳动力实用就业技能。做好失业人员生活保障。尤其是脱贫劳动力,按照规定将其纳入就业帮扶范围以保障他们的基本生活,缓解他们的就业压力。

四是以产业转移为依托,促进劳动力双向流动。针对东部地区劳动人口下降、劳动成本上升的现实,加快东部地区产业向西部地区转移。依托东部地区技术密集型产业的优势,推动西部地区向劳动密集与技术密集融合的方向发展。一方面,推动东部地区服装、纺织、家具等劳动密集型产业全产业链向西部地区转移,产业移植和培育的同时创造更多的就业机会;另一方面,推动东部地区电子信息、装备制造、新能源等技术密集产业向西部地区的转移,在就业带动的同时实现产业梯度转移。

劳务协作组织化实际上是通过西部地区的组织推力、东部地区的组织拉力以及东西部地区的组织合力,优化资源配置,在提高劳动力市场效率与竞争力的基础上,最大限度地实现社会公平。因此,就公平角度而言，劳务协作组织化在东西部地区政府的统筹领导下，增加了西部地区农村劳动力的收入水平，特别是对于那些弱劳动力或半劳动力，通过更好的技能培训和就业机会，实现增收致富。从效率角度来看，劳务协作组织化促进了劳动力资源的优化配置，弥补了东部地区的用工紧缺，促进了东部地区的社会发展，缩小了地区间的差距，实现了互利共赢。就此而言，劳务协作组织化兼顾了劳动力市场的效率与公平，难怪2024年中央一号文件强调要"健全跨区域信息共享和有组织劳务输出机制，培育壮大劳务品牌"对推动共同富裕起到了一定的作用。基于此，面向共同富裕与中国式现代化的要求，劳务协作组织化也需要理性看待，应提倡适度的组织化。所谓适度的组织化，是以尊重市场机制为前提，通过"政府引导、市场运作、企业参与"的方式，实现农村劳动力的有序流动和合理配置。当然，要规范劳务协作的组织化，首先，要坚持东西部地区政府的主导性原则，东西部地区政府适度介入，有助于弥补个体盲目流动导致的市场失灵，关注西部地区低收入脆弱性群体，最大限度地促进社会公平的实现。其次，正确处理公平与效率的关系，发挥市场配置资源的基础性原则，挖掘东西部地区的比较优势，促进东西部地区的互利共赢，提高劳动力市场效率。最后，提高农村劳动力的人力资本水平，重点关注西部地区农村劳动力的内生动力，如岗位技能匹配能力、学习能力等。更重要的是，东部地区不仅要着力工资水平的提高，而且应关注西部地区农村劳动力的劳动保障、福利保障、发展权利以及融入能力等。乡村振兴时期，东西部地区应充分发挥各自的"推拉"优势，致力于促进劳动力市场的可持续发展，实现公平和效率的有效兼顾，推动共同富裕进程，助力中国式现代化的实现。

第八章　东西部"输血—嵌入"式社会帮扶探讨

社会帮扶对于脱贫攻坚与乡村振兴工作都卓有成效。2020年10月党的十九届五中全会更是明确指出要"坚持和完善东西部协作和对口支援、社会力量参与帮扶等机制";2021年4月8日习近平总书记在召开的"深化东西部协作和定点帮扶工作"会议上再次强调,东西部协作是解决乡村问题的重要抓手。本章基于东西部协作框架下研究社会帮扶的类型、逻辑与发展路径,以期为提升东西部协作成效、助推脱贫攻坚同乡村振兴有效衔接。

一　东西部"输血—嵌入"式社会帮扶的理论探讨

社会帮扶是调动社会力量共同参与扶贫济困事业的重要举措,更是践行先富帮后富、实现共同富裕"两个大局"思想的重要形式。社会帮扶的政策依据充足,从中共中央、国务院2011年印发的《中国农村扶贫开发纲要(2011—2020年)》到2014年国务院出台的《国务院办公厅关于进一步动员社会各方面力量参与扶贫开发的意见》,均鼓励社会力量参与扶贫。这些文件在为社会扶贫提供政策依据的同时,也肯定了社会力量参与贫困治理的重要性,彰显了社会力量在大扶贫格局中的突出地位,受到了学术界的追捧,研究成果聚焦于以下几个方面:

一是社会帮扶的理论基础。有研究指出,社会帮扶的理论依据主要包括服务行政理论和公共服务理论。服务行政理论以德国行政法学者厄斯特·福斯多夫为代表，他认为党和国家等"政治力量"应承担起国家公民的"生存照顾"义务，不过社会应承担弱势群体"生存照顾"的主要责任，而国家仅承担补充责任。关于公共服务理论，法国公法学者莱昂·狄骥则强调，政府应由传统的高权强制型向怀柔服务型转变，从侧面强调了社会力量的重要性。国内则以福利多元主义理论和参与式发展理论为主。福利多元主义理论强调，政府、市场、社会和家庭、个体在福利市场中具有不同的地位①；参与式发展理论指出，东西部协作中社会帮扶的基本理论预设是以鼓励和动员社会各界参与扶贫开发为目的。二是社会帮扶的政策设计。中央政府相继出台了一系列专项政策文件，地方各级政府也制定了相应的地方性扶贫开发条例，以明确社会扶贫工作主要内容、参与方式、保障措施等等②；通过借鉴国内外经验，2020 年后应逐步实现社会帮扶的规范化和制度化，防止返贫、防止弱势群体和困难群体再次陷入贫困陷阱③。三是社会帮扶的客体对象。社会帮扶的客体对象应是建立"以社会保障为主体，以社会多元力量参与为辅助"的扶贫综合保障体系④。为此，有学者建议可以借鉴美国的贫困救助体系，为劳动贫困人口、老年人口、残疾人、妇女儿童以及低收入人口提供帮扶⑤。四是社会帮扶的实施路径。社会帮扶的实施载体由不同的主体对象组成，在面临共同的制度环境时⑥，部分实施载体为

---

① 陈友华、庞飞：《福利多元主义的主体构成及其职能关系研究》，《江海学刊》2020 年第 1 期。
② 刘智：《积极探索社会扶贫的有效路径》，《中国党政干部论坛》2018 年第 12 期。
③ 李小云、苑军军、于乐荣：《论 2020 后农村减贫战略与政策：从"扶贫"向"防贫"的转变》，《农业经济问题》2020 年第 2 期。
④ 左停、李世雄：《2020 年后中国农村贫困的类型、表现与应对路径》，《南京农业大学学报》（社会科学版）2020 年第 4 期。
⑤ 白增博、孙庆刚、王芳：《美国贫困救助政策对中国反贫困的启示——兼论 2020 年后中国扶贫工作》，《世界农业》2017 年第 12 期。
⑥ 周雪光：《基层政府间的"共谋现象"——一个政府行为的制度逻辑》，《社会学研究》2008 年第 6 期。

了应对制度环境的体制性约束，难免出现"共谋行为"①。同时，当前社会主体参与帮扶处于一种零散性、非系统性的"碎片化"运行状态②，主要表现在政府部门与社会主体之间缺乏协调合作机制，扶贫合力尚未形成；社会主体之间在扶贫活动中相互独立，"个体化"扶贫现象严重③。因此，强调人道主义、凝聚社会大众参与帮扶的共同体意识、形成扶贫合力，充分调动社会力量参与扶贫工作、形成具有中国特色的社会帮扶至关重要。

本章拟探讨的东西部协作中的社会帮扶，是指人民团体、社会组织、民营企业、社会各界爱心人士等参与东西部协作、开展社会帮扶的过程。东西部协作中社会帮扶的内容主要是医疗、教育、科技、文化等民生领域，在"十四五"时期，这些帮扶将以产业协作、教育帮扶、就业协作、消费协作等形式，延伸至西部乡村振兴的每个领域，其内涵在于：第一，是"点对点"帮扶，帮扶主客体更为明确，分别是东部与西部，帮扶的方式主要是资金投入、项目支持、物资捐赠；第二，帮扶双方并不是简单的帮扶关系，而是以迈向合作共赢、互惠互利为目标的经济帮扶、情感帮扶与社会帮扶，帮扶资金与物资的使用是"双决策、双审批、双监管"；第三，帮扶秉承"国家所求、西部所需、东部所能"的原则进行。

可以说，随着脱贫攻坚战的顺利收官与乡村振兴的全面展开，学界对东西部协作与社会帮扶的高品质研究越来越多，尤其关注东西部协作与社会帮扶在巩固脱贫攻坚成效、促进乡村振兴衔接、推动农业农村现代化中的价值和地位，但仅关注东西部协作或者仅关注社会帮扶，对东西部协作中的社会帮扶关注不够，两者结合的研究很薄弱。同时，随着历史空前的人力、物力、财力投入，被称为

---

① 李棉管：《自保式低保执行——精准扶贫背景下石村的低保实践》，《社会学研究》2019年第6期。
② 陈成文、王祖霖：《"碎片化"困境与社会力量扶贫的机制创新》，《中州学刊》2017年第4期。
③ 王怀勇、邓若翰：《后脱贫时代社会参与扶贫的法律激励机制》，《西北农林科技大学学报》（社会科学版）2020年第4期。

"书写人类发展伟大传奇"的脱贫攻坚战,与乡村振兴的目标、要求、对象、思路与举措皆不同,目前学界对社会帮扶的研究还主要停留在脱贫攻坚阶段,结合乡村振兴的成果较少。基于此,本章试图对东西部协作社会帮扶中的类型、逻辑与未来进行探讨,以期为提升东西部协作成效、助推脱贫攻坚同乡村振兴有效衔接、促进农业农村现代化提供借鉴与参考。

二 东西部"输血—嵌入"式社会帮扶的类型特征

东西部协作中社会帮扶类型分为三类,政府主导型帮扶、市场主导型帮扶以及社会主导型帮扶,整体呈现为"大政府、小社会"模式。所谓"大政府",是指对于东部和西部政府而言,东西部协作是一项"政治任务"与"政治馈赠"[①],因此嵌入其中的社会帮扶带有很强的行政主导性,尽管近年来这种主导趋势在慢慢转变;所谓"小社会",是指虽然社会存在从被动参与向主动参与的转变趋势,但目前东西部协作中的社会参与还是以被动参与为主,社会发挥作用的程度依然不足[②]。不过,调研发现,虽然东西部协作社会帮扶中的"社会"受国家的影响较大,但仍然存在市场主导和社会主导的帮扶情况,这让人们看到更多的社会自主性曙光。

1. 政府主导型帮扶:"6·30"广东扶贫济困日

政府主导型帮扶模式是政府凭借行政力量与财政投入相结合的形式介入帮扶工作,以绝对领导者身份,通过对人财物的统一调动直接对贫困者进行救济的帮扶模式,这属于"输血式"帮扶模式。该种帮扶模式主要是从机制设计、主体间互动关系、行动方式等层面进行"机制—关系—行动"构建,具体表现在:首先,该模式以机制设计为关键,通过传统行政主导,构建自上而下、相对闭合的

[①] 李瑞昌:《界定"中国特点的对口支援":一种政治性馈赠解释》,《经济社会体制比较》2015年第4期。

[②] 许源源、邹丽:《"行政国家"与"隐形社会":农村扶贫中的国家与社会关系》,《社会主义研究》2010年第3期。

综合行政机制，包括帮扶顶层设计、帮扶资源配置、帮扶资金管理、帮扶队伍建设、帮扶绩效考评五大机制，集中力量做好人、财、物的帮扶供给准备。其次，该模式以主体间互动关系为辅助，强化政府绝对主导地位，以"有形的手"在各个帮扶领域控制相关市场要素流动和社会组织参与帮扶情况。最后，该模式以行动方式为侧重，促进帮扶资源进行有效配置。受解决贫困问题的主体责任影响，政府坚持使用行政力量和侧重运用财政投入，通过出台相关优惠政策，利用生产补贴、信贷、财政支出、项目运作等方式，"输血式"进行社会救助，直接以行政手段配置贫困者的社会帮扶资源[①]。

始于2010年6月30日的"广东扶贫济困日"是典型的政府主导型社会帮扶。该活动由过去的广东省扶贫开发领导小组办公室（现在的广东省乡村振兴局）倡导，由省政府主导成立的广东省扶贫基金会（现在的"广东省乡村发展基金会"）具体运作，政府在政策制定、资金募集、资金使用、资金监管等方面发挥着主导作用。该活动整合了全省各地的社会扶贫品牌，将各地市原有的扶贫慈善资源纳入其中，将省级公益慈善机构、社会组织、专职工作人员、个人会员、会员企业（单位）组织动员起来，将各方资金集中整合、统筹使用。据统计，2010—2020年，通过"6·30"活动，共吸引超1000家社会组织、近万家企业、100多万志愿者、2000多万爱心人士参与，累计募集社会资金超327.1亿元，成功对接慈善项目近5000个，为广东省"十三五"期间打赢脱贫攻坚战、做好东西部协作工作作出了不可磨灭的贡献。[②] 据悉，在广东"十三五"期间投给西部4省120亿元的社会帮扶资金中，有相当一部分来源于"6·30基金"，这些资金助推了中西部22省区387万贫困劳动力在粤稳岗就业，对接帮扶了400多万建档立卡贫困户脱贫。

仔细思考发现，政府主导的东西部社会帮扶协作，虽然取得了

---

① 谭贤楚：《"输血"与"造血"的协同——中国农村扶贫模式的演进趋势》，《甘肃社会科学》2011年第3期。

② 根据省扶贫开发基金会（现在的"广东省乡村发展基金会"）提供的数据材料整理而得。

较大的成效，但也加大了行政成本，让协作的边际效用递减，在社会参与积极性显著提高的情形下更不利于真正协作关系的形成。毕竟，政府主导的帮扶，容易存在帮扶供给与帮扶需求不匹配、帮扶要素流动性弱、行政成本较大、可持续发展性弱等问题。也即，政府主导型帮扶模式虽然具有显著的正外部效应和公益性，但也会加大行政成本，让协作的边际效用递减，在社会参与积极性显著提高的情形下不太利于协作关系的真正形成。

2. 市场主导型帮扶：B 集团"1+5+N"帮扶模式

市场主导型社会帮扶是企业等市场组织凭借其资源优势，通过开展产业合作、消费合作、社会捐赠等形式参与社会帮扶的过程[①]。该种帮扶以市场需求为导向、以产业发展、消费协作为抓手，坚持效率优先，兼顾公平发展。一般而言，市场主导型帮扶模式主要以龙头企业带领、项目制实施、资本下乡整合三种形式为主。其中，龙头企业以资本下乡的方式，将土地、资金与劳动力等要素整合起来，按照市场规律规划特色产业帮扶，同时获取组织自身的经济利益；地方政府则以项目制的方式将优惠政策与配套资源输送给企业，贫困户以入股或委托经营的形式将土地或资金交付给龙头企业[②]。随后，龙头企业负责经营，贫困户以入股分红、投入劳动力获取报酬，或者将自己生产的农产品售卖给龙头企业等方式受益，共同推动贫困地区第一、第二、第三产业融合发展。

近年来，B 集团开展的"1+5+N"的社会帮扶模式，就是这样的模式。所谓"1"是指在党建引领下，运用市场化手段，帮助农村从特优产业建设、经营主体培育、硬环境规划改造、软环境塑造提升、基层组织管理等方面构建长效帮扶机制；"5"是指 B 集团充分发挥其作为龙头企业拥有的资金、技术、服务、渠道等优势，整合地方乡村资源，根据当地资源禀赋，围绕乡村振兴开展的产业帮扶、

[①] 覃志敏：《巩固拓展脱贫成果的基层实践类型与治理逻辑——以西部 3 个脱贫村产业帮扶为例》，《南京农业大学学报》（社会科学版）2021 年第 6 期。

[②] 蒋永甫、龚丽华、疏春晓：《产业扶贫：在政府行为与市场逻辑之间》，《贵州社会科学》2018 年第 2 期。

人才帮扶、生态帮扶、文化帮扶、组织帮扶，以全方位提升乡村自我"造血"能力；"N"是指 B 集团结合当地实际开展的特色类、创新类帮扶项目，如 2021 年投资 10 亿元在贵州 TJ 县开展的鲟鳇鱼项目。为将"1+5+N"帮扶模式落到实处，近年来，B 集团成立了由 200 多人组成的专职帮扶队伍，通过"嵌入式帮扶、滴灌式培育、市场化运作、辐射式带动、多渠道参与"等举措，投入 90 余亿元，在全国 16 省 57 县开展精准扶贫和乡村振兴工作，形成了一套结合自身优势又立足当地实际，可持续、可复制、可推广的"造血"式长效帮扶机制，成功助力 49 万人如期脱贫。

分析发现，市场主导的社会帮扶具有效益性、开放性等特点，企业利用自身优势更易于精准定位市场需求，在资源配置中的作用不容小觑。尤其是龙头企业参与社会帮扶，能够有效规避市场风险、产业风险与资源风险，真正实现"输血帮扶"向"造血帮扶"的转化，保证稳定脱贫。不过，由于以企业为主的市场经营主体参与帮扶大都以获利为前提，会遵循市场规则趋利避害，因而存在帮扶稳定性不强、政策导向明显、可持续发展后劲不足等问题。一旦在帮扶中失去盈利空间或政策庇护，帮扶则难以为继。

3. 社会主导型帮扶：DG 市社工机构对 ZT 市易地扶贫搬迁社区的帮扶

社会主导型帮扶是非政府组织、社会群体等社会主体凭借其专业优势，自筹资金与资源，直接对接西部协作地开展的专项帮扶。该模式以公开募捐、项目运作、政府购买服务等形式进行[①]。具体来说，首先，以公开募捐为主要帮扶渠道，相关组织将筹集来的物资以点对点、面对面的方式直接捐赠给协作地区或贫困群体。其次，以项目运作为主要帮扶载体，开创"救灾扶贫""希望工程"等多种典型扶贫项目，吸引更多社会资源充分融入。此外，以政府购买服务为主要帮扶方式，拥有充足资金与能力的相关组织，通过招投

---

① 邹新艳、徐家良：《基于整体性治理视域的社会组织集成攻坚扶贫模式研究》，《行政论坛》2018 年第 5 期。

标方式与政府订立合作关系,直接参与东西部协作社会帮扶。①

DG 社工机构嵌入帮扶云南省 ZT 市 M 社区易地扶贫搬迁点项目是典型的社会主导型帮扶。2020 年,广东省第五扶贫协作工作组——DG 市扶贫协作工作组会同 DG 市、云南省 ZT 市民政、扶贫等部门以及对口县区和镇街,首次系统化开展社会工作服务结对帮扶,统筹组织两地 25 家社工机构 200 余名社工,聚焦大型扶贫搬迁安置区、国家挂牌督战贫困村两大阵地,集中为困难群众提供社工服务、推动当地社工机构自身建设两大领域,通过"创新引领、聚焦重点、对症施策、培育内生"等举措,细致谋划,精准发力,较短时间里打开工作局面,在 ZT 迅速形成了高品质社工服务供给,取得了良好效果。截至 2020 年 11 月底,两地协作下的社工服务覆盖 ZT 16 个工作片区 153 个社区,确定品牌项目 10 个,成立社区服务队 10 支,实现志愿者登记服务 361 人,累计直接服务 9129 人次;实施专题培训 99 次,参训对象达 2235 人次。②

分析发现,社会主导型帮扶模式具有灵活性、自发性等特点,作为政府和市场帮扶的有效补充,能够延伸至帮扶的各个领域,对于"造血式"扶贫开发有助推作用,能够在一定程度上提升受扶地区的发展能力。但由于政府指导不足、社会力量参与积极性不够、参与能力不高,社会主导型帮扶存在激励机制不健全、利他社会风气未形成、统一组织手段缺乏、对贫困群体的精准甄别程度不高等问题,这使得帮扶中的资源筹集与应用分散化、碎片化比较明显,各方社会力量不能有效形成强大合力。再加上,帮扶主体自身造血能力较弱,主要靠公开募捐以及政府购买服务难以维系生存运行,这会影响其在东西部协作后期帮扶中的成效。

从以上东西部协作社会帮扶的类型不难看出,政企社三种帮扶类型间互动性较弱,没有形成合力,政府主导型帮扶责任不明晰,

---

① 王晓毅:《反思"第三部门"理论:扶贫中的政府与公益组织》,《文化纵横》2020 年第 6 期。

② 根据广东省第五扶贫协作工作组提供的数据材料整理而得。

精准性和专业性有所不足；市场主导型帮扶、社会帮扶主导型帮扶自主性不强，缺乏发展动力。故试图通过分析东西部协作中社会帮扶的内在逻辑机理以探究其得以长期运行的原因，以期探讨东西部协作社会帮扶的未来发展路径。

三 东西部"输血—嵌入"式社会帮扶的运行逻辑

东西部协作中的社会帮扶，是我国扶贫减贫治理的重要组成部分，是动员社会力量参与扶贫开发与乡村振兴的伟大实践，是实现共同富裕的重要依靠力量，更是凝聚全国全社会精神合力的重要举措，植根于崇德向善、扶危济困的中华慈善文化，来源于实现共同富裕的目标要求，形成于习近平总书记关于社会力量参与扶贫工作的重要论述，保障于东西部协作的政策体系，维持于中国特色社会主义府际关系，因此下面从文化、现实、理论、历史与空间维度，分析东西部协作中社会帮扶得以长期运行的逻辑机理。

1. 文化维度：慈善文化孕育东西部协作中的社会帮扶

中国的慈善文化拥有悠久的历史，从古至今，可大致分为三个阶段，分别是中国古代慈善文化、中国近代慈善文化、中国当代慈善文化。慈善文化在中国世代相承、深入人心，是中华文化的重要组成部分。五千多年来，中华民族历经沧桑却始终巍然屹立，屡遭劫难却愈发坚韧不拔，这得益于中华民族勤劳、勇敢、智慧、善良的优秀品格，也得益于中华民族扶危济困、乐善好施的传统美德。自先秦时期以来，儒家、道家、墨家、佛家等文化流派分别从自身的学术体系出发，提出了许多精湛的慈善思想，如儒家的仁爱思想，强调"仁者爱人""己欲立而立人，己欲达而达人""老吾老以及人之老，幼吾幼以及人之幼""老有所终，壮有所用，幼有所长，鳏寡孤独废疾者皆有所养""出入相友，守望相助，疾病相扶持"，统治者应当实施仁政、节用裕民、施惠于民，做到"岁虽凶败水旱，使百姓无冻馁之虞"。道家的"道法自然、上善若水"，墨家的"兼爱天下、大爱无私"，佛家的"慈悲为怀、普度众生"，都充分体现了中华文化行善积德、济世救人的慈善思想。各种文化相互结合、相互交融，形成独具特色的中华传统文化，始终把慈善文化和民本主义放在了最重要的位置，无论是"民为贵，社稷次之，君为轻"，还是"水能载舟、亦能覆舟"，抑或"政之所兴，在顺民心，政之所废，在逆民心"，都始终把以民为本放在了重中之重的位置，这也是统治者施仁政、恤孤贫的文化根源。

受慈善文化的影响，东西部协作中的社会帮扶呈现出从由政府为主体到逐渐下沉到民间社会、救助组织多样化、善款来源多元化、救助范围广泛化等特点，也带动了慈善实践在中国薪火相传。从西周到明清时期，围绕"赈灾救荒""恤老慈幼""治病施药"，古代的官办慈善活动世代相传。随着经济社会的发展，民间举办的慈善活动也越来越多。如唐代的佛教寺院设立了悲田养病坊，集矜孤、敬老、济贫、养疾于一体；宋代的乡绅商贾建立了社仓，专门赈济灾民；明代文人义士成立了同善会，通过集会筹募善款、救济穷人。中华人民共和国成立后，旧社会留存下来的慈善机构纷纷被政府取缔、接收或改造，在计划经济体制基础上，全国建立了完全由政府包办的福利救济制度。改革开放后，慈善事业的重要性获得政府充分肯定，社会各界参与慈善活动的积极性大大增强，慈善事业进入了快速、全面发展的历史新时期。民间慈善组织大量建立，目前已达数十万家，形成了一个广覆盖、多层次的慈善救助网络；各种慈善项目纷纷涌现，涵盖扶贫济困、安老助孤、救灾赈灾、助学支教、医疗救助等多个领域，许多诸如希望工程、春蕾计划、光彩事业之类的项目已经家喻户晓，这为东西部协作中的社会帮扶提供了文化根基与实践支撑。

2. 现实维度：共同富裕引导东西部协作中的社会帮扶

共同富裕的提出，为东西部协作中的社会帮扶提供了目标方向。共同富裕有深刻的历史渊源，其中，马克思关于未来社会的科学判断，从理论上有力证明了共同富裕是人类社会发展的历史趋势。邓小平同志关于共同富裕的论述深刻而全面，对引领社会主义改革开放和中国特色社会主义道路的探索发挥了举足轻重的作用。新时代，我们党从改革战略、发展理念、任务目标上进一步深化和丰富了共同富裕理论，使共同富裕的目标更明确，共同富裕道路的实现更加有保障。

一是马克思、恩格斯对"共同富裕"的探索。共同富裕，是马克思主义的一个基本目标。按照马克思、恩格斯的构想，共产主义社会将彻底消除阶级之间、城乡之间、脑力劳动和体力劳动之间的对立和差别，实行各尽所能、按需分配，真正实现社会共享，实现每个人自由而全面的发展。到那时，"生产将以所有的人富裕为目的""所有人共同享受大家创造出来的福利"。实现共同富裕，反映了社会主义的本质要求，体现了以人民为中心的根本立场。马克思对社会历史发展规律的探讨，证明共同富裕是人类社会发展的历史趋势。"共同富裕"是人类孜孜以求的理想社会状态。马克思立足于社会物质生产实践的现实基础，运用唯物史观科学的分析方法，探讨了人类社会发展的历史规律，从而揭示出共同富裕是人类社会发展的历史趋势。人类社会是一个从低级阶段到高级阶段发展的过程，资本主义社会是阶级社会发展的最高阶段，也是最后一个对抗性社会。代替那存在着阶级和阶级对立的资产阶级旧社会的，将是这样一个联合体，在那里，每个人的自由发展是一切人的自由发展的条件。马克思所说的自由人联合体的社会也就是共产主义社会。共产主义社会是人的自由全面发展的社会，也是生产资料集体所有、实现按需分配的共同富裕社会。

二是邓小平同志"共同富裕论"。1992年初，邓小平同志视察南方时指出："社会主义的本质，是解放生产力，发展生产力，消灭剥削，消除两极分化，最终达到共同富裕。"这句话，全面、深刻、精辟地阐述了社会主义本质的内涵，明确共同富裕是社会主义的根本目的，是社会主义的本质特征。邓小平同志反复强调："社会主义的目的就是要全国人民共同富裕，不是两极分化。如果我们的政策导致两极分化，我们就失败了。""一个公有制占主体，一个共同富裕，这是我们所必须坚持的社会主义的根本原则。"坚持社会主义，防止两极分化，为实现共同富裕提供牢固的政治保障。中国特色社会主义社会是以生产资料公有制为基础的社会，劳动人民用共同占有的生产资料进行联合劳动，创造的社会财富归劳动人民共同占有和支配，并按照劳动人民的共同利益来使用和分配。因此，随着社会生产的发展和物质财富的不断增多，其结果必然是劳动人民的共同富裕。社会主义不仅要求最终达到共同富裕的目的，而且为实现这一目的提供了可能。首先，社会主义革命的胜利，以社会主义公有制代替资本主义私有制，使社会生产力获得巨大的解放。其次，社会主义自身不断自我完善和发展，通过改革而建立起具有生机和活力的社会主义市场经济体制，又进一步解放了生产力。通过两次"革命"，极大地解放了生产力，实现了生产力的巨大发展，劳动人民逐步走上共同富裕的道路。最后，社会主义公有制代替资本主义私有制，劳动人民平等地共同占有生产资料和实行按劳分配原则，从而为实现劳动者的共同富裕创造了前提。

三是习近平总书记关于共同富裕的重要论述。党的十八大以来，习近平总书记多次就共同富裕问题作出重要论述，多次强调坚持以人民为中心、让发展成果更多更公平惠及全体人民。习近平总书记多次强调，共同富裕是社会主义的本质要求。比如，2012年11月17日，习近平总书记在主持十八届中央政治局第一次集体学习时就指出，共同富裕是中国特色社会主义的根本原则，所以必须使发展成果更多更公平惠及全体人民，朝着共同富裕方向稳步前进[①]。此后，习近平总书记又多次从不同角度对这一问题进行阐释，提出要消除贫困，改善民生，逐步实现全体人民共同富裕，是社会主义的本质要求。再如，在2021年8月17日召开的中央财经委员会第十次会议上，习近平总书记强调，共同富裕社会主义的本质要求，是中国式现代化的重要特征，是全体人民共同富裕，是人民群众物质生活和精神生活都富裕，不是少数人的富裕，也不是整齐划一的平均主义。

---

① 习近平：《紧紧围绕坚持和发展中国特色社会主义学习宣传贯彻党的十八大精神》，《人民日报》2019年11月19日第002版。

我国是一个经济发展不平衡不充分的大国，实现共同富裕不可能一蹴而就、同步达到，而是允许和鼓励一部分地区、一部分企业和一部分人，依靠辛勤的劳动与合法经营先富起来，并提倡先富带动和帮助后富，也就是所谓的"共同富裕"。共同富裕是社会主义的本质要求，是中国式现代化的重要特征。共同富裕有两种实现路径，在时间上，先富带动后富，最终实现全体人民的共同富裕；在空间上，区域之间对口协作模式被大力推广，东西部协作兼顾先富带动后富和区域协作双重性质。站在这个角度，共同富裕的提出为东西部协作中的社会帮扶提供了目标方向。

3. 理论维度：系列论述支撑东西部协作中的社会帮扶

党的十八大以来，习近平总书记关于社会力量参与扶贫工作的重要论述，也为东西部协作中的社会帮扶提供了重要理论支撑。例如，在2015年中共中央召开党外人士座谈会上，习近平总书记强调：我们追求的发展是造福人民的发展，我们追求的富裕是全体人民共同富裕。扶贫开发是全党全社会的共同责任，要动员和凝聚全社会力量广泛参与。坚持专项扶贫、行业扶贫、社会扶贫等多方力量、多种举措有机结合和互为支撑的"三位一体"大扶贫格局，强化举措，扩大成果。脱贫致富不仅仅是贫困地区的事，也是全社会的事。广泛调动社会各界参与扶贫开发的积极性，鼓励、支持、帮助各类非公有制企业、社会组织、个人自愿采取包干方式参与扶贫。研究借鉴其他国家成功做法，创新我国慈善事业制度，动员全社会力量广泛参与扶贫事业，鼓励支持各类企业、社会组织、个人参与脱贫攻坚。同时，要引导社会扶贫重心下沉，促进帮扶资源向贫困村和贫困户流动，实现同精准扶贫有效对接，等等。

习近平总书记关于社会力量参与扶贫工作的重要论述，是从发挥社会主义制度优势、培育践行社会主义核心价值观、构建大扶贫格局的高度提出的，是习近平新时代中国特色社会主义思想的重要组成部分，丰富发展了马克思主义反贫困理论，创新发展了中国特色的扶贫开发道路，为新时代打赢脱贫攻坚战提供了行动指南，为全球贫困治理贡献了中国智慧，对于发挥政府和社会两方面力量作用，实现专项扶贫、行业扶贫、社会扶贫联动，调动各方面积极性、形成全社会广泛参与东西部协作亦有极为重要的意义。

4. 历史维度：政策变迁保障社会帮扶

东西部协作内容随中国扶贫政策的变化而变化，呈现出"协作层次不断提高、协作领域不断拓展、协作实效不断增强"等特点①。从时间上看，中国扶贫政策大致可以划分为开发式扶贫阶段、社会式扶贫阶段、互惠式扶贫阶段三个阶段②。

早在20世纪70年代末国家在全国边防工作会议报告上就正式提出和确定了东部对口援助西部的政策目标，当时采取的是以政府领导、社会辅助参与的模式，其特征是以单向的救济式帮扶为主，当时确定了5个少数民族自治区和3个少数民族比较集中的省份"云南省、贵州省和青海省"作为受援省份。20世纪80年代，在邓小平提出"两个大局"③构想之后，东部地区得到了快速发展，并于《国家八七扶贫攻坚计划（1994—2000年）》提出以国家扶持、市场需求为导向的解决人口温饱、加强基础设施建设和改变教育文化卫生落后状况的目标，动员各民主党派和工商联、中国青少年发展基金会、中华慈善总会、中国扶贫基金会、共青团、妇联、科协、残联等社会主体参与扶贫开发工作。1996年，国务院扶贫开发领导小组《关于组织经济比较发达地区与经济欠发达地区开展扶贫协作的报告》正式确定了对口帮扶关系，东部9省与4个地级市帮扶西部10省，这标志着东西部协作制度的正式诞生。

进入21世纪，国家层面先后制定出台《中国农村扶贫开发纲要（2001—2010年）》《中国农村扶贫开发纲要（2011—2020年）》，前后三次调整东西部协作关系，其中，2013—2016年期间，东部9省帮扶中西部11省；2016—2020年期间，东部9省13个市帮扶中

---

① 谢治菊、彭智邦：《东西部协作政策扩散的维度、逻辑与启示——基于政策扩散理论的文本分析》，《中国公共政策评论》2021年上半年卷（总第21卷）。
② 张莉：《我国东西扶贫协作的推进机制研究》，《天津行政学院学报》2015年第4期。
③ 即"东部沿海地区加快对外开放，使之较快地先发展起来，中西部地区要顾全这个大局"与"当发展到一定时期，比如本世纪末全国达到小康水平时，就要拿出更多的力量帮助中西部地区加快发展，东部沿海地区也要服从这个大局"。

西部 14 省；2021 年以后，东部 8 省（直辖市）帮扶西部 10 省（区、市）。调整后的对口帮扶，从"穿花式"调整为"整域性"，即原来东部 1 省帮扶多个西部省份或西部 1 省接受东部多个省份的帮扶，调整为省与省之间一对一的整域帮扶。① 相应地，协作层次也由过去的"市县"两级变成现在的"省市县"三级，并确定了"党委领导、政府负责、企业合作、社会参与"的多元协作体系②。后来，2017 年 8 月国务院扶贫开发领导小组印发的《东西部扶贫协作考核评价办法（试行）》明确将社会帮扶资金数作为资金支持中的一个二级指标，2021 年 7 月中央农村工作领导小组颁布的《东西部协作考核评价办法》，则将其纳入促进乡村振兴指标中的一个二级指标，表述为"财政援助和社会帮扶资金投入、管理情况等"。两份考核文件的出台，标志着我国东西部协作工作向纵深方向发展。再加上，2021 年 4 月 8 日，习近平总书记在召开的"深化东西部协作和定点帮扶工作"会议上再次强调，东西部协作要进一步完善，要涵盖区域协调发展、协同发展、共同发展等相关内容。由此，东西部协作的制度体系基本建立。其中，无论是 1996 年制定的对口帮扶体系，还是"十三五"期间的扶贫协作举措，抑或"十四五"时期的对口协作内容，社会帮扶都是其中必不可少且比较重要的一环。因此，针对社会力量参与协作仍"不活跃、不深入""机制尚未建立""捐款捐物形式单一"等问题后，经过实践探索，2021 年后的东西部协作将以"千企帮千镇、万企兴万村"作为社会帮扶的重要任务。

综上，随着国家东西部协作政策的不断调整与日益完善，我国东西部协作实践规范化、制度化、体系化、市场化程度越来越高，作为协作内容之一的社会帮扶的组织化程度、多元化取向、多主体协作也越来越明显，这为新时代东西部协作中的社会帮扶向纵深发展提供了政策支持与政策保障。

---

① 广东、山东、甘肃除外，广东帮扶贵州和广西两省区，山东帮扶重庆与甘肃两省市，甘肃接受山东青岛与天津的帮扶，其余的帮扶都是一对一整省进行的。

② 万鹏飞、吴雨坤：《东西部扶贫协作：模式的研究与未来的发展——以北京市东西部扶贫协作为例》，《贵州民族研究》2021 年第 3 期。

5. 空间维度：府际关系维系社会帮扶

府际关系是指政府间的关系，具体包括纵向关系与横向关系，其中纵向关系指中央政府与地方政府之间的关系，横向关系包括地方政府之间、政府部门之间的关系[①]。整体上，中国府际关系呈现出由纵向集中主导到横向分块负责的转变，在权力关系上突出从中央高度集中到权力由点到面、省域到区域的辐射扩散特征。东西部协作是府际关系重塑背景下的历史产物，是打破传统属地管理制度安排、整合府际关系资源、促进区域协调发展的有效工具，具体表现在以下两个方面。

一方面，府际关系的调整使得东西部结对关系更加完善。计划经济时期，纵向府际关系将权力高度集中在中央，中央处于领导地位，地方根据中央颁布的政策和指令执行，自主权较低，无法对辖区内事务做到更为精细化和准确化的治理，即使这个时期也有大规模的对口支援运动，却是一种"弱激励多任务的委托—代理关系"。改革开放后，国家实行倾斜式政策，从经济领域开始分权改革，建立初步的市场经济体制，逐步形成东、中、西部梯度发展，区域发展差距慢慢拉大：东部大部分地区高于中部地区，中部大部分地区高于西部地区。为打破区域发展不平衡的状态，国家在邓小平"两个大局"和以往对口支援经验的基础上开展东西部扶贫协作。1996年，确立了北京、上海等九个省市和DL、SZ等四个计划单列市对西部十个省区的扶贫协作关系，东西部扶贫协作正式启动。往后二三十年的发展历程中，国家又相继启动西部大开发战略，将区域均衡发展列为国家总体战略，不断调整结对关系，完善省际结对帮扶，实现精准对接。

另一方面，府际关系的重塑使得社会帮扶力量主动性更强。根据区域协调发展理论，行政区界限所形成的行政壁垒是区域经济可持续发展的阻碍，地区与地区之间并非彼此独立而是相互依赖、相

---

① 谢庆奎：《中国政府的府际关系研究》，《北京大学学报》（哲学社会科学版）2000年第1期。

互联系的,所以府际合作很重要①。在纵向府际关系上,20世纪八九十年代的经济体制改革促进了市场要素的流动,激发了市场主体活力,使得东部地区得到快速发展,培育了广泛的社会基础,为发挥社会主体力量打下了坚实基础。由此形成的区域发展不平衡,不管是中央的宏观调控还是地方的自发行动,都对打破此局面有重要作用。在中央控制方面,中央通过出台相关政策将"东部支援西部"政策化、规范化和系统化,重新划定区域经济利益格局,建立广泛的社会动员机制,打破了原本行政区划下横向政府间的行政壁垒,调整和重塑了新的府际关系;在地方自主行动方面,下放权力让地方政府拥有更多的自主权,而东部地区政府因其更加广阔的人才市场和社会经济基础,能动用更多的社会组织和民间力量,向西部地区输送人才、资金和物资;西部地区政府则在更加熟悉自身地域特色和区域特征的基础上,通过出台优惠政策吸引相关产业和优秀人才入驻,实现消费帮扶、产业帮扶、劳务帮扶、教育帮扶的协调发展。

综上,府际关系的调整和重塑使得东西部协作结对更加精准、帮扶主体更加多元、帮扶内容更加丰富。这说明,深化府际协作关系,可以引领更多的社会力量,参与到东西部协作的伟大工程中来,推进区域协调发展。

四 东西部"输血—嵌入"式社会帮扶的优化路径

"十三五"以来,东部9省13市按照"国家要求、西部所需、东部所能"的原则,广泛发动各种社会力量积极参与东西部协作工作,通过慈善捐赠、产业扶贫、教育扶贫、就业扶贫等形式延伸至社会帮扶的每个领域,对中西部14个省(市、区)进行了对口帮扶,让这些省的贫困县全部如期摘帽,贡献了社会帮扶的中国智慧与中国方案,

---

① 郑平、陶云飞、李中仁:《地方政府竞争与当代中国区域经济发展:一个文献综述》,《产业经济评论》2020年第5期。

可通过合理界定政府职能、扩大市场自发性、走向协同治理等方式，实现帮扶目标精准化、推进帮扶责任清单化、助推帮扶主体集中化。

1. 合理界定政府职能：实现帮扶边界清晰化

阿玛蒂亚·森认为贫困是一个很难界定的概念，按照一个社会现行的最低生活标准来描述穷人的困境必然存在一定的含糊性，对于贫困的解释难以避免随意性。因此，他将贫困的原因从经济领域扩展到其他领域，提出权利贫困理论，不主张政府进行大规模的扶贫开发，而是赋予社会自己解决贫困的权利。东西部协作是国家采取强力手段推动的对口帮扶与资源输入，主要依赖政府力量，可以有效调配资源、形成合力，但长此以往，不利于政府和社会良性互动关系的形成，因此需要进一步合理界定政府的职能，这就需要明确政府介入社会帮扶的边界，协调"国家、市场与社会"三重力量在东西部协作社会帮扶中的作用，平衡政府自主性和社会自主性之间的张力。同时，社会结构和需求的多元性以及社会组织的自利逻辑，表明政府可以采取"嵌入型监管"模式，为东西部协作中的社会帮扶提供指导，其中，作为"嵌入"主体，政府主要为营造同时满足"中央政府所求、帮扶主体所能、帮扶对象所需"的社会帮扶环境而努力；作为"受嵌"主体，社会帮扶力量也要主动配合政府适度合理的干预与调控之中，使得社会帮扶力量在受到有限监管的同时，能够发挥较强的自主能动性，让帮扶边界清晰化。[1]

2. 扩大社会自主性：推进帮扶责任清单化

在超常规的脱贫攻坚战背景下，地方政府在东西部协作社会帮扶中发挥了主导作用，但社会力量参与的深度和广度不足，具体表现在社会组织效能发挥不强、企业帮扶的积极性不够。尤其是，大部分社会帮扶以物资捐赠为主，技能培训、心理辅导、项目规划等形式较少，社工参与尤为不足，建议从以下几个方面改进：一是有序引导社会力量，尤其是公益慈善类社会组织到西部协作地区从事教育、医疗、村庄发展等层面的工作，发挥社会力量在扶贫、济困、

---

[1] 刘鹏：《从分类控制走向嵌入型监管：地方政府社会组织管理政策创新》，《中国人民大学学报》2011年第5期。

救孤、恤病、助残、救灾、助医、助学等方面的优势，协助西部地区持续改善乡村基础设施条件和公共服务水平，进一步扩大社会自主性，优化政府与社会的关系。二是利用东部社工人才优势有效培育西部社工人才。可以按照"1+X"的结构形式，由东部督导级社工结对西部社工，在"肩并肩，手把手"的共同工作过程中，全程指导和全面协助当地社工在实践中锻炼专业能力、积累项目经验，提升西部协作地社工的服务能力。三是改革体制制度，放宽社会组织登记注册的制度性框架限制，吸纳更多社会组织成为合法社会主体，规范社会组织群体；降低基层民间组织的准入门槛，为民间组织成立和发展提供广阔的政策空间。四是推动形成新型政社合作关系，将更多事项交给有资质的社会组织来完成，政府通过向社会组织购买服务等方式，加强与社会组织的联系，促使社会组织专业化水平的不断提高。

3. 强化共同体意识：助推帮扶目标精准化

习近平总书记曾指出，必须坚持充分发挥政府和社会两方面力量作用，构建专项扶贫、行业扶贫、社会扶贫互为补充的大扶贫格局，调动各方面积极性，引领市场、社会协同发力，形成全社会广泛参与脱贫攻坚格局。[①] 要做到这些：一是在宏观统筹上，需要考虑到东西部协作社会帮扶对象具有跨省区、跨省市、以民族地区为主的特点，建立跨省区和跨省市间的协作机制。二是在文化认同上，强化共同体意识，推动东西部协作社会帮扶真正成为学习共同体、情感共同体、价值共同体，将东西部协作打造成为共同富裕的导向标。三是在协作方式上，依托"文化集体主义"价值取向，满足个人自身发展的同时服务于集体发展的需要，为实现集体利益最大化不懈奋斗，形成互利互惠的合作发展、共同发展的伙伴关系，真正实现由"输血式"扶贫向"造血式"扶贫的转变，助力共同富裕目标的实现。

---

① 习近平：《在打好精准脱贫攻坚战座谈会上的讲话》，《求是》2020年第9期。

4. 走向协同治理：促进帮扶路径多元化

"十四五"期间东西部协作帮扶考核指标从"十三五"期间的"6+1"①体系演变为"4+1"②体系，但帮扶的核心内容还是"两保持三加强"，即保持"资金和人员的支持力度不变"，进一步加强"劳务协作、产业协作、消费协作"。在"两保持三加强"的核心帮扶体系中，社会帮扶是唯一贯穿所有考核指标、所有协作领域的帮扶举措。而在以往的东西部协作社会帮扶中，一般由国家通过控制和功能替代来满足社会的需求。国家承担部分社会组织效能，社会享有一定的自主权力但不能完全独立于国家之外；由于帮扶"分散化""碎片化"，让政府不得不统筹资源将社会力量渗透到所有协作形式之中。国家也会利用社会提供公共物品的能力，使其发挥"拾遗补缺"的作用③。再加上，社会主体本身的自主性不够强，以致社会失去信心，这既是"大政府、小社会"的原因，又是其结果。部分学者提倡的"小政府、大社会"模式，即社会是独立于国家的、不受国家干预的领域，自主行使基本权利，在帮扶过程中由社会主导，方式以行政部门与功能性组织合作为主。④ 此种模式容易促生资本对社会资源的垄断现象，社会当中的大部分话语权被掌握在少数资本家手中。可见，三种模式都有一定的弊端，在现阶段都不太适合东西部协作中的社会帮扶，因此建议政府应承担起保障公民基本权利的义务，为社会帮扶提供顶层设计、政策支持、过程监管与结果评估；社会应凝聚更多的社会组织、企业、个人投身社会帮扶，参与帮扶之中，通过协同治理，形成有序的帮扶合力。

---

① 即"组织领导、人才支援、资金支持、茶业合作、劳务协作、携手奔小康"六大工作体系，外加创新工作体系。

② 即"组织领导、助力巩固拓展脱贫攻坚成果、加强区域协作、促进乡村振兴"四大工作体系，外加创新工作体系。

③ 康晓光、韩恒：《分类控制：当前中国大陆国家与社会关系研究》，《社会学研究》2005 年第 6 期。

④ 伍俊斌：《国家与社会关系视野中的中国市民社会建构》，《福建论坛》（人文社会科学版）2006 年第 1 期。

其实，关于社会力量参与东西部协作，其本质上是一种社会行动。从政府、社会二分观点来看，社会帮扶是政府帮扶的有利补充，属于第三次分配，精准性更强，主要依靠自愿精神；从政府、市场、社会三个观点来看，社会帮扶是指社群治理，与行政治理、市场治理并列，是基于对共同价值与规范的认可与遵从而形成的一种互动式、多中心、自我式治理。因此，面向未来，以国家强力推动和财政资源输入为主的东西部协作社会帮扶，会造成西部对东部的行政依赖过度而市场规律把握不足，依赖国家和东部政府继续制定对口帮扶政策。不过，纵观中国东西部协作社会帮扶的历程，从标志开启的1996年出台的《关于组织经济较发达地区与经济欠发达地区开展扶贫协作报告》，到标志成熟的2016年出台的《关于进一步加强东西部协作工作的指导意见》，正在昭示着社会帮扶从"国家主义"关系形态向"国家主导"关系形态的转变，这说明社会在东西部协作社会帮扶中发挥的作用越来越大。换言之，东西部协作中社会帮扶两大行动主体既应具有一定的运行自主性又应具有互补嵌入性，帮扶的整体绩效才会更加凸显。其中，实施国家的公共政策需要社会行动者的参与，而不是不单独依赖于以等级化的、自上而下的、命令与控制为特征的行政治理模式。如何能让政府、市场、社会三类主体不同的治理工具相互嵌入、相得益彰，是东西部协作社会帮扶需要进一步考虑的问题。

第九章　东西部"造血—组团"式教育帮扶阐释

"组团式"教育帮扶模式摒弃了单打独斗的传统帮扶弊端，能够实现帮扶理念从单独到合作、帮扶主体从一元到全员、帮扶内容从支教到管理、帮扶目标从扶智到志智双扶、帮扶结果从"输血"到"献血"的转向，并从"好组织+好党员""好机制+好团队""好老师+好学生""好资源+好平台"四个层面对中国教育帮扶的运行逻辑进行建构。随着东西部协作的深入推进，为进一步助推受扶地提升教育治理能力、实现教育治理体系的现代化，则需要一方面从帮扶团队、帮扶对象、帮扶周期、帮扶效应方面优化已有的帮扶模式，另一方面站在更高的层面，关注东西部之间"组团式"教育帮扶的协同治理问题。

一　东西部"造血—组团"式教育帮扶的现实背景

要阻断贫困代际传递，教育的作用不可小觑。2021年2月25日，习近平总书记在全国脱贫攻坚总结表彰大会上指出，下一阶段农村工作的重心是在巩固脱贫攻坚成果的基础上全面推进乡村振兴。要实现脱贫攻坚成果的巩固并有效衔接乡村振兴，就要建立返贫监测机制与可持续增收长效机制，坚持志智双扶，阻断贫困代际传递。世界银行的研究显示，家庭劳动力教育年限每增加3年，贫困发生率则会下降9%，增加至12年以上，贫困发生率几乎为0。① 这说明，教育在阻断贫困代际传递方面具有基础性、先导性与根本性作用，开展教育帮扶是拔掉穷根、巩固脱贫攻坚成果的根本途径。

东西部协作教育组团帮扶是指东西部协作中的"组团式"教育帮扶。"组团式"教育帮扶是促进西部地区教育发展的一种援助模式，是提高西部地区教育质量、促进教育公平的重要手段。"组团式"教育帮扶是一种教育对口帮扶。就发展历程而言，教育对口帮扶开始于新中国成立，形成于1980—1999年间，飞速发展于2000年；② 从类型来看，"组团式"帮扶主要包括援藏与援疆的教育帮扶、东西部协作下的教育帮扶与各省区内的教育帮扶。③ 本章所研究的是东西部协作背景下的"组团式"教育对口帮扶。

东西部协作的关键在于提升西部地区贫困人口的自我发展能力，形成稳定脱贫和持续发展的有效机制，而稳定脱贫和持续发展有效机制建立的关键则在于建立东部对西部的教育帮扶，以及由此带来的贫困代际传递阻断。因此，2015年11月29日审议通过的中共中央 国务院《关于打赢脱贫攻坚战的决定》明确将"发展教育"作为"五个一批"脱贫的重要举措；习近平总书记也多次指出要让贫困地区的孩子接受有质量且公平的教育，就要坚持"扶贫必扶智，治贫先治愚"，将教育作为阻断贫困代际传递的根本策略。可见，教育帮扶是东西部协作的主要内容之一，也是实现东西部教育均衡发展的关键。然而，受协作机制、协作模式、协作考核等因素的影响，东西部协作在理念、人才、资金和项目等方面还存在一些问题，亟须激发东西部协作的合力，从教育这一基础性要素入手，阻断贫困代际传递。正因如此，东西部协作中的"教育帮扶"才得到了国家层面的高度重视。需要特别说明的是，东西部协作下的教育对口帮

---

① 包晓光、张贵勇：《教育扶贫的价值和路径》，《光明日报》2018年8月28日第13版。

② 宝乐日：《对口支援西部地区民族教育回顾与展望》，《内蒙古师范大学学报》（哲学社会科学版）2010年第1期。

③ 郑刚：《完善教育对口支援政策模式的构想》，《中国民族教育》2015年第12期。

扶，初期的帮扶形式是派出零散的支教教师，现在已发展为大规模"组团式"帮扶了。

"组团式"教育帮扶是由对口协作的东部地区根据受扶地的帮扶需求，组团选派支教团队和培训指导团队，由选派引进的优秀校长植入引领，汇聚各方力量，按需帮扶、协同用力，专门针对一个贫困县或一所薄弱学校实施管理输入、示范引领和培训指导，进行"重塑性""植入式"帮扶的模式。① "组团式"教育帮扶的"重塑性"是指将贫困地区的教学理念、教研内容、教育思维都进行重新塑造，"植入式"则是指帮扶主体对受扶方进行管理上的输入与技能上的培训，从制度建设、管理设计、技能提升等方面来改变当地的教育教学情况。

"组团式"教育帮扶一词最早出现于2014年，当时西藏自治区LS市率先在全国开展了"组团式"教育人才援藏计划。随后的2015年，教育部等四部委就联合印发了《"组团式"教育人才援藏工作实施方案》，正式开创了"组团式"教育帮扶模式的先河。该模式是过去分散式教育援藏模式的推陈出新，着力从"输血"向"造血"的深度支援转变、从"单打独斗"向"组团行动"转变，这些转变是新时代教育援藏工作模式和实施路径的重大创新。② 随后的2016年8月，浙江省HZ市XJ中学原校长CLQ受邀到贵州省QDN州TJMZ中学支教并担任校长，由此正式拉开了东西部协作背景下东部"组团式"帮扶西部教育的序幕。为强化这一行动的实践价值，增强教育在东西部协作中的作用，实现东部省份对西部教育的全方位扶持，贵州省率先行动，于2019年3月30日召开了全省深化教育医疗组团式帮扶工作推进会，会上下发了省委组织部等4部门联合印发的"教育医疗组团式帮扶工作指导要点"；2019年4月9日，贵州省教育厅结合指导要点，正式下发了《贵州教育组团式帮扶实施

---

① 杨刚：《推动教育组团式帮扶向纵深发展——访贵州省教育厅党组书记朱新武》，《当代贵州》2019年第21期。
② 杨明洪：《扶贫模式与援助方式的双重转换："组团式"援藏的实践与启示》，《西北民族研究》2018年第4期。

方案》。这一专门针对东西部协作背景下"组团式"教育帮扶的标志性文件,不仅表达了贵州省委、省政府想利用东西部协作平台补足贵州省教育短板的急切愿望,也凸显出新时代扶贫扶智的迫切要求。因此,尽管运行的时间不长,但截至2020年12月,全省8个市(州)66个曾经的贫困县大部分乡镇中心校以上的学校都与东部省份建立了"一对一"的教育帮扶关系,逐步探索了不同的帮扶模式,如职业教育的"订单班"模式、三都"民族班"帮扶模式、"1+N"共享成长模式、"6+"模式、职教"3+1+X"模式等。[①] 不仅如此,受扶学校学生成绩普遍提升,其中提升比较明显的有贵州省 TJ 县 MZ 中学、DS 三中、LD 一中、LB 高中、NY 五中等,与原来相比,这些学校的中考率、高考率都实现了历史突破,远远高出当地同类学校。在贵州省的辐射带动下,重庆、云南、甘肃、宁夏等西部12省(区、市)也纷纷仿照,与东部帮扶省份协商后,先后开展了"组团式"教育帮扶活动,成效也比较明显,如云南省 NJ 州 MZ 中学首届"ZH 班"50名学生,2020年高考平均分达到600分,一本上线率100%,创怒江州历史最好成绩。[②] 由此可见,作为东西部协作最重要的内容,"组团式"教育帮扶的价值都得到了有效凸显。

帮扶初期,职业教育是"组团式"教育帮扶的重点领域。之所以如此,是考虑到职业教育参与扶贫具有受众面广、扶贫对象文化要求低、见效快和政策好等优势,在管理重塑、师资培养、学生发展、提高劳动者素质等方面已取得显著成效;[③] 同时,职业教育在乡村振兴、科教兴国、巩固脱贫攻坚成果等方面具有无可替代的特殊使命,因而帮扶初期是志智双扶的首选。[④] 后来,随着人们对帮扶幼儿教育、基础教育、中等教育重要性程度的加深,帮扶对象逐渐向这些领域倾斜,这可从 GZ 市 2020 年起开始大规模"组团"帮扶贵

---

① 谢治菊:《以协同治理推进东西部教育扶贫协作》,《广州日报》2020年5月11日第10版。
② 根据云南怒江州2020年东西部扶贫协作自评报告整理而得。
③ 李尧磊、韩承鹏:《东西部职业教育协作参与滇西扶贫的模式研究》,《中国职业技术教育》2018年第9期。
④ 管培俊:《民族地区同步小康与职业教育的使命》,《教育研究》2018年第2期。

州省 BJ 市、QN 州易地扶贫搬迁社区建幼儿园、中小学窥知一二。但无论哪个阶段的"组团式"教育帮扶,从目前运行比较成熟的"DX 模式""KS 模式""GZ 模式"来看,基本存在顶层设计不完善、协作机制不健全、协作关系待理顺、实际需求不能有效满足、软件建设待提升等问题。① 究其深层原因,信息不完全、认识局限性带来的有限理性使目标受众难以正确认知该项目短期与长期的成本和收益,从而导致教育选择的偏误。② 站在这个角度,虽然东西部协作下"组团式"教育帮扶所组建的帮扶团队,是一个学习共同体、情感共同体、价值共同体,但若不能在包容、协商、担当的基础上积极合作,仍然可能面临"输血"与"造血"、眼下与长远、帮扶教育与教育帮扶等关系处理的困境。如何在凝练实践经验的基础上,从理论上分析其运行的核心要素、逻辑机理、本土建构和未来图景,对发挥西部地区的教育扶贫功能、助推西部地区的乡村振兴具有重要的意义。

二 东西部"造血—组团"式教育帮扶的主要缘由

习近平总书记在《摆脱贫困》一书中提到,"越是贫困的地方就越是要兴办教育,否则就会更加贫困"③,足见教育对于摆脱贫困的重要意义。但已有研究发现,越是贫困的家庭反而越不愿意让自己的孩子接受教育,这是贫困代际传递的重要原因。④ 这说明,教育扶贫是提升人口整体素质,使人全面发展,从而最终能够彻底战胜贫困的主要途径。⑤ 新中国成立以来,我国的教育扶贫经历了重点保

---

① 张晨:《职业教育"东西部扶贫协作"中的问题与实践研究——以上海对口支援喀什地区为例》,《教育发展研究》2018 年第 7 期。
② 祝慧、雷明:《东西部扶贫协作场域中的互动合作模式构建——基于粤桂扶贫协作案例的分析》,《苏州大学学报》(哲学社会科学版) 2020 年第 1 期。
③ 习近平:《摆脱贫困》,福建人民出版社 2014 年版,第 128—131 页。
④ 张锦华:《教育溢出、教育贫困与教育补偿——外部性视角下弱势家庭和弱势地区的教育补偿机制研究》,《教育研究》2008 年第 7 期。
⑤ 谢君君:《教育扶贫研究述评》,《复旦教育论坛》2012 年第 3 期。

障贫困群体受教育权的普惠型资助式教育扶贫阶段,大力提升贫困地区教育扶贫质量的专项式共享式教育扶贫阶段,全面促进贫困群体内生发展能力的精准式多元化教育扶贫阶段。① 这里所指的传统教育帮扶模式,主要是指前两个教育扶贫阶段的帮扶模式,即2013年精准扶贫之前的帮扶模式。这一模式跨越的时间长、变迁的内容多,虽然方式有所不同,但主要的内容不外乎以下几点:一是"请进来"和"送出去"。"请进来"是指邀请发达地区学校的优秀管理人员与一线老师到贫困地区培训、教研、支教或讲学等;"送出去"是指将贫困地区的老师送到发达地区学校去学习。二是通过国家专项资金来改善贫困地区的办学条件,大力开展基础设施建设。三是教研互动,即让东西部的老师加强教学上的交流,通过交流提升乡村教师的教研水平。四是通过政府、企业、社会组织及爱心人士对当地的贫困学生进行直接或间接的资金、物资以及心理层面的帮扶。

仔细思考,传统帮扶呈现出以下特点:一是以"输血式的财政援助"为主。传统教育帮扶模式大多是通过国家的财政补助及社会的捐赠资金来进行,这能够在一定程度上缓解西部地区的教育困境,但还是"治标不治本",难以构建长效机制。二是以"笼统式的整体帮扶"为主。传统的教育帮扶,不管是对学前教育、义务教育、职业教育还是高等教育,不论是对贫困地区的学生、老师还是学校,都是以整体性的笼统式的帮扶为主,帮扶的精准性不足。三是以"一刀切的帮扶方式"为主。传统的教育帮扶,难以做到与帮扶地的实际需求相结合,帮扶方式的个性化、差异化不够。

可以说,传统的教育帮扶模式是一种"单打独斗"的帮扶模式。"单打独斗"的本意是独自一个人做事,本章取其象征意义,即形容教育帮扶的主体、内容、方式和成效比较单一,具体表现在:一是帮扶主体单一。帮扶质量易受帮扶主体、客体、介体和环体四个因

---

① 王瑜、叶雨欣:《多源流理论视角下我国教育扶贫政策的变迁分析》,《当地教育论坛》2020年第6期。

素的影响,其中帮扶主体是关键。① 真正意义上的教育帮扶是需要社会各界共同参与的,通过吸纳社会力量才能更有效地实现教育公平。正因如此,有人认为,解决教育扶贫问题的核心是对基础薄弱的贫困地区分配更高层、更丰富的帮扶主体。② 而传统的教育帮扶主体通常以政府为主,市场、社会与公民的参与较少,参与的积极性不高。二是帮扶内容单一。传统帮扶内容以捐钱捐物为主,没有因地制宜的帮扶方案和深入的帮扶内容,难以从根本上解决西部地区教育薄弱问题。③ 例如,从对义务教育的帮扶来看,基本就只是涉及了"两免一补"的政策;而对于支教的老师也仅仅只是简单地给学生上课,而对于给贫困地区老师进行教学技能上的培训更是少之又少。三是帮扶形式单一。传统教育帮扶形式除送钱送物之外,再就是"送教下乡"。目前,"送教下乡"仍然停留在简单的传授教学技能,在培育带不走的高水平教师队伍方面还捉襟见肘,所以帮扶效果不理想。站在这个角度,无论是为了提升西部地区群众的长期学习能力还是科学技术水平,都应当从传统教育帮扶形式之外寻求新的帮扶形式。④ 四是帮扶效果单一。虽然传统的教育帮扶对提高受扶地教育水平、促进受扶地教育发展有帮助,但它所采取以"输血式"为主的帮扶举措,让帮扶效果不甚理想,难以形成长效机制。⑤

三 东西部"造血—组团"式教育帮扶的内涵价值

东西部教育扶贫协作主要是"组团式"教育帮扶。"帮扶"一

---

① 柳礼泉、杨葵:《精神贫困:贫困群众内生动力的缺失与重塑》,《湖湘论坛》2019年第1期。

② 陈志、丁士军、吴海涛:《帮扶主体、帮扶措施与帮扶效果研究——基于华中L县精准扶贫实绩核查数据的实证分析》,《财政研究》2017年第10期。

③ 王文、贾霓:《义务教育精准扶贫中的问题与改进路径——基于武陵山集中连片特困地区调查》,《中国行政管理》2019年第2期。

④ 文燕银、陈琳、张高飞、毛文秀:《教育扶贫新阶段:精准扶智2.0》,《现代远程教育研究》2020年第5期。

⑤ 童春阳、周扬:《中国精准扶贫驻村帮扶工作成效及其影响因素》,《地理研究》2020年第5期。

词，从字面上的意思来看即是帮助、扶持的意思，而教育帮扶就是指从教育的角度出发，对需要帮助的人进行教育方面的帮助扶持，在推动全国教育优质均衡发展、缩小东西部发展差距、加强民族团结、维护社会和平稳定等方面具有独特功能和优势[①]。众所周知，西部地区整体发展相对落后，尤其是教育发展的落后，使其难以有效发挥教育扶贫的功能和价值，因而亟须对其进行帮扶和支持[②]。通过发达地区的教育部门对相对贫困地区各个类型的帮助来带动相对贫困地区的教育发展，让贫困地区的孩子接受有质量且公平的教育，是教育帮扶的使命和任务，也是携手奔向小康社会的关键[③]，以此来保障脱贫攻坚的成效。教育帮扶的类型主要涉及教育的培训制度、教育观念的更新、教育人才的交流与互动、两地学校结对关系的建立以及资金援助和毕业生就业工作的推进等方式，通过这些方式，从而能够促进贫困地区的教育能够得到迅速的发展和根本上的改变。基于这些教育帮扶策略的创立、发展中的具体实施方案以及实施中出现的演变，从而分析出教育帮扶对于贫困地区稳定持续发展的意义，所以本章所讨论的教育帮扶是在东西部协作之下的教育帮扶，将"教育帮扶"定义为从国家层面对贫困地区提出相关的教育保障的建议，开展教育理念和教学方法的帮扶行动，使得贫困地区在这样的帮扶条件下能够持续稳定的脱贫。

1. 帮扶内涵

东西部扶贫协作的关键在于提升民族地区和贫困人口的自我发展能力，形成稳定脱贫和持续发展的有效机制，而稳定脱贫和持续发展有效机制建立的关键在于教育帮扶，以及由此带来的贫困代际传递阻断。因此，2015年11月29日审议通过的中共中央 国务院《关于打赢脱贫攻坚战的决定》明确将"发展教育"作为"五个一

[①] 郑刚：《建立教育对口支援长效机制的政策分析》，《中国教育学刊》2012年第7期。
[②] 江星玲、谢治菊：《协同学视域下东西部教育扶贫协作研究》，《民族教育研究》2020年第6期。
[③] 谢治菊：《教育五层级阻断贫困代际传递：理论建构、中国实践与政策设计》，《湖南师范大学教育科学学报》2020年第1期。

批"脱贫的重要举措；习近平总书记也多次指出要让贫困地区、民族地区的孩子接受有质量且公平的教育，就要坚持"扶贫必扶智，治贫先治愚"，将教育作为阻断贫困代际传递的根本策略。可见，教育帮扶是东西部扶贫协作的主要内容之一，也是实现东西部教育均衡发展的关键。然而，受体制机制、政府政策、思想观念、行为模式等因素的影响，东西部扶贫协作在理念、人才、资金和项目等方面还存在一些障碍，因此需要激发东西部扶贫协作的合力，从教育这一基础性要素入手，阻断贫困代际传递。正因如此，东西部扶贫协作中的"教育帮扶"才得到了国家层面的高度重视。需要特别说明的是，东西部扶贫协作下的教育对口帮扶，初期的帮扶形式是派出零散的支教教师，有的也叫"教育对口支援"，现在已发展为大规模"组团式"帮扶了。为准确表达东西部扶贫协作下的教育帮扶，我们将其称为"东西部教育扶贫协作"。

所谓"东西部教育扶贫协作"，是指在东西部扶贫协作的框架下，按照平等协商、自愿参与、合作共享的对话原则，东部对西部教育进行精准、系统、全面帮扶的过程，该协作有以下特点：第一，是在东西部扶贫协作的前提下进行的，东西部扶贫协作主要强调东西对西部的帮扶，包括产业帮扶、旅游帮扶、医疗帮扶、教育帮扶、就业帮扶等，考虑到教育具有扶贫的功能，对阻断贫困代际传递具有重要的价值，因此教育帮扶是东西部扶贫协作最重要的内容；第二，东西部教育扶贫协作是将"教育"作为协作对象，是东部扶西部的"教育之贫"，是典型的"教育帮扶"；第三，东西部教育扶贫协作是一种"点对点"的精准帮扶，其帮扶的形式主要有管理输入、教学帮扶、培训指导等，帮扶的目的是促进贫困地区学生的行为改善和学业进步、增强教师的教学水平和专业发展、提升学校的教学效果与社会影响、促进当地的教育水平与教育发展；第四，"东部对西部的教育帮扶"是东西部教育扶贫协作的首要内涵，但此协作也需要在坚持"平等协商、自愿参与、合作共享"的基础上，实现东西部教育的双向互动、共同发展和协同治理。

目前，东西部教育扶贫协作的主要方式是"组团式"教育帮扶。

"组团式"教育帮扶是促进民族地区教育发展的一种援助模式，是提高民族地区教育质量、促进教育公平的重要手段，是发挥东西部扶贫协作中教育基础性、先导性、根本性作用的重要手段，意指由对口支援省（区、市）和省内中心城市及有关部门单位，按需组团选派优秀管理人员、支教队伍、培训团队，专门针对民族地区一个贫困县或一所薄弱学校开展的教育对口支援新模式。早在2015年，教育部等四部委就联合印发了《"组团式"教育人才援藏工作实施方案》，开创了"组团式"教育帮扶的先河。该模式是过去分散式教育援藏模式的推陈出新，着力从"输血"向"造血"的深度支援转变，实现教育帮扶领域的"单打独斗"向"组团帮扶"的转变，这种转变是新时代教育援藏工作模式和实施路径的一次重大创新。随后的2016年8月，全国"百强"名校长、HZ市XJ中学校长CLQ受邀到贵州省QDN州TJ县MZ中学支教并担任校长，由此拉开了东部各省"组团式"帮扶贵州教育的序幕。为强化这一行动的实践价值，增强教育在东西部扶贫协作中的作用，实现东部省份如广东、浙江、上海等省（市）对贵州教育的全方位扶持，2019年3月30日，贵州省深化教育医疗组团式帮扶工作推进会在GY召开，会上下发了省委组织部等4部门联合印发的"教育医疗组团式帮扶工作指导要点"；2019年4月9日，贵州省教育厅结合指导要点，正式下发了《贵州教育组团式帮扶实施方案》。这一将"组团式"教育帮扶正式命名的标志性文件，规定帮扶的主要地区是贵州的民族地区与深度贫困地区，不仅表达了省委、省政府想利用东西部扶贫协作平台补足贵州教育短板的急切愿望，也凸显出新时代扶贫扶智的迫切要求。因此，尽管运行的时间不长，但截至2019年12月，全省8个市（州）66个贫困县共有2632所乡镇中心校以上的学校都与东部省份建立了一对一的教育帮扶关系。由此可见，作为东西部扶贫协作最重要的内容，无论是新疆、西藏还是贵州民族地区，"组团式"教育帮扶的价值都得到了有效凸显，如何在凝练经验的基础上，系统分析其核心要素、运行机制、实践困境、典型案例和优化路径，对发挥民族地区的教育扶贫功能、带领贫困人口一起奔小康具有重要的意义。

2. 帮扶主体

"组团式"教育帮扶的实现需要充分调动多方利益相关者的积极性，让政府、学校以及教师和学生都参与到民族教育扶贫工作中去，形成各个主体之间互相配合、优势互补的协同效应，加强民族教育扶贫的凝聚力和向心力，提高扶贫效率效益，形成全方位的民族教育扶贫实现保障[1]。

从政府主体来看，作为能够分配公共资源的公共服务者，在教育帮扶的进程中政府自然是拥有主导性地位的。而政府作为教育帮扶的主体在对优化顶层设计上具有至关重要的作用，通常来说，在结对帮扶的两地之间，政府往往会互派人员挂职，在教育帮扶中，两地教育部门的一些领导干部互相到对方的属地部门进行挂职学习，通过一段时间的挂职后帮扶方充分了解了当地情况后因地制宜地给出一些解决方案和建议，而受扶方在发达地区学习后找到自身的差距与不足，在挂职结束后回到当地解决当地所面临的问题。同时，政府部门还可以充分发挥自身的主导作用，在社会上去寻求更多的资金以及其他方面的支持。

学校作为"组团式"教育帮扶中的主体，在教育帮扶的过程中起到的作用同样也不能忽视。在东西部两地之间，西部贫困地区的学校基本上都与发达地区的学校签订了一对一的结对帮扶协议，通过这样的帮扶模式，实现结对帮扶的全覆盖。在结对帮扶的学校中，帮扶方还派遣学校优秀管理干部到贫困地区学校担任挂职副校长或者教学管理的指导员，通过这样的方式全面地了解清楚贫困地区学校的教师教学能力、学校设施设备等情况，从而来促进学校层面管理思维以及教学方式的改变。

从教师及学生的层面来看，这两个主体作为教育帮扶的直接受益对象，在教育帮扶的工作中发挥重要作用。在教育帮扶中对教师

---

[1] 袁利平、张欣鑫：《教育扶贫何以可能——多学科视角下的教育扶贫及其实现》，《教育与经济》2018 年第 5 期。

的教学、教研能力的提升是十分明显的。因为在帮扶中，不仅仅是让发达地区学校的优质教师来到贫困地区学校进行帮扶，还组织贫困地区学校的教师共同到发达地区学校去进行挂职学习。而对于学生而言更是如此，通过与来帮扶的教师交流学习，打开了思维，同时在遇到暑假时一些地方还会组织贫困学校的学生到发达地区开展"夏令营"活动，以此方式来帮助学生立志、笃志、酬志，促进学生的全面发展。

3. 帮扶方式

"组团式"教育帮扶方式在不同历史时期体现出不同的特征，历经了20世纪50年代以内地抽调教育人才的模式、70年代以定区定校包干的模式以及90年代"对口支援、定期轮换、分片负责"的模式[①]。进入21世纪的东西部扶贫协作阶段，则进入了多元组团模式，准确来说将3人或3人以上对一个点进行帮扶我们将其定义为"组团式"帮扶，由于每个区域有每个区域的特性，所以，发达地区选派优质教师到贫困县开展"组团式"教育帮扶工作的帮扶方式也有所区别。目前来看，主要的帮扶方式有以下几种：

一是通过派遣优秀教师到各个县里开展帮扶支教工作，持续增强教育帮扶的力量的方式。前来帮扶支教的教师还对所帮扶的学校进行诊断式的教学视导，通过对学校教学视导、诊断与分析，加强教学过程管理，抓好教学常规、深化教学改革，提高教育教学质量和学校办学水平，促进学校内涵式发展进行了精准把脉，在所帮扶地的教育系统中收到了良好的反响。同时贫困地区的教师以及专业技术人才也到发达地区进行跟岗学习，充分地利用好发达地区的优质教育资源，以此来不断提升自身的教学水平和专业技术。不仅如此，在派遣到贫困地区学校的优秀教师当中一人作为当地学校的挂职副校长，从学校的管理层面对当地学校进行帮助，通过这样的指导模式，引进先进教育理念，推动学校"查问题、促改进"，提升学

---

① 徐姗姗、羌洲：《新时期教育扶贫模式的重大创新："组团式"教育人才援藏》，《中国藏学》2018年第3期。

校教学教研业务水平。

二是加强交流培训的方式。开设"小学校长""小学教研"等专场,覆盖所结对帮扶的县,突破县域限制,始终把提升贫困地区的师资力量放在重要位置。同时,运用线上平台的相关技术,将帮扶地与受扶地的中心校进行线上集体备课研讨活动,把教师能力培养提升向更远的学校延伸。充分地将发达地区的先进信息技术、智能技术资源借鉴运用起来,协商共建互递课堂、创客教室等硬件资源,协调两地公共服务云平台进行用户认证对接,通过建立完善远程教学等机制,打破在线课堂、在线进修壁垒,保障远程培训制度化、长期化、规范化,提升教育水平。不仅如此,还提供"上门式"指导调研服务。由受扶地区的政府组织,把前来帮扶的人员力量进行一个整合,集中地对贫困县的某一所学校在发展中存在的问题进行"把脉问诊"。同时,还组织教育部门相关领导到学校进行调研指导教科研工作并随机进行"推门听课"教研活动,进一步提高课堂教学的有效性。

三是两地联合办学的方式。通过两地之间联合办学达到从"打造一批带不走的教师队伍"迈向"打造一批带不走的优质学校"的目标,从而促进当地教育的长久可持续发展,并且通过这样的途径培训受扶学校师资,提升薄弱学科的教研水平。同时支持援建各类场室,发动社会力量资助贫困学生,聚焦薄弱方面重点帮、全面扶,以点带面,加快两地教育大融合,促进贫困地区教育质量全面提升。不光如此,同时还会组建一个优质的团队,由当地的优秀教师并且有过学校领导经验的老师担任校长,再配备几位到发达地区专门培训的同志担任副校长以及到贫困地区来挂职的副校长组成一个专班,以此来对学校的建设和管理提出建设性的建议。

4. 帮扶价值

传统的教育帮扶模式的特点主要是分散式援教、外部援助、大水漫灌等特征，[1]与之相比，"组团式"教育帮扶的特点主要是集中式、内生性、精准性等，其价值主要体现在以下几个方面：

一是推进了贫困地区的贫困人口素质增长。在扶贫的目标上重点培育贫困对象的自我发展能力，在扶贫进程中，将扶贫同扶志、扶智相结合，将"输血"与"造血"相结合，激发贫困对象内在动力，增强自我发展能力，形成持续反贫困机制[2]，不仅只是针对学生课本上的知识来展开，同时也强调了对思想、价值观、意识形态的教育与培养、帮助贫困地区的贫困学生建立一种正确的价值观和思想意识。并且通过这样的教育帮扶对教育进行改革，丰富贫困地区学校的教学课程，例如一些艺术相关的课程。使得贫困地区的学生也能享受到更多的素质教学内容。除此之外，教育帮扶的内容还包括将发达地区的优秀教师请到贫困地区的学校进行授课，通过现场观摩发达地区优秀老师的授课让贫困地区的老师能够直观地感受到差异在哪，然后去补足自身的不足之处。

二是促进了贫困地区经济的快速发展。建立了双向流动的帮扶模式，在现有已建立帮扶关系学校的基础上，进一步完善校际对口帮扶，通过多种形式继续深入推进互派校长、教师交流，共同开展教育教学研究，全面提升受扶地教师队伍的教育管理水平，发挥示范引领作用。同时，要有针对性地对全州贫困家庭和高职中专以上学生开展精准教育帮扶，打开培训和就业通道，以此来确保贫困地区经济的持续且快速的发展，从而阻断贫困的代际传递。

三是保障了民族平等发展的权利。"组团式"教育人才援助西部地区在价值选择上，促进了民族平等团结、社会稳定及我国社会整体进步[3]。由于贵州省的大部分贫困地区都是少数西部地区，与发达城市相比，教育资源、教育水平等都是相对滞后等。在这样的情况

---

[1] 王学男：《公共政策评估框架下深化"组团式"教育人才援藏的政策研究》，《民族教育研究》2020年第4期。

[2] 江星玲、谢治菊：《协同学视域下东西部教育扶贫协作研究》，《民族教育研究》2020年第6期。

[3] 刘复兴：《教育政策价值分析的三维模式》，《教育研究》2002年第4期。

下，要谋求西部地区的教育稳定和发展则需构建一套行之有效，符合西部地区实际情况的方式，而"组团式"教育帮扶正好能够保障少数民族的教育水平并且一定程度上补充了教育资源的不足。所以正是这些特点使"组团式"教育帮扶模式成为一种先进、有效的教育帮扶模式。

四 东西部"造血—组团"式教育帮扶的模式转向

"组团式"教育帮扶改变了过去分散式的、单打独斗式的帮扶模式，通过建立东部对西部的管理输入、培训指导、教师支教等方式，先集中力量在每个县建设一批示范性的小学、初中或高中，再带动与辐射到县城的其他学校，进而全面提升受扶地的教育教学水平。[①]为系统诠释"组团式"教育帮扶是如何实现中国教育帮扶模式转向与建构中国教育帮扶本土话语体系的，本章所使用的案例与数据，一方面来自课题组自2016年以来对贵州省8个地州市20多个县"组团式"教育帮扶的跟踪调查，调查的方式是集体座谈、深度访谈与问卷调查；另一方面，来自课题组成员多次作为东西部协作考核专家与贫困县退出评估专家在青海、甘肃、贵州、云南、湖南、内蒙古6个省区的观察、走访与调研。调研发现，"组团式"教育帮扶具有推进推动贫困地区人口素质增长、促进贫困地区经济快速发展、推动贫困地区人权事业保障等特点[②]，能够助推教育帮扶模式实现五个转向。

1. 理念转向：从单独、协作到合作

"组团式"教育帮扶无疑是一种相对科学的制度设计，主要原因在于它首先能有效解决帮扶理念的转向问题，使其从过去单独的帮扶理念转向协作甚至合作的帮扶理念。曾有人指出，我国教育帮扶

---

① 羌洲、曹宇新：《文化资本视角下民族教育扶贫的实现机制——以"组团式"教育人才援藏为例》，《西北民族研究》2019年第2期。
② 杨明洪：《扶贫模式与援助方式的双重转换："组团式"援藏的实践与启示》，《西北民族研究》2018年第4期。

存在的大多数问题是思想观念、制度建设和帮扶理念方面的问题。①一些人认为，教育帮扶就是简单的"结对子"式的，是"点对点""单对单"的帮扶。这样的帮扶理念有一定的弊端。而"组团式"教育帮扶正是将这种"单打独斗"的帮扶转换为协作甚至合作理念的帮扶模式。协作与合作皆由两人或多人相互配合共同完成某一任务之意，但在人类社会的治理模式中，它们却是两种不同的治理形态，协作是合作的初级形态与工具理性阶段，主要强调任务的完成而不是共赢的格局。②正因如此，作为一种政府指令性的帮扶手段，东西部协作背景下的"组团式"帮扶首先让教育帮扶理念从"单独"走向了"协作"，因为"组团式"教育帮扶是与"十三五"时期的脱贫攻坚战一同成长的，这一时期的"组团式"教育帮扶，是以利益追求特别是受扶地的教育水平提升为目的，其构建的帮扶关系主要是受两地帮扶协议而非道德的制约，是需要帮扶两地部门、团队和人员共同来完成的，所以这一时期的帮扶又被称为"东西部教育扶贫协作"。③但随着教育帮扶的逐渐深入，尤其是"十四五"时期将以"两保持三加强"④的原则来推进东西部协作，"十三五"时期以"协作"为主要理念的教育帮扶模式，虽然能完成协作任务，但不一定会带来互惠共赢的局面。事实上，整个"十三五"时期的"组团式"教育帮扶，都是以东部向西部的资源输出为主，难以形成互惠共赢的格局，故而在东西部扶贫协作"组织领导、人才支援、资金支持、产业合作、劳务协作、携手奔小康行动"6大考核要素中，教育帮扶的考核内含于人才支援指标中，所以"十四五"期间要转向以"合作"为主题要义的帮扶关系。合作意味着，"十四五"时期的"组团式"教育帮扶既应注重关系也应注重实质，既要照顾

---

① 代蕊华、于璇：《教育精准扶贫：困境与治理路径》，《教育发展研究》2017年第7期。
② 张康之：《"协作"与"合作"之辨异》，《江海学刊》2006年第2期。
③ 江星玲、谢治菊：《协同学视域下东西部教育扶贫协作研究》，《民族教育研究》2020年第6期。
④ 保持东部对西部资金与人才的投入力度，加强东西部间的劳务协作、产业协作与消费协作。

过程又要考虑结果，以实现帮扶双方的共生共赢、互惠互利为目的，是一种更高形态的"差异互补机制"。

2. 主体转向：从一元、多元到全员

"组团式"教育帮扶实施以来，帮扶的主体也从一元转变到多元再到全员。也即，随着"组团式"教育帮扶的发展，帮扶的主体在不断扩大，具体表现在：一是"组团式"教育帮扶的"团"一般是由三个人以上组成，这超越了传统以"一人支教"为主的帮扶弊端，让帮扶主体的数量从一元向多元演进。二是从主体功能来看，"组团式"教育帮扶的主体，既有教学管理人员，也有教学培训人员，还有支教教师队伍，所以，其主体功能从原来单向的"支教"功能转向了集"管理、培训、支教"等于一体的复合功能。三是从主体类型来看，传统的帮扶主要由政府来主导，通过政策的倾斜来改善贫困地区的教育问题，扶贫资源也应由政府来进行统一分配。[①] 当然，政府主导的教育帮扶，一定程度上也可以实现教育扶贫的"跨越式"发展。[②] 不过，效率低下的弊端也比较明显，更难以支撑初始成效的可持续发展。"组团式"教育帮扶则打破了这一藩篱，逐渐引入了市场与社会的因素，由此构成了政府、市场、社会共同帮扶的"大格局"，这与2015年10月16日习近平总书记在减贫与发展高层论坛上提出的扶贫思想相吻合。事实上，从学校的层面出发，"组团式"教育帮扶是由管理人员、培训人员、支教人员共同组成的一个教育帮扶团队，这一帮扶形式首先丰富了帮扶人员的构成，因为其组成的团队成员中，既有体制内的学校领导及老师，也有市场化的教育行政人员及其帮扶理念，还有社会组织身份的工作人员。例如，贵州省的 DS 三中，受 GZ 大学附属中学"组团式"教育帮扶 5 年左右，成效十分显著，从全县倒数第三名的中学一跃成为全州第一名的中学，成功的秘诀在于有效糅合了 GZ 的先进办学理念、公益组织运营观念与贵州省的公立办学体制，将公立学校"私营化"运营，

---

① 魏向赤：《关于教育扶贫若干问题的思考》，《教育研究》1997年第9期。
② 景志明：《民族地区教育跨越式发展的思考》，《云南社会科学》2001年第5期。

引入了竞争要素与末位淘汰制，又按照社会企业的形式来运行。站在这一角度，"组团式"教育帮扶的主体类型，实现了从政府为主向政府、市场与社会共同协作的转变。可见，东西部协作背景下"组团式"教育帮扶的主体，包含了丰富的实践样态，既可以指组团主体的多元化——如"银龄"队伍、"三名"队伍、"老校长下乡"队伍等，也可以指不同学校的跨地域帮扶，还有政府、高校、市场、民间社会力量所组的团。这种不同主体共同参与、多方协同、多元共治的帮扶机制，是适应我国教育治理体系和治理能力现代化的必然要求。①

3. 内容转向：从支教、培训到管理

有学者通过文献梳理发现，教育扶贫的典型模式有5种，分别是"证书式""订单式""联动式""服务式"以及"互联网+"教育帮扶模式，其中运用最多的就是"订单式"的教育帮扶模式。②尽管如此，哪怕是以3年为一个轮回的"组团式"教育人才援藏模式，与前述5种模式相似，都呈现出"单向度""僵化""计划经济""高成本""低效益"等特征。③其主要原因在于，这些模式帮扶的内容往往比较单一，以支教或培训为主。而"组团式"教育帮扶是以"六结合三能力"为特征，通过优秀支教团队的精神引领和文化植入，能够实现"制度建设、学生培养、资金帮扶、人才支持"的协同发展，以及"机制创新、管理移植、观念传播、利益共享"之协作目的，能够充分体现东西部协作背景下教育帮扶的本质要义。④ 由此，"组团式"教育帮扶的内容，从以往只是简单的支教转向了支教与培训结合，再转向支教、培训与管理的深度融合。调研

---

① 齐林泉：《以组团式帮扶多向协同精准强教——教育部中学校长培训中心精准帮扶贵州教育探索》，《中国教育报》，2019年9月4日第5版。
② 袁利平、万江文：《我国教育扶贫研究热点的主题构成与前沿趋势》，《国家教育行政学院学报》2017年第5期。
③ 杨立昌、杨跃鸣、曹薇：《"后脱贫时代"教育对口支援机制创新研究——基于"组团式植入"帮扶案例分析》，《凯里学院学报》2020年第2期。
④ 杨立昌、杨跃鸣、曹薇：《"后脱贫时代"教育对口支援机制创新研究——基于"组团式植入"帮扶案例分析》，《凯里学院学报》2020年第2期。

时发现,"组团式"教育帮扶取得明显成效的贵州省,其 GZ 市派遣来的团队成员一般由 3—5 人组成,这些人到贵州省各县后,一般由 1 人挂职该县教育局副局长或兼学校副校长,或专门挂职学校副校长,负责传播先进的教育教学理念与科学的课堂教学技能;1 人挂职教导处主任或学科组组长,负责带动学校或学科的发展;1—3 人负责具体学科如英语、数学、语文、历史、体育、美术等支教工作。这样的帮扶设计,既照顾了宏观层面的教育理念,也关照了中观层面的学校发展与微观层面的课堂建设,让帮扶的内容从原来单向度的支教转向了教育教学理念培育、管理转变、制度建设、技能培训与学科发展,使帮扶的内容越来越丰富、成效越来越显著、影响越来越大,仅贵州一省,"十三五"期间就涌现出了"DS 三中""NY 市 TH 实验小学""TJ 县 MZ 中学""LB 高级中学"以及"YX 班""HP 班" "DL 班"等名校名班,也让 CLQ、ZW、HXL、CGR、YMX 夫妇等带领的帮扶团队走入了千家万户。

4. 目标转向:从扶智、扶志到志智双扶

贫困问题的核心在于:一是贫困群体自身没有改变意愿,因缺乏行动预期、行动能力而不想、不能通过行动来改变贫困生活的处境;二是贫困群体本身因政府政策、社会环境、资源状况、社会支持等原因,虽然努力但无法采取改善、提升自身生活质量的行动。所以,反贫困的核心,是要解决政策、资源、机会问题,以及贫困群体的行动意愿、行动预期、行动能力、行动机制问题。考虑到扶志主要是扶思想、扶信心,扶智主要是扶思路、扶技能,前者关涉个体心理即脱贫意愿,后者关涉个体能力即脱贫行动,二者共同解决的是贫困群体的"脱贫意愿、脱贫预期和脱贫能力"问题,且这些问题除与个体因素有关之外,还与家庭情况、教育支持有关。因此,如果说"组团式"教育帮扶的首要目标是"扶智",即通过强化管理、转变思维、增强技能、开展培训、进行支教等来增强学生的发展能力、拓宽学生的眼界思路、丰富学生的知识阅历、提高学生的升学比例。那么,随着教育帮扶的深入,尤其是 2018 年 10 月 29 日国务院扶贫办等 13 个部门联合发布《关于开展扶贫扶志行动的意见》后,"组团式"教育帮扶自然而然带有"扶志"的功能。"扶志"可以使一个人具有现代性,一个具备了现代素质或现代性的人应该具有一整套能够在现代社会中比较顺利地顺应生活的价值观、生活态度和社会行为模式,进而能从根上阻断贫困的代际传递。① 而到了今天,"组团式"教育帮扶则转向了典型的"志智双扶",即既帮助贫困学生树立志气、增强信心、更新观念、转变思想,也增加贫困学生的智慧、知识与技能,这能够让贫困学生以更加积极、开放、包容的心态接受新生事物、增加社会流动、摆脱土地束缚,进而获得丰富的社会阅历,降低行为保守性和心理封闭性,增强自我依赖和自我效能感,这些特征恰恰是英格尔斯笔下现代性个体的表现。②

5. 结果转向:从"输血""造血"到"献血"

传统的教育帮扶模式以捐钱捐物为主,仅仅实现了"输血"的功能,会使贫困人口产生"等、靠、要"的不良思想;③ 后来的帮扶以单向度的"支教""培训"等为主,带有一定的"造血"功能。但由于单纯的"支教"和"培训"并不能打造一支带不走的高水平教师队伍,故而这样的"输血"功能并不强大,这可以从"组团式"教育人才援藏支教行动中看出端倪。虽然这一帮扶模式对实现西藏教育的"跨越式"发展、增进西藏各族的"五个认同"、铸牢中华民族共同体意识有促进,但仍然存在受援双方理念融合不够、援助资源使用效率低下、学生高层次需求得不到满足、"造血"功能并未真正建立等问题。④ 东西部协作背景下的"组团式"教育帮扶是从多个方位来对贫困地区进行帮扶,是嵌入"示范校"并带动全

---

① 周晓虹:《流动与城市体验对中国农民现代性的影响——北京"浙江村"与温州一个农村社区的考察》,《社会学研究》1998 年第 5 期。
② 谢立中:《关于所谓"英格尔斯现代化指标体系"的几点讨论》,《江苏行政学院学报》2003 年第 3 期。
③ 王志章、郝立、黄明珠:《政策营销、政策执行与精准扶贫政策满意度》,《贵州财经大学学报》2019 年第 5 期。
④ 杨明洪:《对口援藏机制创新与绩效提升:"组团式"教育援藏的调查与分析》,《西北民族大学学报》(哲学社会科学版) 2021 年第 1 期。

县乃至全州、全省教育发展的帮扶,这样的帮扶一旦形成较好的成效,受扶的主体就能够产生"造血"的功能。这样的"造血"功能不仅可以维持受扶学校与地区教育水平的高质量运转,真正阻断贫困的代际传递,还能让受扶对象积累到一定程度时具有献血能力。也即,当受扶主体通过教育摆脱贫困后就能够将自身的成功经验进行复制推广,甚至有多余的力量来"献血"帮扶其他地区,使其他受扶主体也产生自我"造血"的功能,进而建立巩固脱贫攻坚成果的长效机制。之所以有这样的效果,是因为"组团式"教育帮扶解决的可是"导致贫困发生的关键问题",提升的是贫困人口的可行能力。[1]

值得关注的是,"组团式"教育帮扶所实现的模式转向,是逐次进行的,即先实现第一个阶段到第二阶段的转向,再实现第二个阶段向第三个阶段的转向。不同的是,有的模式转向在"十三五"东西部扶贫协作的背景下已全部完成,如帮扶内容从支教、培训到管理、帮扶目标从扶智、扶志到志智双扶、帮扶主体从一元、多元到全员,但有的转向则需要在"十四五"东西部协作阶段才能全面实现,如帮扶理念从协作到合作、帮扶结果从造血到献血的转向。尽管如此,作为一种理论建构,"组团式"教育帮扶模式的五个转向,仍然有深刻的价值意义。

五 东西部"造血—组团"式教育帮扶的运作逻辑

2021年是"十四五"规划的开局之年,也是全面乡村振兴的初始之年。虽然脱贫攻坚战已经结束,但如何巩固脱贫攻坚成果,如何实现脱贫攻坚与乡村振兴的有效衔接,如何全面推进乡村振兴,教育帮扶的作用仍不可小觑。在乡村振兴阶段,东西部协作的任务、目标、内容和举措将会发生变化,"组团式"教育帮扶的环境也已悄

---

[1] 杨明洪:《扶贫模式与援助方式的双重转换:"组团式"援藏的实践与启示》,《西北民族研究》2018年第4期。

然转移，承担的任务也更加艰巨。为此，剖析"十三五"期间"组团式"教育帮扶所折射的价值意蕴，以及此价值意蕴对教育帮扶的本土建构意义，具有重要的作用。

1. 思想建构：发挥"好组织+好党员"的引领模式

为实现"组团式"教育帮扶的本土建构，首先应从思想上入手，通过发挥"好组织"和"好党员"的作用来进行引领。"好组织"的意思是实施"组团式"教育帮扶的顶层设计与机构设置比较合理，能够有力保障帮扶方案的实施。例如，在贵州省8个地州市上报的《"组团式"教育帮扶工作实施方案》中，都成立了专门的领导机构或工作专班，机构与专班由帮扶两地的相关工作人员组成，下设办公室，负责"组团式"帮扶的日常管理、运行、考核与服务；同时，建立了县委书记联络对接受扶学校的领导机制，明确县委书记、教育局副局长定期深入学校了解情况的工作机制，这是通过做好组织建设来保证"组团式"教育帮扶顺利实施的典型例证。当然，"组团式"教育帮扶关涉人员调配、监督控制、服务保障等诸多环节，只有发挥各级党组织的领导协调作用，建立帮扶双方定期会晤的协商机制，增强党组织的监督保障职能，发挥党员干部的先锋模范作用与战斗堡垒价值，才能取得好的成效。因此，要想做好"组团式"教育帮扶，仅有一个好的组织体系还不够，还需要有优秀的人来带领，这时候，帮扶人员中的党员干部便发挥了示范带头作用，正所谓"基层的治理要坚持以党建引领、以人民为中心，把党员干部的力量贯穿到各个领域"。[①] 这一点，贵州省 ZY 县做得比较好。他们不仅成立了"组团式"教育帮扶的专班，还在教育系统中组建了43支党员先锋队，每支队伍选派1名"第一书记"、2名先锋队队员到帮扶村开展教育帮扶工作。"好组织+好党员"的引领模式，可以充分发挥帮扶团队的战斗力、凝聚力与辐射力，大大提升帮扶的成效。

2. 逻辑建构：构建"好机制+好团队"的思维模式

从顶层设计来看，在帮扶过程中，由于双方学校工作安排的需

---

① 陈东辉：《基层党建引领社会治理创新的探索与路径》，《理论与改革》2019 年第 3 期。

要和人事管理权限的制约，大多数时候是派学科骨干帮扶薄弱学校的学科建构，真正意义上的互派实职参与学校管理的帮扶欠缺。而挂职干部因身份比较尴尬，在学校管理中不能真正发挥主导学校改革弊制的作用，难以对受扶学校产生实质影响，因而有时会出现帮扶中的"权力空转""流于形式"等困境，进而阻碍帮扶成效。然而，被中宣部评为"时代楷模"的CLQ校长及其团队，却以任职校长及学校核心领导职位的方式帮扶贵州省TJ县MZ中学，探索了"任职帮扶"的成功模式，建立了一套"组团式"教育帮扶的多元化激励体系；以"集团化"办学著称的GZ大学附属中学，采取"1+X"的帮扶方式，实现了贵州省DS三中的跨越式发展，这些都是"组团式"教育帮扶机制创新的有益尝试，值得进一步优化后在全国推广。

当然，帮什么、怎么帮是教育帮扶最为关键的问题，而团队的组建形式不仅决定了帮什么，还关系到怎么帮的问题。在实际运行中，部分"组团式"帮扶中的团队成员要么来自同一个地区、要么来自同一所学校，团队成员的多元化、异质性不明显。同时，团队成员往往是以体育、音乐、美术、生物等非主体学科老师为主，且每个学校只有2—3名帮扶老师，与每个年级8—10门课的要求相去甚远，难以实现各学科的均衡发展。因此，组建一支由"好校长、好老师、好培训专家"组成的优秀帮扶团队，实现精准、无缝、按需帮扶，则尤为关键。GZ市在"组团式"教育帮扶过程中建立的"按需选派"帮扶团队和"能进能出"考核机制，无疑为选派优秀的教师团队提供了重要保障。由此，要从逻辑上来建构"组团式"教育帮扶，"好机制+好团队"的思维模式是必不可少的。

3. 行动建构：打造"好老师+好学生"的双赢模式

要想增强"组团式"教育帮扶的成效，应更多思考如何培养一支带不走的管理队伍与教师队伍，如何利用东西部协作资源将外地的优秀教师与管理人员"请进来"、将本土的骨干教师与管理队伍"派出去"。例如，贵州省成立的名校长领航工作室依托帮扶的优秀校长来培养当地的管理队伍，建立的省级乡村名师工作室助推教师研修共同体；云南省通过选派老师到对口帮扶的上海市跟岗学习、嵌入培训、深度研修，推进教师专业发展。尤其是，GZ 市 TH 区派驻到贵州省 NY 县帮扶的 HXL 副校长，放弃百万年薪，利用 1 年的时间，在当地成功地打造了一支带不走的高三教师队伍。"毕竟，高中是基础教育的出口，教育帮扶能使老百姓直接受益的就是高考，影响一个家庭脱贫致富的关键也是高考，因此对当地高中教师个人业务能力、学科团队建设、高考备考策略等方面的帮扶尤为重要，而高中老师培养难度相对较大，高考备考经验丰富的老师更是稀缺资源"（2020-10-09）。访谈时，HXL 校长如是说。这些事实说明，就行动上而言，打造一支带不走的好教师队伍，是"组团式"教育帮扶的主要逻辑。

"组团式"教育帮扶在打造出一批好老师的同时，也应培养出一批优秀的学生。通过帮扶激发一种蓬勃向上的斗志精神，培育贫困学生的志气、志向和志趣，是"组团式"帮扶的使命所在。就如 QD 市相关学校对贵州省 AS 市 GL 县民族高级中学的帮扶一样，考虑到课堂是学生的主阵地，QD 帮扶学校采用导学案的方式，充分利用课堂时间提高学生的学科素养，将 QD 各科精品导学案输送给 GL 民中，以帮助学生高校学习，让学生更有愿景、信任感、互惠感和获得感。贵州省 QN 州 LD 一中，经过 GZ 市 YX 区三年的帮扶，所在的"YX 班"47 名学生，一本上线 46 名，上线率 97.8%，是全校平均一本上线率的 4 倍多，学生受益十分明显。这意味着，就"组团式"教育帮扶的本土意蕴而言，打造一组"好老师+好学生"的双赢模式，是从行动上建构的重要内容。

4. 技术建构：搭建"好平台+好资源"的共享模式

利用信息技术促进教育变革的观点由来已久，这可用世界各国近年来开展的教育教学改革实践来佐证。技术促进的教育变迁，可从课堂教学变革、学习环境变化、学习方式创新、教育资源共享、教育平台发展等角度来理解。[①] 众所周知，任何地区的优质教育资源

---

① 祝智庭、管珏琪：《教育变革中的技术力量》，《中国电化教育》2014 年第 1 期。

都是有限的，对东部帮扶方而言，"十三五"期间的帮扶任务都比较繁重，如 GZ 市以一城之力对口帮扶（支援）全国 6 省 8 个地区，帮扶需要投入的人力、物力、财力可想而知。再加上自身的学生数量比较庞大，优质师资资源也不一定能有效满足教学需求，因此不可能对帮扶地区每一所学校都进行深度帮扶。对受扶方而言，接受帮扶和外出学习的机会毕竟有限，因而亟须引入数字化平台和资源，扩大帮扶的辐射面。难能可贵的是，在实践中，贵州省 CS 县以云录播平台为载体采用的"大数据+教育"帮扶模式，GZ 市采取的"以点带面"的帮扶策略，都是重点帮扶县城某一学校后，通过"好平台+好资源"的共享机制扩大受益面，进而全面提升帮扶质量。由此，"组团式"教育帮扶的技术建构，就是通过"好资源+好平台"的孵化，从而改变受扶群体的认知方式与学习手段、参与群体的参与方式与参与关系、帮扶双方的帮扶环境与帮扶机会，进而达成高品质的帮扶效果。[①]

六　东西部"造血—组团"式教育帮扶的协同治理

教育帮扶是我国扶贫工作中的重要组成部分，它能够有效地遏制因短暂的"输血式"帮扶而造成的返贫现象，然后再通过"造血式"的帮扶实现稳固脱贫。[②] 但从目前"组团式"帮扶在西部各省的实施看来，仍然存在一些问题，这些问题包括：一是帮扶对象待调整。现有的帮扶模式一般是"强强联合"，即组团帮扶每个贫困县最好的一所学校。"强强联合"虽然有利于优化教学资源配置，容易出成果，但长此以往，必将进一步拉大受扶地各学校之间的差距，这与国家要实现教育优质资源均衡发展的目标有差距。不仅如此，现有的帮扶对象以小学、初中等义务教育学校为主，学前教育与高

[①] 王奕俊、吴林谦、杨悠然：《受教育者成本收益视角的东西部职业教育协作精准扶贫机制分析——以"滇西实施方案"为例》，《苏州大学学报》（教育科学版）2019 年第 1 期。

[②] 周丽莎：《基于阿玛蒂亚·森理论下的少数民族地区教育扶贫模式研究——以新疆克孜勒苏柯尔克孜自治州为例》，《民族教育研究》2011 年第 2 期。

中阶段的帮扶相对较少。学前教育主要是开发智力、培养儿童的学习习惯，比较重要。二是帮扶周期待改进。大多数老师的帮扶时间是在6—12个月，帮扶周期相对较短。对于帮扶教师来说，来到一个陌生的环境不仅需要一段时间来调整，使自己适应当地的风俗习惯、气候环境等，同时还需要一些时间来系统了解和诊断受扶学校存在的问题，如果帮扶周期仅仅为6—12个月，对于学生来说，刚刚适应一位教师的教学风格，老师就要调走，这不利于学生学习；对于老师而言，也许刚刚适应受扶地的环境就要回到原单位，真正能够实施帮扶的时间不多，这也不利于提高帮扶成效。三是帮扶经验交流不够。受扶省内之间、市（州）内之间，甚至县与县、学校与学校之间帮扶交流的机会不多，当地教育局也鲜有组织经验交流、课堂观摩、集体讨论等交流平台，帮扶经验难以有效传播，示范带动作用不明显。四是受扶理念待转变。东西部协作强调帮扶双方相互协作、相互协商、共同发展。而作为受扶方，其干部思维观念对帮扶成效起着关键作用。不过，部分受扶教育部门和学校领导干部对"对口帮扶"认识不够深入，思维转变不够彻底，不敢大胆放手、放权让帮扶干部在当地开展教学改革和尝试，担心打乱和破坏其原有的教学秩序，也担心帮扶干部离开后已进行的改革难以持续和深入。因此，面对帮扶资源，部分学校缺乏长远规划，对自身的需求认识不清，不能有效利用帮扶资源来开展教育教学改革。

要解决上述问题，一方面应从帮扶团队、帮扶对象、帮扶周期、帮扶效应方面优化已有的帮扶模式。例如，进一步扩大"团"的规模与范围、丰富"团"的成员与形式，选派教学管理人员到受扶地任职而非挂职；进一步将帮扶对象从学前教育与高中教育转移，动员一批经验丰富、身体好的退休教师组成"教育帮扶专家团"，对受扶地的高三老师进行短期培训；进一步科学化制定帮扶周期使其形成三年的闭环，加大帮扶的师资数量与质量，还要增加帮扶的时间、丰富帮扶的形式；进一步转变受扶理念制定帮扶规划，发挥帮扶优势，深度开展帮扶经验交流会、座谈会，促进不同县域之间相互学习，加强不同县域学校之间的交流与互动。

另一方面，应站在更高的层面，关注"组团式"教育帮扶的协同治理问题。为何未来的"组团式"教育帮扶需要协同治理而不是协作治理、合作治理？因为，这三者虽然都强调治理主体的多元性、治理目标的整合性与公共权力的分散性，但与协同治理相比，协作治理更倾向于多元主体的权力共享与资源共用，强调多元主体而非内容、方法、技术的协作，强调任务的完成而不是双赢的实现；以信任为前提的合作治理，强调打破政府为中心的政策体制，强化多元主体的平等参与、互惠共赢。[①] 而协同治理是联邦德国物理学家赫尔曼·哈肯1971年提出来的，与多中心治理、网络治理、整体治理等有莫大的关系，几经发展已经形成一种整合多种治理理论的新思想。[②] 与协作治理、合作治理相比，协同治理中的"协同"内涵更加丰富，既可以是主体的协同、内容的协同，也可以是方法、手段与技术的协同；既可以是去中心化的协同，也可以是以政府为中心的协同；既强调共同任务的完成，也关注共赢目标的实现，是以相互配合、协作行动、共聚力量、共享成果的方式达成整体功能大于各部分功能之和。[③] 协同治理与"组团式"教育帮扶是高度契合的，因为二者都需要多元的主体、共同的愿景、动态的过程与明确的目标；由于具有公共产品供给与区域协调发展的属性，"组团式"教育帮扶的主体不能去中心化，还应该以政府主导或政府引导为主，所以不适合"合作治理"。具体来说，"组团式"教育帮扶的多元参与主体之间、多环节帮扶过程之间、多层次帮扶内容之间、多种类帮扶技术之间、多维度帮扶结构之间等，都需要协同配合，发挥整体效应，这样才能从根本上解决现有模式优化后的长效机制问题。目前，"组团式"教育帮扶协同治理的顶层设计、机制建设、文化供给、具体内容、保障体系已基本具备，但需要进一步深化与发展。

---

① 颜佳华、吕炜：《协商治理、协作治理、协同治理与合作治理概念及其关系辨析》，《湘潭大学学报》（哲学社会科学版）2015年第2期。
② 黄巨臣：《农村教育"技术治理"精细化：表现、局限及其应对——基于协同治理理论的视角》，《湖南师范大学教育科学学报》2018年第4期。
③ 颜佳华、吕炜：《协商治理、协作治理、协同治理与合作治理概念及其关系辨析》，《湘潭大学学报》（哲学社会科学版）2015年第2期。

站在这个角度，东西部协作下的"组团式"教育帮扶，虽然是一种协作关系，但其根本目的还是促进不同区域之间的教育协同均衡发展。回首过去，在协作关系形成的初期阶段，"组团式"教育帮扶是以东部对西部的单向度帮扶为主；面向未来，在协同关系即将成熟的乡村振兴阶段，在东西部"消费协作、劳务协作、产业协作"的强化下，要进一步助推帮扶两地提升教育治理能力、实现教育治理体系的现代化，东西部教育协同也必将成为题中之义。[①] 因此，从协同治理的角度来展望"组团式"教育帮扶的未来面向，具有重要的价值。要做到协同治理，首先协作理念应从"打造一批带不走的教师队伍"迈向"打造一批带不走的优质学校"，厚植学校内生自主发展潜力，让贫困地区真正长期受益；其次，考虑到国家扶贫战略工作重点地区具有跨省区或跨省市和多为民族地区的特点，应从宏观上由国家层面来统筹，建立跨省区或跨省市间的教育协同机制；再次，考虑到东西部教育扶贫协作对提升民族地区学生智力、心理、语言、思维和文化水平具有重要的意义，因此应从以"神经认知、心理认知、语言认知、思维认知和文化认知"为核心要义的人类认知五层级理论出发，建构东部对西部的五层级教育帮扶体系，实现帮扶对象五层级认知的协同转变；复次，应通过完善顶层设计、政策体系、监督机制和考核方式，实现教育帮扶理念、帮扶目标、帮扶内容和帮扶手段协同发展；最后，应构建基于区块链技术的教育帮扶大数据协同平台，提高帮扶的效率和效果，增强帮扶的精准性、针对性和公平性，提升帮扶管理的透明化、精细化和科学化。

党的十八大以来，以习近平同志为核心的党中央实施精准扶贫、精准脱贫，加大扶贫投入，创新扶贫方式，扶贫开发工作呈现新局面，脱贫攻坚战取得了决定性胜利。与此同时，西部地区区位优势相对薄弱、经济社会文化发展滞后、生态环境脆弱、自我发展能力不强等问题凸显，这使得巩固脱贫攻坚成果变得极为艰难，也使乡

---

① 江星玲、谢治菊：《协同学视域下东西部教育扶贫协作研究》，《民族教育研究》2020年第6期。

村振兴短板更加突出。在此背景下，东西部协作背景下的"组团式"教育帮扶成为加速西部地区发展、缩小与东部地区差距的重要战略。虽然"十四五"期间东西部协作的重点将会从脱贫攻坚转向乡村振兴，但最新的政策导向仍然是强调"两保持三加强"，即"保持东部对西部资金与人才的投入力度，加强东西部间的劳务协作、产业协作与消费协作"。所以，从长远来看，东西部协作背景下的"组团式"教育帮扶一方面为推动国家教育治理能力与治理体系现代化、深化教育区域合作、推进东部教育对西部的平等协作提供了途径；另一方面，为更多贫困家庭子女直接受益、为更多东部学校的治理方式植入西部、为受扶地教育行政部门留下可供借鉴的教育善治案例提供了样本。认清这一点，本章的价值足矣。

第三部分

东西部协作的关键机制

第十章　东西部协作中的协同制及其类型

东西部协作是一项跨域治理制度。脱贫攻坚结束之后乡村振兴开启，东西部扶贫协作进入"东西部协作"的新阶段。2021年4月，习近平总书记对深化东西部协作作出重要指示，强调要完善东西部结对帮扶关系，拓展帮扶领域，健全帮扶机制，形成区域协调发展、协同发展和共同发展的局面。总的来说，现有文献在东西部协作的历史渊源、内涵界定、经验模式、成效评价、动力和保障机制等方面的研究较多，而较少关注中央政府、东西部省级政府及地方政府、企业、社会组织和受帮扶群众诸多主体之间的协同，而诸多主体的协同恰恰是东西部协作能够成功的关键。因此，本章从协同治理理论出发，以广州市N区结对帮扶贵州省L县的东西部协作实践为个案，探讨"十三五"时期东西部协作的协同模式及其结合途径。

一　东西部协作中协同制的缘起

1994年，国务院颁布《国家八七扶贫攻坚计划（1994—2000年）》。根据这一计划，为了在2000年解决8000万贫困人口的温饱问题（按1990年不变价格绝大多数贫困户年人均纯收入达到500元以上），北京、天津、上海和广东等东部省市需要对口帮扶西部的一两个贫困省、区发展经济[①]。1996 年，国务院办公厅转发国务院扶贫开发领导小组《关于组织经济较发达地区与经济欠发达地区开展扶贫协作报告》，明确了东部 9 省（市）与中西部 10 个省（区）的扶贫协作结对关系[②]，东西部扶贫协作的制度由此确立，并在 2002 年、2010 年和 2016 年对结对帮扶关系做了调整[③]。作为一项平衡东西部经济社会发展差距的跨区域、跨部门的扶贫实践，实施 20 多年来取得了良好的效果，是一项具有中国特色的扶贫开发道路的重大创新[④]。对东西部协作中的协同模式及其结合途径进行探讨，一方面可以回应邓小平对 20 世纪 80 年代 "两个大局" 的论述[⑤]；另一方面可以为全世界反贫困的理论和实践贡献中国经验。

目前，关于东西部协作的研究主要集中在以下五个方面：一是有关东西部协作产生的历史渊源、政策背景及政策演进过程[⑥⑦]；二是有关对口帮扶的性质的研究，比如 "对口支援是什么"，一些学者将之界定为区域援助政策[⑧]、横向财政转移方式和行为[⑨]、中国特色的府际关系实践或府际合作实践[⑩]、中国特色的 "控制性的多层竞争" 过程[⑪]，也有学者将对口支援界定为一种政治性馈赠，是 "在中央政府主导下，借助于馈赠方式实现各种资源从经济发达地区向

[①] 杨临宏：《扶贫工作研究参考文献集萃》，云南大学出版社 2017 年版，第 78 页。
[②] 权威发布：《国务院办公厅转发国务院扶贫开发领导小组关于组织经济较发达地区与经济欠发达地区开展扶贫协作报告的通知》，《中华人民共和国国务院公报》1996 年第 20 期。
[③] 陆汉文：《东西部扶贫协作与中国道路》，《人民论坛·学术前沿》2019 年第 21 期。
[④] 黄承伟：《东西部扶贫协作的实践与成效》，《改革》2017 年第 8 期。
[⑤] 邓小平：《邓小平文选》（第三卷），人民出版社 1993 年版，第 90 页。
[⑥] 韩广富、周耕：《我国东西扶贫协作的回顾与思考》，《理论学刊》2014 年第 7 期。
[⑦] 谢治菊、彭智邦：《东西部协作政策扩散的维度、逻辑与启示——基于政策扩散理论与文本分析》，《中国公共政策评论》2021 年上半年卷（总第 21 卷）。
[⑧] 靳薇：《西藏援助与发展》，西藏人民出版社 2010 年版，第 117 页。
[⑨] 伍文中：《从对口支援到横向财政转移支付：文献综述及未来研究趋势》，《财经论丛》2012 年第 1 期。
[⑩] 丁忠毅：《对口支援边疆民族地区政策属性界定：反思与新探》，《湖北民族大学学报》（哲学社会科学版）2021 年第 1 期。
[⑪] 钟开斌：《控制性多层竞争：对口支援运作机理的一个解释框架》，《甘肃行政学院学报》2018 年第 1 期。

经济相对不发达地区流动的援助实践"[1]；三是东西部协作的经验总结和模式探讨[2]，比如"闽宁模式"[3] "粤桂模式"[4] "上海模式"[5] "教育组团式帮扶"[6]，探究开发性金融、职业教育[7]和产业转移在扶贫协作中的作用[8]；四是有关东西部协作政策的绩效评价[9][10]，关注扶贫协作在强化政治认同[11]、重塑府际关系[12]、促进区域协调发展[13]、促进西部受援地区经济增长[14]等方面的积极作用；五是东西部协作的动力机制[15]、协作主体之间的利益差异与冲突[16]和确保协作有

---

[1] 李瑞昌：《界定"中国特点的对口支援"：一种政治性馈赠解释》，《经济社会体制比较》2015年第4期。

[2] 万鹏飞、吴雨坤：《东西部扶贫协作：模式的研究与未来的发展——以北京市东西部扶贫协作为例》，《贵州民族研究》2021年第3期。

[3] 盛晓薇、马文保：《"闽宁模式"：东西部扶贫协作对口支援的实践样本》，《人民论坛·学术前沿》2021年第4期。

[4] 祝慧、雷785：《东西部扶贫协作场域中的互动合作模式构建——基于粤桂扶贫协作案例的分析》，《苏州大学学报》（哲学社会科学版）2020年第1期。

[5] 张晓颖、王小林：《东西扶贫协作：贫困治理的上海模式和经验》，《甘肃社会科学》2021年第1期。

[6] 谢治菊：《东西部协作教育组团帮扶的模式转向与本土建构》，《吉首大学学报》2021年第4期。

[7] 张晨：《职业教育"东西部扶贫协作"中的问题与实践研究——以上海对口支援喀什地区为例》，《教育发展研究》2018年第7期。

[8] 郑楷、刘义圣：《产业梯度转移视角下的东西部扶贫协作研究》，《东南学术》2020年第1期。

[9] 曾勇：《中国东西扶贫协作绩效研究——以沪镇对口帮扶为例》，博士学位论文，华东师范大学，2017年，第185页。

[10] 郑丽丽：《对口支援政策实施绩效及对策分析——以江西省为例》，《黑龙江民族丛刊》2012年第5期。

[11] 谭书先、赵晖：《对口支援的政治认同构建——一项基于新冠肺炎疫情时期的网络舆情分析》，《江海学刊》2020年第4期。

[12] 杨龙、李培：《府际关系视角下的对口支援系列政策》，《理论探讨》2018年第1期。

[13] 任恒、王宏伟：《稳定、平衡与发展：建设中国特色对口支援制度的三重使命》，《新疆社会科学》2020年第6期。

[14] 刘金山、徐明：《对口支援政策有效吗？——来自19省市对口援疆自然实验的证据》，《世界经济文汇》2017年第4期。

[15] 李瑞昌：《地方政府间"对口关系"的保障机制》，《学海》2017年第4期。

[16] 孙崇明：《东西部扶贫协作进程中的府际利益冲突与协调》，《地方治理评论》2019年第2期。

效运行的保障机制①。

二 东西部协作中协同制的模式

（一）协同治理

联合国全球治理委员会在 1995 年发表的一份题为《我们的全球伙伴关系》的研究报告提出，治理是各种公共的或私人的个人和机构管理其共同事务的诸多方式的总和，它能使相互冲突的或不同的利益得以调和，并且采取联合行动的持续的过程，它既包括有权迫使人们服从的正式制度和规则，也包括各种人们同意或以为符合其利益的非正式的制度安排②。安塞尔和托芬在其主编的《治理理论手册》的前言中，将治理定义为"一个互动的过程，通过该过程社会和经济被引向协商的目标③。

相对治理而言，协同治理更为强调共享的、谈判的和协商的决策，强调协同治理的各个决策环节都要参与和协同④。安塞尔和盖什在其超高引用率的《理论与实践中的协同治理》一文中指出，协同治理指的是这样的一种治理安排，即由一个或多个公共机构发起，非国家组织直接参与的正式的、协商的、以共识为导向的共同决策，目的是制定或实施公共政策，抑或管理公共项目及资产⑤，该定义仍然强调决策环节的协同。协同治理有四个特征：第一，强调参与者之间网络的构建和各方利益的代表；第二，强调整个协作的单位有决策和行动的自主权；第三，通过问题驱动来识别和解决政策缺陷；

---

① 张莉：《我国东西扶贫协作的推进机制研究》，《天津行政学院学报》2015 年第 4 期。
② 刘伟忠：《我国协同治理理论研究的现状与趋向》，《城市问题》2012 年第 5 期。
③ Ansell, C. & Torfing, J., *Handbook on Theories of Governance*, UK: Edward Elgar Publishing, 2016, p. 4.
④ Bevir, M., *The SAGE Handbook of Governance*, Los Angeles: SAGE, 2010, pp. 1-592.
⑤ Ansell, C. and Gash, A., "Collaborative Governance in Theory and Practice" *Journal of Public Administration Research and Theory*. Vol. 18, No. 2, 2008, pp. 543-571.

第四，强调学习、评估和进化的重要性①。

协同治理理论提供了探究东西部协作的视角，比如要关注扶贫协作中多元参与者主体之间的网络构造，重视决策环节中多元主体的参与，注意多元主体之间是否达成了共同的目标。在中国本土语境下，协同治理的治理主体包括党委、政府、社会、公众等之间一对或多对协同关系，协同各方基于平等互惠的合作关系立足公共事务或公共项目，在共同的目标指引下开展对话和合作②。有关东西部协作的协同治理研究需要探讨党委、政府、社会和公众等诸多主体之间的协同模式和类型。

学术界已经形成了一系列的协同治理模型，包括 SFIC 模型③、合作发展过程模型④、极端事件处理中的跨部门合作扩展模型⑤、跨部门合作模型⑥、巧匠模型⑦、社区服务递送网络结构模型⑧、网络

---

① Ansell, C. & Torfing, J., *Handbook on Theories of Governance*, UK：Edward Elgar Publishing, 2022. pp. 6-8.

② 单学鹏：《中国语境下的"协同治理"概念有什么不同？——基于概念史的考察》，《公共管理评论》2021年第1期。

③ Ansell, C. & Gash, A., "Collaborative Governance in Theory and Practice" *Journal of Public Administration Research and Theory*. Vol. 18, No. 2, 2008, pp. 543-571.

④ Peter Smith, Ring and Andrew H Van de Ven, "Developmental Processes of Cooperative Interorganizational Relationships" *Academy of Management Review*, Vol. 19, No. 1, 1994, pp. 90-118.

⑤ Simo, G. & Bies, A. L., "The role of nonprofits in disaster response: An expanded model of cross-sector collaboration" *Public Administration Review*, Vol. 67, 2007, pp. 125-142.

⑥ Bryson, J. M., Crosby, B. C., & Stone, M. M., "Designing and Implementing Cross-Sector Collaborations: Needed and Challenging" *Public Administration Review*, Vol. 75, No. 5, 2015, pp. 647-663.

⑦ Bardach, E., "Developmental Dynamics: Interagency Collaboration as an Emergent Phenomenon" *Journal of Public Administration Research and Theory*, Vol. 11, No. 2, 2001, pp. 149-164.

⑧ Provan, K. G. & Milward, H. B., "A Preliminary Theory of Interorganizational Network Effectiveness: A Comparative Study of Four Community Mental Health Systems" *Administrative Science Quarterly*, Vol. 40, No. 1, 1995, pp. 1-33.

治理一般模型[1]、协同过程模型[2]、协同性公共管理模型[3]、协同治理的整合性框架[4]、公私权力协作模式[5]，以及田培杰（2013）[6]基于SIFC模型改进的新协同模型等。诸多协同治理模型关注的是协同案例能够分解为哪些变量、要素或流程，进而提供一个具有普遍解释力的分析框架，比如SFIC模型基于已有的137个协作治理案例并采用"逐次逼近法"策略（successive approximation）的元分析研究（meta-analytical study），提出了4个广泛存在的变量——起始条件、催化领导、制度设计和协作过程[7]，再如整合性框架包含系统情境、驱动因素、协作动力（collaborative dynamics）、协同行动和协同后果，这些模型给研究者提供了描述协同案例的要素、结构或流程，适用于具体案例的分析。协同模式指的是协调人类行动的方式，基于这些方式物品和服务得到分配，社会问题得到解决或缓解，与协同治理模型相比协同模式更为关注协同方式，如协同方式的类别以及不同类别的优缺点，而非具体案例中协同的要素和结构。也就是说协同模型可以用来分析东西部协作中的具体案例，比如一个村庄的特色农产品帮扶项目，却难以用来分析东西部协作中的中央政府、东部支援方省级政府和地方政府、西部受援方省级政府和地方政府、

---

[1] Jones, C., Hesterly, W. S., & Borgatti, S. P., etl., "A general theory of network governance: exchange conditions and social mechanisms" *Academy of Management Review*, Vol. 22, No. 4, 1997, pp. 911-945.

[2] Thomson, A. M., & Perry, J. L., "Collaboration Processes: Inside the Black Boxes" *Public Administration Review*, Vol. 66, No. 1, 2006, pp. 20-32.

[3] O'Leary, R. & Vij, N., "Collaborative Public Management: Where Have We Been and Where Are We Going?" *American Review of Public Administration*, Vol. 42, No. 5, 2012, pp. 507-522.

[4] Emerson, K. & Nabatchi, T. and Balogh, S., "An Integrative Framework for Collaborative Governance" *Journal of Public Administration Research and Theory*, Vol. 22, No. 1, 2011, pp. 1-29.

[5] 王千文：《应用德菲法建构理想的公私协力运作模式》，《政策研究学报》2009年第9期。

[6] 田培杰：《协同治理：理论研究框架与分析模型》，博士学位论文，上海交通大学，2013年，第88页。

[7] O'Leary, R. & Vij, N., "Collaborative Public Management: Where Have We Been and Where Are We Going?" *American Review of Public Administration*, Vol. 42, No. 5, 2012, pp. 507-522.

东西部的企业、东西部的社会组织、公民个人等主体之间互动和演化而形成的宏观的、跨地域、跨部门、大规模、长时段的协同关系，协同模式则是更为有效的描述性概念，能够将诸多主体之间的协同方式进行归类，并探讨类别之间的关系。

（二）协同模式

人类在治理贫困、经济衰退、瘟疫等问题时，诸多参与主体之间的协同模式多种多样，归纳起来有市场（markets）、科层（states）和社群（communities）三种。各种治理研究中有关协同的机制并不是实证社会科学意义上的机制[1]，实际上指的是协同模式（models of coordination），汤普森等（Thompson，1991）就直接使用协同模式这一术语，奥斯本在对三个社区提供的社区个人服务的案例研究中发现社区个人服务的提供存在着三种不同的协同模式，分别是市场协同（markets）、科层协同（hierarchies）和宗族协同（clans）[2]。鲍威尔则将网络（networks）和科层、市场并列，并比较了三种模式[3]，由于社群和宗族在协同中起作用的基础——信任、互惠和关系，本身就是网络协同的应有之义，因此可以将社群和宗族协同归入网络协同，如此可以将协调人类行动的模式分为科层、市场和网络三种类型。

市场协同模式的参与者基于自身理性和自身利益的追求，通过亚当·斯密所谓的"看不见的手"实现各种市场主体行动的有序、平衡和协同。在整个过程中，并没有一个协调的中心或机构存在。从经济学理论的角度来讲，价格信号和竞争过程在其中起到了关键作用，市场的关键特征是价格，价格引导生产，引导所有人为陌生

---

[1] 赵鼎新：《论机制解释在社会学中的地位及其局限》，《社会学研究》2020 年第 2 期。

[2] Osborne, S. P., "Managing the Coordination of Social Services in the Mixed Economy of Welfare: Competition, Cooperation or Common Cause?" *British Journal of Management*, Vol. 8, No. 4, 2002, pp. 317-328.

[3] Walter W., "Neither Market nor Hierarchy: Network Forms of Organizing" *Research in Organizational Behavior*, 1990, p. 30.

人的利益工作，满足人们的需求和愿望，不需要任何人去计划①。市场协同模式更为强调参与者的理性和自利，强调效率原则，但市场协同模式存在着垄断和负外部性等市场失灵的困境。

科层协同模式是应对市场不完美和市场失灵的一种协同治理模式，马克斯·韦伯对科层制做了明晰的阐述，将之视为现代性的一个重要特征。法理型权威、传统型权威、魅力型权威和专家型权威等科层权威引发下属的服从意愿，从而协调与控制组织②。科层协同假设任务能够被分割成小任务，能够记录各个部门执行的过程，从而实现协同。科层协同源自上级对下级的合法性权威和权力，在决策形成之后，形成一个自上而下的命令或指示链条。上级可以直接命令下级，具有效率高、速度快的特点。然而，科层协同也存在着腐败等失效的可能性。科层协同更强调合法性，自上而下的官僚结构在其中起着更为关键的作用。

网络协同能够在一定程度上解决市场存在的负外部性等市场失灵问题，也能一定程度上解决政府失灵问题。网络提供的合作和惩罚有助于克服法规、合同和文件的不完整和不完善，具有降低市场交易成本和科层制协同成本的作用。网络治理代表了一种社会或公共的社会组织形式，其中人际关系方面的信任、互惠和对互惠的追求促使形成共同同意的结果③，社会网络在非营利性社会组织的功能发挥中起着重要作用。主体之间是信任的、互惠的、平等的和自主的，行动者镶嵌在社会情境中，整个协同不是基于理性和效率原则，而是基于镶嵌在制度环境中有机的社会关系。网络协同强调行动者的嵌入性，强调社会情境对于行动者的赋能和限制作用，要发挥作用少不了网络的设计和管理。网络协同可能是封闭的，而非开放的，

---

① ［美］杰克·赫舒拉发、［美］阿米亥·格雷泽、［美］大卫·赫舒拉发：《价格理论及其应用：决策、市场与信息》，李俊慧、周燕译，机械工业出版社2009年版，第16—17页。

② ［美］彼得·布劳、［美］马歇尔·梅耶：《现代社会中的科层制》，马戎等译，学林出版社2001年版，第63—78页。

③ Ansell, C. & Torfing, J., *Handbook on Theories of Governance*, UK: Edward Elgar Publishing, 2016, pp. 1—16.

仅仅服务于网络内的成员。社会资本、强关系、弱关系、结构洞、小世界理论等社会关系网络理论为网络协同提供了丰富的可资援引的概念工具，中国大量的关于"关系"和"人情"的研究也为网络协同的研究提供了理论依据。

国内学者李维安对三种协同模式做了比较全面的对比分析，他认为科层协同是通过自上而下的权威关系产生的，参与主体之间是命令与服从关系，参与主体信任度低，且激励较少；市场协同则是基于价格机制运作，参与者完全自主，激励程度较高；网络协同是以专业技能或声誉等控制机制为基础，强调参与者共同参与或协商，是三种协同模式中信任度最高的[1]。三种模式独立发挥作用是理想状态，现实中的协同治理常常是三种模式的混合[2]，威廉姆森说，"如果每一种治理模式都有其各自的优点和缺点，那么这种差异就应当予以补救"，三种协同模式需要互相嵌入，而不同的嵌入方式会产生不同的治理效果[3]。在新的治理理论的研究中，强调合作关系约束下的市场行政嵌入性、网络在公共组织内部以及公共组织之间的作用，新的治理的安排也往往是混合实践，混合了行政系统、市场系统和非营利性社会组织[4]。

东西部协作涉及资金支持、人才支援、产业合作和劳务协作等方方面面，既有中央政府、东部地区政府、西部地区政府之间的科层协同，也有企业参与其中的市场协同，还有东西部因为帮扶活动衍生的网络协同，东西部协作主体之间的协同关系是科层协同、市场协同和网络协同三种协同模式的混合实践。一个有必要回答的问题是——通过什么途径，抑或基于什么样的社会结构或者制度安排，能够将三种协同模式耦合起来，使其能够并行不悖而非互相矛盾？

---

[1] 李维安：《网络组织：组织发展新趋势》，经济科学出版社 2003 年版，第 45 页。

[2] Osborne S. P., "Managing the Coordination of Social Services in the Mixed Economy of Welfare: Competition, Cooperation or Common Cause?" *British Journal of Management*, Vol. 8, No. 4, 2002, pp. 317-328.

[3] 顾昕：《走向互动式治理：国家治理体系创新中"国家—市场—社会关系"的变革》，《学术月刊》2019 年第 1 期。

[4] Bevir, M., *The SAGE Handbook of Governance*, Los Angeles: SAGE. 2010, pp. 1-592.

下文以广州市 N 区帮扶贵州省 L 县为例，基于科层协同、市场协同、网络协同三种协同模式来考察东西部协作中的协同模式及其相互结合的途径。

三 东西部协作中协同制的实践

贵州作为受援地区列入帮扶计划始于 20 世纪 90 年代，1996 年 7 月党中央、国务院确定北京、上海、天津、辽宁、山东、江苏、浙江、福建、广东 9 个省市和大连、青岛、宁波、深圳 4 个计划单列市对口帮扶中西部 10 个省区，其中深圳、青岛、大连、宁波 4 个计划单列市对口帮扶贵州省。2013 年发布的《国务院办公厅关于开展对口帮扶贵州工作的指导意见》明确由辽宁、上海、江苏、浙江、山东、广东 6 个省市的 8 个城市分别对口帮扶贵州的 8 个市（州）。2016 年东西部协作座谈会召开后，国务院进一步优化了东部经济发达地区对贵州的帮扶关系，上海、广州、青岛、杭州、大连、宁波、苏州 7 个东部发达城市对口帮扶贵州省 8 个市（州），其中广州市帮扶两个市（州）。自 2016 年以来，东部地区 7 个发达城市的 509 个经济强镇、1046 个村、2715 所学校、761 所医院、1581 家企业和 357 家社会组织参与结对帮扶贵州贫困村、学校、医院（卫生院）。帮扶 4 年来，7 个东部帮扶城市在贵州累计投入帮扶资金 153.98 亿元，实施帮扶项目 7653 个，帮助建设乡村道路 4093.48 公里、资助贫困学生 55119 人、建成 350 所学校（含幼儿园）和 1250 个卫生院（所）。产业协作方面，1141 家东部企业到贵州来投资，投资总额达 868.7 亿元。劳务协作方面，建成劳务协作工作站 105 个，开展贫困人口就业培训 35.34 万人次，帮助转移贫困劳动力就业 66.91 万人。

本章选取广州市 N 区帮扶贵州省 L 县作为分析案例，有如下考虑：一是广东省是东部经济发达地区帮扶西部欠发达地区较早的一个省份，"十三五"期间广东省帮扶四川、云南、贵州、广西 4 省（区）14 市（州）93 个贫困县，所有帮扶的贫困县全部实现脱贫摘帽，帮扶成效明显，自 2017 年连续三年在东西部协作成效考核中被评定为"好"等次。"十三五"期间贵州省贫困面大、贫困程度深、贫困人数多,是脱贫攻坚任务最艰巨的省份。二是广州市N区与贵州省L县的帮扶关系是"十三五"期间脱贫攻坚期间确定的,二者之间的协同帮扶模式是在脱贫攻坚大背景下形成的,具有代表性。

受援方L县位于贵州省中部,县域面积1521平方公里,属于滇桂黔石漠化连片特困地区,辖5镇1街道79个村(社区)。2014年底户籍人口22.64万人,少数民族人口9.65万人,占总人口的42.6%,2014年底核定的贫困发生率为17.71%,L县贫困发生率高、少数民族人口多、民族成份多样,是贵州省内一个比较典型的贫困县。L县"十二五"期间累计完成地区生产总值316.12亿元,财政总收入累计完成66.3亿元,2016年L县的国民生产总值为80亿元。支援方N区位于广州市最南端,地处珠江出海口和粤港澳大湾区地理几何中心,是连接珠江口岸城市群及港澳地区的重要枢纽性节点。辖区内有9个镇(街)、128个行政村、34个社区居民委员会、6个农(林、示范)场,常住人口79.61万人,其中户籍人口46.33万人。2016年实现地区生产总值1278.76亿元,规模以上工业产值3055.63亿元,新增企业1.42万家,新增注册资本1590.5亿元。受援方L县与支援方N区的经济发展水平存在巨大差距。

项目制[①]在对口帮扶中起到了关键的作用,帮扶资金通过产业发展、劳动力培训、公共服务配套建设和基础设施建设等帮扶项目得到分配,如2016—2020年N区投入7331.9万元,通过98个项目最终惠及L县贫困人口4万余人。"十三五"期间,两地多次召开东西部协作党政联席会议,N区选派帮扶工作队入驻L县,开发各种项目引导市场主体参与扶贫,基于帮扶实践衍生的社会关系网络将非营利性社会组织,爱心公民等纳入帮扶体系,从而实现了科层、市场和网络协同。协同帮扶在产业合作、劳务协作、消费协作、教育医疗卫生等公共服务各领域产生了很好的协作效果。县域是我国的

---

① 渠敬东:《项目制:一种新的国家治理体制》,《中国社会科学》2012年第5期。

基本行政单位,东西部协作最终落实在县域的协同帮扶上,广州市N区协同帮扶L县典型地展示了东西部协作中科层、市场和网络这三种协同模式的有机结合。

四 东西部协作中协同制的类型

东西部协作自1994年实施以来,经历了1994—2007年间的科层协同,2008—2016年科层与市场的双协同,2017—2020年科层、市场和网络相结合的三协同三个发展阶段。1994年印发《国家八七扶贫攻坚计划(1994—2000年)》到2007年,东西部协作以资金援助为主,东部向西部受扶地区划拨扶贫资金,实行横向财政转移,这是停留在物质和资金帮扶层面的帮扶,是纵向和横向的科层协同。自印发《2008年东西扶贫协作工作指导意见》到2016年召开东西部协作座谈会,东西部协作除了强调东部省市财政援助"稳定基数,逐年增加"之外,也强调通过市场(企业)带动,加大贫困地区产业发展,这一阶段尽管鼓励社会力量参与帮扶,实际上社会力量参与不足,这一阶段可谓科层和市场协同并重的阶段。2016—2020年东西部协作除了注重科层和市场协同之外,也开始强调第三部门——慈善组织或非营利性社会组织的作用。在广州市N区帮扶贵州省L县的东西部协作案例中,参与主体有中央政府、东部省级和地方政府、西部省级和地方政府、企业、社会组织和受帮扶群众,它们之间形成了科层协同、市场协同和网络协同三种协同模式,但是三者地位有差异,科层协同起着主导作用,在科层协同基础上引入了市场协同和网络协同。

(一)科层协同

我国的宪法规定了中央政府和各级地方政府之间的关系,国家权力向上集中,中央领导省、省领导市(州)、市(州)领导县、县领导乡镇。政策执行结果是乡镇向县负责、县向市(州)负责、市(州)向省负责、省向中央负责。李瑞昌提出对口支援政策中存在三方主体，分别是中央政府、省级政府与市县乡级政府，三方政府之间形成了"两个委托—代理关系、一个上下级政府间关系和一个代理人与代理人之间的关系"这三种关系，即中央政府与支援方省级政府形成的委托—代理关系，与受援方省级政府形成的委托—代理关系，支援方省级政府与受援方地方政府之间形成了一个代理人与代理人之间的关系，并认为纵向的委托—代理关系是强关系，横向的代理人之间的关系是弱关系[①]。东西部协作最终的落实与对口支援政策略有差异，不是东部的一个省对口帮扶西部的一个县，而是东部的一个区县对口帮扶西部的一个区县。这样就会形成三类科层协同：中央政府与其代理人东西部省级政府之间的纵向协同，支援方和受援方的省级政府同各自基层政府之间基于层级的纵向协同，东西部省级政府之间与东西部同级别的基层政府之间的横向协同，如表10—1所示。

表10—1　　　　　东西部协作的科层协同

参与主体	协同手段	协同内容
（1）中央政府 （2）受援方省级政府 （3）支援方省级政府	中央政府向受援方省级政府、支援方省级政府下达命令指示和监督考核	中共中央　国务院《关于打赢脱贫攻坚战的决定》、《关于进一步加强东西部协作工作的指导意见》等宏观发展战略的印发与实施《东西部协作考核办法（试行）》等考核制度的推行
（1）受援方省级政府及其基层政府 （2）支援方省级政府及其基层政府	分解省级政府下达的目标任务	印发《2018年度工作要点的通知》《2020年东西部协作和扶贫开发工作要点》等方案的实施
（1）支援方基层政府 （2）受援方基层政府	落实协作目标任务	双方签订东西部协作协议，围绕组织领导、人才支援、资金支持、劳务输出等多项行动目标开展协作

中央政府通过印发文件明确东西部省级之间的结对帮扶关系，下发帮扶任务。具体而言，中共中央、国务院于2015年12月印发

---

① 李瑞昌：《界定"中国特点的对口支援"：一种政治性馈赠解释》，《经济社会体制比较》2015年第4期。

了《关于打赢脱贫攻坚战的决定》，对省、市、县各级政府在脱贫攻坚中的责任做出明确规定：中央统筹、省（自治区、直辖市）负总责、市（地）县抓落实，同时强调省、市、县各级党委和政府在脱贫攻坚中的领导责任。随着 2016 年 12 月《关于进一步加强东西部协作工作的指导意见》、2017 年 8 月《东西部协作考核办法（试行）》等文件的印发，中央政府、西部省（区、市）、东部省市的责任与角色再次被明确。中央政府通过顶层设计定基调、定方向，对东西部协作的领域、具体要求以及要达到的目标做出规定，同时也对扶贫协作成效进行考核。中央政府和省级政府之间的纵向科层协同促使东部省级政府在中央政府主导下，向西部省（区、市）横向转移财政资金，承担起帮扶西部省（区、市）的责任。

广东省接到中央下达的结对帮扶任务后，制定了《广东省东西部协作三年行动方案（2018—2020 年）》，确定广州市对口支援贵州省的 Q 州，广州市在 Q 州设立扶贫协作和对口支援合作办公室，印发《2020 年东西部协作和扶贫开发工作要点》，确定广州市 N 区帮扶贵州省 Q 州的 L 县，N 区成立对口支援工作领导小组，设置对口支援工作领导小组办公室，制定了东西部协作三年行动方案，贵州省的省级政府、Q 州的州级政府、L 县的县级政府也迅速响应，制定各级规划，设立各级领导小组来对接各项帮扶工作。这一纵向的科层协同基于自上而下的命令链条来实现，能够将扶贫协作任务分解到市（州）进而再分解到区（县）。

跨部门或府际之间的协同是困难的，经合组织（OCED）将跨部门的协同分为注重组织类型和架构的"结构性协同机制"（structural mechanisms）以及关注程序安排和辅助工具的"程序性协同机制"（procedural mechanisms）。在中央考核制度的驱动之下，东西部协作中同级政府之间建立了党政联席会议、党政领导互访等结构性协同机制和对口帮扶合作框架协议等程序性协同机制。东西部省级、地市级和区县每年都分别举行党政联席会议、实现主要党政领导互访，比如 2020 年 7 月广东省委书记、省长和贵州省委书记、省长参加在贵州省毕节召开的两省扶贫协作工作联席会议，2019 年广州市委书记、市长和 Q 州州委书记、州长参加在广州召开的扶贫协作联席会议。帮扶最终要在区县层面落实，2017 年以来 N 区与 L 县两地召开党政联席会议 13 次，领导干部互访 1166 人次，N 区各部门到 L 县调研 744 人次，L 县到东部地区调研 422 人次，N 区与 L 县签订了对口帮扶合作框架协议，N 区政府与贫困村、学校、医院签订结对帮扶框架协议，结对帮扶覆盖 L 县的 20 所学校、3 家县城的医院、15 个乡镇卫生院和 2 个贫困乡镇。

纵向的科层协同是一种自上而下的协同，基于中央政府与省级政府、省级政府与基层政府之间的上下级代理关系，通过指令，监督和检查等来实现协同。东西部同级政府之间的协同并不是自发的，而是在中央政府的要求、推动和考核之下，通过党政联席会议和对口帮扶合作框架协议等结构性和程序性协同机制来实现的，是纵向科层协同统筹之下的同级政府之间横向的科层协同，因此三类科层协同能够实现的根本在于中央政府的权威，正如 1988 年邓小平在《中央要有权威》谈话中论述"两个大局"时所指出的，"这一切，如果没有中央的权威，就办不到"[1]，也就是说在消除贫困和共同富裕的问题上如果没有中央的权威就很难有东部省市和西部省区的扶贫协作。

（二）市场协同

除了中央政府、支援方省级政府及其基层政府、受援方省级政府及其基层政府之外，企业、支援方的居民、受援方居民等也是重要的参与主体。企业是市场的主体，也是东西部协作的主体，它希望从中获得利润。企业参与东西部协作还有一定的优势，动力强劲、参与方式灵活多样，且参与领域广泛[2]。同时东西部双方有着市场协同的基础，东部有着庞大的消费市场和劳动力市场需求，西部有充足的劳动力、丰富的农产品和自然矿产资源。东西部协作中的市场

---

[1] 邓小平：《邓小平文选》（第三卷），人民出版社 1993 年版，第 297 页。
[2] 张文礼、王达梅：《科层制市场机制：对口支援机制的反思》，《西北师大学报》2017 年第 5 期。

协同包括两种，一是自发形成的市场协同，二是政府引导下的市场协同。前者主要指的是在东西部协作中，企业为了追求利润自发进入东西部协作中来，承接东西部协作中的各种项目，如各种基础设施建设项目、劳动力培训项目等。后者主要指的是政府引导东部企业到西部投资、转移贫困地区劳动力到东部就业、引导市民消费西部贫困地区的农产品，政府引导下的市场协同是在东西部协作考核压力下实现的，是一种有限的市场协同。双方开展的市场协同主要表现在三个领域，如表10—2所示。

表10—2　　　　　　　　东西部协作的市场协同

参与主体	协同手段	协同内容
（1）受援方地方政府 （2）支援方地方政府 （3）企业 （4）公民个体	市场机制 （价格和竞争）	劳务协作 产业协作 消费协作 基础设施项目建设

一是劳务协作领域的市场协同。理论和经验均表明贫困劳动力只有嵌入市场，实现增收，才能从根本上摆脱贫困。市场协同不需要一个领导中心，各参与主体基于自身利益的追求，基于竞争体系和价格信号自发形成协同，扶贫就是要利用市场机制将贫困人口再嵌入市场体系中。广州市N区与贵州省L县劳务协作的目的就是要提高农村剩余劳动力的非农就业水平，通过开展技能培训提高其非农就业技能，将贫困劳动力推荐到珠三角就业，在这个过程中，N区为L县的贫困人口提供培训、资金支持和就业信息，L县政府负责宣传、组织和动员劳动力外出务工。过去4年（2017—2020年）N区在L县投入2152.5万元开展就业培训和专项补贴，为贫困人口提供劳务培训29期，成功帮助建档立卡户劳动力2083人实现就业。

二是产业协作领域的市场协同。N区帮助L县生产、销售特色农产品是市场协同的另一种形式，基于L县毗邻省会且高速铁路和高速公路穿境而过的区位优势，以及相比珠三角较低的工资水平，

2017年以来广州市N区引导辖区内的11家企业帮助L县生产当地特色农产品，累计投资55.93亿元，实现了农产品专业化、标准化、规模化生产和跨区域销售。

三是消费协作领域的市场协同。西部L县生产出的大量农产品只有在市场上销售，才能真正有助于农户脱贫致富，而东部广州市N区有着庞大的消费市场，"十三五"期间，广州市通过线上和线下等多销售渠道为贵州L县销售农产品，如N区通过线下商品交易博览会、4个定点商铺以及线上平台，推荐N区居民购买L县的农特产品，4年来（2017—2020年）定点展销农特产品60余种，其中消费协作产品41种，销售农特产品总金额达2.87亿元。

以上劳务协作、产业协作和消费协作等各领域市场协同主要通过项目实施的，其中涉及产业发展项目、劳动力培训项目、农产品推广项目以及各种基础设施建设项目，包括教育基础设施、医疗基础设施、住房建设、环境基础设施、城乡道路桥梁、农业基础设施等。各种项目通过各种招投标的程序由相关企业实施，在此过程中市场均起着重要作用。

（三）网络协同

与纵向的科层协同不同，网络协同的参与主体之间是平等的，没有上下级隶属关系，网络成员出于先富带动后富的政治自觉或人道主义、基于信任关系结成了扶贫协作的协同网络。可见，网络协同更具有协同治理理论的特征。从东西部协作的帮扶实践来看，广州市N区对口帮扶贵州省L县的网络协同有两种形式，一种是府际之间人才交流和挂职衍生出来的网络协同，另一种是企业、社会组织和公民个人参与社会帮扶的网络协同，如表10—3所示。东西部协作过程中的网络协同是在政府引导下实现的，是有限的网络协同。

表 10—3　　　　　　　　东西部协作的网络协同

参与主体	协同手段	协同内容
支援方和受援方地方政府互派交流和挂职的人员	人才交流挂职中衍生的正式和非正式关系网络	帮扶项目的引入落地 医疗教育机构服务能力提升
支援方企业、社会组织、爱心公民	非正式社会关系网络	深度贫困村结对帮扶 社会组织、公民个人捐款捐物

1. 府际之间挂职和人才交流衍生出来的社会关系网络协同

根据《关于进一步加强东西部协作工作的指导意见》和《东西部协作考核办法（试行）》等文件的要求，东部政府各部门对西部政府各部门展开人才交流。明确结对帮扶关系之后，N 区先后选派党政干部 5 人到 L 县挂职，派出专业技术人才 36 人开展医疗和教育"组团式"帮扶，接收 L 县党政干部（53 人次）和专业技术人才（46 人次）到 N 区区直机关、学校、医院等岗位挂职交流。N 区派往 L 县的挂职干部主要负责帮扶项目的设计与推动，负责医院等机构专业技能水平的提升，L 县派往 N 区的干部主要是跟岗学习，学习东部地区行政管理、教育、医疗等领域的先进经验。在工作过程中衍生出了非正式的社会关系网络，它和挂职交流干部先前已有的社会关系网络叠加，该网络中流动的信息和嵌入的信任会产生巨大的效应，Q 区企业到 L 县的不少投资项目都是挂职干部通过个人的社会关系和社会信任引入的。

2. 企业、社会组织与爱心公民参与的社会帮扶网络协同

企业、社会组织、公民个人基于自愿和社会责任参与帮扶，即社会帮扶，结成非正式的社会关系网络参与到帮扶中。2016 年 12 月中共中央、国务院印发《关于进一步加强东西部协作工作的指导意见》，要求东部地区协作单位动员社会力量参与到扶贫协作中，动员辖区内民营企业、社会组织和公民个人参与扶贫协作，并为其提供保障。在东西部协作过程中，在支援方地方政府或慈善组织的动员下，企业、社会组织和爱心公民参与到扶贫协作中来，形成非正式的社会关系网络，他们基于嵌入在社会关系网络中的信任实现各参

与主体之间的协同。针对 L 县的深度贫困村，N 区辖区内企业结成非正式网络，由 4 家企业抱团帮扶 L 县的 22 个深度贫困村，N 区一个资产经营集团在 L 县 4 个村投入资金 146.05 万元，补齐该村在医疗、饮水安全和产业发展等方面的短板。工会、慈善组织及爱心公民也结成非正式的社会关系网络，参与到扶贫协作中，据统计 2018—2020 年 N 区社会各界捐款捐物折款 1031.65 万元。

网络协同主要依靠非正式的社会关系网络，网络中的参与主体在共享的价值目标的引导下，基于网络中流动的信息，通过集体行动（collective action）达成帮扶的目标，从而实现参与主体之间的协同。网络协同强调社会关系网络的自发性，而东西部协作中的网络协同既有其自发性的一面，也有政府引导的一面。

广州市 N 区帮扶贵州省 L 县的东西部协作涉及科层、市场、网络三种协同模式，三者重叠、交织和嵌套，但是重要性并不一样，科层协同起着主导作用。首先，科层制自上而下的纵向的基于权力和命令的协同使得东部省市愿意从财政中拿出一部分资金横向转移到西部，以支持西部贫困地区按期脱贫。尽管我们国家有文化集体主义的文化传统，有"不患寡而患不均"的传统，如果没有自上而下的权威，没有中央政府缩小区域差异和消除极端贫困的战略规划和要求，东西部协作过程中如此大规模的横向转移是难以实现的。

其次，科层制具有强大的资源调动能力，能够通过项目制调动市场的力量。东西部协作的关键是东部省市对西部省（区、市）人、财、物的大规模横向转移，比如 2020 年 N 区帮扶 L 县的财政资金达到 2412 万元，横向转移资金最终变成通村道路、水利设施和扶贫产业等项目，基层政府不会直接去修路、修堤坝，而是通过当地的企业来实施。概括来说，东部省市的横向财政转移会变成各种贫困群众需要的项目，进而调动市场的力量来完成这些项目，这个过程中科层协同引导了市场协同。

最后，府际之间人才交流和挂职衍生出来的网络，企业、社会组织和公民个人参与的网络很大程度上是在科层协同的基础之上衍生的。社会关系网络构建的基础是同质性，两地地理差距和经济差距明显，如若没有科层协同的推动，府际之间的干部队伍很难建立起社会关系网络。

总之，在东西部协作的实践中，科层协同成了东西部协作协同治理的主导者，促成了东部向西部人、财、物的横向转移。一方面，通过项目制对接市场，使得各种市场主体参与到帮扶项目的建设中；又在一定程度上促成了府际之间人才挂职交流的社会关系网络的衍生，以及企业、社会组织和公民个人参与的关系网络的形成。在东西部协作的协同中科层制起着不可或缺的主导作用，离开了科层协同，整个东西部协作的大厦就会坍塌。

五　东西部协作中协同制的讨论

东西部协作是具有中国特色的一项反贫困和缩小区域经济社会发展差距的创新实践，基于广州市 N 区帮扶贵州省 L 县的实践，本书的结论有如下三点：第一，东西部协作由科层协同、市场协同和网络协同三种协同模式构成，超越了过去单一的科层协同模式；第二，科层协同、市场协同和网络协同这三种协同模式的地位不同，科层协同模式起着主导作用，离开了科层协同，东西部协作将不可持续；第三，科层在目标考核驱动下主动结合市场和网络，项目制有助于实现科层和市场协同的结合。

其实，科层、市场和网络三种协同模式在现实中并非单独起作用，而是以各种方式互相结合，它们之间可能重叠、嵌入、交织、并置或嵌套。三种模式既有一定的自主性，也有互补嵌入性，三种协同嵌入的方式不同，治理体系的绩效也会有差异[①]，下面探讨将三种协同方式结合起来的具体途径。

[①] 顾昕：《走向互动式治理：国家治理体系创新中"国家—市场—社会关系"的变革》，《学术月刊》2019 年第 1 期。

（一）目标考核驱动科层主动结合市场和网络协同

正如福山所说，我国政府有着负责制政府的传统[①]，政策在中央、省、市州、县、乡镇五级政府中自上而下传递，中央政府制定宏观政策，省级政府结合地方实际制定操作性更强的地方政策，通常以任务的形式发包到市州，市州再发包到县[②]。为了推动政策有效实施，中央、省、市州、县、乡镇从上到下逐级考核，将政策任务完成情况列入地方政绩考核目录，考核结果作为官员职务晋升的依据。在脱贫攻坚期间中央、省、市州、县、乡镇五级书记一起抓，各级党委书记和行政首长是第一责任人，逐级向上签署"军令状"。在这种压力型体制下，各级领导干部要么"干好"，要么"挪位"。2017年发布的《东西部协作考核办法（试行）》，拟定了组织领导、人才支援、资金支持、产业合作、劳务协作和"携手奔小康"六项考核指标，确定考核的原则，对东部帮扶省市和西部受帮扶省（区、市）进行年度考核。

在层层考核的压力之下，政府的积极性被调动起来，广州市N区和贵州省L县除了充分利用科层制的资源之外，也主动地发挥和挖掘市场和社会关系网络的资源，尽力抑制三种模式的缺点，发挥三种模式的优点，推动形成东西部协作中的科层、市场和网络三协同模式的耦合，比如科层系统内的干部队伍会挖掘自己的关系网络中的信息，劝说N区的企业到L县投资，并将L县的特色农产品销售到珠三角地区，再比如动员东部地区的公民个人和社会组织通过捐款捐物、智力支持等各种途径参与到网络协同中来。

（二）项目制有助于实现科层和市场的协同

项目制既是一种新的国家治理体制，也是一种技术治理的手段，

[①] [美]弗朗西斯·福山：《政治秩序的起源》，毛俊杰译，广西师范大学出版社2012年版，第29页。

[②] 周黎安：《行政发包制》，《社会》2014年第6期。

是除单位制和市场制以外的一种新双轨制,通过财政转移支付的再分配,实现维护社会公平,有一套立项、申报、审核、监管、考核、验收、评估和奖罚的技术①。资金是以项目的形式通过国家部门的"发包"机制、地方政府的"打包"机制和村庄的"抓包"机制将项目发包到地方,形成了一种分级治理的体系②。项目制给基层行政提供了新增资源,使得基层政府的科层制发生了重构,动员程序集中高效,基层政府内部的治理实现了"层级动员"向"多线动员"的转变③,也使得乡镇基层政权从"悬浮型政权"走向"协调型政权"④。

东西部协作资金不是自上而下的财政转移支付,而是基于对口帮扶的行政包干制⑤从东部省市的省级政府或市(区)级政府转移拨付到西部市州、县,通过项目的形式落实到西部贫困地区,最终用于贫困地区的基础设施、产业发展、就业技能培训、农户住房等项目建设。L县帮扶项目的申请和规划通过自下而上的方式从贫困村上报到乡镇,再上报到县扶贫办,县扶贫办对接N区选派的协作帮扶工作队(一名挂职副县长、一名挂职县政府办副主任、一名挂职扶贫办副主任),根据项目的可行性、受益范围、预期扶贫成效等择优选择。县扶贫办对选定实施的项目承担监管和验收责任,最终由乡镇指导村一级实施,受到时间、精力和专业技能的限制,乡镇政府并不会自己直接去修路筑坝、开设工厂和举办培训班,而是招标给各种市场主体来组织实施。在这个过程中,N区驻L县的工作队、L县的扶贫办、交通、水利、教育、工商、就业等行政部门、乡镇政府、受帮扶的村庄和参与项目的市场主体都被动员了起来,

---

① 渠敬东:《项目制:一种新的国家治理体制》,《中国社会科学》2012年第5期。
② 折晓叶、陈婴婴:《项目制的分级运作机制和治理逻辑——对"项目进村"案例的社会学分析》,《中国社会科学》2011年第4期。
③ 陈家建:《项目制与基层政府动员——对社会管理项目化运作的社会学考察》,《中国社会科学》2013年第2期。
④ 付伟、焦长权:《"协调型"政权:项目制运作下的乡镇政府》,《社会学研究》2015年第2期。
⑤ 李瑞昌:《地方政府间"对口关系"的保障机制》,《学海》2017年第4期。

其中乡镇政府基于驻村的"第一书记"和工作队,协调各方解决纠纷进而保障项目的实施。概括地说,项目制通过权力(发包)和市场(竞争)相结合的运作机制[①],把科层制和市场结合起来,动员各种力量实现了东部转移资金对受帮扶群众需求的回应。

随着现行标准下我国农村贫困人口全部脱贫,如何做好精准扶贫与乡村振兴的有效衔接直接关系着脱贫攻坚成果的巩固。因此,继续深化东西部协作,将精准扶贫期间探索出的协同模式进一步完善,将其制度化、规范化和常态化,是探索精准扶贫和乡村振兴有效衔接的一项重要举措。站在这个角度,本章的研究有如下三点启示:一是自上而下的基于权威和命令的科层协同在东西部协作的协同中具有基础和主导的作用,在未来的东西部协作中其作用不能减弱;二是市场和网络协同的作用有待进一步加大,政府部门应继续引导市场和网络等主体参与到乡村振兴阶段的东西部协作中;三是项目制有助于实现科层和市场的协同,东西部协作横向财政资金支持的项目要嵌入帮扶地区的项目制运行逻辑中。

---

① 折晓叶、陈婴婴:《项目制的分级运作机制和治理逻辑——对"项目进村"案例的社会学分析》,《中国社会科学》2011年第4期。

第十一章　东西部协作中的项目制及其运作

近年来，项目制在国家治理中发挥着重要作用。作为中国式现代化比较重要的一种国家治理模式，项目制在政府治理[①]、社会治理[②]、市场治理[③]领域被广泛应用。当然，项目制并非中国"独此一家"的制度，而是广泛存在于世界各地[④]。根据国际项目管理协会的界定，项目是按照事本主义的动员或组织方式，即按照事情本身的内在逻辑，在限定时间和资源的约束条件下，利用特定组织形式完成具有明确预期目标（某种独特产品或服务）的一次性任务[⑤]。具体到政府治理领域，最主要的财政支出手段就是将各种财政资金以"专项"或"项目"的方式向下分配[⑥]，这让体现国家意志的项目形成了自上而下的动员模式，并促成了地方政府经济治理的项目化，由此形成了一种新的国家治理体制——项目制[⑦]。站在这个角度，

[①] 渠敬东：《项目制：一种新的国家治理体制》，《中国社会科学》2012年第5期。
[②] 陈家建：《项目制与基层政府动员——对社会管理项目化运作的社会学考察》，《中国社会科学》2013年第2期。
[③] 郑石明、彭芮与、徐放：《公共环境项目如何落地生根?》，《公共管理学报》2019年第2期。
[④] Sitakanta Panda, "Political Connections and Elite Capture in a Poverty Alleviation Programme in India", *The Journal of Development Studies*, Vol. 51, No. 1, 2015, pp. 50-65.
[⑤] 郑世林：《中国政府经济治理的项目体制研究》，《中国软科学》2016年第2期。
[⑥] 周飞舟：《财政资金的专项化及其问题——兼论"项目治国"》，《社会》2012年第1期。
[⑦] 焦长权：《从分税制到项目制：制度演进和组织机制》，《社会》2019年第6期。

第十一章
东西部协作中的项目制及其运作

"项目制"的概念含义不是宽泛的,而是如折晓叶等人所界定的那样,是指在分税制条件下,资金的分配出现了依靠"条线"体制另行运作的情形,即中央对地方或地方对基层基于财政转移支付的一种运作和管理方式[①]。"条块关系"历来是我国国家治理体系中一对举足轻重的关系,以往的项目制研究,也多聚焦于"条块"治理,"块块"治理的项目制研究较少。本章拟讨论的"东西部协作项目制",是"块块"治理中的项目制。"块块"治理中的项目制,是指在中央政府的指导、协调和监督下,由东部地区和西部地区之间"块块结对",整合资金、人才、市场等资源,实现各种资源在"块块"结对中的优化重组。由此,以东西部协作项目制为代表的"块块"治理,逐渐溢出为东西部协作领域国家治理和政策落实的一项重要机制,其核心特征是:中央政府以省为单位将"大盘子"进行"块块"分割,东部帮扶地区和西部受扶地区再结合自身实际,将"大盘子"变成"小盘子""大块块"做成"小块块",逐步落实国家协作任务的一种新型治理制度。

党的二十大报告指出:"我们经过接续奋斗,实现了小康这个中华民族的千年梦想,我国发展站在了更高历史起点上。我们坚持精准扶贫、尽锐出战,打赢了人类历史上规模最大的脱贫攻坚战,全国八百三十二个贫困县全部摘帽,近一亿农村贫困人口实现脱贫,九百六十多万贫困人口实现易地搬迁,历史性地解决了绝对贫困问题,为全球减贫事业作出了重大贡献。"中国的脱贫攻坚战之所以可以取得如此巨大的胜利,原因是多方面的,东西部协作项目制也功不可没,其所发挥的"央地联动""东西协商""基层协同"作用,对东部助推中西部打赢脱贫攻坚战具有重要的价值。由此,面对新发展阶段的新形势新要求,如何让依附、嵌入但又超越科层体系的东西部协作项目制适应新形势新要求的发展,在巩固脱贫攻坚成果、全面乡村振兴、促进共同富裕中有所作为,值得深度探讨与反思。

[①] 折晓叶、陈婴婴:《项目制的分级运作机制和治理逻辑——对"项目进村"案例的社会学分析》,《中国社会科学》2011年第4期。

一　东西部协作项目制的研究缘起

从结对治理模式来看，可细分为"块块"结对治理与"条条"结对治理，二者相较也各具特色、互为补充。"块块"结对治理也叫横向结对治理，主要包括对口支援、对口合作、东西部协作、省内对口帮扶等；"条条"结对治理也叫纵向结对治理，主要包括中央单位定点帮扶、驻村（乡镇）帮扶等。"块块"结对治理过程中的科层架构具有对称性、职能分工具有同质性，本章所探讨的东西部协作项目制，是"块块"结对治理中的项目制。

项目制以财政转移支付的方式存在于国家治理实践之中，学界对于项目制生成与运行的研究成果比较丰富。项目制形成的重要基础是始于1994年的分税制改革。分税制改变了财政包干制下中央政府与省级政府间逐年就税收分享展开的讨价还价关系，通过确立税收分享方案，推进了中央与地方财政关系的规范化[1]。分税制改革以后，我国随之进行了公共预算体制改革，国家税收的汲取能力迅速提高，具体表现在：一是国家以财政手段平衡地方财政权力、调控宏观经济的能力迅速提高；二是国家"抽取"和"下放"财政资金的能力迅速提高；三是国家集中力量办大事的能力也随之迅速提高[2]。这些提高意味着国家财政权力在向集约化转变，而只有中央政府财政权力真正实现集约化，才能通过项目的方式实行财政资金再分配。

在性质上，项目制被认为是理解国家治理模式的一个新视角，不过其研究结论存在分歧。有学者将项目制作为一种新的国家治理方式进行定位，指出项目制意味着新的技术治理模式对传统整体性

---

[1] 付敏杰：《分税制二十年：演进脉络与改革方向》，《社会学研究》2016年第5期。
[2] ［美］塔尔科特·帕森斯：《社会行动的结构》，张明德、夏遇南、彭刚译，译林出版社2012年版，第49—50页。

治理模式的替代，是对既有央地关系、国家与社会关系的重新塑造①，是与我国国家政治结构相适应的一种央地有效协作形式②，是一种能够将国家从中央到地方各层级关系以及社会各领域统合起来的治理模式。正因如此，当前自上而下所安排的一系列项目并不是独立的供给，而是依附在官僚制体系中的政策意图③。另一种观点则强调，项目制具有行政科层与市场竞争双重逻辑，突破了我国官僚科层体制常规"条块"运行模式，带有浓厚的技术治理精神，逐步呈现出"项目治国"的倾向④。这说明，项目制不仅仅是一种国家治理体制，既能反映出中央政府的政策意图，又是市场竞争的结果，对传统科层体系有所冲击⑤。东西部协作项目制既依附并嵌入于科层制体系，促使政府间形成互动关系，从而推动科层体系中资源的有序流动；又超越行政科层制，将国家意志直接投放到基层，呈现出"科层为体、项目为用"的运作逻辑⑥。

在研究中，对项目制运作逻辑的分析基本上围绕相关利益主体展开，认为是按照中央部门"发包"地方政府"打包"、基层"抓包"的分级逻辑运作的⑦，尤其关注中央政府与地方政府、基层政府基于自身利益而进行的博弈行为⑧。实际上，虽然设计初衷是理性的，但项目制在运行过程中的变通、嵌入、异化，已使其在一定程

---

① 张向东：《央地关系变化逻辑与政策实践的微观机理——兼论项目制的定位》，《四川大学学报》（哲学社会科学版）2020年第5期。

② 余成龙、冷向明：《"项目制"悖论抑或治理问题——农村公共服务项目制供给与可持续发展》，《公共管理学报》2019年第2期。

③ 杜春林、张新文：《从制度安排到实际运行：项目制的生存逻辑与两难处境》，《南京农业大学学报》（社会科学版）2015年第1期。

④ 史普原、李晨行：《从碎片到统合：项目制治理中的条块关系》，《社会科学》2021年第7期。

⑤ Lucas Anton, "Elite Capture and Corruption in Two Villages in Bengkulu Province, Sumatra" *Human Ecology*, Vol. 44, No. 3, 2016, pp. 287-300.

⑥ 史普原：《科层为体、项目为用：一个中央项目运作的组织探讨》，《社会》2015年第35卷第5期。

⑦ 史普原：《项目制治理的边界变迁与异质性——四个农业农村项目的多案例比较》，《社会学研究》2019年第5期。

⑧ 陈家建：《项目化治理的组织形式及其演变机制——基于一个国家项目的历史过程分析》，《社会学研究》2017年第2期。

度上偏离最初的设想，效果实际并不如意。如将项目的生成、申请、立项与落地作为一个完整的链条进行考察，会发现有目标置换①、项目碎片化②、精英俘获③、项目短命④、村庄分化⑤等实践困境。由此，在东西部协作项目制中，东部地区和西部地区的"块块"既是上级协作项目的传递者，也是本级协作项目的分配者，需要进行"梯度适配"。⑥

在案例里，已有研究高度集中于脱贫攻坚领域的项目制，尤其关注产业扶贫项目。之所以如此，周雪光认为产业扶贫项目是项目治国衍生的一种重要治贫方式⑦，但是产业扶贫背后隐藏着扶贫济困的社会道德逻辑与产业发展的市场化逻辑的矛盾，这会增加产业扶贫项目失败的风险⑧。事实上，产业扶贫项目面临的风险远远不止这些，部分研究也存在将基于个案的结论夸大为结构性、整体性的问题。在项目分配与申请阶段，上级政府存在资源分配的"选择性平衡"思维；项目立项与实施阶段，会产生"精英俘获"现象，导致财政扶贫项目目标偏离⑨；项目评估阶段，政府行为、执行者素质、社会参与和行政环境会显著影响减贫绩效⑩，让处于中间环节的执行主体和参与主

---

① 许汉泽、李小云：《精准扶贫视角下扶贫项目的运作困境及其解释——以华北 W 县的竞争性项目为例》，《中国农业大学学报》（社会科学版）2016 年第 4 期。
② 豆书龙、王山、李博：《项目制的复合型碎片化：地方治理的困境——基于宋村项目制的分析》，《公共管理学报》2018 年第 1 期。
③ 汤瑜、于水：《项目下乡为何总陷"精英俘获"陷阱——基于苏北 S 县的实证研究》，《求实》2021 年第 5 期。
④ 吕方、梅琳：《"复杂政策"与国家治理——基于国家连片开发扶贫项目的讨论》，《社会学研究》2017 年第 3 期。
⑤ 曹海林、俞辉：《"项目进村"乡镇政府选择性供给的后果及其矫正》，《中国行政管理》2018 年第 3 期。
⑥ 谢炜：《对口支援："项目制"运作的梯度适配逻辑》，《中国行政管理》2022 年第 4 期。
⑦ 周雪光：《项目制：一个"控制权"理论视角》，《开放时代》2015 年第 2 期。
⑧ 周冬梅：《农村产业化的发展困局及其社会后果——基于黔东南 T 县产业扶贫项目的社会学考察》，《原生态民族文化学刊》2021 年第 2 期。
⑨ 许汉泽、李小云：《精准扶贫背景下农村产业扶贫的实践困境——对华北李村产业扶贫项目的考察》，《西北农林科技大学学报》（社会科学版）2017 年第 1 期。
⑩ 靳永翥、丁照攀：《精准扶贫战略背景下项目制减贫绩效的影响因素研究——基于武陵山、乌蒙山、滇桂黔三大集中连片特困地区的调查分析》，《公共行政评论》2017 年第 3 期。

体成为真正受益者,扶贫实施结果与精准扶贫初衷出现了背离[1]。可以说,"简化论"思维和普遍的"精英俘获"现象是产业扶贫项目存在困境的主要原因[2]。当然,非正式权力与利益的勾连固化了组织行为主体的权力关系,这也是产业项目衰亡的原因[3]。正因为如此,有人指出,反贫困不仅要改变制度形式,还需创新制度框架下的运作逻辑。

东西部协作源于邓小平1982年提出的"两个大局"思想,始于1996年的对口帮扶,经过2016年在银川召开的东西部扶贫协作会议的强化,实现了从倡导性制度到规范性制度的转变,经2017年8月印发的《东西部扶贫协作考核办法(试行)》后,扶贫协作工作正式走向制度化与规范化[4]。党的十九届五中全会将这一制度从"东西部扶贫协作"改为"东西部协作",并明确指出"十四五"期间要进一步坚持和完善该项制度。随后,2021年4月8日召开的"深化东西部协作和定点帮扶工作"会议,进一步强调要"完善东西部结对帮扶关系,拓展帮扶领域,健全帮扶机制,优化帮扶方式,加强产业合作、资源互补、劳务对接、人才交流,动员全社会参与,形成区域协调发展、协同发展、共同发展的良好局面。"由此,东西部协作项目制的政策依据逐渐完善。东西部协作项目制是我国减贫治理的重要载体,遵循的是非均衡性发展逻辑,需要进行跨域治理[5]。跨域项目治理发轫于西方治理实践[6],是东西协作、对口帮扶之后的

---

[1] 李博:《项目制扶贫的运作逻辑与地方性实践——以精准扶贫视角看A县竞争性扶贫项目》,《北京社会科学》2016年第3期。

[2] 黄承伟:《东西部扶贫协作的实践与成效》,《改革》2017年第8期。

[3] 杨永伟、陆汉文:《多重制度逻辑与产业扶贫项目的异化——组织场域的视角》,《中国农业大学学报》(社会科学版)2018年第1期。

[4] 谢治菊、彭智邦:《东西部协作政策扩散的维度、逻辑与启示——基于政策扩散理论与文本分析》,《中国公共政策评论》2021年第3期。

[5] 武俊伟、孙柏瑛:《我国跨域治理研究:生成逻辑、机制及路径》,《行政论坛》2019年第1期。

[6] Saito-Jensen, Moeko et al., "Beyond Elite Capture? Community-based Natural Resource Management and Power in Mohammed Nagar Village, Andhra Pradesh, India" *Environmental Conservation*. Vol. 37, No. 3, 2010, pp. 327–335.

概念升华①。跨域项目治理涉及多重政府的利益关系，各地政府在追求自身利益的同时，也可能造成权力的同步扩张，由此产生政府之间的博弈关系，容易引发府际冲突、治理碎片、权力滥用等问题②。事实上，跨域项目治理所遭遇的"政府共谋"后的"两极失灵""目标偏离"，也是东西部协作项目制可能遭遇的意外后果。不过，值得关注的是，东西部协作项目制的"发包""打包""抓包"已经超越了一般项目制的运作逻辑，是典型的"统筹式发包""协商式打包"与"协同式抓包"，这在学界的研究中基本还是空白，为本章提供了契机。

二 东西部协作项目制的运作逻辑

以分税制为核心的公共财政体系，既保证了中央财权的集中，又确保了地方经济发展的决策权和自主权，让国家与社会、政府与市场、中央与地方的关系进入制度化阶段。而以专项财政转移支付为主的东西部协作项目制则属于中央在保证经济增长的前提下，为实现政府间、区域间和城乡间协调发展而采取的宏观调控手段。分析发现，为缩小地区发展差距、推动城乡均衡发展、实现公共服务均等化，中央政府在公共财政制度设计中采取了两种宏观调控手段：一是"消极均衡策略"的一般性转移支付，也称无条件转移支付。此种支付是按照效率优先的思路，根据既定的程序与一定的原则而进行的一种基本财政分配方式，此种分配地方政府具有较大的资金使用权；二是"积极均衡策略"的专项转移支付，也称有条件转移支付。此种支付以公平为原则，通过资金用途的限定、资金项目的申报、审批、执行和验收，以达到中央政府宏观调控之目标③。显

---

① 姜晓晖：《跨域治理下的扶贫协作何以优化？——基于粤桂扶贫协作的图景变迁》，《兰州学刊》2020年第3期。
② 向鹏成、庞先娅：《跨区域重大工程项目横向府际冲突协调机制》，《北京行政学院学报》2021年第3期。
③ 陈思丞：《政府条块差异与纵向创新扩散》，《社会学研究》2020年第2期。

然，东西部协作项目制属于后者，不同的是，该制度不是中央对方的专项转移支付，而是东部省份对西部省份的专项转移支付。

为此，东西部协作项目主要分析的不只是国家和基层政府两个行动主体，而是中央政府、东部政府，西部政府和基层政府四个行动主体[①]。由于项目承载着政策意图，勾连着中央、东部、西部和基层政府之间的权力和利益关系，而各个行动主体有着各自不同的利益，它们的行动逻辑反映出这些利益差别[②]。不过，中央政府倡导的非均衡发展模式决定了我国现代化进程呈现为阶段性的动力机制转换和政策调整，央地关系的主调仍然是"政治集中、经济放权"的发展主义逻辑，东西部协作项目制的政策设计恰恰是以中央统筹地方为目的，在中央集权的总体模式下，形成了"央地联动""东西协商""基层协同"的利益关系，呈现出"统筹式发包""协商式打包"与"协同式抓包"的运作逻辑，如图11—1所示。

（一）统筹式发包

东西部协作项目的发包主体是中央政府，是一种"统筹式发包"，即中央政府依据国家东西部协作的顶层设计，下发东西部协作考核文件，作为各地东西部协作项目执行的"风向标"，根据当年的考核内容将所有项目统一发包给东部政府、再由东部政府以项目为载体对西部政府进行政治性馈赠的过程。所谓"政治性馈赠"，是指两个以上地方政府在中央政府的统筹下，借助于馈赠方式实现各类资源从经济发达地区向经济欠发达地区流动的一种形式[③]。

在科层制内，东西部政府通过中央政府发包的项目，关涉产业协作、消费协作、劳务协作、科教协作、人才协作等领域，不但能从中体察到中央与地方财权与事权的关系变化，还可琢磨出国家形

[①] 宋锴业、徐雅倩：《"社会吸纳"何以失效？——一个国家项目运作过程的分析》，《公共管理学报》2019年第3期。

[②] 王清：《项目制与社会组织服务供给困境：对政府购买服务项目化运作的分析》，《中国行政管理》2017年第4期。

[③] 李瑞昌：《界定"中国特点的对口支援"：一种政治性馈赠解释》，《经济社会体制比较》2015年第4期。

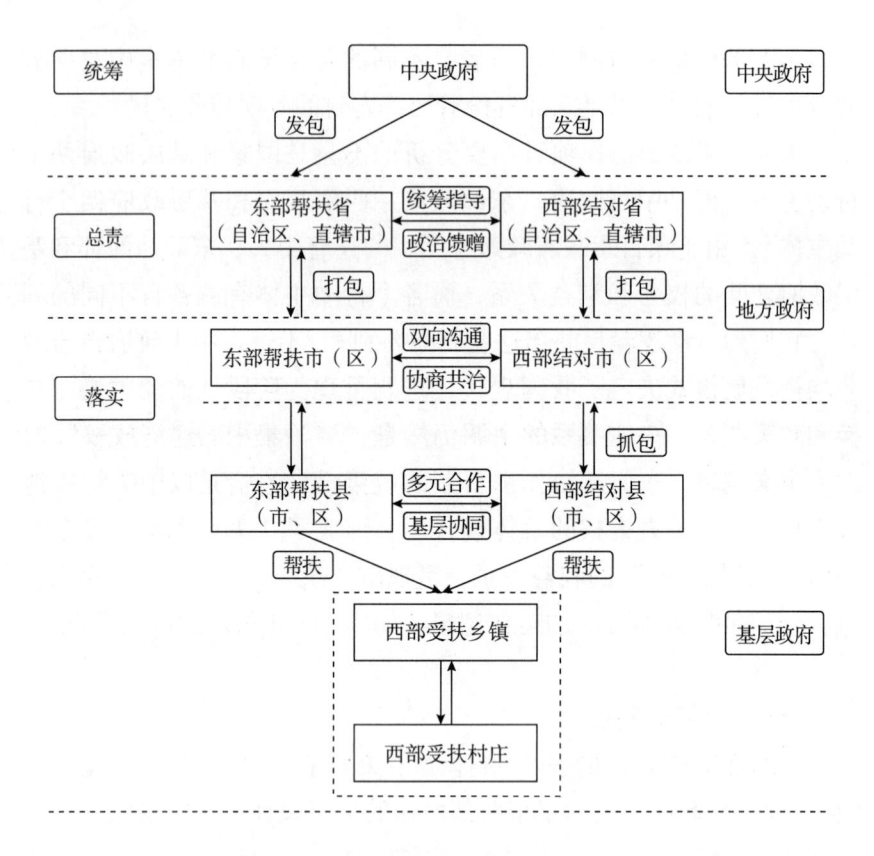

图 11—1　东西部协作项目制运作逻辑

势政策动向，从而在既有利于自身利益又充分利用国家政策的背景下，开始一场追求利益平衡的协商共治①。东西部协作项目制可以说是这种权衡下采取的一种制度安排，项目打包遵循的主要是"自上而下"的逻辑。在这种逻辑中，中央政府"统筹式发包"的行为，在政治锦标赛的考核压力下，既可以确保东西部政府完成政治目标，也可以调动其争取项目的积极性，让拥有不同权责利的央地政府，以多元竞合、协同治理的方式来完成协作任务。

作为财政专项转移支付项目，东西部协作资金被指定了专门用

---

① 刘俊英：《项目制扶贫参与主体的行为逻辑与博弈关系——兼论政府的公共性与自利性》，《社会科学战线》2019 年第 11 期。

途，戴上了各种项目的"帽子"，以期严格体现资金拨付部门的意志①。那么，这些项目资金该如何分配才能既保证中央政府"条条"的权力和利益，以实现"自上而下"的统筹和指导，又能给东西部政府以自主裁量的余地，以保证其"块块"利益的增长，这正是"统筹式发包"的治理关键，实现"央地联动"。这种联动体现在中央政府以东西部政府自我加码的方式施加压力的框架下，要求东部政府与西部政府所签协议中的数量标准每年略有增长。"至于数量增长多少，由东部政府自己定，但由于每年考核都要排名次，这种倡导式的自觉行动最后都变成了制度化的必然行动，少则每年增加5%，多则增加10%。"②而东部政府为了完成任务，尤其是在受疫情影响经济不太景气的情况下，有时会采取"垒大户"或"扩建改建"的应景性策略来打包项目。③

这种"自我主动加码"的压力传导机制之所以能够形成且持续运转，与脱贫攻坚以来的系列文件规范有莫大的关系。梳理发现，自2016年以来，中央政府多次下发有关"坚持和完善东西部协作机制"的文件，或在相应的政策中有所提及；中央农村工作领导小组也分别在2017年、2019年、2021年多次优化调整《东西部协作考核评价办法》，明确东西部协作考核内容从"组织领导、人才交流、资金使用、产业合作、劳务协作、携手奔小康"，向"组织领导、助力巩固拓展脱贫攻坚成果、加强区域协作、促进乡村振兴"转变，这种转变凸显出"十三五"到"十四五"期间考核内容、考核标准的变化，但作为核心内容的项目制，仍然贯穿于所有指标体系之中，嵌入到以"政治锦标赛"为主的考核逻辑及结果应用中。由此，东西部政府为完成中央政府的发包任务，往往会结合当地实际与资源禀赋，对其发包的项目进行资源整合与利益重塑，"央地联动"由此产生。

---

① 金江峰：《分散控制权：理解项目下乡实践困境的一个视角》，《西南大学学报》（社会科学版）2022年第1期。
② WH，QD省扶贫办协作处处长，2020年12月12日。
③ 谢炜、李悦：《对口支援"项目制"：控制权的限度》，《社会科学》2021年第12期。

（二）协商式打包

2020年12月16日，国务院发布的《关于实现巩固拓展脱贫攻坚成果同乡村振兴有效衔接的意见》中明确要"坚持中央统筹、省负总责、市县乡抓落实的工作机制"。可见，在东西部协作项目制中，经过中央统筹之后，东部政府和西部政府事实上是中间层，不仅是项目承上启下的中转站，更可以为协作项目的"再生产"搭建制度空间和社会场域，这个再生产机制就是"协商式打包"。"协商式打包"，是指东部政府和西部政府按照中央政府意图，把东西部协作的各种项目如产业协作、消费帮扶、劳务协作、干部人才交流、易地搬迁后续支持项目等，融合或捆绑成综合工程，使之可以利用国家政策进行资源再分配的过程。在此过程中，东部政府通过项目申报、评审、入库、立项、运行、考核等环节，达到项目顺畅运行的目的；西部政府则利用当地治理经验，加入地方意图，借项目之势，实现地方发展。

可以说，强有力的中央政府、发达而成熟的政治组织体系，保证了中央对地方的绝对领导权威，这是东西部政府协商共治的前提[1]。由于中央下发的项目意图具有一定的模糊性，东部政府和西部政府的角色定位不同——东部政府主要负责项目审批、项目资金、项目市场、项目技术，而西部政府则主要负责项目申请、项目审批、项目管理、项目运营、项目评估，因而在筛选项目时呈现出不同的选择偏好："西部往往希望东部投入更多的资金和人才，让项目能够立竿见影，而东部则希望西部更多学习其理念、技术与市场，真正形成造血机制。"[2] 也即，按照相关规定，协作资金实行项目管理制度，要做到"资金到项目、人才到项目、技术到项目、管理到项目、核算到项目、责任到项目"。正因如此，在分配协作资金的过程中，东部政府与西部政府是通过项目申报来合理安排的，即"通过申报

---

[1] 刘雪姣：《涉农资金整合下基层项目制的实践运作及困境——基于豫南G县田野调查》，《地方财政研究》2021年第6期。

[2] WJ，NC县副县长，访谈于2022年1月4日。

的项目来提出资金使用计划或资金安排方案"①,并将此方案上报受扶省乡村振兴局和帮扶省前方协作工作机构审定。由此,双方有时会在协作资金支持的项目或项目库建设上有分歧,这就需要协商②。再加上,中央政府将项目"统筹式发包"给东部政府后,难以"一杆子"插到底,西部受扶地只要能够交代清楚资金的用途与方向,至于花钱的项目是否合理,是否能实现效益最大化,西部政府则有更多的发言权,"作为'外来'的东部政府如有不同意见,可以协商。"③ 可见,项目打包时的"协商"十分必要。

当然,为达到有效贯彻国家意志之目的,东西部协作项目制的"协商式打包""往往会受到标准化、技术化操作流程的限制,其实能够协商的空间并不大。"④ 具体而言,与一般性财政转移支付资金相比,东西部协作项目资金需要经历"双申请、双审批、双监管、双考核"环节,这在很大程度上压缩了地方政府随意操作的空间。再加上,虽然这种项目式的资源下放数量多、领域广,具有一定的竞争性和诱惑力,但东西部协作项目所体现出的"中央部门的强控制、严规范"等技术理性仍受科层制"条块化"的约束,以致西部政府在"协商式打包"过程中,往往采取理性说服东部政府的策略,加入更多地方性意图和发展目标,获取更多的项目资源和运作权限。不过,一旦西部政府的自主权过大,可能会从一定程度上消解协同发展、共同发展的初衷,导致贫富差距拉大⑤。因此,就政策设计而言,村庄是东西部协作项目的最终受益者,但在"统筹式发包"的制度逻辑下,并不是谁最需要项目资源就能够得到项目,而是谁最可能完成任务并达到项目要求才能得到项目。于是,"协商式打包"运作便可能会遭遇"意外"后果,即对"示范点"集中投

---

① WDC,QDN 县乡村振兴局干部,访谈于 2020 年 8 月 5 日。
② 史普原:《政府组织间的权责配置——兼论"项目制"》,《社会学研究》2016 年第 2 期。
③ ZH,TD 县挂职干部,访谈于 2022 年 3 月 14 日。
④ HHB,QDN 县乡村振兴局干部,访谈于 2020 年 8 月 5 日。
⑤ 杨宝:《嵌入结构、资源动员与项目执行效果——政府购买社会组织服务的案例比较研究》,《公共管理学报》2018 年第 3 期。

入,造出"政绩亮点",导致项目资源分配不均。正因如此,有时会出现"一些示范点的基础设施过度建设,而那些特别需要项目支持的弱势地区却得不到项目的惠顾"① 的现象。

(三) 协同式抓包

中央政府的"统筹式发包"和东西部政府的"协商式打包",很大程度上会导致西部基层政府的"协同式抓包"。作为规模资源再分配机制,项目制已然成为上级部门调动基层政府常用的手段②。面对压力型体制,基层政府更倾向于以项目为中心分解自上而下的条块压力,就此而言,西部县乡两级政府出于底线任务和自主需求,会对拟申报的项目进行整合打包,形成策略性应对的"协同式抓包"。也即,为获得更多的项目支持,基层政府之间、政府与企业之间会在规模、场地、资金、连农带农等方面形成"协同",一如访谈时提到的"我们要申请省级农业产业园协作项目,需要联合好几个乡镇,而如果申请国家级产业园,联合全县的所有力量恐怕都不够"③一样,"联合式投包""共享式分包""协作式完包"成为基层政府"协同式抓包"的三部曲。

在"协同式抓包"中,项目库的建设至关重要。事实上,"协作资金项目实行项目入库制度,协作资金支持的项目原则上从项目库选择"④。具体来说,入库的项目,是由村"两委"和驻村工作队广泛征求意见后上报到乡镇,乡镇政府进行审核、评议、论证与筛选后上报县级部门,县(市、区、特区)级部门经审定后做好项目储备,后由市(州)统筹建立协作资金项目库。"当然也有例外,市级层面若没有结对关系,项目库一般是建在县(市、区、特区)里,然后报省里备案"⑤。由是,"县乡村"三级组织或"市县乡村"

---

① YCY, TZ 县乡村振兴局局长,访谈于 2021 年 7 月 26 日。
② 邢成举、李小云:《精英俘获与财政扶贫项目目标偏离的研究》,《中国行政管理》2013 年第 9 期。
③ HYZ, GD 省乡村振兴局干部,访谈于 2022 年 12 月 27 日。
④ ZQW, DG 市帮扶干部,访谈于 2020 年 12 月 11 日。
⑤ WW, WC 县乡村振兴局干部,访谈于 2021 年 12 月 26 日。

四级组织便形成了"协同式抓包"的主体，它们各司其职，其中，市级政府主要对项目库建设进行指导和审核，县级政府主要对项目库进行筛选与建设，乡村两级主要做好项目发动、甄别与监管工作，防止腐败现象的发生①。

至于"协同式抓包"项目的类型，脱贫攻坚时期往往是产业项目，"比例一般占项目总量的50%以上，有的甚至高达80%"②。到了乡村振兴阶段，产业项目的比例虽有所下降但仍受追捧、仍是热点，为了抓到协作项目，村庄、乡镇甚至县级政府往往需要与多个主体合作，进而形成基层"基层协同"。"条线"项目进入乡村振兴扩展了村庄向上关联的可能，培育和激励了那些有条件的村庄跨越行政层级获取资金和资源的愿望，实现了"块块"对"条条"的协作资源的再创造。同时，"协同式抓包"通过跨部门、跨领域、跨主体的整合，形成了以协作项目为核心的资源共享和价值共创，促进东西部地区从封闭走向开放、从个体行动走向互惠互利，形成统一性和多元性之间的平衡。

三　东西部协作项目制的实践困境

东西部协作项目制的设计初衷是"块块"打破"条条"的壁垒，即通过专业化的部门体制破除单位制的制度局限，集中贯彻中央政府区域协调发展、协同发展、共同发展的治理理念，缩小区域发展差距、实现共同富裕。但是，在实施过程中，由于各级政府都会夹带多重意图和目标，这使得协作项目所涉及的体制结构关系及其运行机制变得更加错综复杂，导致项目资源分配不够均衡、目标定位不够精准、利益联结不够完善和监督机制不够健全等实践困境。

---

① 冯猛：《项目制下的"政府—农民"共事行为分析——基于东北特拉河镇的长时段观察》，《南京农业大学学报》（社会科学版）2015年第5期。
② NBC，YQ协作工作队帮扶干部，访谈于2021年7月25日。

（一）项目申请阶段：资源分配不够均衡

东西部协作项目制是实现东西部协作资源有效配置的一种手段，但在实际运行中，理性官员的寻租现象以及地方政府之间或基层政府之间为争夺项目展开的利益博弈，会导致项目资源分配不均。有条件的乡镇或村庄对项目资源的挤占，这是项目制的共性问题。在"协同式抓包"的过程中，县级政府的首要任务就是统筹好全域内各职能部门下放的项目资源，妥善处理好下级政府之间的利益关系；同时，作为基层政府中的决策方，县级政府也承担着协作项目的主要责任。在政绩导向下，县级政府会优先考虑"示范村"，譬如那些地理位置优越、基础条件好、村庄治理有序的乡镇。正如陈家建等人所论述的，项目制在区域内部，经济发达的地区获得更多的项目资源，产生优势聚集效应。[①] 镇级政府的职责就是将上级职能部门下发的项目资源落实到域内各村，妥善处理好普通村与脱贫村、脱贫村与脱贫村之间的利益均衡问题。但在具体实践中，"乡镇政府的工作量大、任务重、责任也大，可决定权往往都在县里"[②]，所以会出现"责任重、权力小"的现象，这在一定程度上会降低乡镇政府安排项目的积极性与科学性。

例如，在县委、县政府的共同推动下，S县羊业产业园项目于2019年开始使用东西部协作资金进行建设，不过，由于S县属于N省省会城市，具有较大的市场潜力和便捷的交通枢纽，全县养殖产业的规模集聚、市场拓展、品牌建设等都有一定的基础，于是，在进行项目汇编时会将S县其他养殖项目、相邻县域的养殖项目"打包"给该县。可见，在项目申请阶段，基层政府迫于"摸着石头过河"的限制，以及协作项目收益的不确定性和模糊性，往往选择具备发展基础的更容易出成果的项目进行叠加支持，导致项目资源分

[①] 陈家建、巩阅瑄：《项目制的"双重效应"研究——基于城乡社区项目的数据分析》，《社会学研究》2021年第2期。

[②] CX，WC县乡村振兴局副局长，访谈于2021年12月26日。

配不均，从而引发村庄之间发展不平衡、不公平和相对剥夺感[1]。

（二）项目立项阶段：目标定位不够精准

虽然协作资金的分配和管理强调国家的主导控制，这能够避免地方分权导致的项目实施随意化倾向。但是，恰如周雪光所指出，政策统一性与执行灵活性的悖论、激励强度与目标替代的悖论、科层制度非人格化与行政关系人缘化的悖论，都会导致项目的目标定位难以精准[2]。这是东西部协作项目制特有的问题，因为东西部协作项目制实际上是通过与原有的科层制相互嵌套而发生作用的，因此当中央政策与地方利益相冲突时，地方政府之间会形成一种"共识变通"的执行行为，采取地方保护主义策略，使项目目标定位不够精准[3]。更何况，压力型体制让东西部协作项目呈现出上下级政府之间的"行政发包"特征，虽然这一方面可以有效指导、动员和控制东西部地方财政投入，增强财政管理的效益[4]，但另一方面，会使东西部政府之间、上下级政府之间的项目供给与项目需求脱节，"由于信息不对称、沟通有时也不畅，要揣摩上级想要的项目是比较难的"[5]，进而难以真正做到供需平衡、协同发展，目标定位不够精准在所难免。

例如，S县整合多种资本投入肉羊养殖项目之中，东西部协作资金4000多万元、地方配套衔接资金2000余万元、企业资金1.4亿多元，试图以"政府+企业+贫困户"的肉羊养殖模式，将连农带农的利益联结机制落到实处。其中，政府提供部分资金与信用担保，企业提供种羊服务、技术指导、养殖咨询与市场链接，农户负责养

---

[1] 胡天祺：《项目制帮扶驱动共同富裕：一个分析框架——基于杭州市"联乡结村"帮扶项目的实证研究》，《浙江社会科学》2022年第2期。

[2] 周雪光：《基层政府间的"共谋现象"——一个政府行为的制度逻辑》，《社会学研究》2008年第6期。

[3] 吴映雪：《乡村振兴项目化运作的多重困境及其破解路径》，《西北农林科技大学学报》（社会科学版）2022年第1期。

[4] 周黎安：《行政发包制》，《社会》2014年第34卷第6期。

[5] ZM，NC县挂职副县长，访谈于2022年1月3日。

殖，所得收益由政府、公司和农民按36%、40%、24%比例分成。这种模式看似合理，但由于脱贫户养殖能力有限、养殖数量有限、养殖利润有限，以致部分脱贫户表示"养牛养羊也并不能发家致富，况且本来也没有经验，有的人根本养不活，还不如直接把羊卖了来得实在"①。农户之所以有这样的感慨，是因为该模式对农户的利益联结如务工收入、养羊收入、土地流转收入、分红收入等是有限的。如果每户能养6只羊，所产羔羊饲养2个月达到35—40斤，公司则以每只700元的价格兜底回收，加上政府为每户脱贫户提供的2400元饲料补贴费，合起来每户每年大约10800元，如不外出务工，难以支撑家庭有效运转。这说明，即便在实践中比较流行的"政府+企业+农户"的项目模式，也难以让农户真正达成脱贫致富的目标。

（三）项目落地阶段：利益联结不够完善

东西部协作项目资金具有"专款专用"的特征，即单独核算，县级部门不能随意更改专项资金的用途或性质。但是，大部分协作项目资金的使用和管理权在县级政府，这会在客观上强化县级政府的权威，切断乡镇政府、村庄与此的责任与关联，由此产生东西部协作项目制利益联结不够均衡的问题。② 目前，东西部协作资金在项目中的使用大约有三种类型，分别是"奖补、建基础设施、投资入股"，其中，奖补包括给企业、村委会、农户、第三方机构的奖补，基础设施包括到户类、公共服务类、园区类基础设施，投资入股包括全额投资和部分投资，但不管是哪种投资，都基本是交给当地的国有平台公司来运营或注资。③ 分析发现，只有第三种东西部协作项目资金才能产生分红——"保底分红+收益分红"。例如，P县某东西部协作农业产业园项目，总投资1.29亿元，其中东西部协作资金

---

① LC，WC县脱贫中，访谈于2021年12月29日。
② 贺雪峰：《资源下乡与基层治理悬浮》，《中南民族大学学报》（人文社会科学版）2022年第7期。
③ 狄金华：《政策性负担、信息督查与逆向软预算约束——对项目运作中地方政府组织行为的一个解释》，《社会学研究》2015年第6期。

投入1700万元，投入资金按每年4%的收益保底分红；再如，J县另一个东西部协作工业产业园项目，总投资3.62亿元，其中东西部协作资金投入4000万元，既有保底分红又有收益分红，建成前按投入资金1%的比例保底分红，建成后按利润6%的比例收益分红。这些分红大部分返还到县乡村振兴局下属的"防返贫致贫帮扶资金池"管理，用于全县脱贫户与监测户的帮扶，个别到村里到户，与乡镇财政收入没有直接的关联。再加上企业运营所产生的税收是典型的"乡财县管"体制，也不能给乡镇带来直接的收益。另外，虽然东西部协作项目意味着对村民的共同福利，对大家的好处也是实实在在的，但每一户与项目的利益关联程度是不同的，每一户为"项目进村"所付出的代价也有差异，这就可能导致村民各思其益、各为其利，难以达成有效合作，正所谓"项目资源悬浮于群众需求之上"[1]。

综上，在东西部协作项目实施过程中，尽管带动农村就业的情况比较明显，但乡镇和村庄的利益联结还不够完善，逐步被"悬空化"。进一步，作为一种国家治理体制，东西部协作项目制有双重目标：一方面，靠事本主义原则完成每个项目的专项目标；另一方面，出于区域协调发展的考虑贯彻国家意志、实现政策目标。然而，从实践来看，东西部协作项目的资源投入转化为干部的治理能力、基层的治理效能并不明显，以致项目落地乡镇与村庄难以实现有效的利益联结与均衡的利益分配。

（四）项目运行阶段：监督机制不够健全

与其他项目类似，东西部协作项目也是由专业验收单位和审计单位实施监督，项目的实施效果与监督单位的利益关联不大，故而有时会产生传统项目制固有的道德风险[2]。同时，监督单位使用统一的标准进行验收，但是复杂多样的东西部协作项目难以纳入统一的

---

[1] CY，SZW县人社局局长，访谈于2021年12月31日。
[2] 周原：《建设工程项目委托审计道德风险成因及防范》，《华中农业大学学报》（社会科学版）2013年第6期。

项目管理中，监督工作难以推进。此外，监督单位对实施项目情况不甚了解，难以发现项目规划与当地群众需求脱节的地方以及基层官员的非正当逐利行为。[①]再加上，根据政策规定，东西部协作项目运行、管理、监督的主体是西部地区的地方政府，东部地区的地方政府主要起指导、协调与助推作用，因此，现有的制度设计容易让垂直体系下的西部各级政府难以形成"合力"。况且，受制于我国基层治理体系不健全等原因，东西部协作第三方监督力量还比较薄弱，相关社会组织缺乏自主性与必要的资源支持，既无法与政府监督有机配合，也难以对政府和企业实施有力监督。

上述分析发现，作为一种新型治理模式，东西部协作项目制尚未能完全实现预期目标，既存在传统项目制的固有弊端，例如，项目申请阶段，基层精英群体基于各自的利益诉求形成"协同式抓包"的利益结构，导致项目资源分配不均；项目运行阶段，受制度设计、监督主体、考核标准、实施要求等因素的影响，项目运行过程中监督机制不健全。同时，又具有东西部协作项目制的特殊性问题，具体表现为：在项目立项阶段，西部地方政府以东西部协作项目为载体，变通执行政策意图，导致协作项目的目标定位不够精准；在项目落地阶段，乡镇和村级组织利益联结不够完善，最终引发基层社会治理难题。究其原因，与协作项目不同参与主体的利益分化有关[②]，更与东西部协作项目制与科层制互相嵌入的负外部性有关，虽然发挥了东西部协作项目制的弹性优势，但也产生了科层体系的诸多弊端。

四 东西部协作项目制的治理叙事

脱贫攻坚时期，党中央作出东西部扶贫协作与对口支援战略决

[①] 刘欣、李红权：《政策边缘人非正当逐利何以诱发基层腐败：一个解释框架》，《广州大学学报》（社会科学版）2022年第2期。

[②] 周伟：《地方政府间跨域治理碎片化：问题、根源与解决路径》，《行政论坛》2018年第1期。

策,东部地区为西部地区打赢脱贫攻坚战做出了重大贡献。脱贫"摘帽"不是终点,而是新生活、新奋斗的起点。在开启全面建设社会主义现代化国家新征程、向第二个百年奋斗目标迈进的新发展阶段,中央迅速调整了东西部协作结对关系,由东部9省帮扶中西部14省调整为东部8省帮扶西部10省。结对关系调整后,随着巩固拓展脱贫攻坚成果同乡村振兴有效衔接的重心从解决"两不愁三保障"转向推动乡村全面振兴、从突出到人到户转向推动区域协调发展、从政府投入为主转向政府引导与发挥市场作用有机结合"的转变,嵌入其中的东西部协作项目制也面临从"扶个体到扶群体、从重扶贫到重发展"的转向。在此背景下,"结对子"是近年来中国社会治理中的常态,在中国的贫困治理过程中发挥了重要作用。恰如习近平总书记在全国脱贫攻坚总结表彰大会上所强调,要坚持和完善驻村第一书记和工作队、东西部协作、对口支援、社会帮扶等制度,并根据形势与任务变化进行完善。[①] 要坚持和完善以东西部协作为代表的结对帮扶制度,就应反思东西部协作项目制的问题。

一是项目有序运转中的公平与效率如何兼顾?"优先支持联农带农富农产业发展"是《关于加强中央财政衔接推进乡村振兴补助资金使用管理的指导意见》的重要内容。调研发现,东西部协作项目的利益联结往往采取如下方式:将协作资金投入当地的国有平台公司,平台公司以入股的方式将资金注入到当地的产业项目,无论投资效益如何,项目主体每年均按照投资总额的一定比例作为收益放进县乡村振兴局所管的"防返贫专项资金池"里,或者返还给村庄作为集体经济,助力受扶地区的"防返贫工作"。这样做,公平的问题基本解决了,但企业、村庄、农户的"风险共担"机制并未有效形成,三者的利益联结松散,项目带动效应不强,农民参与不够,且企业承担了大部分风险,负担较重,一旦市场不景气,协作项目将不可持续。

---

① 习近平:《在全国脱贫攻坚总结表彰大会上的讲话》,《人民日报》2021年2月26日第2版。

二是项目持续发展中的"输血"与"造血"如何同频？目前，项目协作资金主要有奖补、援建与投资三种形式，不管哪种形式，由于项目协作政策、协作内容、协作举措层层传导和深化细化机制待建立、利益联结机制待完善，协作项目的整体建设效益不高，可持续发展能力不强，以致协作资金的持续"造血"功能与就业吸附能力并未有效提升，"换一任领导就换一套发展思路"等顽疾仍在，"重投资轻技术、重招商轻嫁接、重引进轻服务"等现象仍有，"唯投资论、唯数量论、唯数据论"等观念仍存，"企业引进单打一、产业链不完整、发展后劲不足"等问题仍存，项目持续发展中的输血与造血难以同频。

三是项目梯度转移中的数量与质量如何共振？受多种因素影响，东部向西部梯度转移的协作项目主要以电子配件加工、服装生产等劳动密集型项目为主，这些项目大部分比较低端，且产业结构、品种结构单一，未能给当地经济发展带来实质性的突破。虽然协作资金投入这些项目的占比已达50%以上，有的市州甚至达到了80%左右，但这些投入中的投资部分主要以当地国有平台公司入股分红为主，缺乏市场竞争，项目活力不够。再加上部分协作项目存在各自为政、单打独斗现象，与周边产业、相邻区域合作不够，脱贫攻坚巩固成果项目收尾或者盘活资金缺口较大、融资较难；部分协作项目链条配套不完善，这会增加协作项目梯度转移中的协作成本，也会增大招商引资的难度，转移中的数量与质量难以共振。

为此，从更长远的角度来考虑，东西部协作项目制需要在协作格局上注重从促进区域经济协调发展、缩小东西部地区发展差距等方面着手，优化东西部协作项目制的制度设计与运行结构，提升"块块"结对治理绩效。具体来说，首先，要在协作项目的顶层设计上形成共谋共识。建议在综合梳理东西部各自优势和短板，着力硬件和软件、基础和现状、当下和长远的基础上，进一步深化协作项目理念、机制、政策，构建"政府主导、社会参与、市场带动"的多层次、多形式、全方位的协作格局。其次，在协作项目的利益联结上统筹兼顾。充分考虑政府、平台公司、企业、村庄、农户的利益诉求，注重协调不同协作项目的差异性与科学性，兼顾效率与公平。再次，在协作项目的参与主体上共治共享。既要发挥各级政府在协作项目中的积极作用，厘清府际间复杂的利益博弈关系，又要在充分借助市场力量的同时，顺应村情民意，发挥群众智慧力量，激活乡村沉睡资源，激发群众积极性。最后，在协作项目的链条完善上深度融合。强化全链条思维，做大做强协作链条，以项目全链条去招商引资，有针对性地"建链、延链、补链、强链"，推动协作项目创新链、人才链、资金链，各链条深度融合。

第十二章　东西部协作中的考评制及其变迁

具有中国特色的东西部协作，是党中央着眼推动区域协调发展、协同发展、共同发展作出的重大决策，为打赢脱贫攻坚战提供了重要保障。东西部协作之所以能够助推脱贫攻坚战取得胜利，与科学的顶层设计、有力的执行体系、严苛的问责处置有关，更与不断完善的考评机制有莫大关系。特别是2017年首个东西部协作考核办法的出台，让东西部协作工作走向制度化、规范化，从"软约束"变为了"硬约束"，此种"约束"对提升东西部协作水平、增强东西部协作成效有重要价值。然而，现有研究主要聚焦在东西部协作政策变迁[①]、结对关系调整[②]、劳务协作[③]、产业协作[④]、消费协作[⑤]、

[①] 谢治菊、彭智邦：《东西部协作政策扩散的维度、逻辑与启示——基于政策扩散理论的文本分析》，《中国公共政策评论》2021年第3期。

[②] 梁琴：《由点到网：共同富裕视域下东西部协作的结对关系变迁》，《公共行政评论》2022年第2期。

[③] 谢治菊、陈香凝：《协同治理视域下东西部劳务协作研究》，《广州大学学报》（社会科学版）2023年第2期。

[④] 谢治菊、李华：《东西部产业协作：类型·逻辑·未来》，《吉首大学学报》2023年第2期。

[⑤] 谢治菊、彭智邦：《嵌入式有为与适应性有效：东西部消费协作中的政府与市场》，《中州学刊》2022年第11期。

教育协作[①]、创新发展[②]等方面，对东西部协作考评及其变迁的研究比较少，主要散见于协作项目制[③]中，系统研究成果很少，这为本章提供了契机。

一 东西部协作考评制的变迁背景

20世纪90年代，为保证如期完成《国家八七扶贫攻坚计划》所设定的目标，国务院办公厅1996年在《国务院办公厅转发国务院扶贫开发领导小组关于组织经济较发达地区与经济欠发达地区开展扶贫协作报告的通知》中提出，"经济较发达地区与经济欠发达地区开展扶贫协作"，"扶贫协作"[④]概念正式出现在国家政策文件中。在此之后，一直使用"东西部扶贫协作"概念，后改为"东西部协作"。数据显示，从2010年至2020年，东西扶贫协作财政援助资金投入处于不断上升趋势，2017年以来，投入的协作财政资金快速增长状态，到2020年已经达到270.8亿元，如表12—1所示。特别是1996年到2020年间，东部9省市向协作地区共投入财政资金898.1亿元、动员社会力量捐助款物252.6亿元、引导企业实际投资2.57万亿元、互派党政干部和专技人员16万人次，累计帮助1090.5万人次协作地区劳动力转移就业，"十三五"期间更是购买贫困地区扶贫产品1265.8亿元，成效显著，比过去20年更明显。[⑤] 东西部协作之所以能取得如此巨大的成效，得益于2017年8月《东西部扶贫协作考核办法（试行）》的出台和落实。

[①] 江星玲、谢治菊：《协同学视域下东西部教育扶贫协作研究》，《民族教育研究》2020年第6期。

[②] 左停、刘文婧、于乐荣：《乡村振兴目标下东西部协作的再定位与发展创新》，《华中农业大学学报》（社会科学版）2022年第5期。

[③] 谢治菊、陈香凝：《东西部协作项目制：运行逻辑、实践困境与治理路径》，《社会科学研究》2023年第1期。

[④] 《国务院办公厅转发国务院扶贫开发领导小组关于组织经济较发达地区与经济欠发达地区开展扶贫协作报告的通知》，《中华人民共和国国务院公报》1996年第20期。

[⑤] 中华人民共和国国务院新闻办公室：《人类减贫的中国实践》，《乡村振兴》2021年第5期。

表 12—1　　　　　　　　东西部协作财政资金投入

时间（年）	2010	2011	2012	2013	2014	2015	2016	2017	2018	2019	2020
投入情况（亿元）	6.9	8.4	8.8	11.8	13.4	14.5	29.3	58.76	177.6	228.9	270.8

考评作为一种治理工具，其在政府治理中发挥了重要的价值与作用，因此，广泛应用于政府治理[1]、市场治理[2]、社会治理[3]中，并被作为绩效评估的主要方式。例如，Hood Christopher 认为，政府治理应以市场或顾客为导向、实行绩效管理、提高服务质量和有效性，以及界定政府绩效目标、测量与评估政府绩效。[4] 高小平、盛明科、刘杰等从政府绩效管理目标体系、价值体系、指标体系、结果运用体系以及相关配套机制的形成阐述中国绩效管理的作用。[5] 蔡立辉（2018）从政府考评的主体、指标体系构建、考评程序、考评方法、考评结果应用与改进等方面论述政府考评治理。[6] 尚虎平把政府考评作为一种"内控评估"机制，政府考评是保证追求绩效，甚至追求绩效的最大化这种"天职"得以履行的工具。[7] 郑方辉、廖鹏洲等（2013）认为政府绩效管理实现的选择是统一管理组织、统一技术体系及统一结果应用"三个统一"。[8] 目前对各种领域的考评研究颇多，但对东西部协作考评研究较少，少有的研究主要散见于一

---

[1] 姚东旻、崔琳、张鹏远、周雪光：《中国政府治理模式的选择与转换：一个正式模型》，《社会》2021 年第 6 期。

[2] 向静林：《市场治理的制度逻辑——基于风险转化的理论视角》，《社会学评论》2017 年第 3 期。

[3] 张来明、刘理晖：《新中国社会治理的理论与实践》，《管理世界》2022 年第 1 期。

[4] Hood Christopher, "A Public Management for all Seasons?", *Public Administration*. Vol. 1, 1991, pp. 92-101.

[5] 高小平、盛明科、刘杰：《中国绩效管理的实践与理论》，《中国社会科学》2011 年第 6 期。

[6] 蔡立辉：《政府绩效评估概论》，高等教育出版社 2018 年版，第 35—36 页。

[7] 尚虎平：《合理配置政治监督评估与"内控评估"的持续探索——中国 40 年政府绩效评估体制改革的反思与进路》，《管理世界》2018 年第 10 期。

[8] 郑方辉、廖鹏洲：《政府绩效管理：目标、定位与顶层设计》，《中国行政管理》2013 年第 5 期。

些文章、工作报告、著作、政策文件中，且主要把考评当成东西部协作的一个环节，例如，有学者从中国减贫治理中的考评机制出发来分析东西部协作考评机制的形成[1]，有学者从国家、市场与社会关系角度出发来解读东西部协作考评机制的价值[2]，鲜有对考评机制本身及其变迁过程进行专门研究，这为本章提供了契机。

二 东西部协作考评制的变迁历程

东西部协作是伴随着中国扶贫的发展而诞生的，根据我国 1996 年以来东西部协作考评助力减贫事业发展情况，东西部协作考评变迁大致可分为三个阶段：1996 年到 2015 年为考评机制探索阶段，其目标是助力完成开发式扶贫；2016 年到 2020 年为考评机制完善阶段，其目标是助力打赢脱贫攻坚战；2021 年至今为考评机制深化阶段，其目标是助力实现乡村全面振兴。

（一）探索阶段（1996—2015 年），助力完成开发式扶贫

1996—2015 年，是我国开发式扶贫阶段。20 世纪末，为解决我国最后 7 年农村 8000 万贫困人口的温饱问题，国务院决定从 1994 年起，开始实施《国家八七扶贫攻坚计划》，该计划是 20 世纪最后 7 年国家扶贫开发工作纲领性政策。为如期实现《国家八七扶贫攻坚计划》目标，加大对贫困地区的扶贫开发力度，1996 年，国务院办公厅转发《国务院扶贫开发领导小组关于组织经济较发达地区与经济欠发达地区开展扶贫协作报告》的通知，要将有关扶贫协作的协议书和实施情况的材料报送国务院扶贫开发领导小组办公室备案，这是一种"备案式"监督考评制度。为深入贯彻十七大会议精神和落实科学发展观，深入推进扶贫开发工作，2008 年东西扶贫协作工作指导意见提出对东西扶贫协作工作进行考评，考评以省（区、市）

---

[1] 张琦、张涛：《中国减贫制度体系探索：考核评估的创新实践》，《甘肃社会科学》2021 年第 1 期。
[2] 谢治菊、黄燕洪：《东西部协作中的国家、市场与社会》，《行政论坛》2023 年第 2 期。

交叉检查、专家评估、年度统计等方式进行，考评结果要上报国务院扶贫开发领导小组，作为东西扶贫协作工作评比的基本依据，至此，我国东西部扶贫协作考评机制进入初步探索阶段。2008年全球性国际金融危机爆发，为应对国际金融危机，扩大内需，为实现共同富裕目标做"制度性安排"，要求建立和完善财政援助资金稳定增长机制、工作交叉检查机制、项目绩效评估机制和有效的工作激励机制，东西部协作考评机制因此得到进一步强化。为确保《中国农村扶贫开发纲要（2011—2020年）》目标任务完成，2012年的《扶贫开发工作考核办法（试行）》中列出了"东西扶贫协作投入增长率（%）"指标，明确东西部扶贫协作在"东部扶贫开发工作考核指标体系中分值占比为2分，即2%的分值比重"。2013年《国务院办公厅关于开展对口帮扶贵州工作的指导意见》指出，贵州省以及8市（州）承担对口帮扶工作的机构要加强制度建设，建立对口帮扶信息通报、统计监测、监督检查、考核评价制度，重要情况要及时通报有关地区和部门，对东西部协作绩效管理提出了制度建设要求，如表12—2所示。

表12—2　　　　　　　　东西部协作考评要求统计

时间（年）	发文单位	文件名称	考评要求
1996	国务院办公厅	《国务院扶贫开发领导小组关于组织经济较发达地区与经济欠发达地区开展扶贫协作报告》	将有关扶贫协作的协议书和实施情况的材料报送国务院扶贫开发领导小组办公室备案。
2007	国务院扶贫办	《2008年东西扶贫协作工作指导意见》	对东西扶贫协作工作进行考评，考评以省（区、市）交叉检查、专家评估、年度统计等方式进行，考评结果要上报国务院扶贫开发领导小组，作为东西扶贫协作工作评比的基本依据。
2008	国务院扶贫开发领导小组办公室	《关于印发〈2009—2010年东西扶贫协作工作指导意见〉的通知》	建立和完善财政援助资金稳定增长机制、工作交叉检查机制、项目绩效评估机制和有效的工作激励机制。
2012	中办、国办	《扶贫开发工作考核办法（试行）》	东西部扶贫协作在"东部扶贫开发工作考核指标体系中分值占比为2分，即2%的分值比重"。

续表

时间 （年）	发文单位	文件名称	考评要求
2013	国务院办公厅	《国务院办公厅关于开展对口帮扶贵州工作的指导意见》	贵州省以及8市（州）承担对口帮扶工作的机构要加强制度建设，建立对口帮扶信息通报、统计监测、监督检查、考核评价制度，重要情况要及时通报有关地区和部门。

从1996—2015年期间，我国对东西部协作考评进行了初步探索，在此探索期间，尝试了考评以省（区、市）交叉检查、专家评估、年度统计等考评方式，这些考评的尝试与探索，助力完成了开发式扶贫的艰巨任务。

（二）完善阶段（2016—2020年），助力打赢脱贫攻坚战

2016—2020年期间，是我国全面建成小康社会、实现第一个百年奋斗目标的决胜阶段，也是我国打赢脱贫攻坚战的决胜阶段，我国扶贫工作进入了脱贫攻坚时期，这时期我国坚持精准扶贫、精准脱贫的基本方略，东西部协作考评机制不断完善。2016年《关于加快中西部教育发展的指导意见》提出要研究建立评价指标体系，依法开展专项督导，公开督导报告[1]，同年11月，《"十三五"脱贫攻坚规划》明确，要建立东西部扶贫协作考核评价机制，重点考核带动贫困人口脱贫成效，西部地区也要纳入考核范围[2]，这是我国较早将西部地区纳入东西部扶贫协作考核范围政策文件。为贯彻落实《中共中央 国务院关于打赢脱贫攻坚战的决定》《中共中央办公厅、国务院办公厅关于进一步加强东西部扶贫协作工作的指导意见》《脱贫攻坚责任制实施办法》等脱贫攻坚政策，2017年8月8日，我国第一个东西部协作考评办法——《东西部扶贫协作考核办法（试

---

[1] 《国务院办公厅关于加快中西部教育发展的指导意见》（国办发〔2016〕37号），《中华人民共和国国务院公报》2016年5月11日。

[2] 《国务院关于印发"十三五"脱贫攻坚规划的通知》，国发〔2016〕64号，国务院2016年12月2日。

行）》正式发布。该考评办法明确了东西部协作考评目的、考评对象、考评主要内容、考评组织、考评步骤、考评结果及运用等考评内容；并明确从2017年到2020年，每年开展一次东西部扶贫考核，由国务院扶贫开发领导小组统一组织考核工作；考核结果为"好""较好""一般"和"差"四个等次，将考核结果作为对中西部省级党委和政府扶贫开发工作成效考核的参考依据；考评内容主要为东部扶贫协作协议完成情况包括组织领导、人才支援、资金支持、产业合作、劳务协作和携手奔小康6大板块22项指标；中西部地区扶贫协作协议完成情况包括组织领导、人才交流、资金使用、产业合作、劳务协作和携手奔小康6大板块14项考评指标。2019年，脱贫攻坚战到了"攻城拔寨"关键时期，为如期完成打赢脱贫攻坚战的艰巨历史任务，2019年出台了《东西部扶贫协作成效评估办法》，在之前考核办法的基础上进一步明确了东西部扶贫协作考评对象、考评主要内容、考评组织实施、考评工作步骤、考评结果及运用等内容。《东西部扶贫协作成效评估办法》明确脱贫攻坚期东西部协作考评内容为"东西部协作双方协作协议完成情况"和"工作创新情况"（简称"6+1"）。其中，东部扶贫协作协议完成情况包括组织领导、人才支援、资金支持、产业合作、劳务协作和携手奔小康，共6大板块，共21项考评指标，"创新工作情况"包括5项考评指标，总共26项指标；中西部地区扶贫协作协议完成情况包括组织领导、人才交流、资金使用、产业合作、劳务协作和携手奔小康，共6大板块，共19项考评指标，工作创新情况包括共5项考评指标，总共24项指标。

东西部扶贫协作成效评估考评结果为"综合评价好""综合评价较好""综合评价一般""综合评价差"四个等次，并明确了"综合评价较差"等次的约束性条件：一是未完成年度扶贫协作协议的；二是违纪违规使用资金，造成严重损失浪费且影响恶劣的；三是在巡视、考核、督查、审计等各类监督工作中发现突出问题且影响恶劣的；四是弄虚作假，虚报成绩，干扰评价工作的。考评对象在保持东部地区9个省（直辖市）和13个市不变的情况下，西部地区的考核对象在 2017 年评价对象的基础上减少西藏和新疆 2 个自治区，同时，叠加了河北、吉林、湖北、湖南 4 个中部地区省份，从 2017 年的 12 个省（自治区、直辖市）增加到 14 个省（自治区、直辖市），叠加了云南省昭通市、怒江傈僳族自治州、四川省凉山彝族自治州、甘肃省定西市、陇南市、临夏回族自治州 6 个市（州），从 2017 年的 14 个市（州）增加到 20 个市（州）。

2016—2020 年期间，我国东西部协作的主要任务是助力打赢脱贫攻坚战，这段时期，东西部协作考评机制得到不断完善和规范，出台了东西部协作考评方法，有力助推打赢脱贫攻坚战，为我国全面建成小康社会，实现第一个百年奋斗目标提供了保障条件。

（三）深化阶段（2021 年至今），助力实现乡村全面振兴

2021 年 2 月 25 日，习近平总书记向世界庄严宣告"我国脱贫攻坚战取得了全面胜利"[①]。同时，国家乡村振兴局正式挂牌，标志着我国脱贫攻坚战取得全面胜利，也标志着我国全面实施乡村振兴奔向新的起点。2021 年 6 月 1 日，我国正式实施《中华人民共和国乡村振兴促进法》，国家实行乡村振兴战略目标责任制和考核评价制度。同年 7 月，我国制定了《东西部协作考核评价办法》，明确了乡村振兴战略期东西部协作考核目的、考核评价对象、考核评价主要内容、考核评价组织实施、考核评价工作步骤、考核评价结果及运用等内容。考评的主体由中央农村工作领导小组负责，中央农办和国家乡村振兴局会同中央组织部、国家发展改革委等多个部门组成考评工作组，负责考评工作的组织实施，国家乡村振兴局承担具体工作；考评结果为好、较好、一般和差四个等次，在东西部协作工作中出现重大违纪违规问题的，年度考核评价不得确定为"好"等次。从 2021 年开始，东西部协作的考评内容主要围绕乡助力实现村振兴展开，2021 年东西部协作考核评价内容为"东西部协作双方协

---

① 《在全国脱贫攻坚总结表彰大会上的讲话》，《中华人民共和国国务院公报》2021 年第 7 号。

作协议完成情况"和"工作创新情况"两大部分（简称"4+1"）。东部地区的"协作协议完成情况"包括组织领导、助力巩固拓展脱贫攻坚成果、加强区域协作、促进乡村振兴，共 4 大板块，11 项考评指标，"工作创新情况"包括 4 项考评指标，总共 15 项指标；西部地区协作"协议完成情况"包括组织领导、助力巩固拓展脱贫攻坚成果、加强区域协作、促进乡村振兴，共 4 大板块，12 项考评指标，"工作创新情况"包括 4 项考评指标，总共 16 项指标。① 按照东西部协作结对关系新的调整，东部地区为江苏、北京等 8 省（直辖市），西部地区为贵州、内蒙古、重庆等 10 省（自治区、直辖市）。2021 年东西部协作的考评对象东部地区为北京市、天津市、上海市、江苏省、浙江省、福建省、山东省、广东省 8 个省（直辖市）；西部地区为内蒙古自治区、广西壮族自治区、重庆市、四川省、贵州省、云南省、陕西省、甘肃省、青海省、宁夏回族自治区 10 个省（自治区、直辖市）。

总之，从 2021 年开始，我国东西部协作进入了乡村振兴战略推进时期，东西部协作考评机制得到深化发展，出台了东西部协作成效评估办法，明确了乡村振兴战略期东西部协作考核目的、考核评价对象、考核评价主要内容、考核评价组织实施、考核评价工作步骤、考核评价结果及运用等内容，有效助力实现乡村全面振兴向前发展。

三 东西部协作考评制的变迁特点

东西部协作考评变迁主要呈现考评主体由一元到多元，考评内容由规定到自选，考评对象由单边到双边，考评形式从结果到过程与结果并重，考评结果从重等级到重反馈与改进等特征。

（一）考评主体：由"一元"到"多元"

考核主体是指实施考核工作的单位或组织，回答"谁来考"实

---

① 《国务院办公厅关于加快中西部教育发展的指导意见》（国办发〔2016〕37 号），国务院办公厅 2016 年 5 月 11 日。

施评估问题。

梳理我国东西部协作考评历程发现，东西部协作考评主体是由"一元"向"多元"变迁的过程。例如，1996—2016年，东西部协作是以政府为主的"一元"考评主体，从前述分析可知，1996年这一主体是各省、自治区、直辖市自身，2008年扩大到省（区、市）交叉检查与专家评估，2016年是由国务院扶贫开发领导小组组织，2017年至2021年包括政府、第三方机构，呈现出由"一元"到"多元"的转变，如表12—3所示。

表12—3　　　　东西部协作考评主体统计

时间	2017年	2019年	2021年
牵头部门	国务院扶贫办	国务院扶贫办	中央农办和国家乡村振兴局
协同部门	中央组织部、中央统战部、国家发展改革委、教育部、国家民委、财政部、人力资源和社会保障部、国家卫生计生委、全国工商联等	中央组织部、中央统战部、国家发展改革委、教育部、国家民委、财政部、人力资源和社会保障部、自然资源部、农业农村部、国家卫生健康委、全国工商联、中国残联等	中央组织部、国家发展改革委、教育部、科技部、民政部、财政部、人力资源社会保障部、自然资源部、生态环境部、住房和城乡建设部、水利部、农业农村部、国家卫生健康委等

在1996年东西部扶贫协作提出之初，仅要求协作地方政府将有关扶贫协作的协议书和实施情况的材料报送国务院扶贫开发领导小组办公室备案[①]，1996—2007年，东西部协作考评是协作地方政府将每年的扶贫协作情况通过报表方式报送到国务院扶贫开发领导小组办公室备案。这与2007年之前的东西部扶贫协作考评相比，在组织机构、考评方法、结果运用等方面都正式得多。为充分发挥考评"指挥棒"作用，推动参与东西部扶贫协作的各省深入贯彻精准扶贫精准脱贫基本方略，加大帮扶力度，提升帮扶工作水平，促进西部贫困地区如期完成脱贫攻坚任务，我国2017年制定了东西部扶贫协

---

① 《国务院办公厅转发国务院扶贫开发领导小组关于组织经济较发达地区与经济欠发达地区开展扶贫协作报告的通知》，《中华人民共和国国务院公报》1996年第20期。

作考核办法，明确了东西部扶贫协作考核主体，由国务院扶贫办牵头，中央组织部、中央统战部、国家发展改革委、教育部、国家民委、财政部、人力资源和社会保障部、国家卫生计生委、全国工商联等部门协同进行考评。

为不断激励先进，鞭策后进，在2017年考核办法的基础上，2019年、2021年分别印发了《东西部扶贫协作成效评估办法》《东西部协作考核评价办法》，进一步完善东西部协作考评主体。2021年《东西部协作考核评价办法》明确，中央农办和国家乡村振兴局牵头，中央组织部、国家发展改革委、教育部、科技部、民政部、财政部、人力资源和社会保障部、自然资源部、生态环境部、住房和城乡建设部、水利部、农业农村部、国家卫生健康委等部门协同。

（二）考评内容：由"规定"到"规定+创新"

从近几年东西部协作考评指标体系变化看，最明显的特点就是由"规定"到"规定+自选"变化，体现了指标体系的客观性和合理性，是一种"协议完成+工作创新"模式，既兼顾了东西部协作约定的基本完成工作，也兼顾了在完成协议工作的基础上的工作创新，既有协作工作的底线，也有协作发挥的巨大空间。在2017年东西部协作考评中，东部地区主要考评"东西部协作双方协作协议完成情况"，包括组织领导、人才支援、资金支持、产业合作、劳务协作和携手奔小康六个方面内容，考评"党委政府负责同志到扶贫协作地区调研对接""编制扶贫协作规划和年度计划"等22个指标；西部地区考评组织领导、人才交流、资金使用、产业合作、劳务协作和携手奔小康六个方面内容，考评"党委政府负责同志到东部调研对接""研究部署和协调推进工作"等14项指标。从2019年起，东西部协作考评内容为"扶贫协作协议完成情况"和"创新工作"两大部分，考评内容在2017年的基础上增加了"工作创新"内容，其中，"扶贫协作协议完成情况"包括组织领导、人才支援、资金支持、产业合作、劳务协作和携手奔小康六项内容，东部地区考评"党委和政府负责同志到中西部调研对接情况""召开高层联席会议情况"等21项指标，中西部地区考评"党委和政府负责同志到东部调研对接情况""专题研究部署扶贫协作工作情况"等19项考评指标；"工作创新"包括解决"两不愁三保障"突出问题等5项指标。2021年"东西部协作协议完成情况"包括组织领导、助力巩固拓展脱贫攻坚成果、加强区域协作、促进乡村振兴四个方面内容；东西部地区"工作创新"分别为4项指标。东部地区为"将东部地区乡村振兴经验，做法复制推广到协作地区情况"等15项考评指标；西部地区为"学习东部地区乡村振兴经验做法，复制推广到西部地区情况"等16项考评指标，如表12—4所示。

表12—4　东西部协作考评内容统计

地区		2017年 考核内容	考核指标（个）	2019年 考核内容	考核指标（个）	2021年 考核内容	考核指标（个）
东部地区	协议完成情况	组织领导	3	组织领导	3	组织领导	4
		人才支援	3	人才支援	3	促进乡村振兴	2
		资金支持	4	资金支持	4	—	—
		产业合作	3	产业合作	4	加强区域协作	2
		劳务协作	4	劳务协作	4	助力巩固拓展脱贫攻坚成果	3
		携手奔小康	5	携手奔小康	3		
	工作创新情况	—	—	工作创新情况	5	工作创新情况	4
中西部地区	协议完成情况	组织领导	3	组织领导	3	组织领导	3
		人才交流	2	人才交流	3	推进乡村振兴	3
		资金使用	2	资金使用	3		
		产业合作	2	产业合作	4	加强区域协作	3
		劳务协作	3	劳务协作	2	助力巩固拓展脱贫攻坚成果	3
		携手奔小康	2	携手奔小康	4		
	工作创新情况	—	—	工作创新情况	5	工作创新情况	4

注：空格为当年没有考核指标。

（三）考评对象：由"单边"到"双边"

东西部协作考评对象是指接受考核的东西部协作结对的省、市、区。研究发现，1996年以来，我国东西部协作考评对象，由"东部单边考评"到"东部+西部双边考评"转变。在东西部扶贫协作之初，东西部协作考评主要是对东部地区进行"单向考评"，只要求东部协作省（市）将有关扶贫协作的协议书，协作实施情况的材料报送国务院扶贫开发领导小组办公室备案，重点考评东部地区向西部帮扶地区投了多少人力、物力和财力。这种考评只对东部地区进行单边考评，实际上会造成东西部资源筹集与资源使用的分离，会导致投入资源及其产生的效益不可控，只知道投入，不知道效果现象，这种状态急需进行改革，将东西部协作双方都纳入考评对象。习近平总书记2016年在银川主持召开东西部扶贫协作座谈会上指出："要突出目标导向、结果导向，不仅要看出了多少钱、派了多少人、给了多少支持，更要看脱贫的实际成效；西部地区是脱贫攻坚的责任主体，也要纳入考核范围。"因此，国务院扶贫开发领导小组于2017年8月印发《东西部扶贫协作考核办法（试行）》明确规定，考核对象为东部地区参加帮扶的省市和西部地区被帮扶的省区市州，采用东部考评机制指标和西部考评机制指标两套评估指标体系。从此以后，西部被帮扶协作地区纳入了东西部协作绩效考评机制范围，也就是说，对东部协作帮扶省份进行考评的同时，也要对西部协作地区进行考评，形成东部地区和西部地区同时接受"国考"的"双边"考评模式，如表12—5所示。

表12—5　　　　　　东西部协作考评对象统计

地区	时间	省（直辖市）	市（州）	备注
东部地区	2017年	北京市、天津市、辽宁省、上海市、江苏省、浙江省、福建省、山东省、广东省	辽宁省大连市、江苏省苏州市、浙江省杭州市、宁波市、福建省福州市、厦门市、山东省济南市、青岛市、广东省广州市、佛山市、中山市、东莞市、珠海市	9个省（直辖市），13个市

第十二章 东西部协作中的考评制及其变迁

续表

地区	时间	省（直辖市）	市（州）	备注
东部地区	2019年	北京市、天津市、辽宁省、上海市、江苏省、浙江省、福建省、山东省、广东省	辽宁省大连市，江苏省苏州市，浙江省杭州市、宁波市，福建省福州市、厦门市，山东省济南市、青岛市，广东省广州市、珠海市、佛山市、东莞市、中山市	9个省（直辖市），13个市
东部地区	2021年	北京市、天津市、上海市、江苏省、浙江省、福建省、山东省、广东省	东部8个省（直辖市），根据考核工作方案要求抽取的西部市（州）、县结对的市	8个省（直辖市）；减少辽宁省
中西部地区①	2017年	内蒙古自治区、广西壮族自治区、重庆市、四川省、贵州省、云南省、西藏自治区、陕西省、甘肃省、青海省、宁夏回族自治区、新疆维吾尔自治区	河北省张家口市、承德市、保定市，吉林省延边朝鲜族自治州，湖北省恩施土家族苗族自治州，湖南省湘西土家族苗族自治州，贵州省六盘水市、遵义市、安顺市、毕节市、铜仁市、黔西南布依族苗族自治州、黔东南苗族侗族自治州、黔南布依族苗族自治州	12个省（自治区、直辖市），14个市（州）
中西部地区①	2019年	河北省、内蒙古自治区、吉林省、湖北省、湖南省、广西壮族自治区、重庆市、四川省、贵州省、云南省、陕西省、甘肃省、青海省、宁夏回族自治区	河北省张家口市、承德市、保定市，吉林省延边朝鲜族自治州，湖北省恩施土家族苗族自治州，湖南省湘西土家族苗族自治州，四川省凉山彝族自治州，云南省昭通市、怒江傈僳族自治州，贵州省六盘水市、遵义市、安顺市、毕节市、铜仁市、黔西南布依族苗族自治州、黔东南苗族侗族自治州、黔南布依族苗族自治州，甘肃省定西市、陇南市、临夏回族自治州	14个省（自治区、直辖市），20个市（州）；减少西藏自治区、新疆维吾尔自治区
中西部地区①	2021年	内蒙古自治区、广西壮族自治区、重庆市、四川省、贵州省、云南省、陕西省、甘肃省、青海省、宁夏回族自治区	西部10个省（自治区、直辖市），根据考核工作方案要求抽取的市（州）	10个省（自治区、直辖市）

① 2021年后为西部地区。

（四）考评形式：从"重结果"到"过程与结果并重"

考核方法是指考核主体选择何种方式去考核评价对象，体现"如何考"的问题。恰当的考评方法是提高考评科学性、增强有效性、保证可靠性的前提[1]。经过20多年的东西部协作考评经验探索，东西部协作考评方法由注重"结果考评"逐渐向注重"过程考评+结果考评"变化。在东西部协作之初，东西部协作考评主要是"以结果为导向"的思维方式，注重"结果考评"。1996年《关于组织经济较发达地区与经济欠发达地区开展扶贫协作报告》提到将有关扶贫协作的协议书和实施情况的材料报送国务院扶贫开发领导小组办公室备案[2]，没有提及东西部扶贫协作考评过程内容，这是一种以结果为导向的监督模式。为规范东西扶贫协作工作管理，进一步完善对东西部协作工作成效考评，2008年《国务院扶贫办关于印发〈2008年东西扶贫协作工作指导意见〉的通知》明确，东西部协作考评以省（区、市）交叉检查、专家评估、年度统计等方式进行[3]；2016年中共中央办公厅、国务院办公厅印发《关于进一步加强东西部扶贫协作工作的指导意见》再次明确，要把东西部扶贫协作工作纳入国家脱贫攻坚考核范围，突出"目标导向、结果导向"[4]；2017年东西部扶贫协作考核办法正式出台，标志着我国东西部扶贫协作考评机制迈入了"以结果为导向"的东西部协作精准扶贫新阶段[5]。2017年至2020年，东西部协作考评主要是由东西部协作各省、区、市和州对照考评内容形成"自评报告"，再由国家组织东西部协作

---

[1] 邹定国：《地方政府社会建设的绩效评价研究》，中国社会科学出版社2020年版，第108页。
[2] 《国务院办公厅转发国务院扶贫开发领导小组关于组织经济较发达地区与经济欠发达地区开展扶贫协作报告的通知》，《中华人民共和国国务院公报》1996年第20期。
[3] 《国务院扶贫办关于印发〈2008年东西扶贫协作工作指导意见〉的通知》（国开办发[2008]8号），国务院扶贫办2008年2月20日。
[4] 《国务院扶贫办关于印发〈2008年东西扶贫协作工作指导意见〉的通知》（国开办发[2008]8号），国务院扶贫办2008年2月20日。
[5] 吴大华：《东西部扶贫协作问题研究——以贵州省为例》，经济管理出版社2019年版，第11页。

省、区、市、州有关人员考评工作组,以省为单位统一编组,按照回避原则确定考评对象,开展交叉核查,核查后提出评价意见建议,最后考评工作组根据交叉考评情况,综合考虑平时工作情况和创新性做法,分析确定初步考核结果,形成考评报告,提出考核评价等级。2021年的东西部协作考评更加关注"过程性"要素,不仅关注东西部协作年终考察的结果,还要看东西部协作一年中各阶段的协作过程。2021年东西部协作考核评价办法增加了"调度通报"考评内容,建立了"季度报告""半年调度"机制,即承担东西部协作任务的各省、区、市每季度向国家乡村振兴局书面报告一次工作进展情况,同时,国家乡村振兴局每半年要进行一次工作调度,定期通报工作进展情况,"调度通报"结果作为东西部协作"过程性考评"内容,将其纳入年终综合评价内容,综合评议结果由"调度通报+自评总结+实地考核评价"三个部分组成,每个部分考核评价的权重占比为:调度通报占比30%分值,自评总结占比30%分值,实地考核评价占比40%分值,实现了东西部协作考评由"结果考评"向"过程考评+结果考评"转变。

(五)考评结果:从"重等级"到"重反馈与改进"

考评结果是考评者对考评对象工作开展情况进行评估后最终得出的结论。东西部协作考评结果一般采用等次评定法,即用"好""较好""一般""差"等次来确定。考评结果运用是指将考核评价结果作为单位、部门或个人奖惩的依据,或把评价结果作为未来制定政策、完善制度、指导行动、推动工作的参考依据等。纵观东西部协作20多年考评历程,东西部协作考评结果运用力度在不断加强,奖惩和问责力度也不断加大,东西部协作考评结果作为省级党委和政府扶贫开发工作成效考核的重要内容,考评中发现突出问题的问责追责,督促整改力度不断增强。考评结果从"重等级"向"重反馈与改进"转变。1996年至2016年,东西部协作考评成果的应用,虽然与单位、部门及个人的奖惩有一些挂钩,但是挂钩的程度不明显,甚至问责也不多,仅作为东西扶贫协作工作评比的基本参考依据。1996年东西部扶贫协作初期，仅要求将有关扶贫协作的协议书和实施情况的材料报送国务院扶贫开发领导小组办公室备案①，并没有谈及结果的运用；2008年要求东西部扶贫协作考评结果要上报国务院扶贫开发领导小组，通报各有关省（区、市），并将其作为东西扶贫协作工作评比的基本依据②；2017年考核办法要求国务院扶贫开发领导小组每年要向党中央、国务院报告考核结果，并在一定范围内通报，考核结果作为对中西部省级党委和政府扶贫开发工作成效考核的参考依据；2019年东西部协作考评成果运用进一步具体化，一是东西部协作评价结果经党中央、国务院审定后予以通报，并送中央组织部；二是对年度综合评价较差或发现问题较多、较突出的，由国务院扶贫开发领导小组对其党委、政府负责同志进行约谈，提出限期整改要求；三是评价工作中发现的突出问题由国务院扶贫办一对一反馈承担东西部扶贫协作任务的各省（自治区、直辖市），并督促整改，三个月内形成整改报告，报国务院扶贫开发领导小组；四是中西部省份东西部扶贫协作成效评价结果作为省级党委和政府扶贫开发工作成效考核的重要内容。2021年东西部协作考核进一步明确，考评结果经中央农村工作领导小组审定后予以通报，并送中央组织部，考核评价中发现的突出问题由国家乡村振兴局一对一反馈承担东西部协作任务的各省（自治区、直辖市），并督促整改，考核评价结果作为巩固拓展脱贫攻坚成果和推进乡村振兴成效考核评价的重要内容。

四　东西部协作考评制的变迁逻辑

理性主义、渐进主义和间断平衡是东西部协作考评变迁的内在逻辑。理想主义的政策模糊性带来增量变迁，渐进主义的兼顾公平

---

① 《国务院办公厅转发国务院扶贫开发领导小组关于组织经济较发达地区与经济欠发达地区开展扶贫协作报告的通知》，《中华人民共和国国务院公报》1996年第20期。
② 《国务院扶贫办关于印发〈2008年东西扶贫协作工作指导意见〉的通知》（国开办发[2008] 8号），国务院扶贫办2008年2月20日。

与效率的政策过程，间断平衡的关键节点为东西部协作提供变迁动力是东西部协作考评变迁的基本逻辑。

（一）理性主义：政策模糊性带来增量变迁

理性主义认为，政策模糊性带来增量变迁。[①] 由于政策边界模糊性而导致利益相关者的理性行为或者路径依赖，进而形成了政策的变化或不变化。行动者可以利用制度的模糊性，对制度作出弹性解释，赋予制度新的含义，从而改变规则，一方面，制度载体的不稳定性，为制度的模糊性提供了空间。从1996年东西部协作政策提出，到2017年首个东西部扶贫协作考核办法出台，东西部协作考评政策存在着明显"模糊性"，考核评价内容只在东西部扶贫协作的相关报告、指示、通知、制度等文献中简单提及，且描述得比较宏观，操作的边界比较模糊。另一方面，我国推行的"对口支援""对口帮扶""东西部扶贫协作"等协作模式，更多是要求支援方对受援方提供单向性，无偿性帮扶，对受援方的行为，职责界定较为模糊，支援方和受援方两者实际上存在着一种"不对等"的协作关系。可见，在"不对等"过程中形成的考评政策就更为模糊，在东西部协作考核评价过程中，曾经历过"备案""统计报告""信息通报"等方式，这为正式考评政策的出台提供了契机。

（二）渐进主义：兼顾公平与效率政策过程

渐进主义是建立在有限理性的人性假设以及多元主义的政治学基础之上的一种政策分析方法[②]，由美国政治学家和政策科学家查尔斯·林德布洛姆通过对比渐进分析方法和全盘性分析方法的优劣而提出，该理论适合解释东西部协作考评政策变化。东西部协作考评最初是以材料报送的"备案"形式出现，逐渐向"交叉检查、专家

[①] 卫劭华：《中国特色对口支援制度70年：历程、特征、逻辑与展望》，《领导科学论坛》2021年第7期。

[②] 邝艳华：《公共预算决策理论述评：理性主义、渐进主义和间断均衡》，《公共行政评论》2011年第4期。

评估、年度统计""信息通报、统计监测、监督检查"等方式变迁。

根据《中共中央、国务院关于打赢脱贫攻坚战的决定》，按照《中共中央办公厅、国务院办公厅关于进一步加强东西部扶贫协作工作的指导意见》和《脱贫攻坚责任制实施办法》，深入贯彻精准扶贫精准脱贫基本方略，向深度贫困地区倾斜，向乡村基层延伸，加大帮扶力度，提升工作水平，2017年国务院扶贫办印发《东西部扶贫协作考核办法（试行）》；为激励先进，鞭策后进，推动参与东西部协作的各省、自治区、直辖市进一步加大工作力度，提高帮扶工作水平，促进中西部贫困地区如期完成脱贫工作任务，国务院扶贫办出台2019年《东西部扶贫协作成效评估办法》；为聚焦巩固拓展脱贫攻坚成果，全面推进乡村振兴和推动区域协调发展，进一步加大协作力度，提升工作水平，中央农村工作领导小组2021年印发《东西部协作考核评价办法》。这几个考评文件的出台，其目的和产生背景是一个渐进式改革过程。

在东西部扶贫协作阶段，为完成脱贫攻坚艰巨任务，考核评价主要强调"公平"，遵循"两个大局"宏观政策方针。因此，脱贫攻坚阶段的东西部协作，主要是"支援""帮扶""助贫""助力"为主，是一种"外在帮扶"，由国家统筹的一种外在力量帮扶的推动，是"两个大局"的思路的具体体现，是一种"西部所需，东部所能"的号召性的总动员扶贫协作模式。随着脱贫攻坚任务的完成，"东西部扶贫协作"向"东西部协作"转变，协调发展、协同发展和共同发展理念的引导，考评内容逐渐强调西部被帮扶地区"内生动力"发展，东西部协作考核评价内容也逐渐由"公平"向"效率"转变，实现由先富帮后富，最终实现共同富裕，共赢协作。2021年脱贫攻坚任务完成后，东西部协作工作重心转向巩固拓展脱贫攻坚成果同乡村振兴有效衔接，全面推进乡村振兴和区域协调发展，东西部协作考评机制由"公平"逐渐向"公平"与"效率"兼顾转换。因此，东西部协作的考评最终将会逐渐向兼顾效率与公平的趋势发展，实现真正意义上的共同富裕。

第十二章 东西部协作中的考评制及其变迁

(三) 间断平衡：关键节点提供变迁动力

美国古生物学家古尔德提出"间断平衡"理论，认为生物进化是长期的稳定与短暂的剧变交替的过程。"间断平衡"为人们探究政策过程中的稳定与变迁提供了理论逻辑，因为，有限的易变的注意力是导致政策变化稳定和突变的基本原因。[①] 在稳定与变迁的过程中，"关键节点"作为影响历史性的重要事件，这些历史性重要事件为行动者创造了机会，为制度创新提供了可能。[②] 研究发现，在东西部协作发展的过程中，"关键节点"为东西部协作考核政策稳定和突变提供了动力。为加强东西部地区互助合作，帮助贫困地区尽快解决群众温饱问题，逐步缩小地区之间的差距，确保《国家八七扶贫攻坚计划》如期完成，推动了1996年国务院办公厅转发《关于组织经济较发达地区与经济欠发达地区开展扶贫协作报告》，提出了东西部扶贫协作的重要政策，并要求"备案"东西部扶贫协作的情况及内容；2008年，爆发全球性国际金融危机，为深入贯彻党的十七大精神，进一步落实科学发展观，国务院扶贫办关于印发《2008年东西扶贫协作工作指导意见》，要求东西部协作考评要以省（区、市）交叉检查、专家评估、年度统计等方式进行，考评结果将上报国务院扶贫开发领导小组，通报各有关省（区、市），并作为东西扶贫协作工作评比的基本依据，推动东西扶贫协作考核向着规范化、制度化的方向发展；2015年底，我国还有5630万农村建档立卡贫困人口，主要分布在832个国家扶贫开发工作重点县、集中连片特困地区县和12.8万个建档立卡贫困村，贫困问题依然是我国经济社会发展中最突出的"短板"[③]，为打赢脱贫攻坚战，确保到2020年现行标准下农村贫困人口实现脱贫，坚持精准扶贫、精准脱贫原则，2016

[①] 邝艳华：《公共预算决策理论述评：理性主义、渐进主义和间断均衡》，《公共行政评论》2011年第4期。

[②] 丁煌、李雪松：《新中国70年机关事务治理的制度变迁：一项历史制度主义的考察》，《理论与改革》2020年第1期。

[③] 《国务院关于印发"十三五"脱贫攻坚规划的通知》（国发〔2016〕64号），国务院2016年12月2日。

年开始实施"十三五"脱贫攻坚规划，要求建立东西部扶贫协作考核评价机制，重点考核带动贫困人口脱贫成效，西部地区也要纳入考核范围，"十三五"脱贫攻坚规划的实施推动了2017年《东西部扶贫协作考核办法（试行）》制订；2021年，脱贫攻坚战取得全面胜利，国家脱贫攻坚战略向乡村振兴战略转移，促使了2021年《东西部协作考核评价办法》发布。由此看来，每个重要考核机制的变迁，都有重要的历史性"关键节点"事件的助力推动。

五 东西部协作考评制的变迁启示

习近平总书记在党的二十大报告中指出，我们要促进区域协调发展，深入实施区域协调发展战略、区域重大战略、主体功能区战略、新型城镇化战略，优化重大生产力布局，构建优势互补、高质量发展的区域经济布局和国土空间体系，而东西部协作就是推动区域协调发展、协同发展、共同发展的大战略，是加强区域合作、优化产业布局、拓展对内对外开放新空间的大布局，是实现先富帮后富、最终实现共同富裕目标的大举措。东西部协作考评对推动东西部协作规范运作，强化协作动力，推动东西部协作健康有序发展等都具有极其重要的作用。二十多年东西部协作考评评价的变迁与发展，特别是近年来东西部协作考评制度的建立和完善，使东西部协作考评不断走向制度化、规范化，从"软约束"变为了"硬约束"。通过对研究东西部协作考评变迁及其特征发现，在未来东西部协作的考评中，我们应注意以下几方面：一是理顺东西部协作考评关系。东西部协作考评工作需要处理好"公平"与"效率"关系、"输血"与"造血"关系与"宏观"与"微观"关系；二是不断反思东西部协作考评存在问题。随着东西部协作工作不断深入，东西部协作考评将面临新问题新挑战。如考评样本抽样问题，考评指标导向问题，考评主体构成问题等等；三是不断优化东西部协作考评路径。为应对东西部协作考评面临新挑战新问题，需要不断优化东西部协作考评路径，如科学抽取考评样本，考评指标导向"市场化"，科学配置考评主体等等。新时期东西部协作，要根据新情况新形势的变化而转换，继续巩固拓展脱贫攻坚成果，全面推进乡村振兴。在未来东西部协作考评过程中，要按照东西部协作考评变迁发展党的内在逻辑，充分发挥考核"指挥棒"和"助推器"的重要作用，以有效的东西部协作考评助力乡村振兴，逐渐实现共同富裕。

第四部分

东西部协作的未来面向

第十三章　面向中国式现代化的东西部协作

东西部协作日益成为回应中国式现代化关于均衡发展议题的一种新型治理范式，主要通过助推城乡之间、区域之间物质、人和制度三个维度的均衡发展、螺旋上升来实现中国式现代化。在脱贫攻坚和乡村振兴背景下，东西部协作呈现出不同的帮扶目标，形成了依赖但又超越科层制度的治理表征，具有"动员—建制—博弈—合作"的运行逻辑。东西部协作要更好地服务于中国式现代化的发展大局，需要从两个方面提升效能，一方面要在制度与人的关系上，让帮扶活动中的多元治理主体积极有序参与；另一方面要在制度与物质的关系上让帮扶资源配置更高效。

一　东西部协作助力中国式现代化的现实要求

城乡、区域之间发展不平衡不充分是实现中国式现代化的主要瓶颈。从中国各个时期的现代化要求来看，从"一化"到"四化"，再到"五位一体"，现代化的内容越来越丰富，不仅仅局限于经济领域，而是将经济、政治、文化、社会、生态各领域都囊括在内，面面俱到，不可偏废。[①] 党的二十大报告对中国式现代化的内涵提出了明确的要求，并强调均衡发展在中国式现代化进程及其高质量发展

---

① 吴忠民：《论中国共产党的现代化观》，《中国社会科学》2022年第7期。

过程中的重要性，具体体现在人与自然和谐共生、物质文明与精神文明协调发展、城乡融合发展、区域协调发展等方面。由此，中国对现代化进程的目标追求一方面表现为现代化发展要素的日趋丰富，另一方面表现为现代化发展领域的日趋均衡，这与全体人民共同富裕关于"共同"和"富裕"的理念是一致的。而就中国幅员辽阔、人口规模巨大、资源禀赋差异较大等实际治理现状来看，人民对美好生活的向往与发展不平衡不充分的社会主要矛盾长期存在。如何在中国式现代化进程中克服发展不均衡问题，实现全体人民的共同富裕，成为摆在人们面前的一道难题。

由于一定行政区域范围内的空间承载了各种主体活动、资源要素和治理任务，因此，现代化进程中所有关于行业、阶层、群体之间的均衡发展议题，都可以突出体现为一定空间范围内城乡区域的均衡发展议题。城乡区域均衡发展是指不同区域之间形成比较良性的分工和互动关系，以及由此形成的比较理想的协调发展格局。[①] 回顾城乡之间、区域之间均衡发展的治理历程，在物质基础比较薄弱的背景下，治理路径"一大二公""城乡二元"的工业化发展选择并不能真正实现共同富裕，虽然这种牺牲农村、农业来支持城市、工业的发展道路，是发展中国家的普遍道路。于是，自20世纪80年代以来，中央作出改革开放、解放思想的决定，以效率优先，走非均衡发展的路子，对农村实行家庭联产承包制、对沿海实行对外开放，让一部分有条件的人和地方优先富裕起来，实现国家物质财富的快速积累。[②] 这一时期，邓小平提出的区域发展"两个大局"论断以及"先富带后富，最终实现共同富裕"的"两步走"战略，对内地帮扶沿海发展和沿海帮扶内地发展分别作出了这样的战略性安排："沿海地区要加快对外开放，使这个拥有两亿人口的广大地带较快地发展起来，从而带动内地更好地发展，这是一个事关大局的问题。内地要顾全这个大局。反过来，发展到一定的时候，又要求

---

① 张军扩：《中国区域政策回顾与展望》，《管理世界》2022年第11期。
② 张永红、曾长秋：《从非均衡发展到协调发展——邓小平区域经济发展理论评述》，《理论与改革》2008年第6期。

沿海拿出更多力量来帮助内地发展,这也是一个大局。那时候沿海也要服从这个大局。"① 当经济和物质财富发展到一定的阶段,人们对社会和谐、精神文明、生态环境的需求也越来越高,非均衡发展的弊端也越来越多,于是不仅中央财政转移支付向贫困地区倾斜,先富起来的地区也要通过"横向转移支付"② 支持贫困地区的发展,这是纵向转移支付的有益补充③。

近年来,中央出台精准扶贫、东西部协作、定点帮扶等系列政策,先通过评定贫困县、贫困村与贫困户,将帮扶对象精准识别出来;再动员发达地区相关部门和单位从经济、社会、文化等方面对这些受扶对象实施精准东西部协作。因此,从空间视角来看中国式现代化的进程,体现了以邓小平同志为代表的历代党中央领导集体从非均衡发展到均衡发展的中国式现代化治理路径选择,其中,东西部协作正是国家治理从非均衡发展到均衡发展的重要手段与路径。

以东西部协作促进均衡发展,主要是作用于现代化进程中的物质、人和制度三个目标维度。从现代化进程实践来看,现代化可归纳为一定区域范围内的物质现代化、人的现代化和制度现代化三个维度,三者相互影响、缺一不可。④ 同时,也只有三者均衡发展、螺旋上升,才能实现真正的现代化。其中,人的现代化是国家现代化必不可少的因素。根据马克思主义关于以人民为中心和人的全面发展理念,人是现代化的落脚点,也是现代化制度与经济赖以长期发展并取得成功的先决条件;⑤ 而物质现代化与制度现代化又对应着经济基础与上层建筑两个方面,经济繁荣不一定能够带来政治和社会的稳定,这正是西方国家治理的困局,也即:自由主义经济主导下

---

① 《邓小平文选》第3卷,人民出版社1993年版,第277页。
② 刘溶沧、焦国华:《地区间财政能力差异与转移支付制度创新》,《财贸经济》2002年第6期。
③ 石绍宾、樊丽明:《对口支援:一种中国式横向转移支付》,《财政研究》2020年第1期。
④ 刘永佶:《中国现代化导论》,河北大学出版社1995年版,第13页。
⑤ [美] 英格尔斯:《人的现代化》,殷陆君译,四川人民出版社1985年版,第8页。

物质的现代化可能为人们带来更高的工资、更好的环境、更多的教育，但日益严重的贫富分化，使富者与穷者的社会阶层分化加剧，社会不稳定因素越来越多，政治制度的合法性将遭遇动摇。由此可见，真正的制度现代化需要通过一系列科学的制度设计使经济发展兼顾效率与公平，使城乡、区域之间实现相对均衡发展。

以东西部协作促进城乡之间、区域之间物质、人、制度三个维度的均衡发展，这种促进表现在以下两个方面：从城乡、区域间局部的现代化目标来看，东西部协作让先富起来的一部分地区和一部分人拿出一定的资源帮助欠发达地区和贫困人口，通过产业帮扶、消费帮扶、就业帮扶、教育帮扶、医疗帮扶等，提升当地物质生活水平，改变当地群众思想观念，实现落后地区对先进制度的学习与借鉴，这样既兼顾了公平又体现了效率；从国家整体的现代化目标来看，东西部协作解决了发展不平衡不充分难题，让人口的自由流动能够兼顾效率与公平，促使劳动力资源实现最优配置和地区间实际收入和生活质量趋同，即达到"空间均衡"状态①，回应了人民群众对物质文化和美好生活的期盼，有利于处理好人与物的矛盾，这是有别于西方资本主义制度的表征之一。②

基于此本章认为，东西部协作是中国国家治理的重要制度创新。那么，东西部协作助力中国式现代化的制度条件是什么？运作机制是什么？有哪些关键议题？学界尚未给出清晰的回答。本章拟在理解上述问题基本做法的基础上，对此进行理论分析与学术回应。

二 东西部协作助力中国式现代化的制度基础

首先，从政治基础来看，党政统合型组织结构为东西部协作提供了运行载体。在国家治理现代化进程中，党组织与政府组织的结合在政治场域中发挥着独特的作用，并在长期的执政实践中形成一

---

① 陆铭、李鹏飞：《城乡和区域协调发展》，《经济研究》2022年第8期。
② 欧阳康：《中国式现代化视域中的国家制度和国家治理现代化》，《中国社会科学》2023年第4期。

套党政统合治理逻辑。所谓党政统合，不同于西方韦伯式科层组织及其政治与行政二分的理念①，是指执政党深度嵌入各种政府组织的治理场景，围绕不同治理目标和任务发挥领导功能，以实现任务转化、资源整合、组织动员和职能重构，使国家意志的表达与执行合一。②党委与政府在分工上虽然有着决策与执行的差别，但实质上却是一套领导班子，形成一种"以党统领，依托政府整合"的治理结构，这为东西部协作政策的执行带来了很多好处。

党的领导在东西部协作过程中发挥着重要作用，具体表现在：一是在价值引领方面，党的领导使东西部协作工作能够整合不同治理主体存在的自利行为偏好，弥合中央与地方、帮扶方与受扶方之间的信任危机，推进党的统一思想从中央到基层、东部到西部、体制内到体制外，深度嵌入公共治理组织尤其是政府组织的决策之中。例如，自2016年11月银川会议③以来，习近平总书记多次组织召开或参与东西部（扶贫）协作与中央单位定点帮扶工作会议，各结对省市县也每年至少召开一次由一把手参加的党政联席会议，其目的就是为了更好地发挥党在东西部协作中的统合作用。二是在资源整合方面，党的中央精神、党员使命及其宣传组织能力能够有效配置组织内外的各类人力、财力、物力资源。三是在行政合法性方面，党的领导及其党政联席会议机制能够为帮扶中的临时性机构提供合法性身份，进而获得更多的政治信任和公信力，进一步拓展其行动空间。

其次，从经济基础来看，项目化运作有利于东西部协作资源高效配置。项目以结果为导向，强调工作成效。当然，项目运行需要

---

① ［美］古德诺：《政治与行政》，王元译，华夏出版社1987年版，第12页。
② 景跃进、陈明明、肖滨：《当代中国政府与政治》，中国人民大学出版社2016年版，第27页。
③ 2023年7月20日，中共中央总书记、国家主席、中央军委主席习近平在银川主持召开东西部扶贫协作座谈会并发表重要讲话。会议上强调，东西部扶贫协作和对口支援，是推动区域协调发展、协同发展、共同发展的大战略，是加强区域合作、优化产业布局、拓展对内对外开放新空间的大布局，是实现先富帮后富、最终实现共同富裕目标的大举措，必须认清形势、聚焦精准、深化帮扶、确保实效，切实提高工作水平，全面打赢脱贫攻坚战。

资金、人才、知识、技术等各种资源维持，可以说先富帮后富的过程，就是让先富地区的资源以项目的形式支持后富地区的过程，以进一步实现物质、人和制度现代化。① 帮扶资金可以分为财政资金和社会资金。财政资金主要来源于政府的税收收入，通过脱贫攻坚与乡村振兴战略，再分配到受扶地区农村脱贫致富的项目上，体现了国家财富资源再分配的均衡配置作用。财政资金来源于上级政府的叫纵向财政转移支付，来源于同级政府的叫横向财政转移支付。利用财政资金的杠杆功能撬动市场与社会力量参与东西部协作的资金叫"社会资金"，社会资金的来源是多元的，有企业、社会组织和个人。不管是财政资金还是社会资源，从其分布规律来看，越是贫困的地区会得到越多地区和组织的东西部协作，能获得越多的帮扶资金和帮扶项目，基层政府的积极性越高。②

东西部协作离不开财政资金和社会资金的支持，这种支持包括：一是横向财政转移资金。在块块帮扶关系中，帮扶地区将各地上交和筹集的资金交由当地财政部门统一支付，随后根据结对帮扶关系将资金直接拨付给欠发达地区，而不必由上级政府统筹，这样能避免帮扶资金被上级截留挪用，也能缩短帮扶资金拨付的时间，有利于推进项目的实施。帮扶资金的具体使用遵循"项目申报—项目立项—资金拨付—资金监管—资金结算"的原则，由受扶县（市、区）的乡村振兴部门会同相关业务主管部门以及东西部协作工作组牵头建立项目库后，按项目择优进行资金支持。需要注意的是，不同的结对类型资金量不同，如2021年以后东西部协作往往是按县均5000万财政帮扶资金拨付，最高的会有上亿元。二是社会帮扶资金。广义的社会资金，包括市场主体的投资、帮扶以及社会组织与个人的捐赠，狭义的社会帮扶资金主要指企业、社会组织与个人的捐赠资金。一般而言，社会资金较少，是财政资金的有益补充，但如果

---

① 曹龙虎：《迈向"项目中国"：项目制与国家建设》，《南京社会科学》2016年第1期。
② 陈家建：《项目制与基层政府动员——对社会管理项目化运作的社会学考察》，《中国社会科学》2013年第2期。

算上企业投资的资金,"那么社会资金的投入规模远超财政资金,是东西部协作的重要经济来源"①,访谈时一位帮扶干部如是说。以广东省"6·30扶贫济困日"活动为例。自2010年以来,广东省政府于每年6月30日组织社会力量进行捐赠,为省内外东西部协作地区捐资助物。其中,2010—2020年,"6·30基金会"共吸纳超千家社会组织、近万家企业、2000多万爱心人士参与,累计募集社会资金超327.1亿元②,成效显著。

最后,从社会基础来看,家国同构的价值共同体有利于动员社会各方力量参与东西部协作。正是传统中国的家国同构性,社会主义国家治理以实现全体人民共同富裕为目标,使东西部协作作为一种国家集体行动来关照每个地区、每个家庭及其成员的共同富裕;相应地,自身条件较好的干部人才、企业家也愿意在中央和地方政府的动员下,舍小家为大家,积极参与到东西部协作工作中。在干部与群众、富人与穷人互动过程中,艰苦奋斗、吃苦耐劳的精神得以弘扬,新的发展理念和技能得到培育,城乡区域之间异质化的生活方式、价值观念得以磨合,建构在地缘血缘基础上的小共同体③,正在融入规模化、复杂化的国家共同体,并在这过程中真正促进了人的现代化。

当然,东西部协作也需要一定的社会共识性基础,具体表现在:一是个体具有行动空间拓展的需求。随着工业化和城市化的快速发展,以及现代交通方式和数字技术等现代化工具的迅速扩散,东西部协作正好给囿于小圈子里的贫困者,提供了外出务工和外来企业招工的机会,使个体逐渐走出小集体融入大集体④,在融入的过程中还持续缔造各类诸如对等契约、物质与精神需求、惯例交际、利益

---

① XQW,GZ市东西部协作工作组组长,2023年4月16日。
② 谢治菊、梁嘉俊:《东西部协作中的社会帮扶:类型、逻辑与未来》,《贵州财经大学学报》2023年第3期。
③ [德]滕尼斯:《共同体与社会——纯粹社会学的基本概念》,林荣远译,商务印书馆1999年版,第2—3页。
④ 徐烨:《滕尼斯、涂尔干、杜威的共同体观:溯源与启示》,《贵州社会科学》2022年第4期。

交换等复杂多样的社会现代化要素。二是全社会范围内逐渐形成资源公平分配的共识。根据罗尔斯的正义论的原则，正义不仅要实现平等自由、机会均等，而且要通过差别原则让那些处境较差的人获得更大的好处。① 正因为如此，越来越多的社会力量加入帮扶队伍，并展现了这样的情怀，正所谓"发达地区的富裕群体有责任有义务捐赠一部分财富给贫困地区的贫困人口。"② 三是融通性文化伦理强化了社会认同感。由于中华民族同根同源，具有团结互助、同舟共济的精神，一方有难八方支援，在这样的融通性文化熏陶下，即使东西部协作的主客体涉及不同民族、地区、能力、地位与身份，也能消弭帮扶双方在沟通互动中的张力。

三 东西部协作助力中国式现代化的运行过程

从"结构—过程"来看，在城乡、区域之间均衡发展的过程中，东西部协作遵循着"动员—建制—博弈—合作"的运行逻辑。结构功能主义学说认为目的的完成需要行动者的介入，制度的运转需要行动来调整，既定权力有赖于"更为精细的管理和需要合作的个人日常的支持"，动态分析方法应当可以同时精确描述一组相互联系的现象，同时，结构并非脱离条件制约性而独存，最理想的办法是把系统的所有变量的相互关系表达出来。③ 在政策运行过程中，东西部协作不同于常态化的科层治理，需要在正式关系与非正式关系、人格化路径与非人格化路径、竞争行动与合作行动之间来回切换。运动式启动机制可以打破科层僵化，有助于打破城乡、区域之间分界而治的区隔；而动员需要一定的组织活动仪式，这些仪式以及活动

---

① [美] 约翰·罗尔斯：《正义论（修订版）》，何怀宏等译，中国社会科学出版社2009年版，第237页。
② GXZ，参与G省东西部协作的企业家，访谈于2022年8月17日。
③ [美] T. 帕森斯：《社会行动的结构》，张明德、夏遇南、彭刚译，译林出版社2012年版，第35—44页。

规则，在长期东西部协作过程中逐渐又变成制度固定下来。[①] 在主体结构互动关系上，各方从各自允许选择的行为或策略中进行选择并加以实施，围绕利益进行讨价还价、交易或妥协，从中各自取得合作博弈或者非合作博弈的过程。当然，在中央权威主体和组织互动信任关系的影响下，东西部协作都会在博弈之后走向合作的结果。

（一）动员：启动东西部协作行动

动员是一种特定主体实现特定目标所运用的工具或手段[②]，通常是对参与行动者通过事前思想鼓动或言语激励的方式进行行为发动的过程。本书的"结对动员"指的是对纳入东西部协作体系中的各类参与主体进行凝聚共识、鼓励参与的思想更新和行为发动过程。由于东西部协作是一项政府垂直治理与社会横向治理糅合协作的具有高度复杂性和高度艰巨性的系统性工程，并且强调多部门、多主体的协作参与，只有参与行动者了解目标诉求、认可利益分配、达成理念共识时，方能保证东西部协作的有效性和可持续性，因此在治理行动开始前必须采取有效的动员策略对所有参与主体进行强而有力的宣传动员，以期调动各方参与积极性、凝聚价值认同、盘活资源供应。从广泛意义上理解，动员不仅要求对社会力量进行号召，同时也包括对政治力量进行感化，在达成共识的基础上形成利益和行动共同体，基于此，东西部协作过程的动员可依据动员主体的不同类型划分为内部政治动员和外部社会动员。

1. 内部政治动员

内部政治动员面向的群体一般为党政机关、国有企事业单位的相关人员，政治域的动员对象一般存在于科层体制之中，科层制环境易形塑出责任感强、抗压能力强的干部群体，因此可选择相对"硬性"的动员工具以保证动员效率与效果。

[①] 周雪光：《运动型治理机制：中国国家治理的制度逻辑再思考》，《开放时代》2012年第9期。

[②] 臧雷振、邹宗伟：《中国基层社会治理中的宣传动员机制与实践策略——以S市扫黑除恶专项斗争为例》，《南京社会科学》2022年第2期。

一是责任动员。东西部协作是在中国共产党领导下推进区域均衡发展、实现共同富裕的重大战略，同时也是推动中华民族伟大复兴的重要举措。首先，处于科层体制内的成员大部分为中共党员，基于身份认同理应与党组织始终保持一致，责无旁贷地对党正确的重大方针政策表示拥护，并且发挥党员先锋模范作用，积极采取实际行动推动党的政策贯彻落实。其次，东西部协作是利于民族复兴和发展的事业，作为中华民族的一员，应该自觉生成民族责任感，积极投身民族振兴事业。基于此，部门内部对拟动员对象通过党员教育、政策解读、组织生活会、榜样带动、上级思想工作等有效宣传方式，从意识层面进行超强的理念渗透，推动整体政策理念与个体价值观达成一致，以此调动体制成员责任感，提高东西部协作参与积极性。

二是权威动员。东西部协作工作需要帮扶主体调离原单位原岗位，接受下派并长期驻扎落后地区，艰苦的生活条件和高强度的工作成为常态，现实与预期之间的反差成为众多干部低参与意愿的主要原因，而权威动员可作为解决此类问题的有效工具之一。权威动员的实质是政治压力的传导，科层制度的优势在于可以利用层级权威贯彻上级下达的行政命令和实施政策意图，因此上级部门可以在系统内部围绕治理目标，依靠所拥有的部门权力和领导权威，加速推动政治吸纳行政过程，使组织内部"选派干部"的行政性议题发生政治化转换，提高其政治站位，而后通过会议、文件等形式层级向下进行政治压力的传递，动员干部参与东西部协作。

三是激励动员。该动员方式以"理性人"为前置逻辑，个体本身存在"理性"本质，是否接受帮扶工作安排取决于"成本—效益"理性分析后的结果。激励动员可以通过各种措施向东西部协作主体提供某种物质或精神方面的支持提高效益比重，促使其主动参与结对工作，激励方式主要包括事前适当治理自主权下放、事中完整的工作生活保障机制和事后职位升迁保证等。

2. 外部社会动员

外部社会动员面向的群体主要是私人企业、社会组织以及普通群众。此类主体脱离于政治场域,"硬性"的政治权威无法对其有效动员,需要转用更为"柔性"的动员工具。

第一,情感动员。相互信任是帮扶行为与受扶需求得以契合的基本条件,因此"底层信任"是该动员方式最主要的目标。贫困地区由于偏僻的地理位置、恶劣的自然环境和基础设施的极度不完善等外部因素导致该类地区群众长期处于交通、信息闭塞和思想闭塞状态,内生动力严重不足。当帮扶工作队携带大量帮扶资源进驻后,面对陌生治理行为和方式的介入,当地群众自然产生抵触情绪甚至对抗行为,基本互信关系的确立才能保证东西部协作的持续开展。信任危机的产生源于沟通的缺失,结对工作队需要以情感沟通的方式逐步向对方嵌入结对价值与理念,经常性深入走访当地普通群众和特殊困难群体,加强了解群众当前思想动态和困难诉求,协助处理村庄重大民生事务,宣传党和国家的结对惠民政策,从而降低贫困群众防备心态,构建情感互联关系,从而提高本土群众参与东西部协作体系自主性和积极性。

第二,利益动员。一切行为得以开展的底层动机是基于利益的存在,并且不同的利益深度决定不同的利益主体的行动参与程度。东西部协作不仅需要政治场域主体的参与,同时更需要社会场域主体的加入,建立一种稳定的利益聚合机制能确保社会域主体主动、长久参与东西部协作工作体系,所谓利益聚合是指政府主导下将社会、市场、群众等多元主体纳入至横向的结对合作网络构成利益联盟,并以集体行动实现经济价值和公共价值。利益联盟的稳固有赖于具备合法化、权威性的利益保障机制,面向企业则政府与企业之间可以协商制定一套具备合法性的利益分配协议,规定帮扶项目的前期成本投资、中期利息返还和后期的收益分配占比,以此保证减轻企业成本压力和提高收入预期;面对群众,政府主导下规定企业准入的条件必须建立与村民间的利益联结机制,并且签订利益分配协议,保障村民每年均有经济收入,从而提高群众参与积极性。

(二) 建制：规范东西部协作行为

制度化的确立是组织或治理流程完成从非正式到正式的过程转向，成为发展成熟的重要标志，要求内部建立健全的组织机构、完整的工作机制以及完备的制度规范。东西部协作行动在动员工作结束后，需要进行制度化工程以完成东西部协作的建制，方能确保治理行动的延续。结对建制过程主要包括组织架构的设立、工作机制的制定和制度规范的生成。

1. 结对组织架构

类似于"中央发包、省负总责、市县落实"的工作逻辑，东西部协作战略的工作推进逻辑可以被归纳为"顶层领导—中层协调—底层执行"的纵向链条，与之对应的具体组织机构被设定为"领导小组—前方指挥部—驻地工作队"。"领导小组"事实上是中国特色治理体制下的产物，是党引领重大战略发展方向、全面领导国家统治和社会治理的实现载体。东西部协作设立有工作领导小组。"领导小组"是中央政府为推进东西部协作重大战略、制定东西部协作相关决策而特别赋权下设的专门机构，担当"顶层设计师"角色，其重要功能在于通过顶层设计将处于虚拟状态的政治动议、国家意志转化成现实的政治决策和常规性政策。在实际运行中，领导小组的工作内容包括各地东西部协作情况的汇总与总结、部署未来工作安排、审议相关方案及办法，且一般通过"专项调研""专题会议"等方式完成。

"前方指挥部"处于纵向工作链条中部枢纽位置，行政级别多停留在省级或地市级，横纵向东西部协作均有设置。指挥部的首要职责是发挥枢纽协调的作用，担当"协调者"角色，承接上层领导小组的任务发包，并向下级进行任务递包，负责帮助协调各种物质、关系资源，组织落实好各项政策措施；其次也担任"指挥官"角色，享有代理决策权，底层治理场域的特殊性和复杂性，顶层决策难以面面俱到，需要本土化的决策帮助引领工作开展，指挥部可以根据本地特殊治理状况制定应对决策，指导下级继续推进结对工作；最后担任"督导者",指挥部作为具体治理行动的主要负责人,理应为东西部协作质量承担责任,因此必须常态化督导下层的治理工作。

"驻地工作队"处于工作链条底层,作为外部力量常态化嵌入区县或乡村,进驻基层,主要负责对"指挥部"行政下发的任务包进行"解包"工作,即贯彻落实具体的结对工作方案,完成相关任务指标,产出东西部协作成果。

2. 结对工作机制

东西部协作的工作机制事实上是一种行政发包制,并且提供了自上而下的接续传递、层层落实的动力。行政发包得以运转有赖于科层体制形成的"上级指挥下级,下级必须服从于上级"的既定权威,而领导小组、前方指挥部、驻地工作队均被纳入到科层权威控制链条内,因此下级必须服从上级的指令,接受来自上级的理念传递、行动指引、工作督促和成效考核。

东西部协作工作中,各结对类型的工作领导小组依据党中央相关指示精神,立足全局,规划和明确发达地区与欠发达地区间的东西部协作关系,全面推进东西部协作的牵头抓总工作,明确总体工作目标、结对任务、结对方案,促进结对政策、结对资金、结对人才等要素资源的协调,推动建立健全责任落实、考核评价、工作报告、社会动员、要素保证、监督检查机制并组织落实,完成了东西部协作的初次分配,并将其以政治任务标包形式投入"政治市场",逐级向下"递包"。而工作指挥部"接包"后,系统学习贯彻重要指示精神和解读标包要求后,进一步细化东西部协作任务,牵头开展中观层面的政策研究,组织制定具体工作要求,建立健全任务分工落实机制,并将任务进一步分解至工作队和基层政府。驻地工作队和基层地方政府成为标包的"解包人",针对各项任务要求,召开常规工作会议,结合本地实际确定阶段性工作目标任务,制定针对性落地的年度工作方案、工作规划,开展制度化、常态化的进村入户调研,组织人力物力等资源直接开展东西部协作推进工作。

3. 结对制度机制

制度规范的建立是东西部协作有效开展的坚实保障,主要建立和完善以下规范化制度：

一是东西部协作的责任机制。通过东西部协作帮助受扶地区彻底摆脱贫困问题，实现共同富裕目标，共享发展成果，这是党和国家对人民的庄严承诺，东西部协作是否能够产生应有成效，关乎亿万群众的切身利益，也关乎到党和政府的权威与尊严，东西部协作必须切实有效，没有任何弹性可言，2022年11月颁布《乡村振兴责任制实施办法》，进一步具体明确和区分部门责任与地方责任。为保证结对有效，贯彻落实相关责任，各级党委和政府、专设帮扶部门、帮扶干部向受扶地区采取"帮扶责任书""帮扶军令状"制度，例如签订脱贫攻坚责任书、驻镇扶村组团责任书，帮扶方将帮扶目标、帮扶成效、帮扶责任通过契约形式进行确定，契约主义下的治理行为将受到规则惩戒的约束以及契约精神压力的推逼，倒逼机制下的帮扶方将尽最大可能推进东西部协作进度，提高工作效率。

二是东西部协作的督导考核机制。为了在新时代切实推进东西部协作助推反贫困实践，国家先后颁布《关于进一步加强中央单位定点扶贫工作的指导意见》《关于进一步加强东西部扶贫协作工作的指导意见》等政策文件，不断强调创设帮扶评估考核机制的重要性。来自中央层面的督导考核由中央领导小组会同相关部门，省级层面则由相关司局负责制定考核工作方案，明确考核指标和相关程序，以政府考核工作组、高校评估工作组、第三方评估机构工作组随机结合的组织形式，采取暗访抽查、专家组调研、群众满意度调查等多样化督导方式对各地结对工作进展情况进行评估评价。常态化的年度考核与非常态化的巡查调研混搭，不断倒逼东西部协作相关政策调整优化和工作改进，同时使得其完成机制启动、政策制定、实施评估的完整闭环政治流程。

三是东西部协作的奖惩机制。奖罚分明对结对体系中各级干部有着强大激励与震慑作用。对于有效落实结对责任、工作成效显著的部门和个人或具有突出贡献的社会主体，以适当方式予以表彰激励，譬如干部升迁、荣誉认证、绩效奖金等；若在工作中不履行或敷衍履行职责，产生形式主义问题，根据严重程度追究责任人相关责任。情节较为轻微，建立常态化约谈机制进行约谈警示，情节严重的甚至触犯法律的，依法追究行政或刑事责任。

（三）博弈：在竞争中形成东西部协作共识

从受扶方视角而言，东西部协作帮扶属于外部嵌入力量，其以政治强制方式打破治理边界介入本土内部治理场域，双方的异质化致使内外部兼容性存在兼容性问题，因而排斥反应在所难免。双方的结对排斥现象主要表现为理念、利益和权力三大维度的博弈。

1. 理念博弈

东西部协作的产生根植于党和国家对全体人民的重要承诺，即带领全国各族人民实现共同富裕愿景。基于此，东西部协作的各类型主体事实上内嵌着国家使命和公共意志进行下派，其治理思维和治理行为是带有公共性的。并且共同富裕具有动态性、发展性、共建性、共享性等特征[①]，中国社会主义仍然处于并将长期处于社会主义初级阶段，意味着实现共同富裕道路非常漫长，这不得不要求东西部协作更加关注可持续性，聚焦基层文化、基建、产业、教育、技术、人才等多领域的协作，逐渐补齐乡村发展各方面短板，不断利用乡村现存资源禀赋和挖掘增量价值，稳步实现共同富裕。而自1994年分税制改革以来，我国基层政府的财权被不断压缩而事权不断增加，且经过层层加码后的基层，行政性事务更加繁多复杂，对于基层政府，尤其是贫困地区基层政府而言，如何以低成本完成超量化行政任务成为眼前至重，所有行政力量均需投入具有时间限制的紧急事务当中。因此，帮扶方的长期性发展理念与受扶方的短期性治理理念必然存在博弈。

2. 权力博弈

权力是政治场域当中的永恒话题，不同次元的政治主体打破行政边界进入异方治理场时，无论停留时间长短，权力的博弈不可避

---

① 廖成中、毛磊、翟坤周：《共同富裕导向下东西部协作赋能乡村振兴：机理、模式与策略》，《改革》2022年第10期。

免。当来自发达地区的挂职干部,因东西部协作需要在中央权威的护送下直接嵌入受扶地区县域行政系统,打破原有的政治关系和治理秩序,同时挂职干部依靠丰富的履历和出色的行政能力介入并分管当地部分行政事务,本土干部政治权威不可避免被弱化,产生"夺权恐惧",为重新树立权威,防止"权力洗牌"现象,潜意识中不得不进行权力博弈。基层亦然,驻村工作队全面嵌入乡村传统的熟人社会后,直接冲击乡村社会原生权力运作模态,内部的公共性和治理结构被强行拆解,基层治理秩序和利益链被重构,基层权力博弈发生。

3. 利益博弈

要素资源作为东西部协作最大的利益所在,也是引发各种利益博弈的关键点。首先表现在受扶方政府内部的资金博弈,东西部协作将为贫困地区带来巨量的资金,其分配方式受政府行政作用影响。一般而言,在行政管理体制内,各类资源按级别由高至低逐级向下适配,而层级越高的政府资源集聚能力越强,因此,高级别政府资源分配权优势明显,受援方的下级政府,在扶贫资金向下配置流程中容易遭遇"层级截留"问题,最终获得的资金资源将大打折扣,因此上下级间的资金博弈产生。其次表现在工作队与村民之间的收益博弈。产业发展是帮扶乡村摆脱贫困最有力的方式,但产业收益受市场波动影响尤甚,工作队引入乡村的产业项目无法保证长期稳定的收益来源,提供土地和劳动力的当地村民也无法在"投入—产出"规律中稳定受益,甚至要承担风险损失,因此双方的收益博弈不可避免产生。

(四) 合作:达成一致的东西部协作行动

在经历一系列动员、建制和博弈过程后,东西部协作方与受扶方之间在理念、政策、利益等各方面达成一致性认同,这为双方开展合作提供了合理性基础。东西部协作过程中通常采取"项目制"作为开展合作的基本方式,值得注意的是,结对合作开展的项目并非传统认知上商业领域的项目,商业项目以私有性为主要属性,经济利益偏向是唯一追求，结对项目制是一种特殊的国家治理与乡村治理形式，它可以突破科层行政体制的结构限制，打破常规组织框架中"条条"与"块块"的约束[①]，表现出更多的公共性，追求经济利益不再是唯一的目标，而是耦合公共价值、经济价值、民本价值、工具价值等众多价值于一身，并且合作项目遵循"事本主义"逻辑，意味着项目产生的初衷是为解决特定领域问题，即受扶落后地区的贫困脱离难题。

就当前而言，在乡村振兴战略的"产业兴旺、生态宜居、乡风文明、治理有效、生活富裕"二十字总方针的导向下，主要开展产业、生态、文化、组织、治理五大领域的项目合作，帮扶方以"项目"为资源承载物，整合诸如政策、资金、人力、技术等各类资源要素，形成资源合力，以期投入受扶地后能够产生应有效益。合作项目主要由中央政府或帮扶方政府根据受扶需求对项目进行发包，受扶地上级政府进行项目打包，最基层政府、村庄和工作队抓包项目，形成分级运作逻辑。值得注意的是，结对合作项目大多针对贫困问题，因此经济性质的产业项目占比较大，同时结对项目的耦合属性决定了其项目执行不只限于政府，在基层抓包后，会积极引入专业性公司协同进行"解包"任务，即政府主导完成产业项目引入、资金保障、硬件建设等前期工作后，将项目的运营权转交专业合作社或龙头企业，由其负责后期的包括项目运营、技术支撑、产品营销等市场性工作，政府或进驻工作队在后期主要负责项目成效评估、收益分配督导、信息渠道畅通等工作。总体而言，项目合作利用其自身的灵活性，充分调动帮扶与受扶双方的积极性，使之各自发挥职能所长，共同协作，推进乡村治理效能、经济效益、民生水平的提高。

---

① 赵成福、田杨：《论乡村治理中项目制的优势与限度——基于马克思主义国家理论的视角》，《社会主义研究》2022 年第 2 期。

四 东西部协作助力中国式现代化的两个议题

立足中国式现代化，聚焦其中的物质现代化、人的现代化和制度现代化，从公共政策（制度）及其人、财、物资源配置的角度来看，东西部协作还要讨论两个议题：一个是制度与人的议题，即如何让治理中的多元主体积极有序参与；另一个是制度与物质的议题，即如何让帮扶资源配置更高效。

第一个议题，东西部协作制度如何迈向现代化，让多元主体有序参与。"结对子"是帮扶双方有效互动的组织载体，是治理资源生产与再生产的结构化要素。从东西部协作的发展历程来看，我国"结对子"的生成可以追溯至20世纪土地改革时期，为更好开展土地改革，中国共产党依靠政党下乡的方式在农村型构起完整的制度型权力[1]，向广大解放区派出工作队，组织集中化的"诉苦会"帮助重构贫雇农的思想意识或主动寻找贫雇农"访贫问苦""引苦谈心"[2]，通过工作队与农民之间的情感联系实现了"党民结对"。"结对子"模式不断发展，呈现出组织化、制度化特征，逐渐成为一种模式化帮扶制度，对口支援、东西部协作、驻村帮扶、对口合作等政策均形成了建立在主体结对基础上的一一对应的帮扶关系。

首先，东西部协作离不开自上而下的权威影响力。权威主体是东西部协作由非均衡向均衡发展的主导者。东西部协作过程中的治理主体及其关系包括中央与地方、政府与市场、社会，其中，决定系统运行且保持平衡的往往是拥有权威资源的部分行动者，而非系统当中的所有行动者。随着人事、财政权上收，而事权下移，中央对地方、上级对下级具有越来越强的控制力，包括政策目标设定权、政策绩效评价权、政策资源分配权等多个方面。正是在政治权威的

---

[1] 程同顺、许晓：《驻村帮扶下的乡村治理变革——基于H省C镇X村的田野调查》，《江苏行政学院学报》2020年第1期。
[2] 陈益元：《诉苦、斗争和阶级划分：革命走入乡村实证研究——以湖南省土地改革运动为中心的考察》，《史林》2016年第4期。

影响力之下,东西部协作才能保证发达地区对欠发达地区无条件支持,形成具有"强—弱"主体结构关系的稳定合作,根据结对主体经济社会发展水平形成强弱结合的"一帮一""一帮多""多帮一"的定向帮扶模式。

其次,东西部协作需要同时发挥双方政府的积极性。对东西部协作的双方主体而言,政策协同十分重要。地方政府资源、群众诉求、双方供需、旧有政策路径依赖、主要领导注意力偏好以及需要整合的其他目标任务等各有不同,只有通过反复的协商磨合,才能使东西部协作工作的政策目标设定与资源配置更加适合地方实际情况,也有利于精准细化的政策执行。在帮扶进程中,结对双方要签订帮扶协议,并按照一定的目标、时间、步骤和标准,推进东西部协作工作。作为保障性措施,东西部协作责任分工要纳入绩效评价办法和干部选拔管理办法之中,有激励有约束才能推进东西部协作干部尽职履责。

最后,东西部协作要激发自下而上的社会参与动机。基于政府信任背书和激励措施,帮扶双方的市场与社会才能展现出积极的市场交换和真正的行为需求,进一步促进东西部协作和合作关系的网络化建构。因此,从中央到地方、从体制内到体制外,东西部协作网络的建构和政策资源的持续投入对市场与社会发挥了引导作用,进而整合了政府、市场与社会资源,重塑区域间资源交换的时空结构并强化经济社会的交互性,这有利于实现市场、社会主体间的良性互动和互利互惠合作。

第二个议题,东西部协作制度如何迈向现代化,让多方资源有效配置。东西部协作缘起于物质财富及其他资源的贫富差距,因此,帮扶制度设计的目的就在于实现治理资源的再均衡与资源的再造和增值。从帮扶资源的要素构成看,一开始是利税资源的转移支付,后来中央到地方各部门均出台了各种配套政策,变成资金、技术、人才、管理等各类资源要素的投入与组合;从帮扶资源的作用模式看,一开始政策并不完善,普遍是直接给钱给物的"输血式"帮扶,后来强调利用各种奖补政策杠杆撬动贫困群体内生动力,形成"造血式"帮扶;从帮扶资源运行规律看,政策设计围绕关键资源和重点项目充分运用了行政、市场和社会三方面的相互作用,形成了以政府帮扶资源为主,并引导市场与社会资源逐步参与的过程。

首先,东西部协作目标与资源要具有适配性。目标与资源梯度适配就是让东西部协作主体之间自行协商制定政策目标及其资源配置。这里的适配包括两个方面,一方面是指在纵向央地关系、上下级关系中的适配,另一方面是指在横向帮扶与被帮扶关系中的适配。目标与资源适配就是要做到决策删减与执行协商。[①] 一般在帮扶早期并没有十分清晰的目标任务和指标体系,仅仅是中央指导性意见或者原则性方向,这便是决策删减;同时,承担东西部协作任务的双方要根据需求和能力结合地方实际情况制定实施方案,逐层细化框架性目标,这便是东西部协作双方的执行协商与再决策。

其次,东西部协作资源配置要遵循一定的政策程序与规则。在资源分配之前就要明确帮扶双方政府的主体责任,既要强化帮扶方筹集和动员资源的政治责任,也要明确受扶方的资源使用主体责任,如果受扶方不积极配合、存在"等靠要"的思想,帮扶工作依然不能完成。在人、财、物到达受扶地区之后,帮扶资源要聚焦于政策目标,紧紧围绕脱贫攻坚和乡村振兴开展工作,不能将帮扶资金统筹用于其他非扶贫事项。同时,东西部协作各方要建立契约关系,明确帮扶资源的内容、数额、对象等事项,以及帮扶资源投入随财政收入占比增加或减少的要求。

最后,东西部协作资源配置与政策环境要协调一致。一方面是帮扶政策要与宏观制度设计相协调。中央及各级地方政府和职能部门均有相应的职能和政策设计,东西部协作政策要与这些政策相适应,避免政策打架,才能促进资源优化配置;同时,中央也为东西部协作工作制定了相应的资金管理、干部选派和绩效评价等配套政策以保障中心任务的落实。另一方面,帮扶资源要与技术性政策实

[①] 薛澜、赵静:《转型期公共政策过程的适应性改革及局限》,《中国社会科学》2017年第9期。

施程序相协调。项目下乡是帮扶资源配置的总体趋势，而如何让资源匮乏、治理能力较弱的乡村社会承接住帮扶资源，实现脱贫致富，又需要遵循项目制的技术性治理规则，才能让帮扶政策和帮扶资源稳妥落地。

研究发现，东西部协作是实现城乡之间、区域之间均衡发展的现代化治理制度创新。这种治理模式根据城乡、区域的治理需求，既依赖于科层制度中的权威性、专业化和程序性的规则，又超越了科层制度，具有治理主体差异化、治理内容协商式、治理过程简约化的特点，是集"科层治理、协商治理、合作治理、简约治理"于一体的复合治理。治理主体差异化，有利于实现富裕者与贫困者建立紧密联系，这不同于一般意义上的多元主体的合作治理；治理内容协商式，有利于根据中央要求与基层社会需求实现资源的优化配置，这不同于身份完全平等、缺乏强制性约束的协商治理；治理过程简约化，有利于根据上级和结对政府制度规范强化基层社会情感交流与社会网络关系的建构，这不同于受制于基层社会复杂人性因素影响的简约治理。

通过东西部协作等一系列帮扶措施，促进了城乡、区域间的均衡发展和共同富裕，是一种兼具公平与效率的制度安排。其中，"帮扶"体现了治理公平，"结对"体现了治理效率，二者叠加，重塑了城乡之间、区域之间关于物质现代化、人的现代化与制度现代化的时空结构。事实上，区域非均衡发展与贫富差距是西方普遍存在的难题，要将非均衡的财富分配局面变成相对均衡的发展格局，离不开强有力的政治权威引导，依靠政治权威使结对主体间形成强弱搭配，保障财富资源从发达地区流向欠发达地区。这也是中国能够产生东西部协作制度创新的缘由。

参考文献

一、专著

[英] 阿瑟·赛西尔·庇古：《福利经济学》，金镝译，华夏出版社2007年版。

[美] 埃弗雷特·M. 罗杰斯：《创新的扩散》，辛欣译，中央编译出版社2002年版。

[英] 安东尼·吉登斯：《社会的构成：结构化理论纲要著》，李康、李猛译，中国人民大学出版社2016年版。

[美] 布赖恩·琼斯：《再思民主政治中的决策制定：注意力、选择和公共政策》，李丹阳译，北京大学出版社2010年版。

蔡立辉、于刚强、刘晓洋：《政府绩效评估概论》，高等教育出版社2018年版。

陈云贤：《经济新引擎——兼论有为政府与有效市场》，外语教学与研究出版社2019年版。

[美] 道格拉斯·C. 诺思：《制度、制度变迁与经济绩效》，杭行译，格致出版社2014年版。

邓小平：《邓小平文选》（第三卷），人民出版社1993年版。

费孝通：《费孝通全集》（第十五卷），内蒙古人民出版社2009年版。

[美] 弗朗西斯·福山：《政治秩序的起源》，毛俊杰译，广西师范大学出版社2012年版。

国务院扶贫开发领导小组办公室编：《东西扶贫协作实现共同发展》，中国财政经济出版社2005年版。

［英］弗雷德里希·奥古斯特·冯·哈耶克：《通往奴役之路》，王明毅等译，中国社会科学出版社1997年版。

［德］赫尔曼·哈肯：《协同学——大自然构成的奥秘》，凌复华译，上海译文出版社2005年版。

黄少卿等：《重塑中国的产业政策：理论、比较与实践》，格致出版社、上海人民出版社2020年版。

［美］杰克·赫舒拉发、阿米亥·格雷泽、大卫·赫舒拉发：《价格理论及其应用：决策、市场与信息》，李俊慧、周燕译，机械工业出版社2009年版。

靳薇：《西藏援助与发展》，西藏人民出版社2009年版。

［德］卡尔·马克思、弗里德里希·恩格斯：《马克思恩格斯选集》（第三卷），人民出版社2012年版。

［美］凯瑟琳·西伦：《制度是如何演化的：德国、英国、美国和日本的技能政治经济学》，王星译，上海人民出版社2010年版。

［德］康德：《历史理性批判文集》，何兆武译，商务印书馆1990年版。

孔子：《论语：为政篇第二》，岳麓书社2000年版。

李瑞昌：《中国特点的对口支援制度研究——政府间网络视角》，复旦大学出版社2016年版。

李维安：《网络组织：组织发展新趋势》，经济科学出版社2003年版。

李义天：《共同体与政治团结》，社会科学文献出版社2011年版。

厉以宁：《股份制与现代市场经济》，江苏人民出版社1994年版。

［美］罗伯特·D. 帕特南：《使民主运转起来：现代意大利的公民传统》，王列、赖海榕译，江西人民出版社2001年版。

［美］罗伯特·诺奇克：《无政府、国家和乌托邦》，姚大志译，中国社会科学出版社2008年版。

［德］马克斯·韦伯：《经济与社会》（第二卷），阎克文译，上海人民出版社2020年版。

［德］马克斯·韦伯：《学术与政治》，钱永祥译，广西师范大学出

版社2010年版。

[美] 曼瑟·奥尔森:《集体行动的逻辑》,陈郁、郭宇峰、李崇新译,格致出版社2018年版。

牛正武:《南行纪——1992年邓小平南方谈话全记录》,广东人民出版社2012年版。

潘同人:《嵌入关系:中国招商引资中的政府与市场》,上海人民出版社2017年版。

[日] 青木昌彦:《比较制度分析》,周黎安译,上海远东出版社2001年版。

[美] 塞缪尔·鲍尔斯、赫伯特·金迪斯:《合作的物种——人类的互惠性及其演化》,张弘译,浙江大学出版社2015年版。

[美] 塔尔科特·帕森斯:《社会行动的结构》,张明德、夏遇南、彭刚译,译林出版社2003年版。

[美] 托马斯·库恩:《科学革命的结构》,金吾伦、胡新和译,北京大学出版社2012年版。

王欢明:《基于合作治理的公交服务效益研究:以上海市公交服务为例》,同济大学出版社2015年版。

王曙光:《中国扶贫——制度创新与理论演变(1949—2020)》,商务印书馆2020年版。

[英] 威廉·冯·洪堡:《论国家的作用》,林荣远、冯兴元译,中国社会科学出版社1998年版。

吴大华:《东西部扶贫协作问题研究——以贵州省为例》,经济管理出版社2018年版。

习近平:《摆脱贫困》,福建人民出版社2014年版。

习近平:《习近平谈治国理政》第三卷,外文出版社2020年版。

夏征农、陈至立:《大辞海》,上海辞书出版社2010年版。

[英] 亚当·斯密:《国民财富的性质和原因的研究》,郭大力、王亚南译,商务印书馆1985年版。

杨临宏:《扶贫工作研究参考文献集萃》,云南大学出版社2017年版。

于建嵘：《岳村政治》，商务印书馆2001年版。

［奥地利］约瑟夫·熊彼特：《资本主义、社会主义和民主》，商务印书馆1979年版。

［美］约翰·罗尔斯：《正义论（修订版）》，何怀宏、何包钢、廖申白译，中国社会科学出版社2009年版。

［英］约翰·梅纳德·凯恩斯：《就业、利息和货币政策通论》，徐毓鲩译，译林出版社2011年版。

［英］约翰·约克：《政府论》，刘晓根译，北京出版社2007年版。

［美］詹姆斯·C. 斯科特：《弱者的武器》，郑广怀等译，译林出版社2007年版。

张琦、万军：《产业扶贫脱贫概览》，中国农业出版社2018年版。

张维迎：《博弈与社会》，北京大学出版社2013年版。

中共中央文献研究室：《十四大以来重要文献选编》（下），人民出版社1999年版。

中央档案馆：《中国共产党九十年历程》，吉林人民出版社2011年版。

周黎安：《转型中的地方政府：官员激励与治理》（第二版），格致出版社、上海三联书店、上海人民出版社2008年版。

周雪光：《中国国家治理的制度逻辑：一个组织学研究》，生活·读书·新知三联书店2017年版。

二、期刊

白增博、孙庆刚、王芳：《美国贫困救助政策对中国反贫困的启示——兼论2020年后中国扶贫工作》，《世界农业》2017年第12期。

宝乐日：《对口支援西部地区民族教育回顾与展望》，《内蒙古师范大学学报》（哲学社会科学版）2010年第1期。

［美］彼得·豪尔、［美］罗斯玛丽·泰勒、何俊智：《政治科学与三个新制度主义》，《经济社会体制比较》2003年第5期。

边晓慧、张成福：《府际关系与国家治理：功能、模型与改革思路》，

《中国行政管理》2016年第5期。

蔡科云：《政府与社会组织合作扶贫的权力模式与推进方式》，《中国行政管理》2014年第9期。

曹海林、俞辉：《"项目进村"乡镇政府选择性供给的后果及其矫正》，《中国行政管理》2018年第3期。

曹立、王声啸：《精准扶贫与乡村振兴衔接的理论逻辑与实践逻辑》，《南京农业大学学报》（社会科学版）2020年第4期。

陈宝玲、罗敏、国万忠：《从失衡到均衡：消费扶贫进程中商品供需关系的变迁研究——以宁夏L县实践为例》，《理论月刊》2020年第12期。

陈波、洪远朋、卢晓云：《和谐利益论》，《社会科学研究》2010年第4期。

陈成文、王祖霖：《"碎片化"困境与社会力量扶贫的机制创新》，《中州学刊》2017年第4期。

陈东辉：《基层党建引领社会治理创新的探索与路径》，《理论与改革》2019年第3期。

陈家建：《项目化治理的组织形式及其演变机制——基于一个国家项目的历史过程分析》，《社会学研究》2017年第2期。

陈家建：《项目制与基层政府动员——对社会管理项目化运作的社会学考察》，《中国社会科学》2013年第2期。

陈家建、巩阅蠡：《项目制的"双重效应"研究——基于城乡社区项目的数据分析》，《社会学研究》2021年第2期。

陈前恒：《消费扶贫：架起城乡需求的桥梁》，《人民论坛》2019年第23期。

陈庆云、庄国波、曾军荣、鄞益奋：《论公共管理中效率与公平的关系及其实现机制》，《中国行政管理》2005年第11期。

陈剩勇、赵光勇：《"参与式治理"研究述评》，《教学与研究》2009年第8期。

陈思丞：《政府条块差异与纵向创新扩散》，《社会学研究》2020年第2期。

陈晓峰、孙月平、金飞：《信任关系、利益获取与集群企业间合作行为》，《江海学刊》2014年第2期。

陈友华、庞飞：《福利多元主义的主体构成及其职能关系研究》，《江海学刊》2020年第1期。

陈志、丁士军、吴海涛：《帮扶主体、帮扶措施与帮扶效果研究——基于华中L县精准扶贫实绩核查数据的实证分析》，《财政研究》2017年第10期。

崔聪、李效洲：《马克思国家理论的伦理向度——兼论爱国主义的国家伦理基础》，《河北青年管理干部学院学报》2020年第5期。

崔建刚、孙宁华：《产业关联、结对扶贫与区域协调发展——对江浙沪及其帮扶地区的投入—产出分析》，《经济问题》2019年第3期。

代蕊华、于璇：《教育精准扶贫：困境与治理路径》，《教育发展研究》2017年第7期。

戴长征：《中国政府的治理理论与实践》，《中国行政管理》2002年第2期。

单学鹏：《中国语境下的"协同治理"概念有什么不同？——基于概念史的考察》，《公共管理评论》2021年第1期。

狄金华：《项目制中的配套机制及其实践逻辑》，《开放时代》2016年第5期。

狄金华：《政策性负担、信息督查与逆向软预算约束——对项目运作中地方政府组织行为的一个解释》，《社会学研究》2015年第6期。

丁煌：《利益分析：研究政策执行问题的基本方法论原则》，《广东行政学院学报》2004年第3期。

丁煌：《我国现阶段政策执行阻滞及其防治对策的制度分析》，《政治学研究》2002年第1期。

丁煌、李雪松：《新中国70年机关事务治理的制度变迁：一项历史制度主义的考察》，《理论与改革》2020年第1期。

丁忠毅：《对口支援边疆民族地区政策属性界定：反思与新探》，

《湖北民族大学学报》（哲学社会科学版）2021年第1期。

丁忠毅：《国家治理视域下省际对口支援边疆政策的运行机制研究》，《思想战线》2018年第4期。

豆书龙、王山、李博：《项目制的复合型碎片化：地方治理的困境——基于宋村项目制的分析》，《公共管理学报》2018年第1期。

杜春林、张新文：《从制度安排到实际运行：项目制的生存逻辑与两难处境》，《南京农业大学学报》（社会科学版）2015年第1期。

范和生、刘凯强：《从"一时火"到"一直火"：消费扶贫的阶段反思与长效安排》，《学术研究》2021年第3期。

方珂、蒋卓余：《东西协作扶贫的制度特点与关键问题》，《学习与实践》2018年第10期。

方世荣：《论行政强制执行制度中的"非强制性"方式》，《湖北社会科学》2012年第3期。

封小云：《关于前店后厂模式的再思考》，《经济前沿》2003年第5期。

冯猛：《项目制下的"政府—农民"共事行为分析——基于东北特拉河镇的长时段观察》，《南京农业大学学报》（社会科学版）2015年第5期。

付敏杰：《分税制二十年：演进脉络与改革方向》，《社会学研究》2016年第5期。

付伟、焦长权：《"协调型"政权：项目制运作下的乡镇政府》，《社会学研究》2015年第2期。

傅慧芳、苏贵斌：《集中力量办大事制度优势转化为公共危机治理效能的内在机理及实现机制》，《福建师范大学学报》（哲学社会科学版）2020年第3期。

高帆：《新型政府—市场关系与中国共同富裕目标的实现机制》，《西北大学学报》（哲学社会科学版）2021年第11期。

高强、曾恒源：《巩固拓展脱贫攻坚成果同乡村振兴有效衔接：进展、问题与建议》，《改革》2022年第4期。

高小平、盛明科、刘杰：《中国绩效管理的实践与理论》，《中国社会科学》2011 年第 6 期。

葛建华：《"一站式"消费扶贫电商平台的构建及运营研究》，《广东社会科学》2019 年第 3 期。

龚群：《霍布斯的正义观》，《社会科学辑刊》2019 年第 2 期。

顾昕：《走向互动式治理：国家治理体系创新中"国家—市场—社会关系"的变革》，《学术月刊》2019 年第 1 期。

管培俊：《民族地区同步小康与职业教育的使命》，《教育研究》2018 年第 2 期。

郭道久：《协作治理是适合中国现实需求的治理模式》，《政治学研究》2016 年第 1 期。

郭红东：《浙江省农业龙头企业与农户的利益机制完善与创新研究》，《浙江社会科学》2002 年第 5 期。

韩广富：《当代中国农村扶贫开发的历史进程》，《理论学刊》2005 年第 7 期。

韩广富、周耕：《我国东西扶贫协作的回顾与思考》，《理论学刊》2014 年第 7 期。

韩佳丽：《贫困地区农村劳动力流动减贫的现实困境及政策选择——基于连片特困地区微观农户调查》，《江西财经大学学报》2020 年第 1 期。

韩文龙、祝顺莲：《地区间横向带动：实现共同富裕的重要途径——制度优势的体现与国家治理的现代化》，《西部论坛》2020 年第 1 期。

韩永辉、黄亮雄、王贤彬：《产业政策推动地方产业结构升级了吗？——基于发展型地方政府的理论解释与实证检验》，《经济研究》2017 年第 8 期。

郝辽钢、刘健西：《激励理论研究的新趋势》，《北京工商大学学报》（社会科学版）2003 年第 5 期。

何俊志：《结构、历史与行为——历史制度主义的分析范式》，《国外社会科学》2002 年第 5 期。

何绍辉:《目标管理责任制:运作及其特征——对红村扶贫开发的个案研究》,《中国农业大学学报》(社会科学版)2010年第4期。

贺东航、孔繁斌:《中国公共政策执行中的政治势能——基于近20年农村林改政策的分析》,《中国社会科学》2019年第4期。

贺立龙:《中国历史性解决绝对贫困问题的制度分析——基于政治经济学的视角》,《政治经济学评论》2020年第5期。

贺林波、邓书彬、李赛君:《地方政府产业扶贫:合作质量与网络结构——基于自我中心网的理论视角》,《华东经济管理》2019年第6期。

洪银兴:《市场化导向的政府和市场关系改革40年》,《政治经济学评论》2018年第6期。

胡俊峰、陈晓峰:《上海大都市圈创新共同体构建逻辑与协同治理策略》,《南通大学学报》(社会科学版)2021年第4期。

胡磊、刘亚军:《互联网背景下消费扶贫的商业模式创新机理》,《管理案例研究与评论》2020年第1期。

胡宁生:《国家治理现代化:政府、市场和社会新型协同互动》,《南京社会科学》2014年第1期。

胡天祺:《项目制帮扶驱动共同富裕:一个分析框架——基于杭州市"联乡结村"帮扶项目的实证研究》,《浙江社会科学》2022年第2期。

胡振光、向德平:《参与式治理视角下产业扶贫的发展瓶颈及完善路径》,《学习与实践》2014年第4期。

黄承伟:《东西部扶贫协作的实践与成效》,《改革》2017年第8期。

黄承伟:《设立脱贫攻坚过渡期的政策指向和多重意蕴》,《人民论坛》2021年第11期。

黄承伟:《深化精准扶贫的路径选择——学习贯彻习近平总书记近期关于脱贫攻坚的重要论述》,《南京农业大学学报》(社会科学版)2017年第4期。

黄承伟:《我国新时代脱贫攻坚阶段性成果及其前景展望》,《江西财经大学学报》2019年第1期。

黄承伟：《习近平扶贫重要论述与中国特色减贫道路的世界意义》，《当代世界》2021年第6期。

黄承伟：《中国扶贫开发道路研究：评述与展望》，《中国农业大学学报》（社会科学版）2016年第5期。

黄基鑫、赵越、雷聪、李曦辉：《从全面小康到共同富裕：对口支援的作用、经验与展望》，《经济与管理研究》2022年第2期。

黄巨臣：《农村教育"技术治理"精细化：表现、局限及其应对——基于协同治理理论的视角》，《湖南师范大学教育科学学报》2018年第4期。

黄科、王婷：《新时代党和国家机构改革的行动体系与效能转化》，《南京社会科学》2022年第3期。

黄锡生、易崇艳：《政府职能转变视角下产业结构转型升级的挑战与对策分析》，《理论探讨》2019年第4期。

黄先海、宋学印：《赋能型政府——新一代政府和市场关系的理论建构》，《管理世界》2021年第11期。

黄晓春、周黎安：《"结对竞赛"：城市基层治理创新的一种新机制》，《社会》2019年第5期。

黄宗昊：《"发展型国家"理论的起源、演变与展望》，《政治学研究》2019年第5期。

吉秀华：《中国共产党百年统一战线的发展逻辑、演进动力与现实启示》，《中央社会主义学院学报》2022年第2期。

贾小伟、李倩：《基于城乡义务教育均衡发展的"大小结对"助教机制研究》，《教育理论与实践》2022年第5期。

贾玉娇：《反贫困的中国道路：1978—2018》，《浙江社会科学》2018年第6期。

江星玲、谢治菊：《协同学视域下东西部教育扶贫协作研究》，《民族教育研究》2002年第6期。

姜晓晖：《跨域治理下的扶贫协作何以优化？——基于粤桂扶贫协作的图景变迁》，《兰州学刊》2020年第3期。

蒋永甫、龚丽华、疏春晓：《产业扶贫：在政府行为与市场逻辑之间》,《贵州社会科学》2018 年第 2 期。

焦长权：《从分税制到项目制：制度演进和组织机制》,《社会》2019 年第 6 期。

金江峰：《分散控制权：理解项目下乡实践困境的一个视角》,《西南大学学报》（社会科学版）2022 年第 1 期。

金太军：《市场失灵、政府失灵与政府干预》,《中共福建省委党校学报》2002 年第 5 期。

靳永翥、丁照攀：《精准扶贫战略背景下项目制减贫绩效的影响因素研究——基于武陵山、乌蒙山、滇桂黔三大集中连片特困地区的调查分析》,《公共行政评论》2017 年第 3 期。

景志明：《民族地区教育跨越式发展的思考》,《云南社会科学》2001 年第 5 期。

邝艳华：《公共预算决策理论述评：理性主义、渐进主义和间断均衡》,《公共行政评论》2011 年第 4 期。

李博：《项目制扶贫的运作逻辑与地方性实践——以精准扶贫视角看 A 县竞争性扶贫项目》,《北京社会科学》2016 年第 3 期。

李汉卿：《协同治理理论探析》,《理论月刊》2014 年第 1 期。

李辉、任晓春：《善治视野下的协同治理研究》,《科学与管理》2010 年第 6 期。

李慧凤、孙莎莎：《从动员参与到合作治理：社会治理共同体的实现路径》,《治理研究》2022 年第 1 期。

李慧龙、文宏：《外部约束与内在激励：政府购买公共服务持续性的双重逻辑——以 A 市社区购买社工服务为例》,《甘肃行政学院学报》2019 年第 6 期。

李健：《公益创投政策扩散的制度逻辑与行动策略——基于我国地方政府政策文本的分析》,《南京社会科学》2017 年第 2 期。

李景治：《共同富裕是中国特色社会主义现代化建设的根本奋斗目标》,《党政研究》2021 年第 1 期。

李兰冰、高雪莲、黄玖立：《"十四五"时期中国新型城镇化发展重大问题展望》,《管理世界》2020 年第 11 期。

李玲、江宇:《有为政府、有效市场、有机社会——中国道路与国家治理现代化》,《经济导刊》2014年第4期。

李棉管:《自保式低保执行——精准扶贫背景下石村的低保实践》,《社会学研究》2019年第6期。

李庆滑:《我国省际对口支援的实践、理论与制度完善》,《中共浙江省委党校学报》2010年第5期。

李瑞昌:《地方政府间"对口关系"的保障机制》,《学海》2017年第4期。

李瑞昌:《界定"中国特点的对口支援":一种政治性馈赠解释》,《经济社会体制比较》2015年第4期。

李瑞昌、马心怡:《政府父爱主义:干预多少是适合的?》,《复旦政治学评论》2020年第1期。

李维安、王鹏程、徐业坤:《慈善捐赠、政治关联与债务融资——民营企业与政府的资源交换行为》,《南开管理评论》2015年第1期。

李祥、王路路、陈凤:《我国民族教育政策变迁的脉络、特征与展望——基于〈教育部工作要点〉的文本研究》,《民族教育研究》2019年第1期。

李小云:《东西部扶贫协作和对口支援的四维考量》,《改革》2017年第8期。

李小云、徐进、于乐荣:《中国减贫四十年:基于历史与社会学的尝试性解释》,《社会学研究》2018年第6期。

李小云、于乐荣、唐丽霞:《新中国成立后70年的反贫困历程及减贫机制》,《中国农村经济》2019年第10期。

李小云、苑军军、于乐荣:《论2020后农村减贫战略与政策:从"扶贫"向"防贫"的转变》,《农业经济问题》2020年第2期。

李晓飞:《分立型联合体:地方政府间关系的新形态》,《公共管理学报》2020年第3期。

李鑫:《从"政府企业家"到"市场企业家"——新常态下西部地区创新发展的策略转变》,《西部论坛》2017年第2期。

李尧磊、韩承鹏：《东西部职业教育协作参与滇西扶贫的模式研究》，《中国职业技术教育》2018年第9期。

李勇：《改革开放以来东西扶贫协作政策的历史演进及其特点》，《党史研究与教学》2012年第2期。

李云新、张文惠：《东西部扶贫协作的理论逻辑与实践探索：杭州市—恩施州例证》，《中国公共政策评论》2020年第1期。

李中锋、高婕：《对口援藏建设项目组织实施方式：演进特征、动力机制及优化研究》，《西南民族大学学报》（人文社科版）2020年第6期。

李周：《社会扶贫的经验、问题与进路》，《求索》2016年第11期。

厉亚、宁晓青：《消费扶贫赋能脱贫攻坚的内在机理与实现路径》，《湖南科技学院学报》2019年第2期。

梁健、张小虎：《分类治理：乡村振兴视域下贫困治理新机制探索——基于西部C村的实证研究》，《兰州学刊》2021年第5期。

梁琴：《由点到网：共同富裕视域下东西部协作的结对关系变迁》，《公共行政评论》2022年第2期。

林进平：《论马克思主义正义观的三种阐释路径》，《哲学研究》2019年第8期。

林凌：《先富后富共同富裕——学习邓小平分配理论和区域发展理论的体会》，《经济体制改革》2004年第4期。

林万龙、华中昱、徐娜：《产业扶贫的主要模式、实践困境与解决对策——基于河南、湖南、湖北、广西四省区若干贫困县的调研总结》，《经济纵横》2018年第7期。

林雪霏：《扶贫场域内科层组织的制度弹性——基于广西L县扶贫实践的研究》，《公共管理学报》2014年第1期。

林雪霏：《政府间组织学习与政策再生产：政策扩散的微观机制——以"城市网格化管理"政策为例》，《公共管理学报》2015年第1期。

林毅夫：《有为政府参与的中国市场发育之路》，《广东社会科学》2020年第1期。

林毅夫：《中国经验：经济发展和转型中有效市场与有为政府缺一不可》，《行政管理改革》2017年第10期。

林秫：《我国东西部扶贫协作机制创新——以粤桂扶贫协作财政视角为例》，《地方财政研究》2020年第10期。

凌经球：《推进滇桂黔石漠化片区扶贫开发的路径研究——基于新型城镇化的视角》，《广西民族研究》2015年第2期。

凌争：《主动"加码"：基层政策执行新视角——基于H省J县的村干部选举案例研究》，《中国行政管理》2020年第2期。

刘复兴：《教育政策价值分析的三维模式》，《教育研究》2002年第4期。

刘建江、罗双成：《区域房价差异、人口流动与地区差距》，《财经科学》2018年第7期。

刘金山、徐明：《对口支援政策有效吗？——来自19省市对口援疆自然实验的证据》，《世界经济文汇》2017年第4期。

刘俊英：《项目制扶贫参与主体的行为逻辑与博弈关系——兼论政府的公共性与自利性》，《社会科学战线》2019年第11期。

刘明月、汪三贵：《以乡村振兴促进共同富裕：破解难点与实现路径》，《贵州社会科学》2022年第1期。

刘鹏：《从分类控制走向嵌入型监管：地方政府社会组织管理政策创新》，《中国人民大学学报》2011年第5期。

刘伟：《内容分析法在公共管理学研究中的应用》，《中国行政管理》2014年第6期。

刘伟忠：《我国协同治理理论研究的现状与趋向》，《城市问题》2012年第5期。

刘小泉、朱德米：《协作治理：复杂公共问题治理新模式》，《上海行政学院学报》2016年第4期。

刘雪姣：《涉农资金整合下基层项目制的实践运作及困境——基于豫南G县田野调查》，《地方财政研究》2021年第6期。

刘央央、钟仁耀：《基于博弈论视角的支出型贫困救助政策扩散研究》，《社会保障研究》2017年第5期。

刘智:《积极探索社会扶贫的有效路径》,《中国党政干部论坛》
    2018 年第 12 期。
刘祖云:《政府间关系:合作博弈与府际治理》,《学海》2007 年第 1
    期。
柳礼泉、杨葵:《精神贫困:贫困群众内生动力的缺失与重塑》,
    《湖湘论坛》2019 年第 1 期。
卢扬帆:《公共政策绩效评价的建构与实践推广》,《暨南学报》(哲
    学社会科学版) 2021 年第 8 期。
卢扬帆:《规定任务、自选动作与绩效竞争:预算绩效目标体系初始
    形成逻辑》,《中国行政管理》2021 年第 5 期。
陆汉文:《东西部扶贫协作与中国道路》,《人民论坛·学术前沿》
    2019 年第 21 期。
吕方、梅琳:《"复杂政策"与国家治理——基于国家连片开发扶贫
    项目的讨论》,《社会学研究》2017 年第 3 期。
吕普生:《集合式利益、分布式利益抑或复合式利益?——公共利益
    本质问题论争的学术史考察》,《江汉论坛》2015 年第 7 期。
吕普生:《我国制度优势转化为国家治理效能的理论逻辑与有效路径
    分析》,《新疆师范大学学报》(哲学社会科学版) 2020 年第
    3 期。
吕小亮、李正图:《中国共产党推进全民共同富裕思想演进研究》,
    《消费经济》2021 年第 4 期。
吕志奎、侯晓菁:《超越政策动员:"合作治理"何以有效回应竞争
    性制度逻辑——基于 X 县流域治理的案例研究》,《江苏行政学
    院学报》2021 年第 3 期。
罗新祜、陈敏、陈亚艳:《美国高等教育绩效拨款政策的演进逻
    辑——基于政策扩散理论的分析》,《现代大学教育》2020 年第
    1 期。
马超峰、肖龙:《条块结对:脱贫攻坚同乡村振兴有效衔接的经验阐
    释》,《南京农业大学学报》(社会科学版) 2022 年第 1 期。
马良灿:《组织治理抑或村庄治理——系统论视域下项目进村研究的

学术理路及其拓展》,《南京农业大学学报》（社会科学版）2016 年第 3 期。

马亮:《政府创新扩散视角下的电子政务发展——基于中国省级政府的实证研究》,《图书情报工作》2012 年第 7 期。

马子琪、张广利:《马路劳务市场的组织生态与控制机制——基于 Z 市的实证调查》,《青年研究》2021 年第 6 期。

冒佩华、王朝科:《"使市场在资源配置中起决定性作用和更好发挥政府作用"的内在逻辑》,《毛泽东邓小平理论研究》2014 年第 2 期。

孟天广、田栋:《群众路线与国家治理现代化——理论分析与经验发现》,《政治学研究》2016 年第 3 期。

孟薇:《东西部扶贫如何做好协作监督》,《人民论坛》2020 年第 3 期。

莫光辉:《五大发展理念视域下的少数民族地区多维精准脱贫路径——精准扶贫绩效提升机制系列研究之十一》,《西南民族大学学报》（人文社科版）2017 年第 2 期。

倪星、王锐:《从邀功到避责：基层政府官员行为变化研究》,《政治学研究》2017 年第 2 期。

潘泽泉、任杰:《从运动式治理到常态治理：基层社会治理转型的中国实践》,《湖南大学学报》（社会科学版）2020 年第 3 期。

庞明礼:《地方政府竞争的约束与激励：一个拓展研究》,《中南财经政法大学学报》2007 年第 5 期。

庞明礼:《领导高度重视：一种科层运作的注意力分配方式》,《中国行政管理》2019 年第 4 期。

彭小兵、龙燕:《基于政策工具视角的我国消费扶贫政策分析》,《贵州财经大学学报》2021 年第 1 期。

彭莹莹、燕继荣:《从治理到国家治理：治理研究的中国化》,《治理研究》2018 年第 2 期。

平卫英、罗良清、张波:《我国就业扶贫的现实基础、理论逻辑与实践经验》,《管理世界》2021 年第 7 期。

齐卫平、陈冬冬：《制度优势转化为治理效能的政党推动》，《江西师范大学学报》（哲学社会科学版）2020年第4期。

羌洲、曹宇新：《文化资本视角下民族教育扶贫的实现机制——以"组团式"教育人才援藏为例》，《西北民族研究》2019年第2期。

秦国民、曹灿：《把制度建设摆在突出位置：国家治理效能提升的关键》，《中州学刊》2021年第10期。

渠敬东：《项目制：一种新的国家治理体制》，《中国社会科学》2012年第5期。

渠敬东、周飞舟、应星：《从总体支配到技术治理——基于中国30年改革经验的社会学分析》，《中国社会科学》2009年第6期。

全世文：《消费扶贫：渠道化还是标签化？》，《中国农村经济》2021年第3期。

任恒、王宏伟：《稳定、平衡与发展：建设中国特色对口支援制度的三重使命》，《新疆社会科学》2020年第6期。

任剑涛：《国家治理的简约主义》，《开放时代》2010年第7期。

荣敬本：《县乡两级的政治体制改革，如何建立民主的合作新体制——新密市县乡两级人民代表大会制度运作机制的调查研究报告》，《经济社会体制比较》1997年第4期。

商志晓：《中国特色社会主义制度优势及其深厚基础》，《当代世界与社会主义》2020年第1期。

尚虎平：《合理配置政治监督评估与"内控评估"的持续探索——中国40年政府绩效评估体制改革的反思与进路》，《管理世界》2018年第10期。

邵敏、武鹏：《出口贸易、人力资本与农民工的就业稳定性——兼议我国产业和贸易的升级》，《管理世界》2019年第3期。

沈红：《中国贫困研究的社会学评述》，《社会学研究》2000年第2期。

沈小波：《环境经济学的理论基础、政策工具及前景》，《厦门大学学报》（哲学社会科学版）2008年第6期。

盛晓薇、马文保：《"闽宁模式"：东西部扶贫协作对口支援的实践样本》，《人民论坛·学术前沿》2021年第4期。

盛晓薇、马文保：《"闽宁模式"：东西部扶贫协作对口支援的实践样本》，《人民论坛·学术前沿》2021年第4期。

石绍宾、樊丽明：《对口支援：一种中国式横向转移支付》，《财政研究》2020年第1期。

石佑启：《论有限有为政府的法治维度及其实现路径》，《南京社会科学》2013年第11期。

史普原：《科层为体、项目为用：一个中央项目运作的组织探讨》，《社会》2015年第5期。

史普原：《项目制治理的边界变迁与异质性——四个农业农村项目的多案例比较》，《社会学研究》2019年第5期。

史普原：《政府组织间的权责配置——兼论"项目制"》，《社会学研究》2016年第2期。

史普原、李晨行：《从碎片到统合：项目制治理中的条块关系》，《社会科学》2021年第7期。

史志乐、张琦：《少数民族深度贫困地区脱贫的绿色减贫新构思和新路径》，《西北民族大学学报》（哲学社会科学版）2018年第3期。

束锡红等：《乡村振兴背景下东西协作回汉互嵌社区的脱贫模式——宁夏生态移民闽宁镇原隆村的个案研究》，《贵州民族研究》2020年第6期。

宋锴业、徐雅倩：《"社会吸纳"何以失效？——一个国家项目运作过程的分析》，《公共管理学报》2019年第3期。

宋乐、倪向丽：《电商消费扶贫助力农产品走出困境》，《人民论坛》2020年第29期。

宋妍：《为发展而竞争：地方政府多维度竞争的激励机制分析》，《中国人口·资源与环境》2020年第9期。

苏海、向德平：《社会扶贫的行动特点与路径创新》，《中南民族大学学报》（人文社会科学版）2015年第3期。

苏明城、张向前：《激励理论发展及趋势分析》，《科技管理研究》

2009年第5期。

孙崇明：《东西部扶贫协作进程中的府际利益冲突与协调》，《地方治理评论》2019年第2期。

覃志敏：《巩固拓展脱贫成果的基层实践类型与治理逻辑——以西部3个脱贫村产业帮扶为例》，《南京农业大学学报》（社会科学版）2021年第6期。

谭书先、赵晖：《对口支援的政治认同构建——一项基于新冠肺炎疫情时期的网络舆情分析》，《江海学刊》2020年第4期。

谭贤楚：《"输血"与"造血"的协同——中国农村扶贫模式的演进趋势》，《甘肃社会科学》2011年第3期。

谭英俊：《柔性治理：21世纪政府治道变革的逻辑选择与发展趋向》，《理论探讨》2014年第3期。

檀学文：《走向共同富裕的解决相对贫困思路研究》，《中国农村经济》2020年第6期。

汤瑜、于水：《项目下乡为何总陷"精英俘获"陷阱——基于苏北S县的实证研究》，《求实》2021年第5期。

唐任伍、孟娜、叶天希：《共同富裕思想演进、现实价值与实现路径》，《改革》2022年第1期。

唐志军、谢沛善：《试论激励和约束地方政府官员的制度安排》，《首都师范大学学报》（社会科学版）2010年第2期。

仝志辉、温铁军：《资本和部门下乡与小农户经济的组织化道路——兼对专业合作社道路提出质疑》，《开放时代》2009年第4期。

童春阳、周扬：《中国精准扶贫驻村帮扶工作成效及其影响因素》，《地理研究》2020年第5期。

涂圣伟：《脱贫攻坚与乡村振兴有机衔接：目标导向、重点领域与关键举措》，《中国农村经济》2020年第8期。

万俊人：《从政治正义到社会和谐——以罗尔斯为中心的当代政治哲学反思》，《哲学动态》2005年第6期。

万俊人：《论市场经济的道德维度》，《中国社会科学》2000年第2期。

万鹏飞、吴雨坤：《东西部扶贫协作：模式的研究与未来的发展——以北京市东西部扶贫协作为例》，《贵州民族研究》2021年第3期。

汪润泉、周德水：《农民工在城市间"用脚投票"能否实现高质量就业——基于流动人口监测调查数据的分析》，《山西财经大学学报》2021年第12期。

汪三贵、冯紫曦：《脱贫攻坚与乡村振兴有机衔接：逻辑关系、内涵与重点内容》，《南京农业大学学报》（社会科学版）2019年第5期。

汪三贵、胡骏：《从生存到发展：新中国七十年反贫困的实践》，《农业经济问题》2020年第2期。

汪三贵、曾小溪：《从区域扶贫开发到精准扶贫——改革开放40年中国扶贫政策的演进及脱贫攻坚的难点和对策》，《农业经济问题》2018年第8期。

汪洋：《紧紧围绕精准扶贫精准脱贫深入推进脱贫攻坚》，《行政管理改革》2016年第4期。

王达梅：《我国横向财政转移支付制度的政治逻辑与模式选择》，《当代财经》2013年第3期。

王洪涛、魏淑艳：《地方政府信息公开制度时空演进机理及启示——基于政策扩散视角》，《东北大学学报》（社会科学版）2015年第6期。

王怀勇、邓若翰：《后脱贫时代社会参与扶贫的法律激励机制》，《西北农林科技大学学报》（社会科学版）2020年第4期。

王静贤、罗江华：《城乡结对教师数字资源共享行为影响因素探析》，《电化教育研究》2021年第10期。

王磊：《对口支援政策促进受援地经济增长的效应研究——基于省际对口支援西藏的准自然实验》，《经济经纬》2021年第4期。

王立平、丁辉：《基于委托—代理关系的低碳技术创新激励机制研究》，《山东大学学报》（哲学社会科学版）2015年第1期。

王名：《走向公民社会——我国社会组织发展的历史及趋势》，《吉林大学社会科学学报》2009年第3期。

王宁：《消费行为的制度嵌入性——消费社会学的一个研究纲领》，《中山大学学报》（社会科学版）2008年第4期。

王浦劬、汤彬：《当代中国治理的党政结构与功能机制分析》，《中国社会科学》2019年第9期。

王琪、陈昭：《央地关系：制度堕距与改革的内卷化困境》，《山东社会科学》2017年第5期。

王清：《项目制与社会组织服务供给困境：对政府购买服务项目化运作的分析》，《中国行政管理》2017年第4期。

王蓉：《我国传统扶贫模式的缺陷与可持续扶贫的战略选择》，《农村经济》2001年第2期。

王诗宗：《治理理论与公共行政学范式进步》，《中国社会科学》2010年第4期。

王士心、刘梦月：《东西部协作扶贫须做好资源跨区域分配》，《人民论坛》2019年第3期。

王曙光、王丹莉：《中国扶贫开发政策框架的历史演进与制度创新（1949-2019）》，《社会科学战线》2019年第5期。

王文、贾霓：《义务教育精准扶贫中的问题与改进路径——基于武陵山集中连片特困地区调查》，《中国行政管理》2019年第2期。

王晓毅：《反思"第三部门"理论：扶贫中的政府与公益组织》，《文化纵横》2020年第6期。

王学男：《公共政策评估框架下深化"组团式"教育人才援藏的政策研究》，《民族教育研究》2020年第4期。

王奕俊、吴林谦、杨悠然：《受教育者成本收益视角的东西部职业教育协作精准扶贫机制分析——以"滇西实施方案"为例》，《苏州大学学报》（教育科学版）2019年第1期。

王勇、华秀萍：《详论新结构经济学中"有为政府"的内涵——兼对田国强教授批评的回复》，《经济评论》2017年第3期。

王瑜、叶雨欣：《多源流理论视角下我国教育扶贫政策的变迁分析》，《当地教育论坛》2020年第6期。

王雨磊、苏杨：《中国的脱贫奇迹何以造就？——中国扶贫的精准行政模式及其国家治理体制基础》，《管理世界》2020年第4期。

王云芳：《中华民族共同体意识的社会建构：从自然生成到情感互惠》，《中央民族大学学报》（哲学社会科学版）2020年第1期。

王志章、郝立、黄明珠：《政策营销、政策执行与精准扶贫政策满意度》，《贵州财经大学学报》2019年第5期。

王众、于博瀛：《中国特色社会主义对公平与效率关系的探索与启示》，《学习与探索》2020年第2期。

卫劭华：《中国特色对口支援制度70年：历程、特征、逻辑与展望》，《领导科学论坛》2021年第7期。

魏向赤：《关于教育扶贫若干问题的思考》，《教育研究》1997年第9期。

文丰安：《新时代社会力量参与深度扶贫的价值及创新》，《农业经济问题》2018年第8期。

文宏：《危机情境中的政策扩散：一项探索性研究——基于446份复工复产政策的文本分析》，《四川大学学报》（哲学社会科学版）2020年第4期。

文宏、崔铁：《运动式治理中的层级协同：实现机制与内在逻辑——一项基于内容分析的研究》，《公共行政评论》2015年第6期。

文燕银等：《教育扶贫新阶段：精准扶智2.0》，《现代远程教育研究》2020年第5期。

吴国宝：《东西部扶贫协作困境及其破解》，《改革》2017年第8期。

吴要武：《70年来中国的劳动力市场》，《中国经济史研究》2020年第4期。

吴映雪：《乡村振兴项目化运作的多重困境及其破解路径》，《西北农林科技大学学报》（社会科学版）2022年第1期。

伍文中：《从对口支援到横向财政转移支付：文献综述及未来研究趋势》，《财经论丛》2012年第1期。

武俊伟、孙柏瑛：《我国跨域治理研究：生成逻辑、机制及路径》，《行政论坛》2019年第1期。

夏柱智：《土地制度和中国特色城市化模式——对"地方政府公司化"理论的反思》，《华中农业大学学报》（社会科学版）2019年第5期。

向德平、华汛子：《改革开放四十年中国贫困治理的历程，经验与前瞻》，《新疆师范大学学报》（哲学社会科学版）2019年第2期。

向鹏成、庞先娅：《跨区域重大工程项目横向府际冲突协调机制》，《北京行政学院学报》2021年第3期。

肖建华：《参与式治理视角下地方政府环境管理创新》，《中国行政管理》2012年第5期。

谢君君：《教育扶贫研究述评》，《复旦教育论坛》2012年第3期。

谢立中：《关于所谓"英格尔斯现代化指标体系"的几点讨论》，《江苏行政学院学报》2003年第3期。

谢玲红：《"十四五"时期农村劳动力就业：形势展望，结构预测和对策思路》，《农业经济问题》2021年第3期。

谢庆奎：《中国政府的府际关系研究》，《北京大学学报》（哲学社会科学版）2000年第1期。

谢秋山：《地方政府职能堕距与社会公共领域治理困境——基于广场舞冲突案例的分析》，《公共管理学报》2015年第3期。

谢炜：《对口支援："项目制"运作的梯度适配逻辑》，《中国行政管理》2022年第4期。

谢炜、蒋云根：《中国公共政策执行过程中地方政府间的利益博弈》，《浙江社会科学》2007年第5期。

谢炜、李悦：《对口支援"项目制"：控制权的限度》，《社会科学》2021年第12期。

谢治菊：《东西部协作教育组团帮扶的模式转向与本土建构》，《吉首大学学报》2021年第4期。

谢治菊：《教育五层级阻断贫困代际传递：理论建构，中国实践与政策设计》，《湖南师范大学教育科学学报》2020年第1期。

谢治菊：《诱致性制度变迁视角下乡村振兴的实现路径——基于塘约经验的分析》，《探索》2019年第6期。

谢治菊、彭智邦：《东西部协作政策扩散的维度、逻辑与启示——基于政策扩散理论的文本分析》，《中国公共政策评论》2021年第3期。

忻林：《布坎南的政府失败理论及其对我国政府改革的启示》，《政治学研究》2000年第3期。

邢成举：《压力型体制下的"扶贫军令状"与贫困治理中的政府失灵》，《南京农业大学学报》（社会科学版）2016年第5期。

邢成举、李小云：《精英俘获与财政扶贫项目目标偏离的研究》，《中国行政管理》2013年第9期。

邢成举、李小云、史凯：《巩固拓展脱贫攻坚成果：目标导向、重点内容与实现路径》，《西北农林科技大学学报》（社会科学版）2021年第5期。

邢成举、李小云、张世勇：《转型贫困视角下的深度贫困问题研究——以少数民族深度贫困村为例》，《民族研究》2019年第2期。

邢华、邢普耀：《强扭的瓜不一定不甜：纵向干预在横向政府间合作过程中的作用》，《经济社会体制比较》2021年第4期。

徐传谌、张万成：《"经济人"假设的发展》，《当代经济研究》2004年第2期。

徐明强：《基层政府治理中的"结对制"：个体化联结与情感化互动》，《探索》2021年第5期。

徐明强：《指挥部如何指挥？——精准扶贫中地方政府的组织型变与政策执行》，《经济社会体制比较》2021年第4期。

徐姗姗、羌洲：《新时期教育扶贫模式的重大创新："组团式"教育人才援藏》，《中国藏学》2018年第3期。

徐勇、赵双龙：《单一制与中国的民主结构形式》，《山西大学学报》（哲学社会科学版）2022年第2期。

许汉泽、李小云：《精准扶贫背景下农村产业扶贫的实践困境——对华北李村产业扶贫项目的考察》，《西北农林科技大学学报》（社会科学版）2017年第1期。

许汉泽、李小云：《精准扶贫视角下扶贫项目的运作困境及其解释——以华北 W 县的竞争性项目为例》，《中国农业大学学报》（社会科学版）2016 年第 4 期。

许旭红：《我国从产业扶贫到精准产业扶贫的变迁与创新实践》，《福建论坛》（人文社会科学版）2019 年第 7 期。

许源源、邹丽：《"行政国家"与"隐形社会"：农村扶贫中的国家与社会关系》，《社会主义研究》2010 年第 3 期。

薛澜、李宇环：《走向国家治理现代化的政府职能转变：系统思维与改革取向》，《政治学研究》2014 年第 5 期。

薛澜、张帆、武沐瑶：《国家治理体系与治理能力研究：回顾与前瞻》，《公共管理学报》2015 年第 3 期。

颜佳华、吕炜：《协商治理、协作治理、协同治理与合作治理概念及其关系辨析》，《湘潭大学学报》（哲学社会科学版）2015 年第 2 期。

燕继荣：《制度、政策与效能：国家治理探源——兼论中国制度优势及效能转化》，《政治学研究》2020 年第 2 期。

杨宝：《嵌入结构、资源动员与项目执行效果——政府购买社会组织服务的案例比较研究》，《公共管理学报》2018 年第 3 期。

杨灿明：《中国战胜农村贫困的百年实践探索与理论创新》，《管理世界》2021 年第 11 期。

杨凤华：《长三角地区"前店后厂"的引资模式》，《南通大学学报》（社会科学版）2005 年第 4 期。

杨刚：《推动教育组团式帮扶向纵深发展——访贵州省教育厅党组书记朱新武》，《当代贵州》2019 年第 21 期。

杨立昌、杨跃鸣、曹薇：《"后脱贫时代"教育对口支援机制创新研究——基于"组团式植入"帮扶案例分析》，《凯里学院学报》2020 年第 2 期。

杨龙：《地方政府合作的动力、过程与机制》，《中国行政管理》2008 年第 7 期。

杨龙、李培：《府际关系视角下的对口支援系列政策》，《理论探讨》

2018 年第 1 期。

杨明洪：《对口援藏机制创新与绩效提升："组团式"教育援藏的调查与分析》，《西北民族大学学报》（哲学社会科学版）2021 年第 1 期。

杨明洪：《扶贫模式与援助方式的双重转换："组团式"援藏的实践与启示》，《西北民族研究》2018 年第 4 期。

杨明洪、刘建霞、曹黎：《横向转移支付视角下的省内对口援藏制度研究》，《西南民族大学学报》（人文社会科学版）2021 年第 4 期。

杨雪冬：《改革开放 40 年中国政府责任体制变革：一个总体性评估》，《中共福建省委党校学报》2018 年第 1 期。

杨永伟、陆汉文：《多重制度逻辑与产业扶贫项目的异化——组织场域的视角》，《中国农业大学学报》（社会科学版）2018 年第 1 期。

杨志云、毛寿龙：《制度环境、激励约束与区域政府间合作——京津冀协同发展的个案追踪》，《国家行政学院学报》2017 年第 2 期。

姚迪：《东西部扶贫协作下产业扶贫：由"输血式"扶贫变"造血式"扶贫路径探析——以"闽宁模式"为例》，《营销界》2020 年第 19 期。

姚东旻等：《中国政府治理模式的选择与转换：一个正式模型》，《社会》2021 年第 6 期。

叶飞、蔡子功：《"随行就市，保底收购"还是"土地入股"？——农户加盟农业组织模式的两难抉择》，《系统工程理论与实践》2019 年第 8 期。

叶敬忠、陈诺：《脱贫攻坚与乡村振兴的有效衔接：顶层谋划、基层实践与学理诠释》，《中国农业大学学报》（社会科学版）2021 年第 5 期。

伊丽莎白·桑德斯、张贤明：《历史制度主义：分析框架、三种变体与动力机制》，《学习与探索》2017 年第 1 期。

殷浩栋、汪三贵、郭子豪：《精准扶贫与基层治理理性——对于 A 省 D 县扶贫项目库建设的解构》，《社会学研究》2017 年第 6 期。

鄞益奋：《网络治理：公共管理的新框架》，《公共管理学报》2007 年第 1 期。

游达明、张杨、袁宝龙：《财政分权与晋升激励下环境规制对产业结构升级的影响》，《吉首大学学报》（社会科学版）2019 年第 2 期。

于乐荣：《产业振兴中小农户与现代农业衔接的路径、机制及条件——以订单农业为例》，《贵州社会科学》2021 年第 2 期。

余成龙、冷向明：《"项目制"悖论抑或治理问题——农村公共服务项目制供给与可持续发展》，《公共管理学报》2019 年第 2 期。

余小红、吴才懿：《完善公务员激励机制的思考》，《吉首大学学报》（社会科学版）2014 年第 S1 期。

俞可平：《全球治理引论》，《马克思主义与现实》2002 年第 1 期。

虞崇胜：《提升中国特色社会主义制度秉赋：超越制度优势的国家治理现代化目标》，《探索》2020 年第 2 期。

郁建兴、任杰：《共同富裕的理论内涵与政策议程》，《政治学研究》2021 年第 3 期。

袁久红、王海风：《柏拉图的国家主义正义论——《理想国》的政治哲学解读》，《东南大学学报》（哲学社会科学版）2004 年第 2 期。

袁利平、万江文：《我国教育扶贫研究热点的主题构成与前沿趋势》，《国家教育行政学院学报》2017 年第 5 期。

袁利平、张欣鑫：《教育扶贫何以可能——多学科视角下的教育扶贫及其实现》，《教育与经济》2018 年第 5 期。

袁小平、杨爽：《精准扶贫中的社会动员：政府、市场与共意》，《济南大学学报》（社会科学版）2018 年第 5 期。

臧乃康：《统治与治理：国家与社会关系的演进》，《理论探讨》2003 年第 5 期。

詹姆斯·马霍尼等：《渐进式制度变迁理论》，《国外理论动态》

2017 年第 2 期。

张晨：《职业教育"东西部扶贫协作"中的问题与实践研究——以上海对口支援喀什地区为例》，《教育发展研究》2018 年第 7 期。

张成福、李昊城、边晓慧：《跨域治理：模式、机制与困境》，《中国行政管理》2012 年第 3 期。

张红凤、杨慧：《规制经济学沿革的内在逻辑及发展方向》，《中国社会科学》2011 年第 6 期。

张宏如、刘润刚：《新就业形态多中心协同治理的模式创新》，《南通大学学报》（社会科学版）2019 年第 6 期。

张锦华：《教育溢出，教育贫困与教育补偿——外部性视角下弱势家庭和弱势地区的教育补偿机制研究》，《教育研究》2008 年第 7 期。

张康之：《"协作"与"合作"之辨异》，《江海学刊》2006 年第 2 期。

张康之：《合作治理是社会治理变革的归宿》，《社会科学研究》2012 年第 3 期。

张康之：《论走向合作制组织的结构变革》，《学习与探索》2019 年第 9 期。

张康之、李东：《任务型组织之研究》，《中国行政管理》2006 年第 10 期。

张来明：《中等收入国家成长为高收入国家的基本做法与思考》，《管理世界》2021 年第 2 期。

张来明、刘理晖：《新中国社会治理的理论与实践》，《管理世界》2022 年第 1 期。

张莉：《我国东西扶贫协作的推进机制研究》，《天津行政学院学报》2015 年第 4 期。

张莉、徐家林：《国家治理现代化与政治伦理》，《马克思主义研究》2015 年第 1 期。

张琦、张涛：《中国减贫制度体系探索考核评估的创新实践》，《甘肃社会科学》2021 年第 1 期。

张文翠：《基层政府政绩目标设置博弈与压力型体制异化——基于北方七个地市的实地调研》，《公共管理学报》2021年第3期。

张文礼、王达梅：《科层制市场机制：对口支援机制的反思》，《西北师大学报》（社会科学版）2017年第5期。

张喜才：《农产品消费扶贫的供应链模式及优化研究》，《现代经济探讨》2020年第9期。

张喜征、单汨源、傅荣：《基于"师—徒"结对工作模型的虚拟项目团队知识整合研究》，《科技管理研究》2006年第2期。

张向东：《央地关系变化逻辑与政策实践的微观机理——兼论项目制的定位》，《四川大学学报》（哲学社会科学版）2020年第5期。

张晓颖、王小林：《东西扶贫协作：贫困治理的上海模式和经验》，《甘肃社会科学》2021年第1期。

张振波：《论协同治理的生成逻辑与建构路径》，《中国行政管理》2015年第1期。

赵鼎新：《论机制解释在社会学中的地位及其局限》，《社会学研究》2020年第2期。

赵晖、谭书先：《对口支援与区域均衡：政策、效果及解释——基于8对支援关系1996—2017年数据的考察》，《治理研究》2020年第1期。

赵明刚：《中国特色对口支援模式研究》，《社会主义研究》2011年第2期。

赵晓峰、邢成举：《农民合作社与精准扶贫协同发展机制构建：理论逻辑与实践路径》，《农业经济问题》2016年第4期。

赵新国、毛燕、金炳镐：《新时代西部大开发与中华民族共有家园建设》，《北方民族大学学报》2020年第6期。

折晓叶、陈婴婴：《项目制的分级运作机制和治理逻辑——对"项目进村"案例的社会学分析》，《中国社会科学》2011年第4期。

郑春勇：《论对口支援任务型府际关系网络及其治理》，《经济社会体制比较》2014年第2期。

郑方辉、廖鹏洲：《政府绩效管理：目标、定位与顶层设计》，《中国行政管理》2013年第5期。

郑刚:《建立教育对口支援长效机制的政策分析》,《中国教育学刊》2012年第7期。

郑刚:《完善教育对口支援政策模式的构想》,《中国民族教育》2015年第12期。

郑楷、刘义圣:《产业梯度转移视角下的东西部扶贫协作研究》,《东南学术》2020年第1期。

郑丽丽:《对口支援政策实施绩效及对策分析——以江西省为例》,《黑龙江民族丛刊》2012年第5期。

郑娜娜、许佳君:《政策执行与基层治理——基于水库移民后期扶持项目的案例分析》,《河海大学学报》(哲学社会科学版)2019年第4期。

郑平、陶云飞、李中仁:《地方政府竞争与当代中国区域经济发展:一个文献综述》,《产业经济评论》2020年第5期。

郑巧、肖文涛:《协同治理:服务型政府的治道逻辑》,《中国行政管理》2008年第7期。

郑石明、彭芮、徐放:《公共环境项目如何落地生根?》,《公共管理学报》2019年第2期。

郑世林:《中国政府经济治理的项目体制研究》,《中国软科学》2016年第2期。

中央文献研究室《中国道路》课题组:《中国道路十章——马克思主义中国化经典文献回眸》,《党的文献》2011年第2期。

钟开斌:《对口支援:起源、形成及其演化》,《甘肃行政学院学报》2013年第4期。

钟开斌:《对口支援灾区:起源与形成》,《经济社会体制比较》2011年第6期。

钟开斌:《控制性多层竞争:对口支援运作机理的一个解释框架》,《甘肃行政学院学报》2018年第1期。

周冬梅:《农村产业化的发展困局及其社会后果——基于黔东南T县产业扶贫项目的社会学考察》,《原生态民族文化学刊》2021年第 2 期。

周飞舟：《财政资金的专项化及其问题——兼论"项目治国"》，《社会》2012 年第 1 期。

周光辉、王宏伟：《对口支援：破解规模治理负荷的有效制度安排》，《学术界》2020 年第 10 期。

周黎安：《"官场+市场"与中国增长故事》，《社会》2018 年第 2 期。

周黎安：《地区增长联盟与中国特色的政商关系》，《社会》2021 年第 6 期。

周黎安：《行政发包制》，《社会》2014 年第 6 期。

周黎安：《中国地方官员的晋升锦标赛模式研究》，《经济研究》2007 年第 7 期。

周丽莎：《基于阿玛蒂亚·森理论下的少数民族地区教育扶贫模式研究——以新疆克孜勒苏柯尔克孜自治州为例》，《民族教育研究》2011 年第 2 期。

周凌一：《纵向干预何以推动地方协作治理？——以长三角区域环境协作治理为例》，《公共行政评论》2020 年第 4 期。

周民良：《论民族地区经济发展方式的转变》，《民族研究》2008 年第 4 期。

周伟：《地方政府间跨域治理碎片化：问题、根源与解决路径》，《行政论坛》2018 年第 1 期。

周文、肖玉飞：《共同富裕：基于中国式现代化道路与基本经济制度视角》，《兰州大学学报》（社会科学版）2021 年第 6 期。

周晓虹：《流动与城市体验对中国农民现代性的影响——北京"浙江村"与温州一个农村社区的考察》，《社会学研究》1998 年第 5 期。

周晓丽、马晓东：《协作治理模式：从"对口支援"到"协作发展"》，《南京社会科学》2012 年第 9 期。

周雪光：《国家治理逻辑与中国官僚体制：一个韦伯理论视角》，《开放时代》2013 年第 3 期。

周雪光：《基层政府间的"共谋现象"——一个政府行为的制度逻辑》，《社会学研究》2008年第6期。

周雪光：《项目制：一个"控制权"理论视角》，《开放时代》2015年第2期。

周雪光：《运动型治理机制：中国国家治理的制度逻辑再思考》，《开放时代》2012年第9期。

周雪光、练宏：《中国政府的治理模式：一个"控制权"理论》，《社会学研究》2012年第5期。

周原：《建设工程项目委托审计道德风险成因及防范》，《华中农业大学学报》（社会科学版）2013年第6期。

周志忍：《我国政府绩效管理研究的回顾与反思》，《公共行政评论》2009年第1期。

朱广忠、朴林：《影响地方政府有效执行中央政策的因素分析》，《理论探讨》2001年第2期。

朱海波、聂凤英：《深度贫困地区脱贫攻坚与乡村振兴有效衔接的逻辑与路径——产业发展的视角》，《南京农业大学学报》（社会科学版）2020年第3期。

朱辉宇：《国家治理的伦理逻辑——道德作为国家治理体系的构成性要素》，《北京行政学院学报》2015年第4期。

朱坚真、匡小平：《西部地区扶贫开发的模式转换与重点选择》，《中央民族大学学报》2000年第6期。

朱娜娜、曹永盛：《央地博弈、帕累托改进与政策制定》，《领导科学》2015年第35期。

朱仁显、邬文英：《从网格管理到合作共治——转型期我国社区治理模式路径演进分析》，《厦门大学学报》（哲学社会科学版）2014年第1期。

朱旭峰、赵慧：《政府间关系视角下的社会政策扩散——以城市低保制度为例（1993—1999）》，《中国社会科学》2016年第8期。

竺乾威：《从新公共管理到整体性治理》，《中国行政管理》2008年第10期。

竺乾威：《公共服务的流程再造：从"无缝隙政府"到"网格化管理"》，《公共行政评论》2012年第2期。

竺乾威：《国家治理现代化与厘清国家社会市场关系》，《理论探讨》2022年第1期。

祝慧、雷明：《东西部扶贫协作场域中的互动合作模式构建——基于粤桂扶贫协作案例的分析》，《苏州大学学报》（哲学社会科学版）2020年第1期。

祝彦：《中国共产党集中力量办大事的历史经验》，《人民论坛》2020年第4期。

祝智庭、管珏琪：《教育变革中的技术力量》，《中国电化教育》2014年第1期。

庄天慧、陈光燕、蓝红星：《精准扶贫主体行为逻辑与作用机制研究》，《广西民族研究》2015年第6期。

邹新艳、徐家良：《基于整体性治理视域的社会组织集成攻坚扶贫模式研究》，《行政论坛》2018年第5期。

祖力亚提·司马义、陈稔源、陈艳平：《新疆喀什地区农村少数民族富余劳动力就业调查研究——以叶城县为例》，《西北民族研究》2018年第3期。

左春伟、吴帅：《乡村振兴战略中绩效目标的价值与困境——基于中央和17省级区划乡村振兴指导性政策文件的Nvivo质性研究》，《西藏大学学报》（社会科学版）2019年第2期。

左停：《脱贫攻坚与乡村振兴有效衔接的现实难题与应对策略》，《贵州社会科学》2020年第1期。

左停、金菁、李卓：《中国打赢脱贫攻坚战中反贫困治理体系的创新维度》，《河海大学学报》（哲学社会科学版）2017年第5期。

左停、李世雄：《2020年后中国农村贫困的类型、表现与应对路径》，《南京农业大学学报》（社会科学版）2020年第4期。

左停、刘文婧、李博：《梯度推进与优化升级：脱贫攻坚与乡村振兴有效衔接研究》，《华中农业大学学报》（社会科学版）2019年第5期。

三、报纸报刊

包晓光、张贵勇：《教育扶贫的价值和路径》，《光明日报》2018 年 8 月 28 日第 13 版。

邓睿、齐林泉：《以组团式帮扶多向协同精准强教——教育部中学校长培训中心精准帮扶贵州教育探索》，《中国教育报》2019 年 9 月 4 日第 5 版。

杜尚泽：《微镜头·习近平总书记两会"下团组"（两会现场观察）》，《人民日报》2020 年 5 月 24 日第 1 版。

姜红：《不平等现象加剧是新兴国家面临的一大挑战——访诺贝尔经济学奖得主，哥伦比亚大学教授约瑟夫·斯蒂格利茨》，《中国社会科学报》2014 年 4 月 28 日第 A05 版。

李慧：《国务院扶贫办：实现巩固拓展脱贫攻坚成果同乡村振兴有效衔接》，《光明日报》2020 年 12 月 31 日第 13 版。

习近平：《在全国脱贫攻坚总结表彰大会上的讲话》，《人民日报》2021 年 2 月 26 日第 2 版。

谢治菊：《推进东西部教育扶贫协作的协同治理》，《广州日报》2020 年 5 月 11 日第 10 版。

中共中央：《中共中央关于制定国民经济和社会发展第十四个五年规划和二〇三五年远景目标的建议》，《人民日报》2020 年 11 月 4 日第 1 版。

四、外文文献

Agranoff, R. & McGuire, M., "Another Look at Bargaining and Negotiating in Intergovernmental Management" Journal of Public Administration Research and Theory, Vol. 14, No. 4, 2004.

Agranoff, R. & McGuire, M., "Another Look at Bargaining and Negotiating in Intergovernmental Management" Journal of Public Administration Research and Theory, Vol. 14, No. 4, 2004.

Ansell, C. & Gash, A., "Collaborative Governance in Theory and Practice" *Journal of Public Administration Research and Theory*, Vol. 18, No. 4, 2008.

Ansell, C., & Torfing, J., *Handbook on Theories of Governance*, UK: Edward Elgar Publishing, 2016.

Arrow, K. J., *The Limits of Organization*, New York: Norton, 1974.

Ballantine, P. W. & Creery, S., "The Consumption and Disposition Behaviour of Voluntary Simplifiers" *Journal of Consumer Behaviour: An International Research Review*, Vol. 9, No. 1, 2010.

Bardach, E., "Developmental Dynamics: Interagency Collaboration as an Emergent Phenomenon" *Journal of Public Administration Research and Theory*, Vol. 11, No. 2, 2001.

Bennett, C. J., "What is Policy Convergence and What Causes It" *British journal of political science*, Vol. 21, No. 2, 1991.

Bowles, S., *Microeconomics: Behavior, Institutions, and Evolution*, America: Princeton University Press, 2003.

Brakman, S., Garretsen, H., Oumer, A., "Town Twinning and German City Growth" *Regional Studies*, Vol. 50, No. 8, 2015.

Brown, L. A. & Cox, K. R., "Empirical Regularities in the Diffusion of Innovation" *Annals of the Association of American Geographers*, Vol. 61, No3, 1971.

Bryson, J. M. et al., "Designing and Implementing Cross-Sector Collaborations: Needed and Challenging" *Public Administration Review*, Vol. 75, No. 5, 2015.

Cadée, F. et al., "The State of the Art of Twinning, a Concept Analysis of Twinning in Healthcare" *Global Health*, Vol. 66, No. 12, 2016.

Cheng, L. T. W., Leung, T. Y., "Government Protection, Political Connection and Management Turnover in China" *International Review of Economics & Finance*, Vol. 45, 2016.

Cole, T. A. et al. "Synergistic Use of Nighttime Satellite Data, Electric Utility Infrastructure, and Ambient Population to Improve Power Outage Detections in Urban Areas" *Remote Sensing*, Vol. 9, No. 3, 2017.

DeLeon, P. et al, "Toward a Theory of Collaborative Policy Networks: Identifying Structural Tendencies" *Policy Studies Journal*, Vol. 37, No. 1, 2009.

Dolowitz, D., & Marsh, D., "Who Learns from Whom: A Review of the Policy Transfer Literature" *Political Studies*, Vol. 44, No. 2, 1996.

Emerson, K. et al, "An Integrative Framework for Collaborative Governance" *Journal of Public Administration Research and Theory*, Vol. 22, No. 1, 2011.

Emerson, K. et al, "An Integrative Framework for Collaborative Governance" *Journal of Public Administration Research and Theory*, Vol. 22, No. 1, 2012.

Enroth, H., & Bevir, M., *The SAGE Handbook of Governance*, London: SAGE Publications Ltd, 2011.

Fenwick, T. and Edwards, R., "Introduction: Reclaiming and Renewing Actor Network Theory for Educational Research" *Educational Philosophy and Theory*, Vol. 43, No. 1, 2011.

Goldsmith, S. & Eggers, W. D., *Governing by Network: The New Shape of the Public Sector*, Washington, D.C: Brookings Institution Press, 2004.

Halachmi, A., "Governance and Risk Management: Challenges and Public Productivity" *International Journal of Public Sector Management*, Vol. 18, No. 4, 2005.

Hirsch, F., *The Social Limits to Growth*, Cambridge, MA: Harvard University, 1976.

Hood, C., "A Public Management for all Seasons?" *Public Administration*, Vol. 69, No. 1, 1991.

İşleyen, B., "The European Union and Neoliberal Governmentality: Twinning in Tunisia and Egypt" *European Journal of International*

Relations, Vol. 21, No. 3, 2015.

Jańczak, J., "Town Twinning in Europe. Understanding Manifestations and Strategies" *Journal of Borderlands Studies*, Vol. 32, No. 4, 2017.

Joenniemi, P., Jańczak, J., "Theorizing Town Twinning—Towards a Global Perspective" *Journal of Borderlands Studies*, Vol. 32, No. 4, 2017.

Jones, C., Hesterly, W. S. et al., "A General Theory of Network Governance: Exchange Conditions and Social Mechanisms" *Academy of Management Review*, Vol. 22, No. 4, 1997.

Jones, M. L., Blunt, P., "Twinning' as a Method of Sustainable Institutional Capacity Building" *Public Administration and Development*, Vol. 19, No. 4, 1999.

Koschmann, M. A. et al, "A Communicative Framework of Value in Cross-sector Partnerships" *Academy of Management Review*, Vol. 37, No. 3, 2012.

Leat, Diana, Kimberly Seltzer, and Gerry Stoker, "Towards Holistic Governance: the New Reform Agenda" *Basingstoke, UK: Palgrave*, Vol. 10, 2002.

Lo, A. W., "Reconciling Efficient Markets with Behavioral Finance: The Adaptive Markets Hypothesis" *Journal of Investment Consulting*, Vol. 7, No. 2, 2005.

Lucas A., "Elite Capture and Corruption in Two Villages in Bengkulu Province, Sumatra" *Human Ecology*, Vol. 44, 2016.

Mann, M., "The Autonomous Power of the State: Its Origins, Mechanisms, and Results" *European Journal of Sociology*, Vol. 25, No. 2, 1984.

Nordlinger, E. A., *On the Autonomy of Democratic State*, Cambridge, Harvard University Press, 1981.

On Cheung S. et al, "Incentivization and Interdependency in Construction

Contracting" *Journal of Management in Engineering*, Vol. 34, No. 3, 2018.

Osborne, S. P., "Managing the Coordination of Social Services in the Mixed Economy of Welfare: Competition, Cooperation or Common Cause?" *British Journal of Management*, Vol. 8, No. 4, 1997.

Osborne, S. P., "Managing the Coordination of Social Services in the Mixed Economy of Welfare: Competition, Cooperation or Common Cause?" *British Journal of Management*, Vol. 8, No. 4, 2002.

Ostrom, V., Bish, R. L., Ostrom, E., "Local Government in the United States. San Francisco" CA: ICS Press, 1988.

O'Leary, R., & Vij, N., "Collaborative Public Management: Where have we Been and Where are we Going?" *The American Review of Public Administration*, Vol. 42, No. 5, 2012.

Panchuk, D. et al, "The Substance of EU Democratic Governance Promotion via Transgovernmental Cooperation with the Eastern Neighbourhood" *Democratization*, Vol. 24, No. 6, 2017.

Panda, S., "Political Connections and Elite Capture in a Poverty Alleviation Programme in India" *The Journal of Development Studies*, Vol. 51, No. 1, 2015.

Parker, R., "Networked Governance or Just Networks? Local Governance of the Knowledge Economy in Limerick (Ireland) and Karlskrona (Sweden)" *Political Studies*, Vol. 55, No. 1, 2007.

Parkhe, A., "Interfirm Diversity, Organizational Learning, and Longevity in Global Strategic Alliances" *Journal of intern-ational business studies*, Vol. 22, 1991.

Post, S., "Metropolitan Area Governance and Institutional Collective Action, in Richard C. Feiock. Metropolitan Governance: Conflict, Competition, and Cooperation" *Washington D. C. : Georgetown University Press*, 2004.

Powell, W., "Neither Market nor Hierarchy: Network Forms of Organizing" *Research in Organizational Behavior*, Vol. 315, No. 0, 2003.

Provan, K. G., & Milward, H. B., "A Preliminary Theory of Interorganizational Network Effectiveness: A Comparative Study of Four Community Mental Health Systems" *Administrative Science Quarterly*, Vol. 40, No. 1, 1995.

Rhodes, R. A. W., *Understanding Governance: Policy Networks, Governance, Reflexivity and Accountability*, Buckingham: Open University Press, 1997.

Ring, P. S. et al, "Developmental Processes of Cooperative Interorganizational Relationships" *Academy of Management Review*, Vol. 19, No. 1, 1994.

Roberts, J. A., "Profiling Levels of Socially Responsible Consumer Behavior: A Cluster Analytic Approach and Its Implications for Marketing" *Journal of Marketing Theory and Practice*, Vol. 3, No. 4, 1995.

Ross, S. A., "The Economic Theory of Agency: The Principal's Problem" *American Economic Review*, Vol. 63, No. 2, 1973.

Saito-Jensen, M. & Nathan, I. et al. "Thorsten Treue. Beyond Elite Capture? Community-based Natural Resource Management and Power in Mohammed Nagar Village, Andhra Pradesh, India" *Environmental Conservation*, Vol. 37, No. 3, 2010.

Simo, G., & Bies, A. L., "The Role of Nonprofits in Disaster Response: an Expanded Model of Cross-sector Collaboration" *Public Administration Review*, Vol. 67, 2007.

Tanzi, V., *Government Versus Markets: The Changing Economic Role of the State*, New York: Cambridge University Press, 2011.

Thelen, K., "Historical Institutionalism in Comparative Politics" *Annual Review of Political Science*, Vol. 2, No. 1, 1999.

Thompson, G., *Markets, Hierarchies, and Networks: the Coordination of Social Life*, Los Angeles: Sage Publications, 1991.

Thomson, A. M. , & Perry, J. L. , "Collaboration Processes: Inside the Black Boxes" *Public Administration Review*, Vol. 66, No. , 2006.

Torfing, J. et al, *Interactive Governance: Advancing the Paradigm*, New York: Oxford University Press, 2012.

Trentmann, F. , "Citizenship and Consumption" *Journal of Consumer Culture*, Vol. 7, No. 2, 2007.

Trigilia, C. , *Economic sociology: State, Market, and Society in Modern Capitalism*, Oxford: Blackwell Publishers, 2002.

Walker, J L. , "The Diffusion of Innovations among the American States" *American Political Science Review*, Vol. 63, No. 3, 1969.

Weyland K. , "Theories of Policy Diffusion Lessons from Latin American Pension Reform" *World politics*, Vol. 57, No. 2, 2005.

Williamson, O. E. , *The Mechanisms of Governance*, New York: Oxford University Press, 1996.

后记　我就是东西部协作的"产物"

2018年4月，我从贵州民族大学调到广州大学工作。刚来不久，广州市委宣传部召开了广州市新引进高层次人才的座谈会，我有幸在列。听完我在座谈会上的介绍后，宣传部领导建议我的研究方向要从过去研究全国尤其是贵州的精准扶贫（脱贫攻坚），转为研究广东省尤其是广州市如何助力全国其他地区脱贫，而非研究我们自己怎么脱贫。相关部门的建议，给了我很好的启发。也是从那时起，我才认真研究中国的结对帮扶体系，也才知道有"东西部协作"（过去称"东西部扶贫协作"）这一伟大创举。

东西部协作是中国特色的区域协调发展举措，也是实现全体人民共同富裕、人与自然和谐共生的中国式现代化的战略措施，其历史可以追溯到20世纪80年代。改革开放以来，市场的力量增加了区域不平衡。为践行邓小平"两个大局"思想，加快西部地区扶贫开发进程，东西部协作成为解决区域协调发展的重要助力。事实上，自从1986年国家开启有组织的扶贫计划以来，东部地区与西部地区结对帮扶实践就在不断探索。1994年国家出台的《国家八七扶贫攻坚计划（1994—2000年）》、1996年出台的《关于组织经济较发达地区与经济欠发达地区开展扶贫协作的报告》，都提出了东部发达地区与西部欠发达地区协作扶贫的要求。2016年，习近平总书记在银川召开了东西部扶贫协作会议，随后发布了《关于进一步加强东西部扶贫协作工作的指导意见》，2017年公布《东西部扶贫协作考核办法（试行）》后，东西部协作进一步得到强化，标志着其已经发展为一项规范化制度。及至2021年7月,国家层面相继出台了《东西部扶贫协作成效评价办法》(2019年)、《东西部协作考核评价办法》(2021年),东西部协作考核逐渐常态化、规范化。2021年4月,习近平总书记对深化东西部协作和定点帮扶工作作出重要指示指出,开展东西部协作和定点帮扶,是党中央着眼推动区域协调发展、促进共同富裕作出的重大决策。至此,东西部协作制度得到进一步巩固和规范。

无独有偶,2020年开始,一个机缘巧合的机会,受国家乡村振兴局(过去叫"国务院扶贫开发领导小组办公室")的委托,我们团队和中国农业大学左停教授团队一起,连续多次开展东西部协作的专项调研工作。通过调研,团队成员深入中西部10省区市(贵州、四川、云南、广西、重庆、甘肃、宁夏、青海、湖南、内蒙古),并通过这10省区市对东部帮扶的9省市(广东、浙江、江苏、山东、福建、辽宁、上海、北京、天津)情况有所了解。从2021年起,我们开始做广东省东西部协作专项调研(脱贫攻坚时期,广东省东西部扶贫协作主要帮扶贵州、云南、四川、广西4省区,2021年调整结对关系后主要帮扶贵州、广西2省区)和广州市协作模式总结,这进一步加深了我们对东西部协作工作的认识。

这种认识让我意识到,我自己是典型的"东西部协作的产物"。前述指出,东西部协作制度设计的初衷,是为了落实邓小平同志提出的"两个大局"思想,所以其早期阶段的目标,是东部给西部扶贫。尤其是2020年之前,我国的减贫方略聚焦于脱贫群众的基本生存和基本生活,分层分类进行精准帮扶。相应地,东西部协作的内容也以帮扶为主,所以那时候叫"东西部扶贫协作",强调东部对西部的帮扶。随着巩固拓展脱贫攻坚成果同乡村振兴有效衔接的重心,从解决"两不愁三保障"转向推动乡村全面振兴,从突出到人到户转向推动区域协调发展,从政府投入为主转向政府引导与发挥市场作用有机结合,从对口单向帮扶转向双向协同发展,从定点定向帮扶转向全面推进,新时代的东西部协作,围绕"以协作促发展"的新目标、新任务和巩固脱贫攻坚成果、促进乡村振兴的新要求,建立健全协作机制，探索建立高效化的合作方式。这一点，2021年新颁布的考核指标体系可以佐证。在新一轮考核指标体系中，主要围绕"组织领导、助力巩固拓展脱贫攻坚成果、加强区域协作和促进乡村振兴"四个方面，强调区域协调发展、协同发展和共同发展。也即，2021年之后的东西部协作内容根据协作目标进行了调整，从"重帮扶"转向"重发展"，重点强调具有造血功能的产业协作、消费协作、劳务协作、教育协作等"四大协作"，这是立足中国国情做出的深刻变革。此种变革让我意识到，过去，我所在的贵州民族大学受到华南理工大学的帮扶（曾经以为是东西部协作的结对关系，后来才知道是西部大开发战略的一部分，是2001年教育部出台政策实施对口支援西部地区高等学校工作的内容），我作为贵州民族大学的老师，也受到了诸多的照顾和恩惠。按照帮扶的最高境界——双方协调发展、协同发展和共同发展，受扶地区有能力时也要来反哺帮扶地区，所以，我经常戏称自己是"东西部协作的产物"，并且强调是"稳岗就业而非人才交流"（人才交流，是指西部的干部来东部挂职，期限从1个月到1年不等）。

  研究东西部协作这个领域之后，我慢慢发现，中国的结对帮扶已经形成了丰富的实践，并且具有多种样态，有中央单位定点帮扶、对口支援、对口合作、驻村帮扶、东西部协作、村企结对帮扶等。而如果以主体关系和治理模式为切入点，可将结对帮扶分为横向结对、纵向结对与网络结对三种类型。横向结对帮扶包括对口支援、对口合作、东西部协作，纵向结对帮扶包括中央定点帮扶、驻村（镇）帮扶等，网络结对帮扶包括村企结对等。而不管是哪种帮扶模式，其共性都是按照"上级要求、受扶方所需、帮扶方所能"的原则去落实帮扶政策、开展帮扶行为。差异在于，它们的主体关系、资源配置方式、治理特征、治理规则和治理模式不同。

  正是由于有这样的认知，这些年，我带着团队的老师和学生调研或触达了全国19省100多个县300多个乡镇500多个村庄，深度访谈了帮扶单位管理人员、帮扶人员、本土干部、企业代表、项目负责人、社会组织代表、受益农户、一般农户等3800人次。也多次承担东西部协作、中央定点帮扶、驻村（驻镇帮镇扶村）帮扶的专项调研任务，其间还多次为结对帮扶双方开展经验总结与诊断调研，这些为我们开展结对帮扶尤其是东西部协作的研究，积累了丰富的素材和案例。

东西部协作的成效是巨大的，2015年至2020年间，东部9省（市）共向中西部14个扶贫协作省（自治区、直辖市）投入财政援助资金和社会帮扶资金1005亿多元、人员13.1万人次，超过2.2万家东部企业赴扶贫协作地区累计投资1.1万亿元，采购、销售各类产品1265.8亿元。仅2023年，东部8个省市向西部10个省区市投入财政援助资金231.9亿元，县均投入5187万元，动员社会力量捐款捐物28.5亿元，协作双方互派党政挂职干部3045人、专业技术人才2.5万人。从协作减贫成果来看，东西部协作助推了全国9899万贫困人口脱贫、12.8万个行政村出列、832个贫困县"摘帽"，其中仅广东就帮扶广西、四川、贵州、云南等西南4省9747个贫困村出列、500多万贫困人口脱贫。不过，虽然东西部协作成果巨大，但与精准扶贫一样，这种帮扶形式的适用范围和效率也在学界引发诸多讨论。有些学者认为，尽管政府强势干预的精准扶贫能使受助者受益，但它并没有减少中国的整体贫困率，相反却带来了巨大的排他性目标错误，因而是扭曲的，这可能导致扶贫政策的执行效果不好和扶贫资金的利用效率较低。也有很多学者认为，东西部协作可以促进全国统一大市场的形成并助力共同富裕的实现，能够形成区域协调发展、协同发展和共同发展，只是没有具体分析这种协作的效率。有学者将东西部产业协作与西部各省正在大力推进的招商引资和产业转移对接活动进行对比分析，后者是以市场为主导的企业间合作，由西部地区根据自身优势和需求制定招商引资政策和项目清单，由企业根据市场规律和利益诉求进行投资决策和合作洽谈，这种招商引资的成效不明显，远不如东西部协作的成效。

所以，我们认为，作为开创之作，此书不仅对东西部协作的历史进程、发展脉络进行了梳理，也对东西部协作的理论基础、典型案例、主要经验与实践困境进行了分析，还对东西部协作的关键机制与未来面向进行了诠释，算是中国第一部系统、深入研究东西部协作的书籍，虽因能力、学识、经验等原因使书本的内容还有提质增效的空间，但也算为中国特色结对帮扶与结对治理体系的构建奠定了坚实的基础——这才是我们研究这个领域的初心。

需要说明的是，此书是课题团队集体智慧的结晶，其中，第一章、第七章、第十一章由我和硕士生陈香凝完成，第二章、第六章由我和硕士生彭智邦完成，第三章由华南理工大学博士生梁琴完成，第四章由我和硕士生黄燕洪完成，第五章由重庆科技大学李华老师完成，第八章由我和本科生梁嘉俊完成，第九章由我和硕士生肖鸿禹完成，第十章由我的博士生兰英完成，第十二章由我的博士生夏雍完成，第十三章由我和梁琴、硕士生黎明霖完成，最后由我完成所有的统稿修改工作。虽然统稿修改的过程十分艰难，个别修改率在80%以上，感觉似乎又重新写了一遍，但不可否认，这些老师和学生前期所做的材料收集、文献阅读、资料整理、文字撰写、数据分析等工作是卓有成效的，为我节省了大量的时间和精力，所以，本书署名为"谢治菊等著"，而非我个人独著。在此，我要感谢书稿形成中参与调研、参与撰写的各位老师和同学，感谢在写作中给予指导和帮助的专家学者以及让我们引用其观点的学界前辈，更要感谢配合并支持我们调研的基层干部与帮扶干部们。

谢治菊
2024年5月10日于羊城